中冶精神

一天也不耽误　一天也不懈怠

湛江钢铁基地

中冶发展愿景

聚焦中冶主业　建设美好中冶

台塑越南河静钢铁基地

中冶战略

做冶金建设国家队　基本建设主力军　新兴产业领跑者
长期坚持走高技术高质量发展之路

珠海十字门中央商务区

中冶人座右铭

中冶人用心铸造世界

巴布亚新几内亚瑞木镍钴 321 万吨 / 年冶炼厂

中冶人使命

要站在国际水平的高端和整个冶金行业的高度，
以独占鳌头的核心技术、无可替代的冶金全产业链整合优势、
持续不断的革新创新能力，
承担起引领中国冶金向更高水平发展的国家责任。

马来西亚马中关丹产业园 350 万吨钢铁项目

弘扬“五种作风”，提升“五种能力”

五种作风

公道正派作风　科学民主作风　求真务实作风

艰苦奋斗作风　放胆争先作风

五种能力

抓班子带队伍能力　真学真懂真干能力　勇于负责担当能力

团结融合能力　自省自律自强能力

北京凤凰国际传媒中心

中冶党建经验

一个核心，五个引领

围绕党的领导这一核心，

实施政治作风引领、发展战略引领、破解改革难题引领、

制度创新引领与企业文化引领的管理体系。

上海迪士尼全球首发“明日世界”

美好中冶

青年人理想向往的高地，
中年人创业发展的平台，老年人休养生息的港湾

中冶大厦

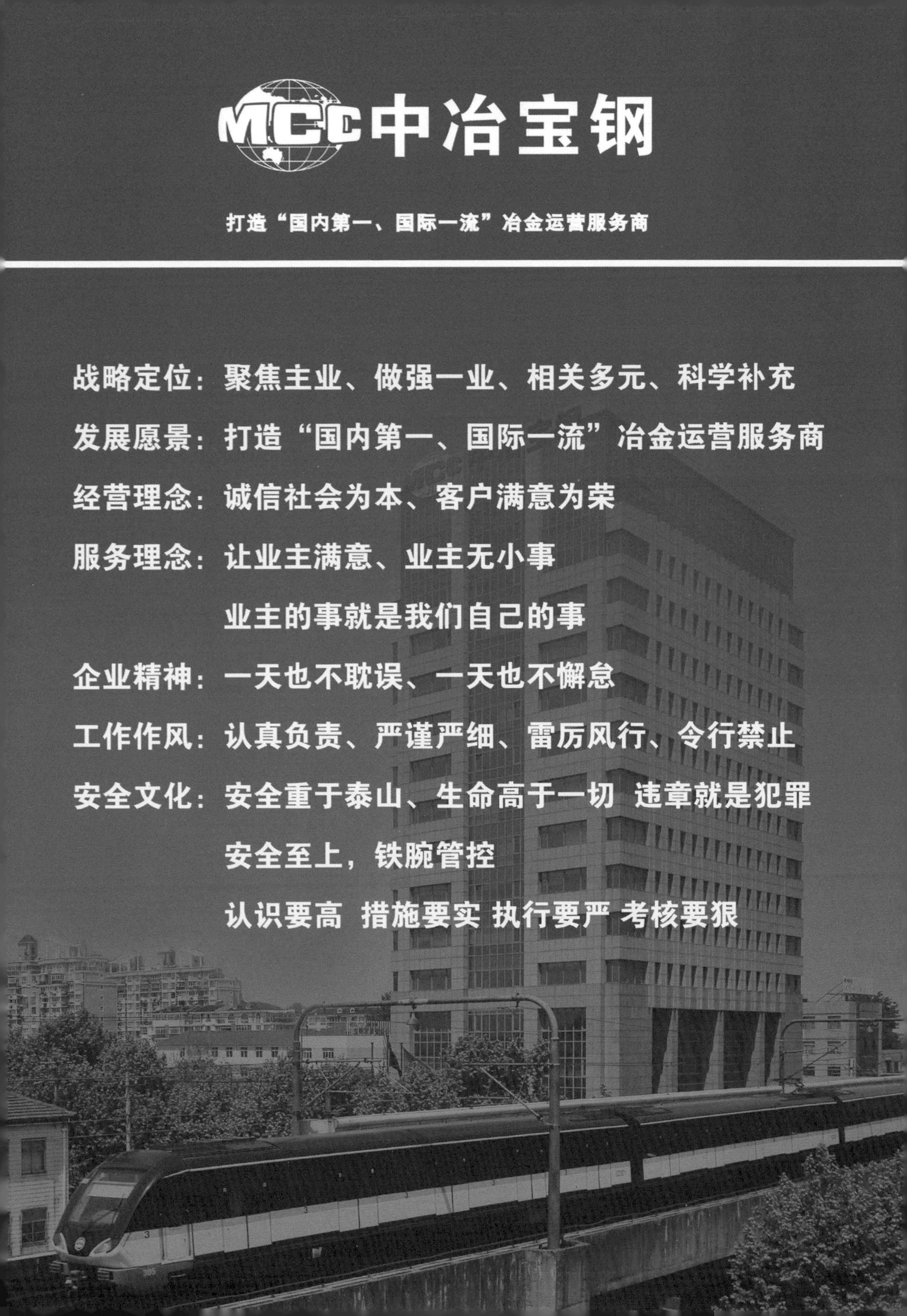

MCC 中冶宝钢
打造"国内第一、国际一流"冶金运营服务商
战略定位：聚焦主业、做强一业、相关多元、科学补充
发展愿景：打造"国内第一、国际一流"冶金运营服务商
经营理念：诚信社会为本、客户满意为荣
服务理念：让业主满意、业主无小事
业主的事就是我们自己的事
企业精神：一天也不耽误、一天也不懈怠
工作作风：认真负责、严谨严细、雷厉风行、令行禁止
安全文化：安全重于泰山、生命高于一切 违章就是犯罪
安全至上，铁腕管控
认识要高 措施要实 执行要严 考核要狠

MCC中冶宝钢

打造“国内第一、国际一流”冶金运营服务商

中冶宝钢品牌故事

中冶宝钢技术服务有限公司◎编

中国经济出版社
CHINA ECONOMIC PUBLISHING HOUSE
·北京·

图书在版编目（CIP）数据

中冶宝钢品牌故事／中冶宝钢技术服务有限公司编. --北京：中国经济出版社，2020.12

ISBN 978-7-5136-6164-5

Ⅰ.①中… Ⅱ.①中… Ⅲ.①钢铁企业-工业企业管理-成就-中国 Ⅳ.①F426.31

中国版本图书馆 CIP 数据核字（2020）第 262781 号

选题策划 刘金龙 刘 棣 陈 羿 张睿隽
责任编辑 孙东健 陈利军
责任印制 马小宾
封面设计 高鹏博

出版发行 中国经济出版社
印 刷 者 北京富泰印刷有限责任公司
经 销 者 各地新华书店
开 本 710mm×1000mm 1/16
印 张 31.25 彩页印张 0.75
字 数 463 千字
版 次 2021 年 1 月第 1 版
印 次 2021 年 1 月第 1 次
定 价 78.00 元
广告经营许可证 京西工商广字第 8179 号

中国经济出版社 网址 www.economyph.com 社址 北京市东城区安定门外大街 58 号 邮编 100011
本版图书如存在印装质量问题，请与本社销售中心联系调换（联系电话：010-57512564）

编委会

编写人员

（以姓氏笔画为序）

丁泽辉	丁　艳	王芸芸	王　超	王滋化
王　璞	王小翠	韦文亭	历佳慧	牛梓欣
方　刚	邢　超	朱小强	刘东浩	刘　旭
刘奉英	刘　棣	刘锦荣	闫朝波	孙庆祥
孙金祥	杜乐迪	李伟光	李春光	李倩文
李　鸽	李敬平	李　婷	杨华圳	杨芮艺
吴　研	何建超	宋玉浩	宋　陈	张芸翠
张敏华	张彩霞	陈汉春	陈　成	陈兴梅
陈红霞	陈　涛	陈　邕	陈萃嫔	陈耀忠
武传金	郑园园	金晓鸣	孟祥程	姚世锋
袁　力	顾　浩	柴　彬	徐　锟	徐　鹏
郭光林	郭兴波	唐颖婷	桑圣玉	黄　琳
曹　磊	龚晓娣	章　程	阎卓桥	梁　龙
韩　蕾	韩　梅	焦伯奎	蔡　杰	

序
PREFACE

讲好中冶宝钢故事，擦亮冶金运营服务品牌

“国有企业是中国特色社会主义的重要物质基础和政治基础，是我们党执政兴国的重要支柱和依靠力量”，这是习近平总书记对国有企业的属性、地位、所肩负的使命等做出的重要论述。从中华人民共和国成立初期的百业待兴、改革开放伟大变革到全面建成小康社会，从中国人民站起来、富起来到强起来，国有企业的贡献贯穿新中国70多年的光辉历程，覆盖社会、科技、国防、民生等各领域，为巩固国家政权和推动经济社会发展立下了不朽功勋。

作为中央企业中国五矿、中冶集团所属核心骨干子企业，中冶宝钢技术服务有限公司（以下简称“中冶宝钢”）是国内专业从事冶金运营服务的供应商，核心主业覆盖国内外28家大型钢铁企业。循着中冶宝钢这些年的发展脉络，坚持以习近平新时代中国特色社会主义思想为指导，置身于引领国家冶金运营服务行业向更高水平迈进的高度，坚决贯彻党中央决策部署和中冶集团“9·5”会议精神，认真践行中国五矿总经理、党组副书记，中冶集团董事长国文清提出的“聚焦主业、做强一业、相关多元、科学补充”发展战略，积极适应国家供给侧结构性改革和钢铁产业调整，服务国家战略，积极投身“一带一路”建设，使中冶集团构建“四梁八柱”的综合业务体系和实现“打造世界第一冶金建设运营服务商”的发展愿景更加生动、多元，为中国五矿圆满实现“三步走、两

翻番”奋斗目标加注了中冶宝钢力量。中冶宝钢全体干部职工用实干弘扬“一天也不耽误、一天也不懈怠”的企业精神，谱写出建设冶金运营服务商的重要故事。

站在“两个一百年”历史交汇点上回望2020年，以习近平同志为核心的党中央统揽全局，沉着应对各种风险挑战，“十三五”规划任务圆满完成，全面建成小康社会胜利在望，第一个百年奋斗目标即将实现。这一年，在习近平新时代中国特色社会主义思想指引下，中冶宝钢党委深入贯彻党的十九大和十九届二中、三中、四中、五中全会精神，全面落实中国五矿和中冶集团工作部署，统筹推进疫情防控和生产经营，改革发展任务按计划完成。透过一个个朴实的人物和鲜活的案例，引着人们走进中冶宝钢，读懂中冶宝钢，融入中冶宝钢。能够清晰感受到的，是“冶金运营服务，因中冶宝钢而不同”的自信与光荣！

党的十九届五中全会擘画了中国未来发展蓝图，党中央启动了《国企改革三年行动方案（2020－2022年）》，各企业自上而下制定实施新一轮的发展规划。在中国五矿党组和中冶集团党委正确领导下，中冶宝钢进入了全新的发展阶段。

站在新的起点再出发。我们加倍珍惜取得的成绩，传承“红色基因”，唱响“蓝色畅想”，共筑“金色愿望”，脚踏实地讲好中冶宝钢故事，擦亮冶金运营服务品牌，在实现企业高质量发展中更好诠释“中冶人用心铸造世界”的价值追求和精神力量。

讲好故事擦亮品牌，就是旗帜鲜明讲政治。高举习近平新时代中国特色社会主义思想伟大旗帜，增强“四个意识”，坚定“四个自信”，做到“两个维护”。坚决贯彻“两个一以贯之”，践行“一个核心，五个引领”中冶党建经验，发挥党组织政治优势，为公司稳健发展强根固魂。党员领导干部率先垂范，以骨子里的信念忠诚、激情澎湃的热血忠诚筑牢初心、勇担使命，争做新时代敢干事、善干事、干成事的实干家。

讲好故事擦亮品牌，就是聚焦主业谋发展。紧跟中国五矿和中冶集团发展步伐，保持战略定力不动摇，坚决贯彻“聚焦主业、做强一业，相关多元、科学补充”发展方针，认真落实领导班子扩大会精神，稳住基本盘，全力服务好骨干钢铁企业，坚定不移做强核心主业。保持“冶金运营服务国家队”的产业定位不偏移，抢抓钢铁企业并购扩张、延长产业链的契机，通过适度多元补充主业，确保企业持续健康稳定发展。

讲好故事擦亮品牌，就是干事创业当先锋。对标一流企业，更好适应钢铁行业变革，响应宝武集团“四个一律”改革目标和宝钢股份“三个一体化”改革方向，厘清改革思路，在经营理念上、商业模式上、管理手段上改革创新，加快智慧化、智能化技术升级，多方面探索提质增效举措，全面提升精细化管理水平，深度参与宝武集团高质量钢铁生态圈建设，推动冶金运营服务提质换挡，向钢铁“医生”“管家”“专家”转变。

讲好故事擦亮品牌，就是以人为本育文化。全心全意依靠职工办企业，发挥职工在企业文化建设中的主体作用，厚植冶金运营服务国家队底蕴。大力弘扬劳模精神、劳动精神、工匠精神。做好各类技能人才培养，建设高素质专业化的产业工人队伍。注重发现职工身上的闪光点，加大优秀案例和先进典型的宣传力度，营造尊重劳动、崇尚技能的浓厚氛围，让“劳动最光荣”成为中冶宝钢的新风尚，让勤勉务实在中冶宝钢蔚然成风。

面向未来，2.3 万名中冶宝钢人整装出发，“一天也不耽误、一天也不懈怠”，用实干实绩续写出建设“国内第一、国际一流”冶金运营服务国家队的美好故事。

中冶宝钢党委书记、董事长

2020 年 12 月

写在前面
FOREWORD

走进新时代，续写中冶“最重要的改革故事”[①]

巨　龙

光阴之箭穿越年轮，抵达2018。新时代的朝阳已跃升在地平线上，照亮中冶人砥砺奋进的前行之路。

飞逝的光阴里，历史已写下浓墨重彩的一页。5年多来，中国进行着全世界“最有勇气的制度实验、发展实践”，以“令人难以置信”的成功，写下了中国共产党人的责任担当。犹记2012年，许多人的预期并不乐观。“艰难时刻”，所有人都在观望，正如习近平总书记的豪迈宣示：“惟其艰难，才更显勇毅；惟其笃行，才弥足珍贵。”5年奋进，在世界经济持续低迷中，中国经济一枝独秀，以超过30%的平均增长贡献率，成为世界经济引擎。5年多来，中冶集团在被风险击垮与困难拖垮的双重灾难里，书写中国国企改革史上“最重要的故事”。这5年，中冶人有自己最生动的视角，先是湛江钢铁，后是越南河静钢铁，标志中华民族冶金建设迎来了从站起来、富起来到强起来的伟大飞跃，迎来了实现中国钢铁建设引领世界的光明前景。

从历史的山巅回望，若干年后，将会更清晰地看到，我们创造历史的那些成就，书写时代的那些诗篇，属于2012年9月5日以来的5年。5

---

① 此篇文章为中冶集团2018年元旦社论。

年砥砺，被“唤醒”了的中冶，解决了许多长期想解决而没有解决的难题，办成了许多过去想办而没有办成的大事，随着国家一起进入中国特色社会主义新时代。

2017 年是我国发展具有里程碑意义的一年。党的十九大胜利召开，在习近平新时代中国特色社会主义思想正确指引下，中国发展航船乘风破浪。在集团党委的正确领导下，中冶人以打造中冶领导力品牌建设为本，搭建重铸“国家实力”，讲出中国国企史上“最重要的故事”的主题宣传平台，上下齐心，内外同步，全面弘扬“一个核心，五个引领”鲜活的中冶党建经验，全面展示“9・5”会议开启的中冶跨越式发展和变革之路带来的“中冶巨变”，全面呈现“红色基因”“蓝色畅想”“金色愿望”凝成的强大的中冶力量。“做冶金建设国家队、基本建设主力军、新兴产业领跑者，长期坚持走高技术高质量发展之路”战略强势引领，上下干劲倍增，剑指世界第一冶金建设运营服务国家队，改革不断深化，实现全面转型。以“宝钢建设、运营、服务国家队建设经验”为代表的越来越多的中冶路径，以“中冶横琴经验”推动国家战略出台为代表的越来越多的中冶故事，以中冶重机“亚洲第一”PBC-380 铁水运输车等为代表的越来越多的中冶创造，以一年一个中国专利金奖、宁显海再夺世界技能大赛焊接金牌等为代表的越来越多的中冶传奇，这些，成为中国中冶品牌的崭新内涵和闪亮注解，谱写出中冶人在新时代续写中国国企改革史上“最重要故事”之“火红的第五乐章”。

2017 年发生的许多事，可以在 2012 年“9・5”会议以来的 5 年里找到缘由伏笔。我们也相信在 2018 年，同样还会感受到来自 2017 年的雷霆万钧。

迈向未来，新坐标已经清晰可见。2018 年是贯彻党的十九大精神的开局之年，将迎来改革开放 40 周年，是决胜全面建成小康社会、实施“十三五”规划承上启下的关键一年。

以什么样的状态迎接新年轮？以什么样的作为开启新征程？“一天也不耽误、一天也不懈怠”依然是我们回应时代之问的最有力回答。

新时代的奋斗，是“一天也不耽误、一天也不懈怠”的征程。没有“一天也不耽误、一天也不懈怠”的忠党报国情怀，就不会有中冶5年来的“历史性变革”“历史性成就”。“一天也不耽误、一天也不懈怠”政治作风引领必须长期坚持，红心向党，忠党报国。

居之无倦，行之以忠。这是“一天也不耽误、一天也不懈怠”中冶精神的哲学源头。这个“忠”就是中冶人的忠党报国之志，正是“一个核心，五个引领”中冶党建经验“五个引领”的内核。我们始终坚持党的领导不动摇，实施政治作风引领、战略引领、破解改革难题引领、制度创新引领和国企文化引领，这是凝聚中冶力量的源泉。“一天也不耽误、一天也不懈怠”政治作风引领始终是第一位的，深深根植于每个中冶人的血液之中，不可忘怀，不能忘怀，更不敢忘怀。中冶力量源自中冶人强大的“红色基因”，中冶根红苗正，健康茁壮成长。而这也正是几代中冶人红心向党的“红色基因”传承。正是依靠和发扬中冶党建经验，我们走过了“雪山”，搬走了“三座大山”，走出了中冶跨越式发展和变革之路；未来，还要继续依靠和发扬中冶党建经验走向高质量发展之路。

新时代的奋斗，是“再拔尖、再拔高、再创业”的征程。著名国企改革专家、中企之声研究院院长李锦认为，2018年是高质量发展的第一年，也是国企的变革年。许多新的变化将会发生。这种整体上的变革，是面向新阶段的转折。供给侧改革找到了办法，解决的是“干什么”的问题。高质量发展解决的是“怎么干”的问题，也就是“干得怎么样”的问题、高标准发展的问题。“再拔尖、再拔高、再创业”就是中冶高质量的硬要求。2013年10月18日，集团提出“中冶人使命”，即要站在国际水平的高度和整个冶金行业的高度，始终以独占鳌头的核心技术、无可替代的冶金全产业链整合优势、持续不断的革新创新能力，承担起引领中国冶金向更高水平发展的国家责任。中冶人要将“中冶人使命”始终牢记在心头，落实到行动中，反映在成果上。在新中国五矿集团“三步走、两翻番”目标指引下，中冶集团聚焦高质量，聚力新发展——打造世界第一冶金建设运营服务国家队，2020年占有世界钢铁建设总量

80%。而“再拔尖、再拔高、再创业”的出发点就是紧跟新时代提出的新要求，朝着“高质量”去的。2013年10月30日，中国五矿集团总经理、党组副书记，中冶集团董事长、党委书记国文清强调：“冶金建设国家队二次聚焦主业，再拔尖、再拔高、再创业。”第二次聚焦与2012年的第一次聚焦有所不同，不是仅仅聚焦在冶金设计建设上，而是以绿色化、智能化和服务化为特征的全球钢铁产业结构转型升级需求为导向，聚焦到绿色建设、节能环保、工艺提升、技术创新上，聚焦到提高全中国钢铁产业发展质量上，聚焦到为钢铁企业提供优质的运营服务上，实现由单纯的设计建设向技术、产品、管理和服务一体化的深度延伸。中冶力量源自中冶人强烈的“蓝色畅想”，笑傲寰宇，技术独占鳌头。中冶各企业要紧跟集团新要求，扎实围绕增强企业创新力，在研发、服务及商业模式等方面提高竞争力；加快产业拓展，形成建设实体经济、科技创新、现代金融、人力资源协同发展的产业体系；提升领导力，坚持“价值思维、效益导向”的核心理念，围绕核心主业，打造世界一流的核心技术、世界一流的专业化品牌、世界一流的城市和产业发展系统解决方案提供商及工程项目全生命周期服务商，把中冶建设成为具有国际竞争力的世界一流综合性工程公司；实施精细化管理，提升项目管控力，向项目管理要效益；在激发活力战斗力等方面下足功夫，真抓实干。务必做到：全面地而不是片面地清醒认识和把握新时代钢铁发展趋势，准确地而不是抱有“差不多”的心态找准本企业的优势所在，坚决地而不是犹豫不决地真干、实干。瞄准世界一流，率精锐之师，唯有只争朝夕、奋发图强、开足马力、精准发力，定目标，强投入，做好技术攻关保障，方能早日突破垄断。

新时代的奋斗，是“一带一路”倡议日益彰显中国钢铁力量的征程。作为引领中国从钢铁大国向钢铁强国迈进的“推进者”、钢铁强国梦的“守护者”、冶金装备和产能合作走出去的“主导者”，中冶集团肩负着庄严的历史使命。中冶力量源自中冶人庄重的“金色愿望”，四海相通，用心铸造世界。现在，中冶已经占据世界钢铁建设总量的63%，成为世界钢铁建设中心。中国的钢铁实力从仿照、跟随世界到引领世界这一“强起来”的历史过程证明，习近平新时代中国特色社会主义思想的判断有深厚的实践基础，是依托中国实践做出的伟大判断，令人信服。中冶集团为国内外19家大型钢铁企业提供运营技术服务能力，在全球独占鳌头。模式创新是我们通过改革创新形成的新优势，最初来自日本新日铁的体制内技术服务模式，引入宝钢后变成体制外股份合作模式，在湛江则又发展成为以运营为主的BOO运营模式。这种以创新为动力实现钢铁冶金从低水平供需平衡向高水平供需平衡跃升的模式，现在已成为世界冶金建设行业顶尖的服务模式。我们的做法符合十九大报告中提出的“支持传统产业优化升级，加快发展现代服务业，瞄准国际标准提高水平。促进我国产业迈向全球价值链中高端，培育若干世界级先进制造业集群”的要求。世界需要东方的智慧，世界期待中国的方案，世界期待中国钢铁的力量。中国钢铁已经走到世界舞台中央，正在为人类做出更大贡献。

这是中国最好的时代，也是每一位中冶人迎来精彩的芳华时代。

人们往往期盼自己能躬逢一个大时代，但真当身处其中时，又是否有能力完整了解时代的面目与意义？国文清说过一句中冶人家喻户晓的话：打造国家队的目标不是中冶、不是中国，而是世界；打造国家队的眼光不是过去、不是现在，而是未来。这个未来，就是现在，就是十九大开启的新时代；这个世界，就是“一带一路”沿线国家和地区市场。现在，站在新时代的起点，我们比任何时候都更接近这个梦想、这个目标。每个人的前途命运都与这个梦想、这个目标紧密相连。

国文清殷切寄语中冶人：“我们要把个人理想抱负、价值追求同国家前途、民族命运、企业使命紧密结合起来，一心一意为工作，甘为企业长期奋斗，愿与企业荣辱与共、共赢共享发展，以最好的精神状态、最足的工作热情、最高的工作标准，奉献自己的智慧和力量，在时代洪流中书写人生价值。”

2018，再次出发。伟大的新时代已经到来。我们要牢牢把握并弘扬

“一个核心，五个引领”这一中冶力量的魂魄，披荆斩棘，勇往直前，让“红色基因”更鲜明，“蓝色畅想”更响亮，“金色愿望”更持久。中冶人完全有能力创造出无愧于新时代的新辉煌，续写出更加璀璨的中国国企改革史上“最重要的故事”。世界第一冶金建设运营服务国家队的目标一定能够达到。

“一天也不耽误、一天也不懈怠”，为了我们的新时代！

祝愿每一位中冶人在奋斗中成就更好的自己，继续相依前行！祝愿伟大祖国在我们的共同奋斗中开创更加辉煌的未来！

目录
CONTENTS

美誉篇

敬业篇

创新篇

管理篇

服务篇

拓展篇

抗疫篇

美誉篇

风雨之后见彩虹

——中冶宝钢支援湛江钢铁抗风救灾纪实

2015 年 10 月 4 日 14 时，湛江钢铁遭遇了百年一遇的 18 级超强台风“彩虹”袭击，全厂设备遭到严重破坏，钢铁试生产工作被迫中断。面对巨大的自然灾害，中冶宝钢第四分公司党组织充分发挥战斗堡垒作用，党员干部率先垂范、吃苦在前，带领广大员工全力夜以继日地投入到湛江钢铁抢修复产战役中，超预期地完成了一个又一个“不可能完成的任务”，创造出一组组令世界同行都瞠目惊叹的“中冶速度”，赢得了湛江市政府和宝武集团领导的高度好评，展现了“国内第一、国际一流”冶金运营服务商的担当和风采。

2012 年 5 月 27 日下午，历时 30 多年的广东湛江钢铁基地项目正式通过核准，时任湛江市市长王中丙在国家发展改革委门前难抑激动地亲吻批复文件并“一吻成名”。同年 5 月，湛江钢铁炼铁、炼钢、热轧、冷轧建设工程全部开工，正式拉开了宝武集团湛江基地建设的历史序幕。在这个重要历史时期，中冶宝钢凭借卓越的贡献成为湛江钢铁基地建设保驾护航的中流砥柱，拉开了公司冶金运营服务主业二次创业的宏伟序幕！

2015 年 10 月 4 日，正值国庆佳节，得知“彩虹”台风将要来袭，中冶宝钢第一时间启动应急预案，驻守湛江钢铁的第四分公司 100 多名党员干部主动放弃休假，留守值班。在他们的感召下，广大员工也纷纷主动从家里赶回工作岗位，值班保驾，严阵以待，准备抗击台风袭击。

凝心聚力，关键时刻当后盾

卸船机紧急抢修

当天14时，18级超强台风“彩虹”在湛江市坡头区沿海登陆，中心附近最大风力达到1949年有台风气象记录以来在10月份登陆我国的最强台风。尽管之前已经启动了应急预案，但台风的威力远远超出预期。第四分公司大临基地有相当部分员工宿舍的门窗、围墙遭到损坏，房间里面凌乱不堪，检修站部分墙体也出现了倒塌，生活区域的供水、供电、工作餐供应等后勤保障工作都面临着严峻挑战。宿舍无法居住，换洗衣物也都泡在水里，导致一些员工人心惶惶，无法安心工作。关键时刻，第四分公司机关党支部及时向广大党员发出倡议，号召大家为需要帮助的员工捐献衣物，同时还安排骨干党员组成电力抢修小分队，昼夜加班，仅用12个小时就恢复了生活区域的供水、供电。尽管住宿环境还没能及时得到改善，但广大员工劳累之后能够洗上热水澡、吃上热乎饭，他们的心情平复了许多，大家的精气神提升了许多，队伍的战斗力显著增强，也为紧急集结上千人的抢修力量、全面打响湛江钢铁抢修复产攻坚战提供了坚实的后勤保障。

迎难而上，危难之时显担当

“彩虹”来势凶猛，横扫东海岛，导致湛江市供电线路受损，湛江钢铁全厂停电，刚刚点火投产不到10天的湛江钢铁1号高炉被迫停炉。处于停炉状态的高炉必须要靠柴油发电机输出的电力对炉胆进行应急保温，才能防止其内部的高温铁水降温凝固，造成高炉报废。险情就是命令，向高炉紧急运送大量柴油成为当时摆在第四分公司面前最紧急的任务。此时的湛江钢铁，厂内道路已经深度积水，瓦砾、各类杂物遍地，再加上当时风力依旧很强，车辆很容易翻车，根本无法通行。在某些员工的犹疑和畏难情绪蔓延时，第四分公司工程机械大队党支部给出了响亮的回答，时任党支部书记冯浩川掷地有声地说：“险情就是命令！党员跟我上！”此言一出，支部的所有党员纷纷挺身而出，经过综合衡量，冯浩川带领2名身体素质好的年轻党员，开着身边最重的沃尔沃装载机满载着柴油冲入暴风骤雨之中，10吨的庞然大物在狂风暴雨面前宛如海面上的一叶扁舟摇摆不定，几次发生大角度倾斜，险些翻车。但他们毫不退缩，沉着冷静地观察路况、艰难前行。这条平时只需要3分钟的路他们仿佛开了几个小时，每前进一米都是那么惊心动魄。最终，在他们锲而不舍的努力下，第一批柴油成功送到了高炉前，炉胆总算保住了。几个人满是泥污和雨水的脸上露出了欣慰的笑容。在他们的感召下，工程机械中心的许多员工都纷纷加入运输柴油的行列中，源源不断的柴油被送到了高炉前，彻底解决了高炉的燃“油”之急，打通了确保高炉设备安全的“绿色”通道。

争分夺秒，无私奉献保复产

台风过后，湛江钢铁综合码头1号卸船机和30万吨主原料码头的3台卸船机都被台风吹倒，紧紧地扼住了湛江钢铁物流系统的咽喉。为了支援湛江钢铁尽快恢复生产，第四分公司党委以大局为重，主动表示不计代价、不计成本，全力支援湛江钢铁抢修复产。全体党员技术骨干们昼夜讨论，根据码头现场作业空间有限、高空和立体交叉作业多、拆除作业时间紧、涉及水上作业的诸多特点以及湛钢业主的进度要求，制订了详细的施工方案，对每一钩的吊点、吊索具都进行精确的计算和预判。在施工中，广大一线党员干部更是亲力亲为、日夜坚守、坐镇指挥。他们中间，有靠前指挥、吃住都在现场，连续四天三夜没合眼指挥码头卸船机吊装拆除的时任综合队党支部书记陈标；有紧急动员300名员工，仅用2天时间完成湛江钢铁原料系统22条皮带抢修，打通煤输出系统、高炉集中供煤系统和高炉原料直送系统的一线党员干部陈忠雪；有带领8名员工连续奋战8个昼夜，完成综合码

卸船机抢修胜利完成

头皮带系统电缆槽架抢修的一线党员骨干周云；也有关键时刻从上海赶往湛江支援抢修，单钩起吊重量达到业内罕见的1170吨的党员高级技师顾鸿飞……在这场与时间的赛跑中，第四分公司广大党员干部始终冲锋在前，“再多干一会儿”“这个让我先上”成为他们常说的口头禅。在他们的带领和感召下，广大一线员工不但没人抱怨工作辛苦，反而踊跃加班加点奋战在抢修一线，尤其是那些家在湛江东海岛的属地化员工。台风过后，许多人家中连续几天几夜停水、停电，但他们都不约而同地选择坚守在抢修一线。最终湛钢综合码头1号1500吨卸船机和主原料码头3台2500吨卸船机的拆除作业提前完成，仅用50天时间就成功恢复了湛钢物流码头的原料运输，在湛江钢铁抗风救灾工作中写下了浓墨重彩的一笔。

一组组闪亮的中冶抢修速度，不但为湛江钢铁恢复生产赢得了宝贵的时间，也赢得了宝武集团领导和国内外同行们的高度赞誉。中冶宝钢多名参与抢修的党员受到湛江钢铁的立功表彰，公司还收到了湛江市政府的感谢信。宝钢股份高层领导也对中冶宝钢做出“讲政治、讲诚信、负责任、实力强”的高度评价！中冶宝钢第四分公司党委也被授予上海市建设交通行业首批“建设先锋服务型党组织”示范点、五矿集团“先进基层党组织”和中冶集团“先进基层党组织”等荣誉称号。

在这场载入中国钢铁工业史册的“战役”中，我们虽然无法将镜头一一聚焦到每位党员身上，但正是这些可敬、可爱的中冶人，陪伴着湛江钢铁一路走来，取得了一个又一个辉煌的胜利，让中冶宝钢“国内第一、国际一流”冶金运营服务商的旌旗在东海岛上高高飘扬！

变废为宝的“开路先锋”
——中冶宝钢钢渣综合利用的循环经济之路

1985 年，宝钢一期工程投产。受技术和工艺缺乏的制约，炼钢产生的废渣不能得到充分利用，曾一度堆积达到数百万吨，形成一座座“渣山”，不仅占地面积大，还对空气和地下水造成了污染。本着为业主解难题的理念，1988 年 5 月，中冶宝钢公司主动请缨，承包了宝钢钢渣处理作业，从此走上了漫长而艰辛的冶金渣综合利用之路，成为宝钢炼钢 30 多年来无忧生产的坚强后盾。

在中冶宝钢公司的国家级钢渣实验室里，一个高压水龙头正将水喷射到一块彩色的地砖上，可让人感到惊奇的是，在如此大流量的高压水流冲刷之下，这块砖的表面却没有一点积水。可能你不禁会想问：“水都去哪了？难道是在变魔术吗?”当然不是，因为这不是一块普通的地砖，而是中冶宝钢公司生产的透水路面砖。说到这里，了解海绵城市建设的人可能会说：“这样的透水路面砖虽然透水性能很强，但业内很多厂商都能够生产，没有什么了不起的!”没错，单从透水性能上来讲，这块砖绝对不是业内乃至国际上的顶尖水平，但如果我告诉你，这块被广泛应用于环保领域的透水路面砖，不是用行业内的常规材料制成，而是变废为宝，用对环境有污染的炼钢产生的固体废弃物——钢渣为主要材料制成的时候，你是否会感觉到它的独特呢?

就是这块其貌不扬的钢渣透水路面砖，它的诞生成功地将 20 世纪 80 年代宝钢投产初期炼钢产生的数百万吨堆积如山的钢渣山夷为平地，不仅解决了宝钢炼钢固体废弃物的污染和占地问题，还完美实现了钢渣的变废为宝，为我国的钢渣治理探索出一条与时俱进的绿色循环经济之路。

掉进长江里的上海牌手表

这一切都要从一块“掉进长江里的上海牌手表”说起。去过上海市宝山区的人都知道，宝山其实没有山。可是，自 1985 年 9 月宝钢投产后，产生了大量固体废弃渣子，随着时间的推移就堆积成了一座座“渣山”，不仅占用了大片土地，还对周边的土壤和水质造成二次污染。

“中冶环工”品牌钢渣透水路面产品在上海世博会园区广场成功应用

一次，时任冶金部副部长的黎明在宝钢电厂灰坝检查工作时，刚好碰见施工人员将一车钢渣倒进了长江边的废弃场。陪同检查的中冶集团全国劳模王茂松心中一动，忙说：“部长您看，一只上海牌手表掉到长江里去了。”

“哪里？哪里？”黎部长疑惑不解地问。

“那不是吗？”王茂松指着那车钢渣说：“这么大一车钢渣，里面含的铁比一块上海牌手表还值钱呢！”

“那你们为什么不捡起来？”

“因为银行的人说，国务院有规定，出售边角余料不许分成。没有奖金，时间长了，工人就没有积极性了。”

此后，这个问题得到宝钢集团的高度重视，最终在国务院有关部门的支持下得到了圆满解决。在政策规定落实到位后，1988 年 5 月，中冶宝钢公司通过公开竞标的方式正式承接了宝钢钢渣处理作业，成为宝钢乃至我国钢铁行业探索日本新日铁作业外协管理模式的首个案例。从此便在“消灭渣山，钢渣不落地，含铁率高的全部返生产，含铁率低的全部利用”的总目标指引下，走上了漫长而艰辛的钢渣综合利用之路，也成了宝钢炼钢 30 多年来无忧生产的坚强后盾。

用格栅工艺消灭落锤车间

宝钢炼钢产生的废钢渣刚从炉子里排放出来时，是温度高达几百摄氏度的固态炉渣和少量熔融状态钢水的混合体，其中的固体炉渣有大有小，含铁量也有高有低，如何安全、高效、精准地进行区分处理，成为“吃干榨尽”的首要难题。

经过深入调查，研究人员将炼钢产生的渣子分成铸余渣和钢渣两类，其中铸余渣排放量占钢产量的1%～2%，总量少但含铁量高，普遍在30%左右，适当处理后可返回炉子炼钢。因其经常呈现大块的外形尺寸，被工人们形象地称为“渣钢坨子”，必须先进行破碎处理，变成小块后才能返回炉子炼钢。之前对其进行破碎作业普遍采用的方法就是落锤破碎法，顾名思义就是把重达数吨的大铁球举升到数米的高度，在重力作用下凭借自由下落的巨大冲力砸碎“渣钢坨子”。重锤的每一次下落都仿佛一次小规模的爆破，不但现场扬尘漫天、声音巨大，被砸碎的钢渣颗粒还会以极快的速度飞向周围空间，破坏力可与子弹相“媲美”，经常把密闭厂房的屋顶打出孔洞甚至直接掀翻，不但能耗高，效率低，而且作业危险性极高。据当时居住在宝钢厂区附近的居民回忆，他们在家中时常会听到破碎作业的轰天巨响。

钢渣配重块产品在振华港机设备上得到应用

中冶宝钢公司研究团队经过论证，最终确定在铸余渣处于高温熔融状态时，用网格状器具对其进行小块化分割，这是能耗最低、效率最高和最安全的工艺方案。研发团队先后尝试了使用钢板、耐火材料等多种材质作为此项工艺的关键设备网格状分割器具——格栅的原料，但都因为成本和掺杂度等原因以失败告终。就在项目进度接近停滞的时候，研发人员利用“相似相溶”的化学原理，创造性地提出“以渣治渣”的思路，用铸余渣为原料生产出混凝土再加工成格栅，这种方法成功地将大块铸余渣分割成平均直径在10厘米以内的小块固体，圆满解决了用其他材料制作格栅造成的杂质浓度干扰问题，标志着格栅工艺的成功诞生。

格栅工艺推广使用后，取代了作业危险性极高又污染环境的落锤破碎工艺，实现了铸余渣的安全、高效返炼钢的生产目标。近16年来，这项工艺累计为宝钢实现钢渣返炼钢620万吨，节约成本近30亿元。原来的落锤车间不见了，住在厂区附近居住的居民也听不到轰天巨响了。由于现场应用效果良好，此项工艺已成为目前国内同行业广泛采用的工艺解决方案。

把废弃钢渣变成环保建材

炼钢产生的钢渣排放量通常占钢产量的10%～15%，总量虽大，但含铁量很低，只有5%左右，没有返炼钢的价值，无法二次参与冶炼，是炼钢产生的真正废弃物。20世纪80年代，行业的普遍做法是将其用作路基的回填料，但因其本身金属氧化物含量较高，被填埋后在一定温度和压力下经常会发生膨胀现象，从而导致路面表层开裂，影响道路寿命。因此，钢渣作为路基回填材料的名声很坏，被行业大多数公路项目“拒之门外”，二次利用受到极大阻力。1985年宝钢一期工程投产后，废弃钢渣曾一度堆积达到数百万吨，形成一座座的“渣山”。不仅占地面积大，还对空气和地下水造成了污染。据不完全统计，全国钢渣累积堆存近10亿吨，综合利用率却只有30%，远低于美国、日本、德国等发达国家的95%以上的利用率。

为了探索改变我国炼钢尾渣利用率低的现状，把钢渣变废为宝，中冶宝钢公司成立了冶金渣综合利用技术研究中心，设立了国家认证的钢渣实验室，发明出一系列独家配方和工艺，以钢渣为原料生产出“粉、砂、砖、土”（钢渣微粉、钢渣特种型砂、钢渣透水路面砖、钢渣重混凝土）四大类产品。特别是以“中冶环工”为品牌的生态型钢渣透水路面产品，整体强度较普通透水路面产品普遍高20%以上，透水率也超过了国家标准的2.5倍，成功解决了高强度与高透水性兼容的行业难题，是海绵城市建设的理想材料。在上海嘉定新城、上海世博园区、上海迪士尼旅游度假区、中国首届进口博览会等重点工程和多项市政工程建设上，累计用量达到200万平方米，并受到一致好评。2013 年，该产品被列为上海市资源利用行业首批节能产品，2016 年入选住建部首批《海绵城市建设先进适用技术及产品目录》。

正是这个用废弃钢渣为原料生产出来的新型环保建材，完美实现了将宝钢的废弃钢渣“吃干榨尽”、变废为宝的目标，为我国的钢渣治理探索出一条与时俱进的绿色循环经济之路。渐渐地，宝钢厂区内曾经的“渣山”不见了，取而代之的是成片的绿树和茵茵的绿草，宝钢也因为厂区环境优美被称为国内钢厂清洁生产的典范，享有“花园钢厂”的美名。从此以后，宝钢的“渣山”永远成为了历史。

砥砺奋进，岁月鎏金

——“中冶重机”冶金物流装备紧跟时代逐浪潮

中华人民共和国成立的70年，是中国共产党砥砺前行、带领全国人民从站起来到富起来再到强起来，向世界展示中国人民发奋图强的一部史诗。中冶集团与祖国70年风雨同舟、共同发展，见证中国在世界的东方崛起。中冶宝钢紧跟集团发展步伐，兴主业、拓市场、树品牌，在改革发展的浪潮中聚焦主业，并相关多元，成功打造出“中冶重机”“中冶环工”“中冶焊材”“中冶铸模”等制造品牌。其中“中冶重机”着力打造的冶金大物流技术装备紧跟时代的步伐，经过岁月的磨砺和沉淀，让中冶制造流光溢彩。

转型发展，以市场需求推动工业革命

“中冶重机”，一个从修到造的冶金大物流装备制造品牌，顺应时代潮流，研制出无轨化抱罐车和铁水运输车两大系列产品，并结合国家环保政策推出环保型焊接式系列渣罐，深受市场青睐，并在渣处理工艺和冶炼工艺改革中做出巨大贡献。

抱罐车的出现让传统渣处理工艺得到跨越式发展，它可以实现自动抱罐、装罐、背罐、运罐、卸罐等一系列动作，优化了渣处理工艺，减轻了劳动强度，而且抱罐车随运随停、机动灵活，缩小了作业空间。该设备以往全靠进口，昂贵的采购价格、维修成本以及较长的备件货期让国内冶金企业望而却步。进口装备国产化是中国制造的发展方向，也是“中冶重机”发展制造业的初心和梦想。经过15年的科技研发以及市场推广，目前“中冶重机”品牌

渣罐车产品在国内市场的占有率已超过90%。

经历钢铁寒流，“中冶重机”顺势转向与业务相近的有色冶炼渣处理市场。自2010年开始，大冶有色、金川有色、中原黄金、江西铜业等一批国内有色冶炼市场被逐个突破，标志着“中冶重机”抱罐车已成功跨界有色领域，成为有色冶炼行业工艺革命的引领者。

技术研发，以创新之箭直击行业高端

“科技是第一生产力”，习近平总书记也多次强调这一重要论证，指出要从全局的高度谋划部署，将创新理念置于国家发展全局中的重要战略位置。“中冶重机”作为国内抱罐车、铁水车等冶金大物流装备的研制单位，始终面向市场，以科技创新的澎湃动力推动企业可持续发展。

“中冶重机”在大力开展自主研发的同时，不忘借鉴行业与业主的先进理念，成功研发出“中冶重机—江铜版”新型抱罐车产品，极大地提升了国产抱罐车的市场竞争力，完善了铜冶炼抱罐车产品系列。该产品是平台抱罐车与U型抱罐车的有机结合，车辆布置更加紧凑，转弯半径更小，具有自重轻、利于高位倒渣、现场适应能力强、作业效率高等特点。2018年9月投产至今，整车的稳定性、适应性以及科学的设计均受到业主的肯定，实现了运行成本的大幅降低，已成功替代现场在用的同类进口产品。2019年7月，江西铜业又续订了两台，计划后续将全部实现国产化。

“中冶重机—江铜版”抱罐车发货

研发团队充分发挥自身优势，大胆运用行业技术高新理念，通过三维建模、有限元分析、远程智能等多项新技术的应用触摸行业高端技术水平，形成了一系列“中冶重机”的特色核心技术，其中包括：提升驾控性、舒适性和安全性的外观设计；巧用自重节能减排的紧凑布置；实现高位倒渣和降本增效的油缸替代方案；优化结构强度，增加可靠性、安全性、合理性，缩短研发周期、降低研发成本的有限元分析；提高车辆信息化程度的远程智控系统的优化；对小到元器件的耐酸、防腐、密封性设计也做了周密考虑。其中，作为抱罐车“心脏”的多路阀，以往只能依赖进口，严重制约项目工期，对此，“中冶重机”自主研发了阀组并成功替代了国际知名液压品牌，实现降本50%以上。“中冶重机”以高科技、新技术、新产品搏击行业高端，迎来广阔的发展前景。

市场开拓，争政策红利，远征“一带一路”

“中冶重机”从宝钢市场出发，将冶金大物流装备推广辐射至全国，并力争遍布五大洲，近年来更是争享政策红利，征战“一带一路”，市场开拓硕果累累。

“中冶重机”焊接渣罐制作现场

海外市场开拓从“借船出海”到“自主出海”，营销队伍也从“水手”成长为“船长”。“中冶重机”产品的破冰之旅从东南亚启程，到远销南洋、登陆非洲、跋涉美洲，海外市场版图大幅扩张。2017 年以来，“中冶重机”核心技术产品抱罐车沿着“一带一路”挺进，业务风生水起，为涉外产品的研制与服务积累了丰富的涉外经验。

随着产品在技术升级、性能稳定、质量可靠、服务周到等方面的不断提升，2019 年，“中冶重机”抱罐车更是成功销往韩国等发达国家。这是“中冶重机”发展历程中一次质的飞跃，以实力战胜了国际知名品牌和韩国本土品牌，彰显出中国制造的卓越品质。

镌刻品牌，任大浪淘沙，笑看岁月鎏金

千淘万漉虽辛苦，吹尽狂沙始到金。如今的“中冶重机”是一个被行业

广泛认可、在国内保持领先、向世界不断迈进、获各大媒体持续关注的知名品牌。它的成长不是一蹴而就的，而是广大“中冶重机”人智慧和汗水的结晶；是镌刻在中冶重机人骨髓里的一块烙印；是见证与时代共同发展的一枚勋章；是经受了市场长期考验的硕果，在激烈的竞争中，任大浪淘沙，笑看岁月鎏金。

“中冶重机”从未停止追梦的步伐，积极响应国家号召，以政策为引领，追赶时代的发展，紧跟市场的需求，不断精进“循环经济”、绿色环保、科技智能、经济适用的系列核心产品。2018 年 3 月，“中冶重机”PBC-380 吨铁水运输车、澳森钢铁 PBC-200B 铁水运输车、燕钢 BGC-90B 铰接平台式抱罐车等产品陆续通过国家环保局的审核。

岁月不居，时节如流。历经浪潮洗礼，“中冶重机”以敢为人先的气魄研制出“亚洲巨无霸”，以绿色环保的理念打造环保焊接渣罐，以坚韧不拔的信念跋涉“一带一路”，以“品牌 + 研发”的经营方针征战五湖四海。澳森钢铁 PBC-200B 铁水运输车的五度续签、马钢渣罐的八次“牵手”、挪威铝槽的 10 年合作，这不仅是市场对产品的认可，更是大浪淘沙后品牌的升华。

2017 年 8 月，“中冶重机”9 台亚洲“巨无霸”——380 吨铁水运输车横空出世，在山钢集团日照精品钢基地无故障服役一年，获得业主的高度赞赏。2018 年年初，再次签订 9 台，让亚洲翘楚再续辉煌，以市场口碑镌刻企业品牌。

企业只有紧跟时代，才能生存发展。中华人民共和国成立的 70 年，也是探索发展的 70 年，中国从世界制造大国成为制造强国。“中冶重机”的发展只是千万国有企业发展洪流中的沧海一粟。在中冶集团的领导下，“中冶重机”以“品牌 + 研发”砥砺奋进，走高质量发展之路，紧跟时代逐浪潮，业务从最初的基础修造发展成为今天具有品牌影响力的高端“智造”。

二十八载风雨路，谱写中冶耐材新篇章

——中冶耐材改革发展工作纪实

1992 年 9 月 8 日，由中冶宝钢与日本九筑工业株式会社共同出资的上海宝九和耐火材料有限公司（以下简称宝九和公司）建成投产，标志着中国第一家专业从事不定形耐火材料生产的中日合资公司正式运行。在 28 年的风雨历程中，宝九和公司严格履行双方股东决定，坚持内贸外贸并举、国内国外市场并重的市场营销策略，坚定走国际化道路，苦练内功、持续发展，公司经营业绩稳步提高，市场客户逐步扩大，已成为国内不定形耐火材料生产企业的翘楚。2019 年，在双方股东的共同努力下，宝九和公司拉开了企业改革的新篇章。经过对多地市的调研和可行性分析，宝九和公司于 2019 年 5 月 27 日成立南通分公司，正式在江苏省南通市海门区设立分支机构，实现了 28 年历的企业制造转移。2019 年 11 月 16 日，宝九和公司南通分公司顺利揭牌，产线也正式运行投产。宝九和公司易地产线投资项目是中冶宝钢在“1 + 3”产业发展基础上对制造板块的一次跨越式推进，为宝九和公司新一轮发展提供了强大助力。

稳扎稳打话经营，走好企业发展每一步

28 年前的今天，国内不定形耐火材料行业仍处于起步阶段，结合宝钢投产运行初期需求，在中冶宝钢和日本九筑工业株式会社的共同努力下，宝九和公司应运而生。经上海市人民政府批准，国家工商行政管理局注册，宝九和公司落户于长江入海口、毗邻宝钢的宝山。公司充分利用中国丰富的耐火

原料资源，引进日本先进技术和管理以及精良的生产设备，运用日本九筑工业株式会社长期积累的丰富筑炉经验和先进施工技术，专门生产、经营各种不定形耐火材料和原料的深加工，同时承接各类工业炉窑的施工、检修和技术咨询。

28 年来，宝九和公司以“瞄准高新技术、开发优质产品、追求卓越管理、竭诚全面服务”为企业宗旨，严格按照双方股东要求推进企业经营。公司创建以来，利用国外的先进技术和设备优势，先后参加了国家“九五”攻关项目的宝钢 300 吨钢包整体浇注项目和宝钢炼铁部出铁沟湿法喷涂项目的技术开发；同时，与宝钢共同开发了自流浇注料和主沟热浇料，均取得了较好使用实绩和经济效益，获得了国家专利和原冶金部科技进步一等奖等殊荣。

上海宝九和耐火材料有限公司建成投产仪式

公司生产经销不定型耐火浇注料、修补料、喷涂料、捣打料、可塑料和火泥等六大系列，70 多种产品，主要原料和辅原料 150 余种，除少量进口外，分别来自全国 15 个省市，产品销往以宝钢为主的国内十几个大型钢厂，并出口到德国、俄罗斯、日本、澳大利亚、沙特阿拉伯和越南等国。

苦练内功拓市场，走出国门显担当

宝九和公司成立 28 年来，得益于国内钢铁企业的提携，在宝钢、马钢、首钢、鞍钢、太钢、南钢、宁钢等国内大型钢厂项目上获得良好应用，目前仍承担马钢、首钢的高炉出铁沟耐材总承包业务，国内市场业绩由高炉用不定型耐材向有色冶炼、石化领域拓展，成功开拓了韩国浦项高炉喷涂料项目、中石化哈萨克斯坦项目、中石化乌鲁木齐项目、中石化大庆油田项目、文莱项目、越南河静钢铁项目等。在公司技术人员的潜心研究下，成功开发出铁沟系列产品、非钢领域系列产品、石化领域系列产品技术，并开发出低价值材料配方降本技术。

通过新产品开发和降本技术研究，宝九和公司不定型耐材产品价格与国内同行相当，但产品质量优于同行，使得公司在市场开拓过程中更加具有竞争力。在企业发展的28年中，宝九和公司凭借“人无我有、人有我优”的产品价值理念，走出国门，走向世界。在国外市场开发过程中，凭借质量稳定、产品价格优势，成功抢占俄罗斯、乌克兰钢厂高炉耐材供应项目，目前占俄罗斯、乌克兰国内钢厂大型高炉耐材90%以上。2019年，在中冶宝钢的正确领导下，与兄弟单位第三分公司携手成功中标越南河静钢铁4350立方米高炉出铁沟耐材供应。

宝九和公司南通分公司揭牌暨产线投产仪式

多年来，宝九和公司不定形耐火材料产品屡次走出国门，站在世界的舞台。2020年，新型冠状病毒性肺炎疫情暴发，国内钢企、有色金属冶炼企业被迫减产、限产。作为冶炼企业的下游，2020年一季度，宝九和公司的国内市场订单受到严重影响。在国内市场不景气的情况下，宝九和公司坚定沿着“走出去”的经营思路，在2019年海外市场营销基础上，加大对海外市场的营销拓展。截至2020年8月底，出口业务同比2019年同期增长54.27%，实现了新型冠状病毒性肺炎疫情期间耐火材料产品出口的逆势上扬。

凝心聚力谋发展，易地建设创辉煌

2019年，在双方股东的共同努力下，宝九和公司拉开了企业改革的新篇章。经过对多地市的调研和可行性分析，宝九和公司于2019年5月27日成立宝九和公司南通分公司，正式在江苏省南通市海门区设立分支机构，实现了28年后的企业制造转移。宝九和公司南通分公司全自动化不定型耐材生产线年设计能力2.5万吨，可满足近百种产品生产制作要求，是目前国内单线生产产品最多、单体产能处于国内同行前列的全自动先进生产线。生产线由储料计量系统、搅拌提升系统、自动打包系统、计算机监控系统、环保除尘系统五大部分组成，设置储料仓42个，其中骨料仓20个、粉/细料仓17个、超细粉仓5个，每个料仓均采用封闭式独立储存，以免因物料交叉而使用同一筒仓造成原材料污染，从而影响产品质量。通过利用高端电子控制系统实现精确计量，该套计量系统误差仅为3‰以内，领先于同行。

2019年11月16日，宝九和公司南通分公司顺利揭牌，产线也正式运行投产。宝九和公司易地产线投资项目是中冶宝钢在“1+3”产业发展基础上对制造板块的一次跨越式推进，为宝九和公司新一轮发展提供了强大助力。易地产线投资项目是宝九和公司成立28年来的一次产业革新。新设备的更新换代、智慧制造产业的减员增效、新运营模式的变革等，必将给宝九和公司带来一次全新发展的契机。

路虽远，行则将至；事虽难，做则必成。宝九和公司严格按照中冶宝钢“十四五”规划部署，坚持“市场是企业长久发展的沃土”，牢固树立“到有草的地方放羊，到有鱼的地方撒网”的市场敏感性，践行“一天也不耽误、一天也不懈怠”的企业精神，快速部署、强化落实。怀着“江阔水急行大船”的激情，杜绝“船到桥头自然直”的慵懒，用实干精神奋力拼搏，带领宝九和公司全体人员携手共进、砥砺前行，让宝九和公司迈入新的更好阶段，牢固树立中冶耐材良好的品牌形象。

“中冶蓝”与“南极白”的风云际会

——中冶宝钢参加第35次南极科考设备安装纪实

2018年11月2日，上海极地科考码头上的咸湿海风中响起了一声悠长的汽笛，参与国家第35次南极科考设备安装的6名中冶宝钢队员在送行者不舍的目光和临别的祝福中开始了他们的海上航程。中冶宝钢南极施工队员不畏长途远洋的艰辛，不惧南极恶劣的气候，克服了远涉重洋的不适、极地严寒的考验、生活的极度不便和对亲人的深深思念，顺利完成泰山站二期施工工作，为国家南极科考事业做出了自己的贡献。

结　缘

南极是地球上仅存的有待人类探明、开发的巨大资源地区。17世纪，挪威人在人类历史上第一次踏上南极，时隔3个世纪后，中国人也于1984年11月首次登上了南极，并于1985年和1988年在乔治王岛和拉斯曼丘陵上建起了中国南极长城站和中山站。之后，又于2009年和2014年相继建成昆仑站和泰山站。

中冶宝钢与南极的结缘始于2012年。2012年9月17日，中冶宝钢第五分公司与国家南极昆仑站建设总包单位宝钢工程技术集团签订了安装施工合同，这是中冶宝钢公司首次承接国家南极科考建设项目。2014年10月28日，第五分公司陈忠等6名施工人员搭乘“雪龙号”科考船赴南极完成该项目的施工任务。

2015年11月7日，第五分公司又派出王申健、伍启成等2名队员再次登上“雪龙”号科学考察船，赴南极对2015年南极昆仑站二期工程进行机电设

时任中冶宝钢党委书记、董事长高武久为即将出征的勇士授旗

备安装调试，保证昆仑站具备住人工作条件。这是中冶宝钢员工第二次踏上南极这块熟悉又陌生的土地。

2018 年 9 月 7 日，第五分公司与宝钢工程技术集团有限公司签订南极泰山站二期建筑工程施工合同，再一次与南极这块神秘的土地结下了不解之缘。

10 月 30 日下午，中冶宝钢公司为赴泰山站进行设备安装施工的陈忠等 6 名队员举行了简单而庄严的出征仪式。公司高层领导分别向出征队员授中冶集团旗和公司旗，并勉励大家要以最出色的工作成绩，为中国南极泰山科考站的建设献智献力，全力确保本次施工任务的安全、进度和质量，让“中冶宝钢”的金字招牌镌刻在南极大陆上，为公司市场拓展和经营发展提供强大助力。

出　征

南极属于高寒地带，素有“风极、寒极、雪极”之称，大风、暴雪、强光照，个个都是“拦路虎”。那里夏天的温度只有零下 20℃，且夏季的时间很短，冬天最冷时更达零下 70℃。为了便于施工，国家有关部门特地安排施工人员在南极的夏季进行施工建设。中冶宝钢 6 名参建员工全部来自第五分公司，他们是从十几名被推荐人选中挑出来的，平均年龄 35 岁，31 岁的陈忠被任命为领队。

“我们是 2018 年 11 月 1 日上的雪龙号科考船，2 日正式从上海出发。”陈忠告诉笔者，出发前，他们对泰山站施工的各种设备进行反复试验，并进行了预拼装。“相当于春晚演出前的一次彩排。”陈忠说。这样做，是为了到了南极后，能够尽量节约施工时间，保证施工安装任务顺利完成。

6 名员工中，只有陈忠、伍启成和郭龙斌坐过海轮，其他 3 名队员都没经历过。一上船，大家就感到很不适应，呕吐，吃不下东西。持续了一周后，才逐渐适应了海上生活。2018 年 11 月 30 日，队员们到达南极中山站。从中山站到泰山站，是从南极大陆边缘伸向内陆冰盖的一段路，这一段的距离是522千米，平均冰厚有2000多米，海拔从沿海上升到最高点2600米。出发后就是一路上坡，而且越走气温越低，科考队去的时候虽然是夏天，但温度也只有零下二三十度，气候依然恶劣。雪地车拉着几十吨重的雪橇，走得很慢，单程要走十多天。在这种极端恶劣的环境里，车辆几乎每天都会发生故障，而且大部分队员都会有高原反应或冻伤。雪地车经过的地方还有可能有冰裂缝，建泰山站时，很多困难都集中在物资运输过程中，但全员都在砥砺前行。

施工队队员在泰山站前合影

经过6天鏖战，全部准备工作就绪。2018年12月18日早上10点，考察队举行了一个不同以往的出发仪式。仪式中，有一个环节是喝“壮行酒”，每人倒上一碗白酒，喝完出发。在扔下碗、跳上车的那一刻，作为领队的陈忠，眼泪不自觉就唰唰地流了下来。他们心里都清楚，只要一离开中山站，有些事情就已经不是自己所能掌控的了，老天在很大程度上将主宰他们的命运。

奋　战

2019年1月1日，泰山站科考设备开始箱体安装，项目组分成3组人员进行作业。但是，他们在作业过程中遇到了“地吹雪”。“地吹雪”现象是南极大陆常有的一种自然现象，大风吹动浮雪，像流沙一样铺天盖地而来。如果在南极遭遇此种天气，时有不测发生。

正如第35次南极科考泰山队队长姚旭所说：“这里盛行暴风雪，一次暴风雪就可以埋掉挖好的基坑，因此我们趁着刚来时的好天气，让所有队员都参与了主体建筑下部基坑的开挖，其他部分使用扬雪机，挖出了一个面积约300平方米、深5米的基坑，为二期工程的完成开了个好头。”

面对如此恶劣的自然环境，项目组成员克服困难，与时间赛跑。他们用两天的时间安装了15个箱体，在最后一个箱体就位时，时间已经是2019年1

月4日凌晨3点，队友们都已经精疲力尽，有的队员由于几天的劳累，坐在钢梁上睡着了。陈忠和队员们不等不靠，又拖着疲惫的身体，一鼓作气完成余下的集装箱箱体安装任务，为后续机电设备安装做好了准备。

2019年1月22日中午，接到考察队临时通知，泰山队将要在2019年2月1日提前撤离，而原计划是2019年2月10日完成任务，现在要提前一周时间完成，打破了原来的施工计划。陈忠积极和考察队一起针对存在的问题进行讨论，重新调整施工方案，并带领队员按照调整后的方案立即执行。经过施工人员昼夜开工，至2019年2月1日，中国南极泰山站二期工程建设全部完成。引人注目的是，此次工程主要任务——泰山站配套系统工程全部安装在深雪之下：组装建筑，安装发电、新能源、污水处理、融雪、远程无人值守供电等系统，都是在深雪下完成的。作为我国首个南极雪下工程，泰山站雪下建筑进行了多项创新，这也是第35次科考亮点及成果之一。因此，科考队领导对包括中冶宝钢公司6名员工在内的所有队员给予了高度赞扬。

此次泰山站设备安装从施工至项目结束，经过场地清理，直至撤离，施工时间仅用38天，比原计划45天提前了整整一周。

自2018年11月2日从上海极地中心开始启航，到2019年3月11日再次回到上海极地中心码头，131个日日夜夜，中冶宝钢公司旗下的6名员工在极昼、烈风、酷寒、暴雪等困难面前，充分发扬“爱国、拼搏、求实、创新”的南极精神，自我加压，不畏艰难，出色地完成施工任务，受到南极科考队的高度赞誉。

归　来

2019年3月12日上午，伴随着汽笛声声，身披中国红的“雪龙号”经过长途跋涉，在上海港极地码头顺利靠岸，承担中国南极泰山站设备安装建设重任的中冶宝钢公司陈忠等6名施工人员以及中国第35次南极科考队员们圆满完成了任务，随船凯旋。

上午8时，公司党委副书记、纪委书记马奎举率队，在第五分公司领导黄毓、方芳、朱永柱等陪同下，与员工代表和施工人员家属等一行20余人赴上海港码头迎接，代表公司向凯旋的勇士们表示崇高的敬意和真挚的问候。

在接船现场，见到阔别已久的勇士们，家属们几乎都异口同声：“怎么晒得这么黑！”陈忠说，其实不光晒黑了，大家也都瘦了，最多的瘦了 10 千克，他自己也瘦了六七千克。

谈起南极，大家纷纷活跃了起来——

“在南极施工期间，南极的太阳光特别刺眼，没有黑夜，一天到晚都是白天。”

“南极的雪常年不化，干得像面粉，一刮大风，漫天飞雪。几米远之外，几乎啥都看不见。”

“回来时，我们每个人都瘦了，有的瘦了十来斤，有的更多。在南极施工虽然辛苦，可每当看到飘扬在南极上空那面鲜艳的五星红旗，我们顿时觉得身上的疲劳消失了，心中萌生无限的动力。”

……

中冶宝钢南极施工员工不畏长途远洋的艰辛、不惧南极恶劣的气候，克服了远涉重洋的不适、极地严寒的考验、生活的极度不便和对亲人的深深思念，顺利完成泰山站二期施工工作，为国家南极科考事业做出了自己的贡献。这不仅是中冶宝钢全体员工的骄傲，更是中国中冶的光荣，他们用行动践行着“一天也不耽误、一天也不懈怠”的企业精神。

曾经四海为家的中冶人，足迹遍布全球多个国家和地区，也留下了一个个不朽的工程。然而这一次，中冶宝钢人一举刷新了之前的纪录，用实际行动让蔚蓝色的中冶旗帜傲然飘扬在南极晶莹剔透的大陆上。

昼夜不息，创新发展模式

——中冶宝钢致力打造国内钢渣返生产加工样板基地

中冶宝钢是国内最早专注于冶金渣加工处理与综合利用的公司，30 多年来一直在探索钢铁冶炼过程中产生废弃渣的处理、回收再利用，摸索出了一套行之有效的独特生产工艺，其中核心的工艺技术已经达到国际先进水平。但是，中冶宝钢从未止步，一直在努力探索钢渣固废利用的绿色高质量发展，不断提高自身的技术水平，为国家的固废处置事业和生态环保建设添砖加瓦。

党的十九大报告明确提出，“必须树立和践行绿水青山就是金山银山的理念，坚持节约资源和保护环境的基本国策”，同时指出要“加强固体废弃物和垃圾处置”。钢铁企业作为固体废弃物生产大户，保护生态环境重任在肩，加强钢渣固废资源综合利用迫在眉睫。中冶宝钢作为国内最具持续竞争优势的冶金钢铁生产运营服务商，一直在深度思考产业发展，围绕未来中国循环经济大发展的契机，积极推进钢铁产业固废综合利用产业高质量可持续发展，推进钢铁行业生态文明建设。

钢渣是炼钢过程中的必然副产物，其产量为粗钢产量的 15% ~20%，在工业废渣中占据很大比重，同时也是一种很好的二次可利用资源。随着钢铁工业的持续发展，钢铁企业对于环境保护和降低成本越来越重视，钢渣的开发利用已成为我国钢铁工业循环经济的重要切入点，加强钢渣的综合利用是钢铁行业加强生态文明建设和促进行业产业升级的迫切要求。随着生态文明建设的持续推进，钢铁企业对环境保护和降低成本越发重视，炼钢生产过程中的钢渣也成为固废资源回收利用的重点对象之一。如何助推钢渣固废利用产业的高质量发展，已成为钢铁行业链条上亟须解决的难题。

钢渣返生产利用工艺及产品

近年来，宝钢的滚筒法渣处理工艺技术实现了热态渣一次处理短流程、钢和渣分离彻底、有效控制钢渣的颗粒级配及形貌、降低钢渣尾渣中游离氧化钙和游离氧化镁。滚筒渣在宝钢的推广，为钢渣尾渣的资源化综合利用提供了便利。中冶宝钢目前的钢渣二次处理工艺是众多先进工艺的集成，在对钢渣原料进行破碎、筛分、磁选等众多工序中，针对不同渣型，围绕节能环保、降低成本、环保维持而进行技术攻关、技术研发的工艺总和，并在国内首创选择性磨破加干磁选提铁技术，对含铁原料进行再加工，实现钢渣分选加工生产工艺的“四化”——环保化、产品化、集约化和高效化。

钢渣返生产加工样板基地俯瞰图

地渣二次加工生产工艺。地渣是一个广义概念，是转炉地渣、电炉渣、铁水渣、铸余渣等的统称，经过破碎、切割、筛分、磁选处理后，根据尺寸规格的不同或输送至金属提纯环节进行再次处理；或作为转炉冶金辅料定时运至炼钢区域循环使用；或作为水泥原料、混凝土集料、冶金辅料或钢渣微粉原料定时运至各用户。

滚筒渣二次加工生产工艺。滚筒渣由自卸车运至滚筒渣预处理厂房后进行几道破碎、筛分、磁选，并根据结果决定其去向：或是经筒仓储存后用作冶金辅料、路基材料；或是由胶带机送至制砂间进行钢渣标准砂制作；或是由胶带机送至金属提纯生产线原料仓，生产钢渣微粉原料、水泥原料。

金属提纯生产工艺。将地渣加工生产、滚筒渣加工生产收集的规定规格的渣钢进行干式细磨、脱水细磨后，进行二次筛分，一部分高纯渣钢返回炼钢环节进入循环利用，一部分进行渣铁分离，分离后铁粉作为压球线生产的主要原料或运至烧结厂回用和电炉回用，尾渣外销至水泥厂。

钢渣返生产利用环保运营

钢渣返生产加工严格按照环评要求，采用新型环保工艺技术，实现“无扬尘污染、无生产废水排放、无工业固弃”的环保运营目标。

全封闭钢结构厂房：生产线实施全流程封闭化作业，生产线物料之间的转运采用封闭的胶带机通廊形式，大块料进封闭料槽，粉料进料仓或成品库。振动筛、破碎机、棒磨机、球磨机、烘干机等产生噪音的设备封闭在车间内，并采取隔振、减振措施。厂房内料堆扬尘处采用雾化喷淋抑尘设施、根据要求设置不同规格的挡墙。同时，充分考虑个例，如考虑到滚筒渣为含水的热渣，易产生大量蒸汽，设置厂房通风，采用机械排风自然进风的通风形式，侧墙上设置轴流风机排风。

全方位除尘系统：除尘集约布置，集中除尘和点式除尘结合，生产线胶带机落料点设有点式消尘器，收集的粉尘直接落回胶带机。棒磨机、球磨机、圆筒烘干机分别设有集中除尘，满足排放要求。成品库设有喷雾降尘设施，成品装料设有固定点除尘设施。所有除尘工艺设备均成套提供仪控设备，主要包括料位计、压力变送器、电接点压力表、温度检测、风机振动等。

两套循环水系统同时运行，净循环水系统、浊循环水系统，皆由 EMS、PLC 系统实行自动化控制。生活消防水总管、串接水补水管、工业水补水管流量检测，检测信号送 PLC 控制系统进行计量、监控；循环水池、雨水收集池、工业水循环水池、洗车台循环水池液位检测，检测信号送 PLC 控制系统进行联锁监控。

全方位除尘系统：钢渣加工生产线包括滚筒渣生产线、地渣生产线和金属提纯生产线。在生产过程中，切割、上料、烘干、装料等生产工艺均会产生扬尘，为捕集上述这些扬尘点产生的粉尘，满足环保要求，分别设置除尘系统，或净化后经风机、排气筒排入大气，或收集除尘灰返回生产利用，确保项目建设和生产不造成二次污染。

中冶宝钢是国内最早专注于冶金渣加工处理与综合利用的公司，30 多年来一直在探索钢铁冶炼过程中产生废弃渣的处理、回收再利用，摸索出一套行之有效的独特生产工艺，其中核心的工艺技术已经达到国际先进水平。但是，中冶宝钢从未止步，一直在努力探索钢渣固废利用的绿色高质量发展，不断提高自身的技术水平，为国家的固废处置事业和生态环保建设添砖加瓦。

把握长三角一体化战略机遇，打造一流职业技能培训品牌

——中冶宝钢打造一流人才培训基地工作纪实

上海中冶宝钢职业技能培训中心（简称中冶宝钢培训中心）成立于2003年3月，多年来紧紧围绕公司产业发展战略定位，充分发挥高技能人才培养基地、全国职工教育培训示范点、上海市职工学堂作用，工作紧盯目标不设上限，提质增效不留余地，党建工作更加有力，生产经营稳健进行。

不忘初心，凝心聚力，打造一流的党建队伍

中冶宝钢培训中心现有员工16人，承担着企业2万余人的职业技能提升培训、员工取复证及8万张证件信息管控工作，始终坚持围绕中心抓党建、抓好党建促发展的指导思想，充分发挥党支部的领导核心和桥梁纽带作用，以创建学习型党组织为目标，认真落实“三会一课”制度，努力打造学习型党支部。近3年来，已经发展了2名优秀员工加入中国共产党，积极营造党政工团齐抓共管，开展各类凝心聚力的活动，举办了迎新春“聚合力纳祝福”主题党日、“书香三八”茶艺插花、参观陈云故居重温入党誓词、“辉煌七十年为祖国庆生”、参观三山会馆学习四史主题教育等各类活动，并与上海市总工会职工技协党支部进行共建，努力打造一支“知识型、技能型、创新型”的人才队伍，始终以良好的政治形态推进各项工作，为公司年度培训工作各项目标的实现提供强有力的保障。

优化环境，拓展空间，树立一流的窗口服务形象

中冶宝钢培训中心作为重要的窗口服务单位，具备电化教学的大小教室14间，能同时容纳700人参加理论学习，300人参加实际操作技能培训，配备专兼职教师175名。2020年改造后的多媒体教室宽敞明亮，能实现远程培训的实时传输、资源共享。同时，企业特有工种实训车间及上海市特种作业考核站能按照坚持分专业、分领域的培训思路持续加强对专业技术人员的实操培训，始终保持培训教学的设备设施满足教学水平的同时处于领先水平，为前来培训的学员创造良好的环境。

电工实训

在日常培训教学过程中，理论教学与实训教学并重，建立健全教学计划执行检查情况、教学效果评估，不断促进教学质量提高。积极探索校企合作的技能培训模式，充分利用培训资源，满足企业生产经营发展对技能人才的需求，不断推进产业工人队伍职业技能提升，促进技能人才队伍建设，以及为上海特种作业人员培训考核做出贡献。

夯实责任，强化落实，创造一流的培训业绩

近年来，中冶宝钢培训中心的工作紧跟“长三角一体化”国家战略步伐，抢抓长三角地区人才职业技能培训市场的发展新机遇，充分发挥国有大型企业作为建设冶金运营服务商的担当，服务企业的同时肩负起应有的社会职责，踏实作为，擦亮中冶宝钢职业技能培训的金字招牌。

促技能，助创新，让产业工人由“工”变“匠”。十九大报告中提出，要“建设知识型、技能型、创新型劳动者大军，弘扬劳模精神和工匠精神，营造劳动光荣的社会风尚和精益求精的敬业风气”。为满足公司市场拓展及持续发展的需要，培养一支与公司发展目标相匹配的技能人才队伍至关重要。近年来，结

合公司推行的技能人才“千人培养计划”，中冶宝钢培训中心坚持“集中培训＋自主培训”相结合模式，持续推进技能人才、领军人才及新项目新员工三方面人员培训，持续优化培训、评价、激励机制等各项举措，开展职业技能培训不少于1万人次/年，通过培训实现产业工人队伍培养、提升的良性循环，在有效改善公司员工技能等级持证结构的同时，发现人才、培养人才，使之成长为企业“知识型、技能型、创新型”的技术骨干、技师、高级技师，同时越来越多的产业工人由“工”变“匠”，在生产一线前沿展示“匠心”。

培育“头雁”，示范引领“从一个到一群”。近年来，中冶宝钢培训中心紧紧围绕公司产业发展战略定位，根据公司年度培训规划，进一步建设新型学徒制，合力打通一体化的职业培养通道，深入开展以“劳模创新工作室”为抓手，将优秀的技能人才纳入企业专家工作室团队，做到资源整合、互利共享，使工作室成为技术成果“孵化器”、人才培养的“练兵场”、学习研讨的“大讲堂”、示范带动的“大舞台”，为企业生产经营服务项目建设提供“人才核芯”和攻坚团队，为公司的降本增效和快速发展增添强了强劲动力。目前，公司已建立9个工程技术中心和24个专家团队，逐步成为企业提质增效、难题攻关、人才培育的新阵地，取得了较好社会效益和经济效益。

——中冶宝钢李伟伟首届“中国长三角地区劳模工匠创新工作室”。工作室成立至今，累计将70余条合理化建议应用到生产一线，创造经济效益700多万元，参与获得市级以上科技创新奖项10项，省部级以上科技创新奖项11项，专利授权1项、受理4项，在国家及行业期刊上发表论文3篇。

迎新春“聚合力 纳祝福”主题党日活动

——中冶宝钢“卢长春焊接工作室”。工作室围绕企业安全、生产、质量、成本等主要经济技术指标，积极开展科技攻关研究工作，研制的CDQ锅炉在线维修技术科技成果被鉴定为国内领先，直接创造经济效益363万元，编写的“干熄焦余热锅炉维修工法”获得了省部级工法。

——中冶宝钢张晓东“上海技能大师工作室”。工作室自主研发能减小焊接量的超厚板坡口角度形状，发明了保证结构安装精度的定位装置，创造了大深度下的焊条运条方式，这些创新技术为企业顺利承接项目的成功实施提供了坚实保障。

正如他们的共同认识那样；一个人干得再好也只能代表一个点，但是把我们的技术，连带我们的敬业精神一并打包传输给新一代的年轻人，从一个人的能量转换成一群人的能量，就实现了从技术到对职业热爱的传承。

技能竞赛，打造高技能人才成长“快车道”。都说“行行出状元”，近年来，企业产业工人队伍中也涌现出不少“状元”，每年通过举办劳动竞赛、技能比武，以及承办市、区级职业技能大赛，参加中冶集团、宝钢股份及湛江钢铁等组织的技能竞赛和全国性职业技能竞赛，在有效改善公司员工技能等级持证结构的同时，一批技艺精湛、刻苦钻研的产业工人脱颖而出，并涌现出一批劳模工匠、技术能手、创新人才。高超的技艺使“状元”们不仅为自己和所在单位赢得了荣誉，更在企业内部引发了学习技能、争当高技能人才的热潮，同时使之成为承担国家大型项目建设的“主角”。比如，中冶宝钢第五分公司陈忠带领中冶宝钢项目组两次随中国“雪龙号”科考船赴南极圆满完成设备安装调试任务，用实际行动让蔚蓝色的中冶旗帜傲然飘扬在南极大陆。

中冶宝钢培训中心组队于2017年、2018年连续两年荣获上海市职工（焊工）团体金奖、优秀组织奖，2019年荣获组队“全国冶金建设行业职业技能竞赛暨中冶集团第七届职业技能竞赛”电工项目团体二等奖。

遇上“互联网+”，上网学习，技能提升“有办法”。2020年上半年，根据防控疫情工作要求，上海市全面暂停各级各类聚集性职业技能培训活动。为最大限度降低疫情对公司职业技能提升行动的不利影响，培训中心在公司技术质量部、人力资源部的筹备和指导下，迅速推进线上职业培训的业务，联合利用中冶宝钢智慧运营服务平台，按照钢铁冶金8大部位、19个业务单元，上线了涵盖企业从安全、检修到工艺创新全产业链的145个线上直播、视频录播课程，以及配套工种练习考试等系列培训项目，并不断改进培训方式与职工技能提升的匹配度，让更多职工随时“充电”。至今，累计在线答题总人数超过19500人，累计在线观看视频达到96000多人次。

“送教上门，按需施教”，满足异地培训需求。随着公司业务遍地开花，驻外单位人员队伍日益壮大，员工培训需求增多。在充分考虑异地培训证书通用性及培训成本的基础上，中冶宝钢培训中心充分利用上海地区的培训资质、资源优势，积极协调在沪的师资、教材等培训资源，通过“送教上门、按需施教”的方式为驻外分（子）公司、项目部开展特种作业培训、行业工种技能等级提升培训，覆盖了湛江钢铁、武汉钢铁、重庆钢铁、梅山钢铁、韶关钢铁、山钢日照等驻外分（子）公司、直管项目、驻外分公司，并帮助他们逐步建立师资队伍、考评员队伍，为今后异地培训、鉴定工作打下坚实基础。

2020年上半年，受疫情期间不能外出影响，培训中心由原来的“送教上门”改成聘用属地化教师开展技能提升教学工作，但仍按需施教。同时，结合异地培训考试要求，编制了各专业工种、各等级的详细培训讲义、考核方案、理论考核题库及实操考核试题，及时解决了防城港项目637人次技能等级持证问题。

认真组织实施上海市应急局考点考试工作。中冶宝钢培训中心作为上海市特种作业低压电工、电焊工工种的指定考核站，在日常工作中认真做好考试受理、资料审查、考务管理、档案管理、考试设备管理等工作，不断完善特种作业考核站管理制度，规范各项运作流程，规范有序开展考核工作。目前，培训中心在拥有特种作业低压电工、电焊工2个工种考核站的基础上，积极推进申办“冶金（有色）生产安全作业——煤气作业”等资质项目培训，在为公司员工提供考试、取证服务的同时，拓宽市场，做出品牌。

配合公司群团组织打造培训支撑点。培训中心在按时完成公司下达的各项培训任务和公司年初制订的各项培训计划的同时，积极与公司各管理部门对接，承办直管干部培训、管理人员培训、入党积极分子培训、上海市居转户政策培训、危险源辨识培训、注册安全工程师培训、一级建造师考前辅导、《监察法》讲座、党支部书记培训等各类培训；另外，还配合公司工会、女工、团委等部门协助承办公司职称评审、大学生座谈会、“三八”女职工论坛、新闻及摄影培训、职工大合唱以及配合公司开展员工义务献血、职业健康体检等活动的布置安排。

此外，中冶宝钢培训中心还紧跟国家智慧制造发展趋势，加强人工智能和产业发展融合，积极探索智慧运营发展方向及工作原理、趋势变革以及对未来管理等方面的培训项目，不断提升冶金运营服务能力，适应企业改革发展需要。

履职担责，奉献社会，彰显一流的社会责任与担当

中冶宝钢培训中心在做好对内培训需求服务的同时，进一步与履行社会责任紧密结合，在完成公司内部培训任务的同时，服务于社会，促进培训资源优化配置和共享，肩负起应有的社会责任和担当。

2019 年，中冶宝钢培训中心积极响应国家“一带一路”倡议，首次探索“一带一路”校企协同育人新模式和新机制，与南通职业大学校企联合，圆满完成纳米比亚留学生焊接技能培训；积极响应国家号召，充分发挥国有大型企业优势，在上海市宝山区人保局组织下赴云南曲靖市开展对口技能扶贫，努力提升当地人员职业技能水平，助力打赢脱贫攻坚战。此外，还积极跟踪地方教育附加培训申报、补贴申请及人保局培训项目外联，及时了解、掌握职业培训、鉴定的最新政策信息。

承载荣誉，砥砺前行，打造一流的培训服务品牌

一分耕耘，一分收获，中冶宝钢培训中心自办学以来，连续被上海市宝山区人力资源和社会保障局授予“年度职业技能培训先进单位”称号，被上海市总工会授予“上海市职工岗位练兵技能比武特别贡献奖”，在上海市职业技能鉴定中心年度职业技能鉴定所等级评估中被评为“B 级鉴定站所”。2018 年荣获上海市社会团体组织 3A 等级称号；2019 年，荣获“上海市职工大学堂”称号；2020 年，荣获“上海市劳模集体”荣誉称号。

中冶宝钢培训中心将继续深入贯彻上海市职业培训工作精神，按照企业培训规划的总体要求，继续秉承“一天也不耽误、一天也不懈怠”的企业精神，在服务企业的同时肩负起应有的社会职责，踏实作为，擦亮中冶宝钢职业技能培训的金字招牌。

“智能+”构建马迹山港智慧港口宏伟蓝图

——中冶宝钢打造世界一流智慧绿色枢纽港口

近年来，人工智能及大数据运用已是当今工业发展的潮流，更是中冶宝钢“智慧制造”产业升级的具体要求。中冶宝钢先后承接并整合亚洲第一矿石深水港马迹山港的设备检修、生产协力、工程机械“管用养修”、皮带设备运维“一体化”、料场管理及卸船机操作等业务。从2018年起，中冶宝钢开始规划散货港口先进生产技术的研究和应用，这是对传统的皮带输送机作业技术的创新与实践，通过“无人机系统+AI+北斗集成应用”实现料场智能化、少人化，并通过移动端实现港区生产设备的管理一体化，实现生产和设备资源的优化调度。同时，在实时控制人的前提下，实现实时控制生产和设备，提高作业效率的目标。

《全唐诗》中收录了诗僧文鉴的《题马迹山》：瀛洲西望沃洲山，山在平湖缥缈间。常说使君千里马，至今龙迹尚堪攀。在历史传说中，马迹山位于三座仙山之一的瀛洲（据相关考证，瀛洲即舟山），瀛洲上有不老仙药，是秦皇、汉武等古代帝王眼中的神仙福地。

历史变迁，风云变幻，历史中人们眼中的神仙福地，也因其海湾深水优势，在国家加快改革开放和发展的方针推动下，迎来了难得的历史机遇，更因“智能+”的助力，构筑了马迹山港智慧港口宏伟蓝图。

与时俱进，绘就蓝图

一场智能化变革正在亚洲第一矿石深水港马迹山港发生，这个改变将让料场巡检更简单、料场估料更准确、专项点检更安全等多层面的智能化举措，正在让马迹山港口变得更加“智慧”。

进入马迹山港区，远远可以看见一个巨大的钢铁长城雄踞海上，彩旗飘扬，穿着“中冶蓝”工作服装的工人在高处深入大海的港机上忙碌，亚洲第一矿石中转深水大港——宝钢集团浙江嵊泗马迹山宝钢矿石中转码头色彩斑斓，犹如画家的颜料盘。

作为矿石中转枢纽，宝钢马迹山港设计年吞吐能力5000万吨，位于长江口外东南、杭州湾口外的东北方，地处5A级风景名胜区浙江省嵊泗县泗礁岛西南约1.5千米处的马迹山岛，距离吴淞口111千米，毗邻洋山港，居于我国贸易及运输最繁忙的南北运输大通道和长江黄金水道。宝钢马迹山港水深港阔，大于25米的深水海岸线长达2500米，深水水域面积20平方千米，进港航道顺直，水深在-22.1米以上，可承接7.5万~36.5万吨级国际散货轮卸船以及0.5万~7.5万吨级的国内散货轮装船任务，是目前亚洲第一矿石深水中转港。

进入新世纪，港口装卸已从追求效率扩展到高度安全保障、绿色环保和自动化。人工智能及大数据的运用已是当今世界发展的潮流，马迹山港如何搭上当今科技发展潮流，实现无人化、智能化、低污染，成为马迹山项目部新的课题。

2018年10月31日，随着上海交大空间数据智能分析与应用工程中心一行研究人员上岛，马迹山项目部“千万吨散装码头智能管理系统研发”项目正式启动，马迹山港智能港口的蓝图跃然纸上。

“无人机+北斗”助力料场管理

料场办公室内，料场管理员正在仔细地对无人机进行擦拭，并一脸兴奋地说：“以后，这些无人机就是智慧料场的‘眼睛’和‘脚’，所有的巡检、估料工作都将由它完成!”

按照中冶宝钢战略规划要求，中冶宝钢第三分公司马迹山项目部目前逐步整合承接了马迹山港全部的检修、生产、工程机械维护以及大部分区域的点检业务，并在2018年承接了宝钢马迹山港料场操作业务，业务覆盖范围进一步加大，但是管理模式和作业模式还在原地踏步。比如，料场备料资料收集还是需要一线工作员工到堆场实地收集采集数据，再由后台汇总分析，不仅存在时效性较差的问题，同时还存在依靠人工经验判断难以精准、决策缓慢等问题，急需一套新技术改造智能应用，解决数据收集和决策的问题提升生产效率。

2018 年 9 月，以解决马迹山港现场难题为主要目的，以完成技能传承为主要目标，以实现智能港口为主要方向，中冶宝钢和宝钢股份首个技术创新共建工作室在宝钢马迹山港诞生，成为中冶宝钢与宝钢股份联合成立的首个技术创新共建工作室。共建工作室成立后，上马的第一个项目就是“千万吨散装码头智能管理系统研发”项目，主要分为两大块：一是通过“无人机系统 + AI + 北斗集成应用”实现料场智能化、无人化，二是港口智能管理集成平台。

为降低料场人员劳动和管理强度，提高工作人员安全生产等级，马迹山项目部针对港口料场现有精度高的测量方法价格贵、创新性不足的难题以及料场估料管理涉及矿料密度、含水量、水尺量、电子称量、撒料损失等参数多等因素，邀请上海交通大学北斗导航与位置服务重点实验室承担堆场智能化项目的推进项目。

马迹山港料场全景

该项目由三个部分组成，即基于无人机和北斗导航的低成本、高质量堆场数据获取技术，为堆场智能化管理提供精确的数据资源基础条件，在数据获取技术上具有极高的性价比优势，以及基于深度学习的数据处理方法，为堆场智能化管理提供自我学习、自我进化的决策支持。

无人机图像数据获取。其目的是通过尽量少的操作，获得可靠、安全、准确的数据。首先，在料场内选择合适的标定点，设计适合无人机的飞行路线，再划分无人机飞行扫描区域，实现对料场变化快速扫描、实时掌握动态信息的目的。

图像边缘与点云数据生成。其目的是将无人机扫描料场获取的图像信息通过图像降噪滤波、图像匹配、图像拼接，料场边缘检测、三维深度计算、堆场轮廓提取等手段，获得精准的图像点云数据和准确的堆场外形轮廓，产生料场三维点云数据。

基于深度学习的智能评估计算。目的是通过深度学习，用人工智能处理多种不确定因素，对料堆体积、密度、含水量、水尺量、电子称量、撒料损失比等多个参量进行分类，快速、准确地计算出料堆的具体吨位。

目前，堆场建模工作正在紧锣密鼓地推进中，交大团队后续将根据模型对无人机进行改装，并完成 GPS 定位系统加装、云台相机和巡航路径规划等。项目部则将根据无人化料场创建的需求和规划，完成料场办公室的改造工作，在完成港区高精度地图模型的基础上，实现料场 24 小时实时监控及自动堆料计划方案。

完成料场无人化及智能化的创建工作并投入使用后，可大幅度减少因估算差错导致的车辆驳料，提高料场出货效率及无谓的驳料资源消耗，也会使料场库存数据更为准确，减少料场操作工的工作负荷，可让新进料场操作工快速投入岗位，缩短人员培训及上岗时间，预计可带来经济效益 400 余万元。

全系统监控，一体化管理

马迹山港码头全景

近些年，随着中国货物的进出口总额占世界的比重不断地提升，港口已经成为重要的战略支点和枢纽，同时也是衡量一个国家综合国力的重要标志。港口的作用对于中国经济的重要性不言而喻，而散装码头管理逐步向无人化、智能化方向演进，是未来发展主流趋势。

马迹山港已由最初单纯的“矿石中转中心”逐步过渡成为“矿石集散中心”。马迹山项目部计划研发的智能管理集成系统平台就是为了搭上当今科技发展潮流，寻求马迹山港的可持续发展之路。

让港口变聪明，首先要有“高智商”的“武器”，智能管理集成系统平台主要具有以下特征：

——通过手机的定位、拍摄和信息共享以及 VR 的应用，实现设备动态信息查询，数字化管理的问题，实现全港作业操作的集中控制。

——具有生产组织的智能系统模块。通过通信、手机、网络等设施，形成联网数据库，使用不同功效的智能模块，便可形成数据自动采集、分析处理和决断决策系统：实现生产区域全流程作业实时可看；可对人员、车辆设备的尖峰投入、现有人员设备的缺口以及下班次的人员需求进行预判；对点检、皮带巡检人员每班的动态巡视轨迹，随时可以监督。

——具有异常警报的系统模块。现场落矿异常提醒，确保有效组织人手进行清理，实现“班班清”，提高工作效率；确定问题处理顺序，根据巡检员及岗位人员提供的图片及情况级别，合理进行处置优先的决策；发现瓶颈点，根据数据积累汇总异常突出点进行有针对性的改造，调整优化工作流程，提升效率。

港口智能管理集成平台的研发，旨在将马迹山港生产、设备、检修一体化管理模式的各类信息集成，并通过平台实时监控和下达指令，减少各类纸质报表下达中导致的信息滞后和误差。尤其是可对港口管理中船舶、水文情况多变等信息通过此系统第一时间掌控，及时调整。后续，将料场智能管理系统和全港设备视频监控纳入平台，成为港区管理的中枢，对于提升企业核心竞争力大有裨益。

与此同时，马迹山项目部配合嵊泗移民局（边检）进行了智能化科技边检系统打造，通过引入智能化视频分析管理技术、AI 人脸识别等技术，建立数字化港口管理，实现智能管控，边检执勤人员可在管理范围内对人员身份信息进行识别，并判断人员与登记的身份是否相符，为出勤核查提供有效依据，提高了边检安全的管控能力，提高了智能化水平。当前，马迹山港智能化港口打造工作已初具模型。

2019 年，“智能 +” 概念首次在政府工作报告中出现，“智能 +” 将接棒“互联网 +”，成为传统行业改造升级新动力。而对正在进行“智慧港口” 建设的马迹山港而言，“智能 +” 已迈出了坚实的一步。

如今的马迹山港已经同世界上 20 多个国家和地区的港口保持航运业务往来，正迎着打造世界一流的智慧绿色枢纽港口的目标努力着。

中冶宝钢在新时代，再起航！永远在路上，处处是征程！

全力擘画“中冶铸模”品牌蓝图

——在国家利益和使命面前彰显中冶宝钢的责任与担当

该文从全球产业革命和国家制造业宏观政策谈起，围绕进一步聚焦主业，集成优势，打造拳头产品，体现品牌效应，不断引领装备制造产业稳步发展，全面提升中冶宝钢装备制造产业专业化、市场化和国际化水平的目标和任务，介绍了中冶宝钢第五分公司（五钢设备公司）六十年致力于国内特钢冶金装备制造领域的发展历程和技术沉淀，大力发展装备制造产业，围绕“聚焦主业、做强一业、相关多元、科学补充”的发展定位，全面推广中冶宝钢旗下“中冶铸模”品牌核心重点产品。

传统的“Made in China”我们还要做，但“中国制造2025”的核心，应该是主打“中国装备”。

——李克强2015年6月15日在工业和信息化部座谈会上的讲话

当前，全球范围内新一轮科技革命与产业变革正在孕育兴起，推动制造业生产方式、发展模式深刻变革，制造业重新成为全球经济竞争制高点。党的十八届五中全会明确提出，加快建设制造强国，实施中国制造2025。制造业是立国之本、兴国之器、强国之基，其中装备制造业又是制造业的核心和脊梁、是工业化发展的重要标志，是为国民经济和国防建设提供技术装备的基础性、战略性产业，是建设制造强国的重中之重。

“必须要顺应全球制造业发展新趋势，明确发展方向与重点任务，加快推动装备制造业做优做强，打造中国制造新优势，为经济保持中高速增长、迈向中高端水平提供强大支撑。”这是中冶宝钢2018年工作会议的重要讲话精神，要把这一精神落到实处，必须借助“制造强国”和“上海制造”的有利契机，进一步聚焦主业，集成优势，打造拳头产品，体现品牌效应，不断引领装备制造产业从“低端化—中端化—高端化”稳步发展，全面提升中冶宝钢装备制造产业专业化、市场化和国际化水平。

在这一目标和任务面前，必须要大力发展装备制造产业，明确“聚焦主业、做强一业、相关多元、科学补充”的发展定位，确立“产、销、研”为一体的工作模式，全面推广“中冶铸模”品牌核心重点产品。

“中冶铸模”品牌的推出是高质量发展的战略选择

纵观中冶宝钢第五分公司（五钢设备公司）装备制造产业的发展历程，是在长期服务宝钢特钢的基础上逐渐发展、壮大起来的。经过近六十年的发展，目前已经逐渐形成了以“非标备件制作、铸件（钢锭模）制造、锻造工模具制造及修复、热挤压模具制造及修复、起重机设备设计与制造”等为主的重点产业领域。

在以上重点产业领域，经过层层梳理筛选，经过第五分公司的多次专题会讨论研究，最终推出以钢锭模及铸件、热挤压模具、等温锻模具、径锻机锤头等四类产品为主的全新品牌——“中冶铸模”。这是第五分公司近六十年在国内特钢冶金装备制造领域的技术沉淀，更是中冶宝钢人践行“一天也不耽误、一天也不懈怠”的企业精神的完美体现。

“中冶铸模”上海加工基地产品展示区

近年来，第五分公司面临服务的主要客户宝钢特钢的业务整合、结构调整，在宝钢特钢的检修协力、技改工程、装备制造三大板块业务每年持续萎缩，只有不断拓展外部市场、持续加大外部业务份额，才能保证其业务的稳定，才能保证队伍的稳定，而“中冶铸模”品牌的酝酿、推出，正是第五分公司在这一特殊历史时期大力发展装备制造产业的战略举措，是进一步拓展外部装备制造业务市场，提升装备制造业务市场影响力的战略性选择。

“中冶铸模”品牌建设思路日趋清晰

为打造“中冶铸模”品牌及主营业务核心竞争力，进一步提升装备制造产业发展，第五分公司专门成立技术中心，下设钢锭模及铸件、等温锻模具、热挤压模具、径锻机锤头等技术攻关团队，团队成员由技术骨干、生产骨干、营销骨干及高校毕业生组成，团队通过技术交流、技术培训、课题攻关、技术研发、人才培养等工作，为生产经营活动提供有力技术支撑。使得装备制造技术体系更加优化完善，产品品质更加卓越，并形成装备制造系列工法、专利，使得部分产品研发和制造水平达到国内领先。第五分公司将通过技术中心平台的打造，强化技术传承、技术攻关能力，逐步推动产、销、研发展之路。

“中冶铸模”品牌的核心是提升产品品质

“中冶铸模”上海加工基地员工在一丝不苟地工作

一个成功的品牌要有丰富的品牌文化作为支撑，经过长时间的历史积淀，第五分公司将“中冶铸模”品牌核心释义为“用心铸造、品质楷模”。质量和品牌的核心是竞争力提升和效益改善，不仅是一项具体任务，更要贯穿于第五分公司发展装备制造产业的各项工作任务中。通过完善质量管理机制，夯实质量发展基础，优化质量管控环境，打造具有竞争力的核心技术、品牌产品，逐步推进品牌建设，不断提升品牌价值。

针对重点产品，逐步形成产品全生命周期质量追溯能力，逐项优化重点产品工艺流程，提升关键工艺过程的控制水平，攻克困扰产品质量提升的关键技术，使得重点产品性能稳定、质量可靠、使用寿命达到国内同类产品领先、国际同类产品先进的水平。加强“中冶铸模”品牌管理，加大品牌产品宣传力度，树立良好的品牌形象，完善外委产品质量监管机制，建立供应商产品质量评价体系，择优使用。

“中冶铸模”品牌好评如潮，海外市场稳步拓展

“中冶铸模”品牌除凭借自身领先的技术、卓越的品质之外，还通过市场创新的工作模式和专业贴切的服务，一步一步地赢得市场，赢得客户的信赖，并多次收到宝钢特钢、上海硕伟、宁波博威等多家合作企业的感谢信。第五分公司一直秉承“精细管理到岗位、精良产品到零件、精心服务到用户、精益求精到员工”的服务精神，致力于“用心铸造、品质楷模”品牌核心释义，努力打造铸造行业和工模具行业的客户首选品牌。

2018 年 7 月，第五分公司承接法国埃赫曼公司 4 件 2D 平板生产合同，为首次承接生产铸造平板，是一项全新的挑战，同时也充分说明法国埃赫曼公司对第五分公司近年来为其生产的多种规格钢锭模产品质量的认可和信任。由于这次为首次承接法国埃赫曼公司平板制作业务，制作成功与否将直接影响到第五分公司能否进一步拓展海外业务。

第五分公司十分重视，不仅从技术评审到工艺设计上进行层层把关，在模具制作和铸造过程中，也安排了专人进行全程跟踪和质量控制。

2018 年 9 月 13 日，无锡铸造基地传来喜讯，为法国埃赫曼公司制作的 2D 平板，首件浇注成功。新产品的生产成功使中冶宝钢的海外业务得到进一步拓展。

“中冶铸模”品牌建设必须贯彻以人为本、持续发展

第五分公司的多层次人才培养体系正在加快健全，制造业人才培养计划也正在组织实施。紧紧围绕产业发展目标，结合加速改革发展、打造核心业务、扩展外围市场中对人才需求的迫切需要，采取招聘需求专业应届大学生、通过引进社会上成熟型急需型操作、技术人才和借助“千人计划”开展内部培训等手段，进行“操作、技术、管理”三轨制人才序列培养工作规划设计，

明确培养需求、培养对象，制订培养成长目标，使得装备制造产业发展“操作、技术、管理”三支队伍建设满足发展需求，并持续做好装备制造产业技术传承和人才储备，实现技术领域技术核心骨干队伍的快速发展壮大。

新的一年，是“中冶铸模”品牌塑造、市场开拓的关键一年，是书写“中冶铸模”品牌梦想扬帆起航的一年，中冶宝钢必将同舟经风雨，荣辱共前行，把“中冶铸模”打造成为铸造行业首选产品、工模具行业的专业制造商。

十年筚路蓝缕，共卫一方蓝天

——中冶宝钢打造宝钢股份烧结烟气净化样板工程

中冶宝钢烟气净化运行管理团队成立于2008年，先后承接了宝钢股份一、二、三、四烧结机烟气净化环保设备的生产运维业务。从最开始的湿法、半干法脱硫工艺到现在世界先进的活性炭烟气净化工艺，从易到难，不断革新，在参数控制、技术革新、经验积累、管理提升等方面都有较大突破。

国家提倡超净排放后，作为我国钢铁行业排头兵的宝钢积极响应国家号召，烟气脱硫脱硝净化工艺必将引领我国钢铁冶金环保领域的热潮。烧结烟气净化作业区主要是将宝钢三套烧结机组燃烧产生的废气，经过环保装置的处理，让烟气参与一系列吸附催化反应，完成烧结烟气脱硫脱硝，实现污染物低排放、零污染的目标。宝钢股份二、三烧结引进国际先进水平的活性炭烟气净化工艺，这是一项关系到宝钢能否打赢环保攻坚战的关键工程。从现场跟踪到设备调试，再到投产运行，再到后续技术改进、参数调整，经过多年经验积累及钻研摸索，中冶宝钢基本掌握了活性炭烟气净化核心技术，为设备顺行、环保达标提供了技术支撑。就目前来看，宝钢三套烧结烟气净化机组自投产以来运行稳定，环保排放指标受控，2019

活性炭烟气净化系统

年污染物排放总量同比2016年、2017年、2018年大幅度下降，宝山基地同比东山基地、青山基地、梅山基地烧结矿产量有较大提升趋势，停机减产率创历史新低，取得骄人的成绩，得到了宝钢业主一致好评。宝钢活性炭烟气净化装置运行稳定，目前处于国内外领先水平，先后吸引国内外众多钢铁企业参观学习交流。烧结烟气净化作为公司环保项目对外宣传窗口，肩负环保重任，有责任有义务做好此项工作，实现“碧水、蓝天、净土”的环保梦。

党的十九大报告强调，必须树立和践行“绿水青山就是金山银山”的理念，坚持环境生态文明建设国策。由于环保压力日益严峻，钢铁冶金行业首当其冲。历经十余年探索发展，中冶宝钢协力分公司承接的宝钢股份烧结烟气净化系统已成为国内外同类项目中的样板工程，每年要接待来自全国各钢厂、设计院等参观、交流10余次，诸多国内外知名企业慕名前来参观学习。

烟气净化中控室

中冶宝钢协力分公司烟气净化运行管理团队成立于2008年，先后承接了宝钢股份一、二、三、四烧结机烟气净化环保设备的生产运维业务。协力分公司时刻坚持“攻坚克难、敢于挑战”的拼搏精神，从最传统的湿法、半干法脱硫工艺、SCR脱硝工艺、发展到目前国内外最为先进的活性炭联合脱硫脱硝烟气净化工艺，烧结烟气净化团队凭借着“赢在执行、重在突破”的精神漂亮地打赢了环保攻坚战，从易到难，不断革新，在参数控制、技术革新、经验积累、管理提升等方面都有较大突破。

随着环保要求日益严格，烧结烟气净化项目面临前所未有的压力。然而，压力是挑战，更是机遇。中冶宝钢协力分公司在烧结烟气净化领域先后完成大型技术改进10余项，其中活性炭富硫气体路径改向彻底减少了因制酸系统故障造成的烧结主线停机时间，而在湿法脱硫工艺中，更换除雾器片结构、外置吸收塔PH计、安装冷却器冲洗装置使得湿法脱硫系统彻底消除了泥浆雨现象，并降低了出口粉尘浓度；在干法脱硫区域完成了物料循环管改造及插板阀改型等设备改进，解决了结块堵塞难题，研发出布袋破损在线堵漏装置，避免了因布袋破损造成烟囱出口粉尘超标环保事故和影响烧结主线稳定运行生产事故。

为了高效开展烧结脱硫工艺及运行维护技术创新研究，烟气净化运行团队充分利用自主管理、技术开发等手段，成立专项攻关推进小组。宝钢四烧结脱硫采用循环流化床半干法脱硫工艺，因系统废水使用，导致烧结烟气、脱硫灰 Cl－含量较高，使得系统循环物料中 Cl－富集，物料循环不畅，投用废水后，四脱硫多次出现吸收塔塌床、灰斗堵塞等故障，多次因物料无法正常循环导致烧结主线停机。为了确保系统稳定运行，不影响烧结停机，烟气净化团队本着“不怕问题，就怕没问题”的思路，从设备改进、参数调整入手，大胆提出向系统内定期投加粉煤灰，用于稀释物料中的 CL－含量，减少了因系统堵塞加大脱硫灰外排量的现象，解决了宝钢脱硫灰处置难的问题。

三烧结活性炭烟气净化喷氨系统是活性炭烟气净化工艺的重要环节，也是安全管控难度最大的环节。活性炭烟气净化工艺技术原设计为一级、二级吸附塔均喷氨，根据系统运行参数分析，一级、二级喷氨增大了氨气的能耗，同时烟囱氨逃逸率无法保证。自 2016 年三烧结活性炭烟气净化系统投产以来，该团队就组建技术团队攻坚技术难题，本着“现场存在的问题，就是我们研究的课题”的原则，不断收集数据、模拟试验、数据对标。该团队一直致力于对活性参数进行调整和优化，以实现最有效、最节能的喷氨模式，摸索出一套高效、节能的喷氨工艺操控模式，改进为二级吸附塔喷氨。通过数据分析，脱硝率显著提高，减少了氨气用量。此项工艺改进赢得了宝钢股份和中冶长天设计院的认可。

宝剑锋从磨砺出，梅花香自苦寒来。一方面活性炭系统设备结构复杂、动部件设备多；另一方面，该系统共填充 5000 吨活性炭，大部分设备维护为隐蔽工程，出现故障后无法准确有效预判，需耗费数月对系统内活性炭进行排空后才能进塔检查确认。该套系统自投产以来，系统漏烟气为常态化，系统下料旋转阀漏烟气，泄漏烟气长时间弥漫至输送机箱体内部，受气温冷热交换影响，易析出冷凝水，造成输送机料斗腐蚀变形、链条磨损断裂等异常故障，严重影响物料正常循环，长此以往可能造成塔内活性炭异常升温，导致烧结主线被迫停机。停机后，一方面影响烧结主线产量，另一方面在做输送链检修时还会消耗人力，大大影响生产经营成本。为了改善此状况，烟气净化团队通过工艺调整、设备改进等措施降低输送机，停机频次，改变除尘系统、临时加装除尘风机、输送机增设蒸汽加热器，确保泄漏烟气被及时抽走，降低输送机箱体内外温差，避免泄漏烟气冷凝。经过半年不懈努力，立足现场、摸索整改方案，输送系统运行状态取得有效改善，降低了系统停机风险，为烧结主线稳定运行提供了有力保障。

敢于打破固有思维，突破技术瓶颈。2016 年至 2018 年，宝钢炼铁厂处于“二对四”关键阶段，炼铁厂对烟气净化区域设备管理要求极高，不能因为设备管理不到位、设备巡检存在死角、设备资材申报等影响烧结主线生产。这给设备管理工作带来了很大挑战，传统的管理模式已经不能适应当今的设备管理需求，烟气净化团队在设备管理创新方面进行分析，探讨思路创新所带来的设备管理创新。在设备管理方面，推行以人为主体，形成以提高设备寿命、降低安全风险、经济效益最大化为目标的设备管理体系，确立了“谁的设备谁管理、谁的问题谁负责”“只有检修，没有抢修”的设备管理思路。另外，该团队还强化全员责任意识、变被动维护为主动维护，不断提高点检设备管理意识和责任感，转变点检设备管理思路。

注重团队建设，打造一支高质量、高素质烟气净化团队。“碧水、蓝天、净土”是环保人的工作奋斗目标，环保事业任重道远。作为宝钢烧结烟气净化护航者，作为公司环保对外宣传窗口，烟气净化团队建设势在必行。结合“千人计划”成立烧结烟气净化培训基地，坚持“走出去、引进来”的学习方式，多次与国内外知名企业进行沟通交流，并与员工开展“互帮带学”“以老带新”的带教模式，激发员工学习积极性，根据员工技能水平和自身素养合理安排岗位，使得员工技能得到最大化发挥。定期开展模拟演练、桌面推演、实地培训、不断提高员工技能水平，提高员工操作素养，确保设备操控有效、准确。

宝钢烧结烟气净化项目受到国内外众多企业青睐，多次吸引业内企业前来观摩学习。烧结烟气净化作为核心技术之一，必须精细管理，注重基础管理。烟气净化团队时刻把“绿水青山就是金山银山”作为一种发展理念，不看“经济”的脸色，只关注“自然”的气色：努力把生态环境建设与企业发展结合起来，坚持走绿色发展、协同共赢之路；努力把宝钢烧结烟气净化项目做强，力争打造烧结烟气净化环保项目“金字招牌”，为公司环保领域树立良好典范，为公司的蓬勃发展，攻坚克难、砥砺前行，为实现中国人的“蓝天梦”而努力。

镌刻在业主心中的标杆

——中冶宝钢在马钢市场品牌形成记

“金杯银杯不如口碑”，这句话用在中冶宝钢马钢项目部十分贴切。进驻马钢服务14载，业主提及中冶宝钢无不称赞：不仅连续多年获马钢“优秀协作单位”荣誉称号，还摘取了马钢冷轧总厂设立的唯一一次“现场6S标化管理先进集体”桂冠。同时，项目部还获得中国冶金科工集团“安全文明标准化车间”、中国五矿集团“安全管理标准化班组”等荣誉称号，在马钢创造了“中冶宝钢”这一品牌，如一根标杆镌刻在马钢业主心中。

冰冻三尺非一日之寒，成功是长期积累和沉淀的结果。对于今天的成绩，中冶宝钢马钢项目部负责人回想起来，颇感自豪。

两将十兵一支队，初战显威赢美名

2007年，马钢冷轧一硅钢产线进入设备安装环节，因安装单位不具备系统调试技能，中冶宝钢应邀参加1号连退线设备调试，项目主管张立群与作业长范自强二人带领10名毕业不久的技校生赴马钢担任此项工作。尽管只有两将十兵一支小队，但每个人心中都清楚自身所代表的是中冶宝钢的形象。在施工中，12名人员将公司管理理念贯穿始终，在施工组织、作业过程标准化管控中均给马钢业主留下了非常深刻的印象。

由于前期炉辊安装不到位，带钢跑偏，增加了调试难度，初期的调试工作并不顺利。12名人员在调试过程中，一面矫正跑偏问题，一面调整，耗费了巨大工夫。后来，调试人员主动参与设备安装，边安装边调试，有效地提高了1号连退机组的设备调试效率。在1号机组3个多月的安装调试过程中，这支12人的小队充分展示了中冶宝钢专业技术水准及规范的管理模式，赢得了业主及设备厂家的共同称赞，也为后续顺利承接该条线设备的运行维保打下了坚实的基础。连退1号线调试完成后，中冶宝钢与马钢业主随即签订了连退2号线设备调试及维保合同，成为马钢协作单位中第一个维保试点单位，开启了中冶宝钢在马钢市场业务的新里程。

持之以恒树标杆，一面旗帜引八方

2008年底，连退1号线投产运行一年后第一次年修。施工人员在年修施工中将中冶宝钢的形象再度提升，现场标准化、可视化管理成为年修最大亮点。针对本次年修，管理人员做了完整的策划，编制施工方案、维修作业标准等指导手册，为现场施工提供范本，在交叉作业、临边作业中均按照指导手册有效落实安装措施，有序施工，一招一式彰显出专业风范。尤其是在连退炉部设施改造项目施工上，为保护炉部电缆桥架及电缆不受动火作业损伤，施工人员以良好的习惯提前在电缆桥架上下铺设石棉布，预防动火作业产生的火星四处飞溅，以免烧损电缆或者着火。这个小举动反映出了标准化管理理念的渗透程度及队伍的素养。马钢总厂领导巡查年修现场时看到此景，连连点头称赞，还专门组织其他施工单位到现场参观学习。

进驻马钢仅一年时间，中冶宝钢的规范化管理在马钢已经树立起标杆，成为业主及协作单位对标学习的榜样，而1号连退炉内电阻带第一次清灰作业再次提升了马钢业主对中冶宝钢的信任感。据项目部负责人回忆，对于1号连退炉内电阻带第一次清灰项目，业主开具的合同价只有8000元，在场6家协作单位都因项目太小而不愿承接。但是，中冶宝钢马钢项目部负责人果断承接下来，并且按照规范流程来回沪皖之间，办理相关审批手续，圆满完成了连退炉内电阻带的第一次清灰作业。后来，业主方在设备部大会上特别提及此事："中冶宝钢对待8000元项目的态度，比其他单位对待80万元、800万元的项目还认真！他们不厌其烦地奔波于沪皖之间，办理合同审批与开工手续，这份责任心很难得！小项目施工管理完全不马虎，施工场地拉圈围绳，工具摆放整整齐齐，基础管理细化到位，非常值得各家协作单位借鉴学习！”

中冶宝钢在现场施工管理上树立了标杆，作业区环境卫生管理更胜一筹。一个偶然的机会，一硅钢分厂领导到项目部检查工作，首先被办公室、休息室的标化管理（定置化、可视化、整洁化）吸引住了，再次组织其他单位参观学习，并且拍照上传厂方网站进行宣传。如果说，偶然一次碰到这样的情景，或许有人认为是摆样子，若是一百次看到始终如此，那就是行为习惯了。因此，马钢总厂领导常说，基础管理工作做不好的单位，都应该去中冶宝钢去看看人家是怎样做的，勤借鉴、多学习，总有提升的时候。就这样，中冶宝钢的基础管理在马钢形成了标准，打造了样板，时常有单位参观学习，取经借鉴。

现场标化管理

技能提升铸品牌，智慧“智造”助发展

中冶宝钢马钢项目部的标化管理在马钢已经成为一面旗帜，引领协作单位对标看齐。同时，马钢项目部的技术水平及服务态度更让业主竖起大拇指。

中冶宝钢主动提升服务质量，利用工作之余为马钢业主整理资材备件、清理垃圾、清洁设备、维护厂内环境整洁，以精细化管理多次助推冷轧总厂 TPM 精益化管理晋级新台阶，多次受到马钢冷轧总厂嘉奖激励。2019 年 11 月，桑尔企业管理顾问团到马钢调研工作时，马钢业主推荐其到中冶宝钢驻地参观，中冶宝钢的基础管理工作同样受到桑尔企业管理顾问团的称赞。

在技术能力方面，当年第一批进驻马钢的 10 名技校生如今都已成长为项目部的骨干力量，其中 2 人提升为作业长，8 人提升为班组长。在服务马钢的过程中，管理人员带领作业长、班组长针对现场实际情况，积极开展 QC 课题攻关，编制工法，撰写论文，开展技术研发等活动。2016 年，中冶宝钢在马钢成立了“范自强技师创新工作室”，负责现场技术攻关，不断提升服务水

桑尔企业管理顾问团参观项目部

平，为马钢业主降低设备故障，节约成本，增加效益。

“范自强创新工作室”目前已获得“炉辊拆装可移动式专用车”“碳套辊轴承在线拆卸工装”等 4 项专利成果，目前还有 2 项专利申请已获得国家知识产权局受理；“降低行车设备故障停机率”QC 成果获冶金建设行业发布二等奖；“硅钢连退机组碳套辊更换工法”“轧机传动辊更换工艺”“降低电动吊具电气故障率”等二十多项科技创新“五小”成果在现场应用效果非常好，业主评价非常高。2019 年，工作室再次自主研发制作“轧机传动轴拆装专用台车”，有效解决轧机主传动轴拆装更换时人工投入多、人员在轧机内操作不安全等难题。这种为业主生产着想的责任感及智慧“智造”的创造能力，多次获得业主嘉奖，并由此带来业务上的发展。

回顾进驻马钢的 14 年，中冶宝钢以标杆品牌优势不断拓展业务区域，从当初一硅钢连退机组到轧机、重卷、酸洗、酸再生机组的机电设备及液压系统全覆盖，再到二硅钢各产线机组、厂内公辅机电、液压系统全覆盖，再后来又拓展两个硅钢厂行车点检运维一体化业务以及技改、改善等项目，如今包揽了冷轧总厂全部业务及高炉耐材供应服务等，打出了中冶宝钢在马钢的一片稳定的市场区域。

以管理能力树标杆，以技术能力创品牌，中冶宝钢的综合实力在马钢成功树起了一面旗帜。

高效协同，真抓实干，铸造冶金运营服务卓越品牌

——中冶宝钢获评首钢京唐系列检修杰出合作伙伴侧记

自2013年5月京唐项目部成立，中冶宝钢与首钢京唐钢铁联合有限公司达成首次合作，继续秉承“一天也不耽误、一天也不懈怠”的企业精神，坚持“让业主满意、业主无小事、业主的事就是我们自己的事”的服务理念，提升服务质量，提高检修效率，为首钢京唐高质量发展保驾护航。经过多年的不懈努力，中冶宝钢陆续承接首钢京唐冷轧部、镀锡部、轧钢部、冷轧部二期工程等多个项目。2020年上半年，员工队伍从最初的65人增加到570余人，实现市场逆势突破。

2020年5月27日上午10点，在首钢京唐公司举行的2020年度设备年修工作总结大会上，中冶宝钢凭借“认真负责、严谨严细、雷厉风行、令行禁止”的工作作风，从189家协力单位中脱颖而出，被评为首钢京唐2020年系列检修杰出合作伙伴。

打破壁垒，首次承接技改项目

2016年3月，中冶宝钢走访首钢京唐设备部，双方就如何拓宽合作领域、巩固深化合作交流进行深入研讨，实现历史性突破，摆脱了原有业主设下的检修技术支持限制，顺利承接首钢京唐冷轧部冷轧1700镀锌机组年修、热轧部热轧1580平整机组升级改造项目。

中冶宝钢在年修、改造项目施工过程中，想业主之所想，急业主之所急，组织安全、技术人员到现场实地勘查，跟点检及时沟通，员工加班加点到凌

晨，在开机前解决难题，为项目顺利完成提供保障，得到首钢京唐业主的一致好评。

经过前期认真准备、调研分析，中冶宝钢对比首钢京唐厂区其他检修协作单位，分析首钢京唐项目的优势和特点，向首钢京唐宣传中冶宝钢的强大技术力量和人员素质，准确把握首钢京唐需求。

2017 年，中冶宝钢成功与首钢京唐签订冷轧部和镀锡部机电设备维护检修合同，承接冷轧部 1700、2230 产线和镀锡部 1420 产线机电设备日常维护和检修业务。

中冶宝钢在 13 家检修参战单位评比过程中，一举摘得安全管理和质量管理两个第一名的傲人成绩，受到首钢京唐各级领导高度好评，并在设备检修大会上推荐中冶宝钢先进管理模式和施工经验，号召检修系统和检修协作单位学习中冶宝钢模式。业主纷纷抛来橄榄枝，有意向在今后与中冶宝钢达成长期合作模式。

精细服务，成就检修杰出伙伴

首钢京唐 2230 镀锌三号线炉顶盖回装

2018 年，中冶宝钢高度重视首钢京唐市场的扩展，公司领导多次带队走访首钢京唐及各厂部领导，介绍公司承接此类项目以往业绩、技术实力、高效工装、工法等，受到高度肯定。

2019 年 2 月，随着首钢京唐轧钢部、冷轧部、镀锡部机电设备维护检修合同业务的承接，主要包含 6 条镀锌机组、1 条酸轧机组、1 条连铸连轧机组、1 条罩退机组、6 条重卷机组，标志着中冶宝钢在首钢京唐的业务范围进一步扩展。

为保证期间的人力投入，中冶宝钢认真策划组织，合理安排人力资源，在短时间里，完成招聘、培训以及一系列上岗前的培训过程，队伍逐步成熟。

业务承接后，中冶宝钢充分发挥效率优势，相互支持、优势互补，作业效率稳步提升，严密过程管控，确保工期节点，并将“零事故、零停机”的设备运行目标要求落到实处，发挥执行力，在激烈的竞争中抓住机遇，稳中求进，充分发挥冶金运营服务商的优势，让中冶宝钢在首钢京唐落地生根。

2019 年 5 月底，中冶宝钢迎来在首钢厂的首次冷轧年修，计划于 5 月 26 日停车至 6 月 11 日凌晨起车，共承接年修项目 255 项。此次年修具有检修项目集中、工作量大、时间紧的特点。

首钢京唐活套钢丝绳更换作业

为保安全、保节点、保质量顺利完成此次年修，让业主满意，年修期间，中冶宝钢第四分公司领导带领科室管理人员支撑项目部值班带班，下基层现场检查指导慰问一线作业人员，鼓舞士气，激发员工的工作热情。各层级管理人员每天到现场进行督促、检查确保年修顺行，从项目的确认到组织与平衡，层层把关，逐项落实。

最终，中冶宝钢较计划提前 2 天完成年修项目，并得到冷轧厂的一致好评，为后期承接首钢京唐冷轧高强钢机组的业务奠定良好的基石。

开足马力，进驻二期项目

维护市场，绝不是一句虚话。在认真落实“主要领导带头抓市场、组织精兵强将奋力闯市场”的要求下，中冶宝钢实行主管领导对市场开拓牵头负责、其他领导分工负责的方式，突出抓市场营销和市场拓展，需要全体员工真抓实干，用技术和事实说话。

2020 年上半年，中冶宝钢陆续承接冷轧二期高强镀锌、高强酸洗、十八辊轧机、热机镀锌的检修业务，在守住现有业务的基础上，与首钢京唐形成唇齿相依的合作关系，从而进一步拓展高炉、技改等方面的市场，实现企业稳健发展。

2020 年 3 月中旬，首钢京唐迎来首次系列定修，冷轧部、镀锡部、轧钢部多条产线计划停机。由于时间叠加，人员调动非常困难。此时，中冶宝钢刚刚完成湛江钢铁系列定修任务，立即协调人员，马不停蹄地支援首钢京唐系列定修。

在施工过程中，管理人员对主控项目进行跟踪指导，及时协调人员。所有员工不怕苦、不怕累，连续作业，终于利用前 5 天的时间，将镀锡部酸轧年修主要项目全部完成，再抽调人员到罩退脱脂年修现场，利用 4 天时间完成罩退主要项目，抽调罩退年修班组投入到一号、二号镀锌。

2020 年 4 月末，中冶宝钢开始投入到三号、四号镀锌年修。在本次多个系列年修中，中冶宝钢协同配合、眼睛向内，全部年修项目一次性试车成功，较计划起车时间提前 8 小时。

2020 年 5 月初，通过长达一个月的连续奋斗，中冶宝钢加强基础管理，提升服务质量，提高检修效率，在“不破一块皮、不流一滴血、不发生一起火灾、项目无延时、质量零异议、试车一次性成功”的严格自律精神指引下，圆满完成了首钢京唐系列定修。

2020 年 5 月 27 日上午，在首钢京唐钢举行的 2020 年度设备年修工作总结大会上，中冶宝钢从 189 家协力单位中脱颖而出，被评为首钢京唐 2020 年系列检修杰出合作伙伴，再一次证明了“国内第一、国际一流”冶金运营服务商的实力。

蓄势待发，加强自身建设

中冶宝钢坚持不断提高业务水平，为首钢业主提供优质的增值服务，进一步提高管理水平，有步骤地延伸产业链项目，以“抓经营绩效提升，抓市场开发拓展，保障安全生产平稳顺行”，加大市场拓展力度、深度和广度，不断梳理和总结新做法、新思路、新经验。

中冶宝钢坚持以人为本，努力营造良好环境，完善用人机制和培训机制，通过培养计划及各种渠道不断加强员工队伍建设。员工队伍建设既要保持量的稳定，更要注重质的提高，并有针对性地加强对员工的业务技能和理论知识的培训，全面提高员工的综合素质。中冶宝钢还组织员工座谈会，定期了解员工发展需求，持续加强对员工综合素质培养。

未来的路上，中冶宝钢不畏艰难，为首钢京唐做出贡献，实现共赢。

坚定信念播撒希望，小人物诠释人间大爱

——记全国劳动模范、中冶宝钢品牌人物彭军

彭军，男，1967 年出生，中冶宝钢协力分公司员工，2015 年获得上海市劳动模范和全国劳动模范荣誉称号，先后做过油漆工、废钢分拣工、宿舍管理员等工作。无论在哪个工作岗位，彭军都兢兢业业、勤勤恳恳，至今仍保持着一天分选出 325 件密封容器的废钢分拣个人最高纪录。多年来，他无私地帮助过多名老人，感人事迹被上海新闻综合频道等多家媒体报道，被媒体誉为“上海好心人”。2020 年春节，新冠肺炎疫情爆发后，他主动请缨，奋战在员工隔离宿舍第一线。他常说：“帮助别人让我收获了任何金钱都买不来的快乐！”

中冶宝钢的全国劳模彭军数十年来默默帮助过、照顾过十多位有困难的老人，休息时间更是丝毫不懈怠地播撒爱，始终保持着助人为乐、不图回报的初心，在上海市宝山区民政局、共青团上海市宝山区委员会主办的 2019 年首届宝山社区达人赛中荣获“最受欢迎奖”，充分展示了新时代群众在社区中奋发有为、英姿勃发、无私奉献的精神风貌，激发了广大生活或工作在宝山的人民投身社区、服务社区的公益热情和责任担当。

行得春风有夏雨。这个敦实憨厚的汉子，在获得全国劳动模范等一系列荣誉后并没有丝毫改变，始终将他独有的梦幻般的光洒到人间，把大地变得奇异，亦给人们带来更多的美好。

见义勇为救老人

这天，彭军到上海浦东的塘桥公园游玩。人还没有走进公园，他就看见公园附近围了一大群人，大家七嘴八舌，议论纷纷。彭军挤进人群，走近一瞧，看到人群中央的地上躺着一位老伯，已处于昏迷状态。

彭军走到人群中间，蹲下身子，轻声呼唤老伯，但老伯没有反应。彭军意识到老伯危在旦夕，二话没说就背起老伯向附近医院跑去。在围观的人群中，有人冷言冷语地说："这个外地人，胆真大，各种闲事都敢管，不怕别人讹诈他！"

彭军在分选废钢

赶到医院，医生、护士问彭军："这位病人是你的什么人？"彭军回答说："这是我的父亲！"他毫不犹豫地掏钱支付了医药费用。在抢救老伯的过程中，急需输血，彭军撸起袖管说："输我的吧，我是O型血！"彭军输完血没有回家，一直坐在老伯的床边守护。直到第二天凌晨四五点钟，老伯醒了，医生、护士告诉他："你的儿子真孝顺，没有他，你的命早就没了。"

老伯丈二和尚摸不着头脑，说："我的儿子，我哪来的儿子？"等老伯明白了彭军抢救他的经过后，一定要彭军留下姓名和地址，日后一定要好好感谢他。可是，彭军没有留下姓名，只说了一句"我家住宝山"，就赶着上班去了。

故事到此还没有完全结束。那位昏迷倒地的老伯姓范，这里我们就称他范老伯。范老伯身体康复之后，一直惦念着救了他命的人。滴水之恩，涌泉相报，更何况这个人有救命之恩。从此之后，范老伯就踏上了长达4年之久的寻找恩人之路。

范老伯记得恩人说家住宝山，于是他就在宝山范围内寻找，从月浦地区到吴淞街道辖区，他都走遍了，连腿都走伤了，但范老伯仍旧坚持着。他坚信在有生之年，一定能寻找到恩人。也许是范老伯的恒心感动了苍天，这一天，彭军正好骑着自行车要上班，恰巧被范老伯遇见了。范老伯一把拉住彭军，大声说：“恩人啊，我找得你好苦啊！”说着，就把口袋里一直准备着的钱往彭军手中塞，说这是他上次垫付的医药费。彭军哪里肯要？一来一往，俩人拉扯着，引来了路人的围观。彭军说：“这是您的养老钱，我怎么能要啊？您看，我还穿着工作服，我要着急上班呢。”范老伯拉着彭军的手说：“请一定告诉我你叫什么名字。”彭军不肯留下姓名，执意骑着自行车赶往公司，范老伯于是一路追到了彭军上班的地点，看到“中冶宝钢”几个大字，才知道彭军工作的单位。

范老伯找到彭军后，就给彭军单位送来了锦旗，单位里这才知道了彭军的先进事迹。范老伯认为彭军是个大好人，要求与彭军生活在一起。后来，范老伯和彭军一起生活了六年，彭军更是悉心照料他，两人情同父子。直到范老伯患上了老年痴呆症后，才被他的亲人接回了家。

热心相助及时雨

彭军与蔡老伯相识，有着一段奇巧的因缘。那段时期，彭军喜欢上了推拿和按摩技艺，他在花园里义务为老人们医疗各类病症。有一天，彭军在给一位老人做推拿时，一只小狗蹿到了他的身边。彭军想赶开它，可那只小狗赖着不走，这时，狗的主人蔡老伯走上前，才把这只小狗抱开。于是，蔡老伯与彭军就这样认识了。

蔡老伯已是80多岁高龄的老人了，难免有个腰酸背痛的。彭军得知后，就义务为老人进行按摩和推拿。老人过意不去，主动提出要拿出钱给彭军聊表心意。彭军一口谢绝，他说：“我是学雷锋做好事，是分文不能拿的，就连一瓶矿泉水我都不能拿。”蔡老伯被彭军的人格力量所感动，他赞扬道：“现在如此的好人，实在太少了，这是一位真正的人民英雄！”

全国劳动模范彭军在上海市友谊会堂

后来，蔡老伯出了车祸，住进了医院，彭军又像“及时雨”一样出现在蔡老伯身边。在蔡老伯治疗期间，彭军下了班就赶到医院照顾蔡老伯，从翻身到洗澡，彭军都一一细心护理。怕蔡老伯年事已高，晚上有个闪失，彭军干脆下班就睡在了医院的病房里，一睡就是几十天。刚开始，医院里的医生和护士以为他是蔡老伯的儿子，后来才得知他就是月浦地区的好人彭军。大家深深为彭军的义举所感动。蔡老伯现在也离不开彭军了，一遇见什么事情，第一时间就想到彭军，他们已是形同父子的好朋友了。

无独有偶，家住宝山盛桥的一位80多岁的老妈妈无法承受老年丧子的痛苦，对生活失去了希望，每天都是以泪洗面。彭军知道后赶了过去，对她进行安慰和劝说。老妈妈说：“你真好！如果你不想让我死，你就住过来陪陪我，这样，我才好过些。”彭军一口答应。他安排好自己的母亲及家人后，几乎每天都赶到老妈妈那里和她谈话聊天，一住就是7个月。通过彭军的不断陪伴和开导，老人在绝望中恢复了过来。老妈妈现在逢人就说：“如果没有彭军这个好人，我真的没有法子渡过这个难关，他真像我的好儿子！”

心无旁骛始坚守

2019年，自《上海市生活垃圾管理条例》开始实施后，彭军又和垃圾较起劲来。随着时代的发展，垃圾分类已经成为一个国家发展的必然路径，可以减少垃圾处理量和处理设备，降低处理成本。在垃圾分类即将实施之前，彭军就充当起宣传员，一有时间就拿着垃圾分类宣传画册在大院单人宿舍的垃圾房、道路、宿舍楼里穿梭、讲解，用自己朴实的语言向住宿员工不厌其烦地唠叨什么是干垃圾、湿垃圾、有害垃圾、可回收物，应该如何正确投放。

中冶宝钢大院单人宿舍共有2100余名员工入住，每天要产生大量的生活垃圾。尽管前期已经开展多次学习宣贯，要求员工投放垃圾时严格按照垃圾分类指导手册进行分类投放，并且配备了分类专用垃圾桶，摆放在单身宿舍楼道、垃圾房等不同位置，便于员工投放，还安排了志愿者在垃圾房旁指导投放，但初期的效果不尽如人意，干湿混放现象依旧存在。

于是，彭军主动担任起了志愿者，每天准时站在垃圾房旁，指导员工正确投放，并在垃圾投放点对垃圾桶进行逐一分拣。7月的上海已经炙热难耐，垃圾在垃圾桶内经过长时间发酵，散发着令人作呕的恶臭，但彭军却不以为意，挨个把各个垃圾桶内的垃圾倒在地上，用手进行分拣，细心地将混放在湿垃圾内的干垃圾一一分拣出来。

因为经常扒拉垃圾桶，彭军还曾被人议论“脑子有问题”“多管闲事”，但彭军丝毫不介意，以实际行动诠释“心无旁骛”的新时代意义。他还这样告诉我们：习主席说过“绿水青山就是金山银山”，单人宿舍属于人口密集区域，人多产生的垃圾自然就多，未分类的垃圾极易腐烂，不仅容易滋生蚊虫，而且影响企业形象。保护环境人人有责，垃圾分类不仅能废物利用再生价值，还能让员工提高环保意识，助力形成绿色发展方式和生活方式。

爱心辐射成团队

生活中，彭军的“爱心圈子”越做越大。对于以前帮助过的人，他还会定期去探望他们，像亲人一样；如今，他用更多的时间去帮助更需要帮助的人。雷治寿是一位跟女儿住在春雷路的 78 岁老伯。2016 年 11 月，一次偶然的机会，彭军在公园的石凳上看见老人正艰难地用手捶着肩膀，就主动过去为老伯拿捏按摩。雷老伯的女儿平时上班忙，照顾他的时间也少，雷老伯突然遇到彭军这样的好心人，也感到很意外。在一番交谈后，两人互留了联系方式。自此以后，彭军每到休息时就去雷老伯家照顾他，嘘寒问暖，让雷老伯感觉多了一个亲人。2017 年 4 月，雷老伯突然生病，查出股骨头坏死，住进长征医院治疗。经过治疗，出院后的雷老伯只能睡在床上，吃喝拉撒全要人照顾。彭军去探望雷老伯时，了解到他的女儿要上班，照顾起来不方便，于是主动提出让雷老伯搬到他那里住，自己来照顾雷老伯，这一住就是 7 个月。彭军每天下班回去都要帮雷老伯做饭、擦身，陪他聊天，平时还会买雷老伯喜欢吃的水果、坚果给他吃，像照顾自己的父亲一样照顾他。直到 2017 年 11 月，雷老伯可以下床慢慢走路了，才被女儿接回去。从那以后，雷老伯已经当彭军是自己的儿子了，家里的几乎所有事都有彭军的身影。

这些年来，邹福麟、何美芳、周华德、严根兴，还有很多不知姓名的老人，都受到过彭军无微不至的照顾，他们也都像雷老伯一样把彭军当作自己的儿子。彭军不仅自己帮助他人，还带动身边的人去帮助他人，由他组建的爱心小分队经常出现在各个小区、各个街道、各个广场，为老年人按摩、理发、看病等，所到之处无不受到大家的欢迎和由衷感谢。目前，这个小分队正在不断壮大中。

彭军说，我们组织成立爱心小分队，就是想给需要帮助的人多一丝爱心，多一点温暖，让他们多一份战胜困难的勇气。也希望带动更多的人走上爱心之路，播撒文明，弘扬美德。

一个人做一件好事并不难，难的是一辈子做好事；一件事坚持一天并不难，难的是坚持一辈子。一贯地坚持、一贯地奉献、一贯地播撒爱，几十年如一日地坚持，这才是最难的。最打动人的是“坚持”，无论是默默助人、爱心帮扶、垃圾分类还是抗击疫情，他都能始终坚持如初，不受世俗干扰，无私奉献，不求回报，以自己的实际行动感染许许多多的人。聚沙成塔、集腋为裘，彭军正如夜空中一颗明亮的星，在黑暗中给仰望的人以勇气和存在的指引。

时光荏苒，执着进取

——中冶宝钢炉窑耐材系统提升之路

自1989年开始，中冶宝钢组织95人负责宝钢一炼钢钢包砌筑业务，经过31个年头的发展，公司业务不断壮大。如今，公司炉窑耐材系统已先后承揽宝钢一炼钢特大型中间包、RH耐材砌筑、维护施工业务；电炉厂老线钢包、中间包、铁水包的耐材砌筑、维护施工业务；宝钢二炼钢中间包、钢包、铁水包、RH耐材砌筑、维护施工任务。在此期间，随着项目的承接，中冶宝钢也同步开展了设备运行维护业务。斗转星移，时光如梭，一个个时间节点见证了炉窑耐材系统的发展壮大。在几十年的发展积累过程中，炉窑耐材团队持续开展工艺技术创新，不断优化改进施工方法，取得了可喜成绩，获得的各类奖项不计其数，也涌现出了一批批杰出的班组和个人。

中冶宝钢作为目前国内行业领先、综合实力最强、专业服务最优的冶金生产运营服务商，每一步的发展都与改革创新息息相关，不断总结和完善管理经验，建立了一整套完善的炉窑耐材与砌筑管理体系，涌现出一大批技术能手，为宝钢炉窑系统的安全稳定、生产顺行做出了突出贡献。

炉窑耐材及砌筑业务团队在时间的推移中不断壮大

1989年，公司仅有一个95人的班组在宝钢负责钢包砌筑维护业务；1990年，公司开始承揽宝钢一炼钢特大型中间包、RH耐材砌筑、维护施工业务；1995年，开始承接电炉厂老线钢包、中间包、铁水包的耐材砌筑、维护施工业务；1998年，宝钢二炼钢建设完成，开始承接中间包、钢包、铁水包、RH

耐材砌筑、维护施工任务。

随着时间的推移，从事炉窑耐材系统的人员从开始的95人发展至拥有730人的专业管理和技术团队。其中，教授级高级工程师1人，工程师13人，助理工程师25人，高级技师5人，技师16人，高级工235人，中级工81人。工种包括砌筑工、装包工等二十余类，特殊工种人员达到1600人次，员工队伍不断强化和壮大。

炉窑耐材及砌筑技术不断积累不断凝练

创新是企业发展的不竭动力和生命源泉，也是企业永葆青春、持续发展的灵魂。中冶宝钢立足于自主创新，强化技术服务，不断技术创新，优化改进工艺，研发新设备，总结出了一项项技术成果，形成了多套集成技术系统，以新的砌筑工艺、维护方法和服务理念得到了业主的高度认可。

钢包施工

一是大硅钢精炼炉（RH真空槽）内衬结构及维护工艺不断改进。针对RH真空槽各组成部分耐材使用寿命低的现象，为了满足炼钢厂炉外精炼需求，为宝钢精炼生产保驾护航，作为宝钢RH真空槽耐材砌筑、维护施工项目的承包单位，公司利用自主管理，成立攻关小组等形式，开展现状调查，要因分析和确认等一系列活动，凝练大硅钢精炼炉（RH真空槽）内衬结构及维护工艺。2008年，该科技成果被中冶集团鉴定为国际先进水平。

二是特大型钢包维护技术不断完善。钢包是炼钢生产所必需的生产设备，是连接转炉至连铸炼钢生产过程中必不可少的运输工具、炉外精炼工具及钢水浇铸工具。公司改进和优化了钢包内衬耐材维护和本体结构维护技术，多次荣获全国QC自主管理成果发布一二等奖，申报1项国家专利，此项技术于2010年被中冶集团鉴定为国内领先水平。成套维护技术形成的“特大型钢包砌筑维护工法”于2017年申报获得省部级工法。

三是特大型中间包维护技术不断创新。公司对宝钢特大型中间包维护技术不断进行创新、总结归纳，形成了一套完整的技术集成，共完成研究课题6项，取得授权专利2项，获得省部级技术成果5项，发表科技论文3项。特大型中间包维护技术于2011年被中冶集团鉴定为国内领先水平。质量管理成果从2016年到2018年连续三年获得中国冶金建设协会QC成果发布一等奖；技术集成“大型连铸中间包整体浇注工法”申报获得2019年省部级工法，并被评为一级工法。

四是钢水RH真空精炼槽体维护成套技术研究不断取得新突破。RH真空精炼槽由钢结构壳体和耐火材料组成，由热弯管、上部槽、下部槽和浸渍管四部分组成。上部槽与热弯管连接，设有合金加料口，热弯管则是钢水精炼过程中气体和钢水中残渣的排放通道；下部槽是钢水循环脱气反应的主要场所，主要包括两个环流管和与其相连的两个浸渍管。通过优化钢水RH真空精炼槽体施工工艺和内衬结构，研制专用工艺设备和施工设备，中冶宝钢提高了真空精炼槽使用寿命，降低了真空精炼槽异常下线率，确保了处理效率及炼钢精炼生产稳定顺行。

真空槽大修砌筑

炉窑耐材及砌筑业务能手在时间的淬炼中不断成长

企业的发展离不开人才，更离不开优秀的团队，在炉窑耐材管理系统过去的30多年里，借助改革开放的东风，涌现出一大批优秀的技术能手和管理团队。

全国冶金建设行业高级技能专家——张兵。张兵，1970年出生，1985年底参加工作，一直从事炉窑系统相关工作，历次获得全国冶金建设行业高级技能专家、中冶科工集团技术能手、筑炉工高级技师、中冶宝钢先进个人等荣誉称号。他和他的团队代表中冶宝钢参加了“2017 年中国技能大赛——全国冶金建设行业职业技能竞赛”，并中冶集团第六届职业技能竞赛“砌筑工”项目中，分别获得个人第九名、第十二名及砌筑团体三等奖的好成绩，成为中冶宝钢砌筑工方面的最佳成绩。

张兵提出的“改进真空槽三角区挖修砌筑工艺”“合金口组合砖及溜槽抗磨损砌筑”“中部槽、上部槽工作层耐材贴补技术”“真空槽槽底工作层及浸渍管环砖改善起拱”“热弯管的砌筑及托板砖的改进”等方案全部得到采用，满足了硅钢生产需求，缓解了在线维护、槽修砌筑等工作的压力。他把每一次成绩都作为自己工作的新起点，不断完善自己，不断超越自我，参与研发 5 号 RH 自动清洗防尘搅拌机和开发维护台车顶渣设备并成功投入使用，为企业占领市场贡献出自己的力量。

全国工人先锋号——工业炉窑车间电炉精整乙班。电炉精整乙班成立于 2007 年，现有总人数 19 人，职工平均年龄 38 岁。该班组主要承担宝钢钢管条钢事业部电炉厂连铸坯精整作业和行车操作两大作业项目，其中连铸坯精整主要包含铸坯跟踪、铸坯编号、铸坯质检等 10 余种铸坯精整作业工序，行车操作主要包含 4 台 30 吨磁盘吊、4 台 30 吨夹钳吊、2 台 100 吨行车操作及日常设备维护工作。该班组自成立起，积极推进班组团队建设，严格控制人员安全和产品质量，为保证宝钢的顺利生产做出了突出贡献。

上海市五一劳动奖状——炉窑车间电炉日班。该班组主要负责宝钢电炉区域的钢包、铁水包、中间包的耐材砌筑和维护工作。作为宝钢外协的一分子，在多年的工作中，他们在安全生产、文明生产、专业管理、政治思想、民主管理等方面加强基础管理，构建了一个令员工满意的和谐班组。

2005 年，随着电炉钢产量的加大，中间包寿命短、维护频繁的特点使得中间包的周转紧张。班组员工针对这种情况进行了分析，提出了中间包的耐材改进方案，提出了不少好的合理化建议，使得中间包由 300 炉一大修提高到 500 炉一大修，仅此一项，每月为宝钢节约 6 万多元的成本，同时也降低了员工的作业量，缓解了中间包周转紧张的局面。

上海市劳动模范集体——炉窑 RH 班组。中冶宝钢炉窑 RH 班组成立于 1999 年 8 月，目前由 73 人组成，炉窑 RH 班组中包括技师 2 人，高级工 10

人，中级工 50 人。多年来，该班组一直承担着宝钢股份炼钢厂 RH 真空槽的耐材砌筑和热态维护任务，班组成员精诚协作，以精益求精的工作作风、不断创新的拼搏精神取得了优异的工作业绩，荣获 2000 年度“上海市劳动模范集体”等诸多荣誉。

炉窑 RH 作业区属于劳动密集型生产区域，最理想的作业方式是机械化。由于生产流程颇长、工序复杂，要想保证生产质量，要求每道工序都要按照标准来作业。首先，炉窑 RH 班组落实各项政策与规程，从工艺流程、操作节拍、“6S”定位、操作手势等每个细节制定严格的工艺要求，使本班组操作人员养成好习惯。要想成为一个优秀的班组，就要学会“疏导”瓶颈。平庸与优秀的班组的区别在于大家都看到了瓶颈所在，但一个会觉得这就应该是个瓶颈，产生畏难心理，另一个却会想办法突破这个瓶颈。炉窑 RH 班组就是这样，他们大胆革新、勇于创新，通过不断地摸索和实践，推行精益管理，采用精细化管理和流程细节标准化，设法减少流程中间环节。炉窑 RH 班组凭借优秀的质量管理，荣获 2009 年度“全国质量信得过班组”。

中冶宝钢炉窑系统管理团队在技术创新、制度改革、生产实践等方面取得了优异成绩。虽然钢铁行业面临着微利润、高耗能的窘境，但作为钢铁服务企业，中冶宝钢将坚持走自主创新道路、坚持深化改革理念，依靠技术开发手段提升服务质量。中冶宝钢炉窑团队有能力、有信心打造出“国内第一、国际一流”的炉窑系统管理品牌，炉窑自主创新事业在延续、改善、增强之后，必将迎来新的春天，实现新的飞跃。

迎难而上，勇做第一

——中冶宝钢攻克国内首条 ESP 产线检修难关纪实

ESP（Endless Strip Production）是指全无头超薄带钢生产技术，更被誉为继转炉炼钢、连续铸钢之后的“第三次钢铁工业技术革命”，代表了当今世界热轧带钢技术的最高水平。目前全球投产的 ESP 产线共有 5 条，第一条在意大利，剩下 4 条都在我国的山东日照钢铁（以下简称“日钢”）。日钢的 4 条 ESP 产线投产后，中冶宝钢凭借雄厚的冶金运营服务实力承担起产线设备的保驾护航任务，并赢得日钢业主的高度好评。

日照钢铁 ESP 制造部赠送的锦旗

2020 年 11 月初的山东初冬料峭，中冶宝钢的尖兵力量却在日钢 1 号 ESP 的产线上干得热火朝天。此刻，1 号 ESP 年修正在进入设备回装关键时期，胜败在此一役。11 月 9 日 10 时 30 分，1 号 ESP 产线顺利恢复生产，较计划工期提前 20.5 小时，本次年修任务胜利结束。此次年修是中冶宝钢承揽的第 10 次 ESP 年修任务，也是双方就 ESP 检修项目合作的第 5 个年头。

先声夺人，ESP 检修第一家

2015 年，钢铁行业步入寒冬，产能过剩导致昔日的“明星产品”卖到了“白菜价”。日钢考虑到转型升级，率先引进 ESP 生产工艺和技术。第一条 ESP 产线在 2015 年 8 月正式开始量产，整个产线从钢水到钢卷仅需要 7 分钟，是传统产线无法比拟的；同时，它还可以节能50%、节水70%、节省占地2/3，给日钢带来了良好的经济效益。

2016年6月，已经服役1年多的日钢首条ESP产线急需维修保养，但由于整条产线当时国内仅有日钢一家，前期各类施工资料完全保密，没有成熟案例参考，让服务日钢的几家检修单位技术人员面面相觑。

那时，中冶宝钢已为日钢服务了10年，是日钢最大的检修协力单位，业务面涉及型材及长材等区域。时任中冶宝钢日钢项目部经理的李能杨鼓励大家说："企业发展必须不断学习创新，必须积极接触行业最新技术，此次ESP年修虽然蕴含着巨大风险，却是一次绝佳的市场拓展机遇。我们要迎风而上，做时代的弄潮儿!"

学通吃透，ESP检修一枝独秀

ESP年修存在诸多难点：整个ESP产线较传统产线短，设备紧凑，无法大面积铺开；工期紧，无相应施工经验，国内外无可参考案例；质量要求高，多个项目施工难度极大。

从决定干ESP年修开始，中冶宝钢日钢项目部专门成立项目团队，针对各个难点逐一击破：产线短，无法大面积作战，就对整体施工方案进行优化，对项目施工顺序进行紧密排列；同时，对修复类、预制类事项进行提前策划、准备，以另一种方式延长工期与战线；无相应参考案例，就参考类似案例，形成专项施工方案；对ESP产线与类似案例的不同之处，大胆假设，小心求证，反复校验，确保方案科学、准确。

摆剪摆动框架吊出

2016年6月21日，1号ESP产线停机，所有施工人员"一拥而上"，有序开展各项施工工作。其中，ESP摆剪项目是年修项目的重中之重，是ESP的关键设备，存在设备形体大、结构复杂、吊装空间小、上下活动空间不足50厘米等特点。在操作前期，技术人员反复校验地面、地坑、车间行车、摆剪高度，仔细测算吊点，设计专用吊装绳索，制定专用吊装方案，成功将摆剪吊出。

就在ESP年修所有工作有序进行的时候，新的难题迎面而来。ESP设备的装配都是冷装配，过盈尺寸大；同时，设备全部来自进口，就连最简单的螺栓，国内也无备件厂家。这就意味着所有拆装都是保护性拆除。项目团队一方面积极协调先进液压工具，加班、加人、抢工期；另一方面，与日钢业主沟通，对于无关紧要的紧固件、固定件予以破坏性拆除，采用国内同性能零件代替。这一提议得到业主认可，也使整个施工节奏得以加快，施工过程不再束手束脚。

整个ESP年修项目施工节奏十分紧张，项目管理团队虽然都是入行多年的“老师傅”，却都提起了十二分的精神和注意力，施工负责人更是一步未离岗。2016年6月28日，1号ESP产线顺利恢复生产，所有参战人员都激动不已。作为堂堂七尺男儿，项目负责人更是红了眼眶。此次年修的成功极大鼓舞了团队士气，树立了中冶宝钢“国内第一、国际一流”冶金运营服务商的良好品牌形象，为后期施工积累了宝贵的经验。自此之后，中冶宝钢一战成名，日钢ESP产线的所有年修项目近乎被中冶宝钢“垄断”。

兄弟情深，危难之中伸援手

高速飞剪本体吊出

2020年新春伊始，一场突如其来的新冠肺炎疫情扰乱了市场的步伐，对钢铁行业产生极大的影响，钢铁出口量骤降。加上物流运输受限，原料供应紧张，钢铁市场呈现低迷态势。各大钢企纷纷停机年修，日钢ESP也不例外。受疫情管控影响，人员复工周期较长，检修施工组织极其困难；加上日钢要求开标3天后就开始施工，准备时间十分紧张。日照当地的几家检修单位纷纷趁机狮子大开口，整个检修市场混乱不堪，日钢 ESP 制造部对检修的招标价格也非常担忧。

ESP 年修现场检查

3 月 24 日，3 号 ESP 产线年修项目开标，中冶宝钢并没有受疫情影响而漫天要价，依然给出了最具性价比的方案和报价，给日钢业主留下了深刻的印象，更体现了国企的契约精神和企业担当。4 月 3 日上午 8 时，整个施工顺利结束，3 号 ESP 产线恢复生产。翌晨，日钢 ESP 制造部领导带着“能征善战，技术一流，管理规范，服务到位”的锦旗专程来到中冶宝钢第六分公司，向公司致谢，对公司“守信用，重承诺，水平高，技术好”的服务质量赞扬不已。此次合作不仅使双方之间的合作更加紧密，也促使双方“兄弟”感情更加深厚。

中冶宝钢从 2006 年起进入山东日照钢铁市场，距今已有 14 个年头，从刚开始仅有几十人的中冶宝钢日钢项目部，壮大成为 1300 多人的中冶宝钢第六分公司，由小做大，直到成为行业龙头，打造出中冶宝钢在山东冶金运营服务市场的品牌影响力，赋能山东钢铁产业发展，助力山东产能升级。

敬业篇

一线管理者，一流工匠魂

——记全国劳动模范、中冶宝钢品牌人物李伟伟

他，一个海岛渔村青年小伙，却是海岛上大名鼎鼎的青年创新家。

他，整天忙碌于料场与海港码头之间，却执掌着一个省级技能大师工作室。

他，平凡的一线管理者，却出类拔萃，成为14亿劳动者的典范。

他就是上海市、全国五一劳动奖章获得者、浙江舟山技能大师、长三角地区职工劳动技能创新工作室荣誉获得者、中冶宝钢基层一线作业长、共产党员李伟伟。

他是怎样从一名昔日的海港桥式起重机普通操作工成长为如今的佼佼者的呢？就让我们一起走进他的世界，一同了解他的奋斗历程。

“渔家郎”和他的“第一抓”

身为一名普通的渔民后代，18岁的李伟伟经过笔试、面试，从200个报名的人里脱颖而出，进入中冶宝钢马迹山项目部工作。从此，一个地地道道的“渔家郎”便成为家中第一个在国企的“上班族”。

进入单位后，李伟伟就立志学好技术，成为一名现代港口职工。企业为了培养他，将他送到当时的上海宝钢原料码头学习桥式起重机的各项操作技能。岗位、知识、管理……一切都是崭新的。但是，新鲜感都是暂时性的，能让他不断进取、拼搏、攀登的还是父亲对他的叮嘱：“儿子啊，好好干，要争气！别给我们渔家人丢脸。”

李伟伟工作照

在一年的学习中，李伟伟就像一张抛入大海的渔网，全身心投入到学习中。不足2平方米的操作室是李伟伟学习专业技术的平台，也是他每天俯视卸船机两条平行线轨迹的天地，更是他日后面朝大海、一酬壮志的起点。

一年后，当同伴带着上海的土特产返回海岛时，他却带回了一摞厚厚的整理成册的教案知识与操作经验。知识的积累、技术的获取、思维的绽放，让他带回了挑战自我、一跃成为卸船机驾驶作业佼佼者的技术积淀。这也是他20年来岗位操作“零违章”、练就岗位必备的职业素养——胆大、心细的坚实基础。

李伟伟脑海里始终记得2001年1月21日，对他来说，这是个特别的日子。他将凭借马迹山港一期开港仪式上的“第一抓”登上这个划时代的卸船机主操手岗位。这是他未来发展的转折点，而这一刻也早已成为历史见证，被载入宝钢马迹山原料中转深水港建设发展史册。

马迹山港主要从事钢铁冶炼矿石原料中转倒驳作业。港口靠泊卸载矿石原料的船舶基本为国际货运船只，如卸载原料时操作不慎，导致抓斗碰擦到货舱或发生钢丝绳缠绕等问题，易对船只造成损伤，严重者会导致船只无法返航，从而造成经济赔款。历经多轮卸船机实操能力考评鉴定，李伟伟作为首名实操尖子，担负起了“第一抓”的光荣职责。担负重任的他兴奋、紧张而又自信、坚定。

为了让家人共同分享这份喜悦，他特意把一套新工作服带回了家。晚上，李伟伟躺在床上，一种控制不住的兴奋时不时爬上其嘴角，让嘴角不由自主地向上扬起。李伟伟深知这一抓的分量，组织上选定他担任“第一抓”，就是让他代表中冶宝钢、代表中国港口作业水准。

李伟伟在众目睽睽之下，掌控手柄，起动吊机，将抓斗稳稳地对准原料，一蹴而就。成功的喜悦，犹如烟花般飞扬在港口的碧海蓝天。

李伟伟并不满足，他心里想的是如何解决海岛港口装卸两大难题，并使之普及化。经过刻苦攻关，他总结提炼的“作业中抓斗内部钢丝绳弹出安全处理操作法”和“作业中抓斗快速设定法”两项先进操作法成为风大浪高、气候多变的海岛港口桥吊装卸的法宝。而他本人也在卸船机司机技能比武大赛中，夺得了优异成绩。

全国劳动模范李伟伟在京接受表彰

创新火花由此点燃

“作业长，作业长，四号卸船机振动给料器裙板皮带的位置又溢料了……”对讲机里传来急促的喊话声，李伟伟听到后，脑袋里“嗡”了一声，他一边往事发地点赶一边想：这已是第几次发生此类故障了。

2014 年，已被提拔为作业长的李伟伟碰到一个棘手问题：港口二期卸船机振动给料器经常发生溢料事件。每次清理，都要投入四五个员工，花费 2 个多小时不说，还耽误装卸时间。

如何解决当前棘手的问题，他陷入了沉思：“老这样不行，不能天天当救火队，一定要从根子上解决问题。”自此，李伟伟只要一有空，就到卸船机给料器周边区域实地勘察，白天了解设备结构，夜晚查找资料，分析设备原理。饿了，来一碗泡面；累了，趴桌上打个盹。经过一段时间的实地调查和深思熟虑，他写就了《二期卸船机振动给料器导料槽的改进方案》。

该方案受到了组织上的高度重视，但可行性到底有多少？谁也没有把握，李伟伟决定拜师。为验证该方案的可行性，他主动找到宝钢集团工人发明家李斌师傅请教。“李工，你看现在二期卸船机振动给料器裙板皮作业黏湿料经常裸露，且造成大量溢料，停机处理又要花费人力、物力，极大影响生产操作效率。我有一个想法，特请教您指点迷津。”李斌看着这位年轻却办事认真负责的作业长，微笑着说：“谈谈你的改进想法。”李伟伟一边把方案手稿递给李工，一边说道：“我认为，振动给料器导料槽内部三边积料的形成是由于改造后裙板皮的安装位置与深入料斗内部的长度而导致的……”随着李伟伟对项目建议设想的叙述，李斌的眼睛不断放亮，频频点头没想到，这位年轻的作业长有着这么敏捷的创新思维。

次日，经过李斌指点的改进方案，在三号卸船机上进行了改进。试运1个月后，三号卸船机再也没有出现振动给料器裙板皮裸露故障现象，为此，公司要求所有二期卸船机进行全面推广。这是李伟伟和他的创新启蒙导师李斌的第一次合作，创新火花由此而点燃。

“头脑风暴”激发创新创效

20年来，坚守海岛港口的李伟伟，感慨最多的就是“慧眼识英雄”。他说，是组织上看到了他创新的能力、动力和潜力，成立了由他执掌的劳模（技师）创新工作室，使他和工作室成员的职业生涯开启了一扇新的大门。

2020年1月3日，马迹山港智慧化料场办公室正式投入运营，首次以“无人机＋AI＋北斗”的方式实现了港口矿石料场估料操作的精准化。对比实际装卸量，料堆估料精确度较传统操作提高15%以上，大幅提高了料场利用率和生产效率，并有效降低了转驳料产生的成本浪费。智能精准估料操作系统的实现，为马迹山港散货矿石接卸倒驳的生产计划、调度、效益提升提供了可靠依据。该智能化、大数据分析系统的首次应用填补了行业空白，具有较高创新价值。

舱口监护

说到“料场无人机智能化料堆估算项目”，其诞生源于李伟伟创新工作室的一场讨论交流活动。2018年，项目部一名推扒机司机提出：“目前料场转驳料工作负荷较大，依靠电子秤、水尺和现场料场图的对比，发现其实际偏差超过预定范围。人工场地估料更加困难，这样给料场国轮出货场地量参照配载，会造成较大影响。那么，怎么做才能改善且扭转这种局面呢？”

问题一经抛出，以李伟伟为首的技能大师工作室研发团队成员立即展开热议：目前，每次料场小堆料出货前，只是依靠自卸车多转驳一些预备量，在已备的装货生产作业中，如果备料不足，就会造成装船质量事故。李伟伟作为技术研发团队领军人，结合多年现场管理经验，深知如果对转驳料量多量少估算不足，不仅会使原本应该创造的直接经济效益在粗犷的运营中慢慢流失，同时也会大大增加设备运行、人员投入成本。长此以往，企业服务品质会降低，市场发展将受到制约。他沉思了半天，提出：料堆能否用“长、宽、高”几何数据进行计算勘测？忽然，在场人员似乎明白了什么，一句看似简单的数学算法，瞬间点燃了团队成员头脑风暴的火花，指出了研发方向，队员们讨论激烈起来。项目部质量管理员周俊明突然说道：“对了，无人机，现在不是流行无人机高空影像搜集么？能否利用无人机技术来实现？”项目部副经理柴彬当场表示，由他上报这个项目，并同上海交通大学方面联系，共同研发项目可行性方案。经过一年的努力，而今已成现实，小小无人机承载着李伟伟、柴彬等青年一代的创新梦想，将它定格于料场上空，翱翔于美丽的马迹山港口。

创新是一种能力，也是对新想法、新理论、新事物进行发现、探知、挖掘的能力。李伟伟说：“获取创新能力的源泉在于不停地进行思想碰撞、不断深入生产一线，不停地探知实践——不论在研发工作室，还是在生产操作岗位。”

7 年来，以李伟伟为首的技术研发团队相互合作，结合港区生产、安全、质量、环境进行研究与应用，组织开展技术攻关、技能培训、管理创新、科学研究、学习交流等活动。在思想、智慧的不断碰撞中，70 余项合理化建议成功应用到生产现场，累计创造经济效益 700 多万元，获得省市级以上科技创新奖项 20 余项，专利 3 项……

故事还有很多，故事仍将继续。20 年来，李伟伟敬业、勤恳、忘我奉献，不断践行着一名中国共产党人的初心和使命，践行着一名中冶人的责任担当。他看淡得失，一心只为创新，用 20 载成就了马迹山港智慧制造的前景与光明。

我是一块砖，哪里需要哪里搬

——记上海市劳动模范陈标

2020年5月，中冶宝钢员工陈标获得上海市五一劳动奖章，这是对他在冶金运营服务中所做贡献的高度肯定。

从检修一线到市场开拓的“领头羊”，他多次临危受命，先后筹建马迹山港项目部、湖北荆州沙市钢管厂项目部。湛江钢铁项目开工后，他又主动请缨，投身到湛江项目的建设运营中，先后开拓了湛江渤海农业、湛江港集团检修等业务，助力湛江港集团业务规模较2018年增加50%。2019年，他又带领团队开拓了广西柳钢防城港、广西盛隆冶金公司检修及生产协力业务。

不忘初心，勇于担当的支部书记

勇于担当负责、积极主动作为，他时刻不忘自己来自基层，全心全意为员工谋幸福、解难题，做一名合格的共产党员。

作为一名基层党支部书记，陈标始终坚持政治理论学习，深入学习习近平新时代中国特色社会主义思想和党的十九大精神，增强“四个意识”，坚定“四个自信”，做到“两个维护”，同时能够发挥“关键少数”的带头作用，自觉扛起“一岗双责”的政治责任。在陈标的带领下，团队以时不我待、只争朝夕的精神，助力企业稳健发展。

不忘初心，守岗位葆本色；勇担使命，舍小家、为大家。面对新型冠状病毒性肺炎疫情的严峻形势，陈标在春节放弃休假，留守值班，认真贯彻落实上级下达的疫情防控工作要求，将疫情防控作为当前的重要任务，充分发挥党员干部战斗堡垒作用，有序开展疫情防控工作，在这场没有硝烟的疫情防控战中，为保障湛钢生产和设备正常运行贡献力量。

他日夜坚守岗位，巡查生产和检修现场作业情况，针对队部既有生产又有检修的特点，实行统筹兼顾，科学施策，用实际行动践行着入党誓词，站在了防控疫情的第一线。

攻坚克难，经验丰富的抢险队长

扎根一线30多年，他攻坚克难，全身心奋战，用扎实过硬的业务技能，用检修人的激情、智慧与汗水，谱写了一曲曲动人的中冶宝钢赞歌。

每当现场有急、难、险的重大施工任务，总能见到陈标忙碌的身影。陈标负责过宝钢运输部马迹山装船机悬臂断裂抢险、湛江钢铁球团厂环境除尘器倒塌抢险、宝钢原料码头卸船机报废拆除、湛江宝发赛迪转底炉火灾抢险、湛江钢铁“彩虹”台风抢险等任务，是一名当之无愧的敢于担当、经验丰富的抢险队长。

陈标热衷于探索、钻研，凭借多年的经验，结合自己的创新想法，勇于编制检修工法，大大缩短了检修时间。他编制了卸船机报废拆除施工方案，在拆除过程中应用先进的拆除吊装方法，积累了浮吊吊装作业的丰富经验。他在施工过程中严把安全质量关，并对所吊的每一钩进行论证、构思，实施，取得很好的效果。看起来，这是一份小聪明，其中却饱含着大智慧。

陈标获得湛江钢铁工程建设二等功

2015年10月4日，受超强台风“彩虹”影响，湛江钢铁受到重创，陈标负责4台卸船机的拆除作业任务，凭借自己的丰富经验，针对高空作业、浮吊及立体交叉、吊拆难度大、危险系数高等诸多不利因素，他都亲力亲为、日夜坚守、坐镇指挥，连续四天三夜没合眼，带领团队在15天内安全高效地完成4台卸船机拆除项目，为湛江钢铁恢复生产赢得了宝贵时间。

转型升级，改革创新的行业专家

陈标深知，作为检修行业的一名党员干部，要带领员工在激烈的检修市场竞争中不断提速增效，履行好质量效益发展的使命，就必须具有创新的精神与攻坚的毅力。

智慧制造是引领钢铁行业创新发展的总趋势，从事钢铁冶金运营服务工作的陈标高瞻远瞩，为减轻基层员工的劳动负荷、降低安全风险、提升作业效率，积极带领团队研发球团生产线检修高效工装、先进作业方法等，组织实施湛江钢铁球团生产线设备检修工艺集成，研发检修工装 10 套，编制检修工法 27 篇，带领冶金营运服务团队将上海宝钢经验通过传承、变革、突破运用于湛江钢铁冶金运营服务，以创新的先进工装工法、解决现场实际问题、提升作业效率为导向，为企业降本增效做出巨大贡献，助力企业加快转型升级。

乘风破浪，市场开拓的示范引领

陈标荣膺上海市劳动模范称号

企业要做强做大，就要有竞争意识，迎接挑战，抢占市场先机，巩固市场地位，多措并举开拓市场，必须要有先锋者，他就是一名敢开拓、善开拓、能开拓市场的领军人物。

作为发展湛江钢铁业务的首批技术骨干、先驱者，他 2008 年就奔赴广东湛江，为承接湛江钢铁如此大规模的业务立下汗马功劳，为做业主放心满意的供应商树立良好的品牌形象，也树立了上海企业在外部市场的优良形象。

陈标积极响应中冶宝钢立足湛钢、辐射周边的发展战略，充当市场开拓的领头羊，先后开拓湛江渤海农业、湛江港集团检修等业务，并签订了相关战略合作合同。湛江港集团业务市场份额逐年增长，业务规模较 2018 年增加

50%。2019 年，响应公司发展北部湾战略，陈标带领团队开拓广西柳钢防城港、广西盛隆冶金公司检修及生产协力业务，2020 年 3 月 26 日正式入驻，为业务市场的发展壮大书写新篇章。

一路走来，尽管是艰辛的，但也是喜悦的。他也因此获得了诸多荣誉，如中冶集团 2019 年度先进工作者及中冶宝钢优秀共产党员、先进个人等，并荣获 2015 年宝钢湛江钢铁“9·25”一号高炉点火及抗台抢险立功个人二等功。他带领的团队连续 4 年获得第四分公司先进集体。

激情不减，防城港项目再立新功

对于随时应战的冲锋人陈标来说，50 多岁的他已经白发苍苍，但是陈标的创业激情依旧高昂。

陈标再次出征广西柳钢防城港钢铁基地，通过与广西柳钢 60 余次的交流，从招标工作的准备到检修协力运营业务的承接，陈标激情高昂，兢兢业业地努力工作、克服困难，顺利承接广西柳钢防城港钢铁基地多个厂部设备检修及生产协力业务。

广西柳钢防城港钢铁基地业务承接后，设备检修及生产协力业务要求员工 2020 年 4 月 1 日起陆续进厂。面对时间紧、人员招聘难度大等困难，陈标经过 3 天夜以继日地策划招聘方案，带领团队分批先后到贵州、四川、甘肃等多地落实招聘工作，同时还要在周边区域开展招聘。他起早贪黑、早出晚归，车胎坏了不能回，他就在路边睡一会儿，又接着第二天的招聘工作。广西柳钢防城港钢铁基地在短短 6 个月时间里，招聘进驻 1200 余人，为冶金运营服务的顺利开展做出巨大贡献，让业主方刮目相看。哪里有困难，陈标就往哪里冲，为了解决员工招聘后的住宿问题，陈标又担任起了建筑师，用 2 个月的时间，带领团队自建临时生活基地，改善员工的生活及休息环境。

迎难而上、砥砺前行，他满怀着责任与梦想，肩负着使命与重担，努力开拓新业务。作为一名共产党员，陈标持之以恒、倾心尽力，以大无畏精神执着向前，为中冶宝钢打造“国内第一、国际一流”冶金运营服务商奋力拼搏！

志存高远，砥砺前行

——记上海市劳动模范董富刚

董富刚，2004 年入职中冶宝钢，在中冶宝钢这片热土上挥洒汗水，为中冶宝钢厚板区域安全生产和物流运转做出了卓越贡献，在平凡的岗位上干出了不平凡的业绩，先后多次荣获中冶宝钢优秀作业长、标兵、先进个人等荣誉，曾是宝钢首批协力金牛作业长、2018—2019 年度“上海市农民工先进个人”，2020 年获得“上海市劳动模范”荣誉称号；他带领的作业区两次获得中冶宝钢股份“金牛作业区”称号。

刻苦钻研，从农民到技术骨干华丽转身

十多年来，董富刚洗净裤管上的泥巴，扎根上海、扎根宝钢，通过自己的不懈努力，从一名行车学徒工逐渐成长为起重作业技术能手，直至一名生产现场的基层管理者。他刻苦钻研起重作业的理论与实践，不断研究电磁吊行车的行业特性，总结出宝钢厚板区域电磁吊行车的操作要领与行业规范，为宝钢股份控制电磁吊行车坠板提供了有力的技术支撑。经过多年的实际操作历练，他从学徒工逐渐成长为天车中级工、高级工，由于表现突

董富刚荣膺上海市劳动模范称号

出，先后被企业聘为班组长、副作业长、作业长，成为一名钢铁工业链上的基层管理者。他带领 180 名职工卓越地完成了中冶宝钢赋予的责任与使命，出色完成了各项生产任务，并深受好评。

不断学习，提高综合素质，适应企业需要

在繁忙的工作之余，为了满足企业转型发展的需要，董富刚努力学习起重设备知识，把宝钢优秀的管理经验应用于生产实际；他还努力学习文化知识，取得了专科文凭，丰富了自己的文化内涵。同时，他还带动着身边的同事一起刻苦学习，不断超越自我，为自己的职业生涯不断添砖加瓦，为企业的发展奉献着青春力量。在他的影响下，10 多名班组长、作业长利用业余时间取得了大专文凭，为企业的软实力提升打下了良好基础。

默默无闻，为现场安全生产奉献青春

董富刚被聘为作业长以来，清醒地认识到在宝钢厚板这个人员众多、环境复杂、电磁吊行车高风险区域内工作的责任非常重大。面对厚板部产业经营压力、品种钢生产频繁等各方面问题，他结合生产实际，制订了一系列的安全措施，并持续推进基础管理，强化闭环管理，有效地保证了现场生产的安全运行。他所在的作业区域承担着宝钢厚板部 36 台电磁吊行车的操作任务。区域内生产环境复杂、生产工艺烦琐、吊运作业频繁，且与地面设施交叉区域多，根据这一特性，在他的牵头实施下，作业区分别与交叉作业的相关方签订了横向安全作业协议，并按协议要求定期开展联合检查，发现异常及时进行沟通、教育，让员工明白安全的重要性。与此同时，按计划每年开展一次行车突发失电紧急预案演练工作时，他要求全员参与，确保行车工能在行车突发失电后的 20 分钟保磁时间内将钢板平稳放至安全地点，将可

董富刚带教员工

能发生坠板的风险降至最低。

不断进取，扎实推进标准化作业基础管理

俗话说，基础不牢，地动山摇。结合宝钢厚板区域生产特性，为防止发生人机交叉作业安全事故，董富刚结合生产工艺流程、行车吊运安全等实际情况，绘制了9个跨27台行车的安全运行路线并纳入岗位规程。在他的组织下，作业区对高风险机组区域，设置安全作业参照标识；组织骨干带头，评估、梳理不同机组、区域的行车运行的风险，并在厂房立柱、行车大梁等处用红色油漆划定标志线，为行车运行过程中提供醒目的参考依据，有效降低行车运行作业风险。

董富刚接受业主感谢信

为了促进作业区各项工作的有效推进，董富刚每天早班、每周至少一次夜班参加班前会，检查督促员工列队交接班。他对办公室、行车驾驶室可视化、定置化工作严格要求，每天检查执行情况，发现问题立即整改或考核，极大地提高了员工日常行为规范水平，也有利于现场标准化作业规定的落实。厚板精整作业区在原有指唱要求的基础上，推行全员待机超过5分钟再作业起身指唱规定，对现场安全管理起到了促进作用。宝钢股份公司基础管理推进小组多次检查作业区基础管理推进情况，给予极大肯定。

用户至上，获得业主认可努力拓展新业务

2019年，董富刚在负责厚板部行车操作的基础上，第一次涉足成品收发业务。为不负公司信任，他挑起厚板部交予的重担，在公司领导的大力支持下，作业区上下同心，调整工作重点，采取了组织与甲方沟通、从快从优录取新员工、对岗位规程和危险源进行梳理、合理安排员工培训等措施。由于领导重视，措施得当，全体作业人员积极学习和实践，岗位技能快速提高，

作业能力和服务态度得到业主的一致好评，出色地完成了业务拓展工作。

品牌传颂，虚心学习，努力弘扬正能量

2020 年 6 月，董富刚被公司选为品牌传颂人，参与“礼赞 · 中冶宝钢品牌人物线上直播诵读会”，传颂公司品牌人物先进事迹。在排练时，董富刚端正态度，虚心接受老师的指导，用心学习，在团队的支持和指导下，朗诵技巧进步飞速。为了能够更好地配合团队，他虚心求教，在大家的指导下，努力控制音量和语速，逐渐能够和大家一起“琴箫相和，鼓瑟齐鸣”，为顺利完成诵读会的朗诵任务打下坚实基础，为弘扬公司正能量做出积极贡献。

董富刚从一个农村小伙成长为现在的优秀作业长，付出的多少艰辛和努力是可想而知的。成绩属于过去，未来的路更加险峻、富有挑战。董富刚以其昂扬的斗志和充满正能量的胸怀，为国家的钢铁事业默默奉献，竭尽所能为中冶宝钢行车专业化“管用养修”之路贡献力量。

奋进不辍，终迎收获

——记上海市劳动模范赵小龙

赵小龙，男，1974年出生，1994年3月参加工作，现就职于中冶宝钢协力分公司铸钢协力车间，担任火焰切割生产管理人员。多年来，赵小龙从一名普通火焰切割操作人员，逐步成长为一名经验丰富的火焰切割生产管理人员、技术能手，曾获“中冶宝钢先进个人”“宝钢股份最佳践行者”等荣誉称号。务实创新是赵小龙的个人名片，自工作以来他苦练技术、不断创新。在他的努力下，厚板区域的火切产量月增长率高达50%，推动合同完成率达到99.5%以上，他完成的企业内现场改善课题项目创造经济效益337万元，获得全国工程建设优秀质量管理发布二等奖，为企业降本增效做出了卓越贡献。

2008年11月，赵小龙正式进入中冶宝钢。作为一个普通又平凡的切割工，赵小龙没有甘于平凡，而是时刻以高标准约束自己和产品，通过在切割工艺领域勇于探索、勤于钻研，历经12年的坚持不辍，终于结出了喜人的硕果。2020年，赵小龙凭借出色表现脱颖而出，获得“上海市劳动模范”荣誉称号。

认真学习，不断进取

长期工作在一线的赵小龙始终深信“活到老，学到老”。他认为，大到企业、小到个人，已经掌握的知识和技能只能代表过去，只有不断地学习进取才能代表未来。俗话说“逆水行舟、不进则退”，只有具有强烈的学习意识和

赵小龙荣膺上海市劳动模范称号

刻苦钻研的精神，才能确保不被时代浪潮抛弃。

2015 年 3 月，一批钢板因钢种特殊性及切割工艺窗口狭窄，要求尺寸精度控制在 10mm 以内，但因其成分特别，正常切割后的氧化渣容易导致钢板表面出现熔损缺陷。关键时刻，赵小龙挺身而出，在这种钢板的废料上反复调试，通过减少预热氧压力降低切割温度。最终，他总结出了一套简便易行的“听声辨气”氧气调节法，解决了该难题。赵小龙没有藏私，手把手地悉心带教团队，实现了该品种钢的批量化生产。他所带领的团队当年全部取得火焰切割中级工证书，1 人取得高级工技能证书。目前，团队成员技能水平都有长足进步，部分成员已成长为火切生产单元的中坚力量。

角色转换，潇洒转身

时间来到 2017 年，宝钢股份 5 米和 4. 2 米两条厚板生产线合并后，产能大幅提升，原先的生产协调和技术提升服务都面临着巨大的挑战，现场需要增加一名经验丰富的协调人员：既要熟悉现场火切生产运行，协调上下游工序配合；又要精于切割技术，精通各系列品种钢的处置办法，两项素质缺一不可——熟悉生产运行就可以预先安排品种钢板火切，快速处置品种钢板又可以推进生产进度。

机会总是青睐有准备的人，业主一致推举赵小龙负责火切单元的生产协调。踏上新征程后，赵小龙为尽快进入角色，连续 46 天主动放弃休息时间，全身心扑在现场解决问题。他从工序能力建设入手，建立基于标准值、计划值的作业评价方法和基于场地动态物流统筹的备料分流作业图，一个个地清除影响产能提升的瓶颈点；从生产管理制度入手，建立了被大家形容为“蓄水池”和“分流槽”的两项独有物流管理方法；从体系能力建设入手，不断梳理各项业务完善流程，解决制约物流畅通的短板。在赵小龙的带领下，火切产能得到前所未有的提高，当年月产量从 4 万吨提升至 6. 8 万吨，提升率达到 70%；火切合同完成率从 92% 增长到 99. 5% 以上。基于这一成就，他获得宝钢股份厚板部交口称赞，并获外号“火切王”。鉴于其在生产组织方面出色的表现，2018 年赵小龙被授予宝钢股份厚板部“最佳践行者”称号。

触类旁通，勇于创新

赵小龙检查数控切割机供气管路

长时间在一线工作，赵小龙积累了海量经验，同时不断提升变换角度思考、解决问题的能力。2018 年 7 月，宝钢股份在使用复合轧制工艺生产特殊钢的过程中，遭遇了前所未有的“钢板弱结合无法分离”的世界性难题，轧制后的钢复合板无法正常分离，形成子板。

在这种情况下，赵小龙的脑海中浮现了吊运不锈钢时的场景——板钩和吊带。既然钢板是“弱结合”，可以考虑借鉴板钩的工作原理将钢复合板分开。想到就做，赵小龙操刀，在耐磨钢废料上按自己设计的模型切割了一种分离工具，经过改良后，成功借助行车提升力量“撕开”复合板。最终，375 件特殊钢全部顺利分离，显著降低了生产成本。同年，他带领团队开展的此项课题成果获“全国工程建设优秀质量管理”小组二等奖。鉴于其在工作中的突出贡献，赵小龙被评为 2018 年度“中冶宝钢先进个人”。

使命必达，助力重点项目

几年来，宝钢股份 5 米厚板产线的产品群中不断增添新成员，例如供西气东输的高强度管线钢、舰船制造用板、核电用钢、海洋钻井平台、东方红科考船等众多使命类产品，宝钢股份服务国家战略，助力“大国重器”工程建设。

2020 年，为了确保第 1 号使命类产品研发项目保质、保量、按节点交货，宝钢股份投入了巨大的人力物力，保障项目顺利开展。在一次轧制过程中，由于厚度压下幅度较大，导致板坯边部出现双鼓缺陷，给板坯切割带来了巨大的挑战。

在这种情况下，赵小龙没有拘泥于传统思维，而是通过分析板坯现状，努力说服产品技术人员，将板坯分段切割变成四边切割。这种切割方式的优点在于：一是可以彻底消灭切割双鼓缺陷及切割时次生的割伤缺陷；二是四周切割后板坯呈标准的立体形状，对于降低二次轧制难度、保证最终钢板形状具有非常重要的意义。

赵小龙检查板坯残留缺陷

为了确保钢板按节点交货，赵小龙及切割团队将确保钢板切割进度作为自身的使命，没有完整地享受过任何一个周末或假期。特别是在2020年春节期间，适逢第一批钢板需要进行热处理后取样监造，赵小龙带领切割团队成员全身心扑在切割现场，配合宝钢业主和监造人员对钢板进行严格的取样和切割操作，最终使第一批钢板提前完成了取样和切割工序，为钢板进行后续探伤和形合见证创造了条件。

奋进不辍，终迎收获

赵小龙进入现场生产协调岗位以来，通过“严而有序、严而有为”的生产保供策略，紧密跟踪使命类产品用户需求，打通关键工序产能瓶颈。在他的带领下，中冶宝钢的火切生产能力有了长足进步。

赵小龙是一个本分的人，他始终扎根现场、兢兢业业、乐于奉献、坚守自己的初心；又是一个不安分的人，喜欢挑战自我、勇于担当、追求卓越、践行岗位的价值。他用自己的“知”与“行”体现了一名基层管理者优秀的业务能力和个人素质，影响和带动着更多的人为企业的璀璨明天发光发热！

聚力新时代，奋斗新征程

——记上海市模范集体中冶宝钢第三分公司

多年来，中冶宝钢第三分公司始终保持永不懈怠的精神状态和一往无前的奋斗姿态，站在中冶宝钢改革发展的新起点上，勇担时代重任，紧跟发展节拍，谋全局、干实事、抓落实，在生产经营、精细化管理、品牌建设、文化建设、党建工作等方面取得了可喜的成绩，一张张漂亮而醒目的名片见证了第三分公司多年来的发展与成就。

千淘万漉虽辛苦，吹尽狂沙始到金。多年来，中冶宝钢第三分公司始终坚持“聚焦主业、做强一业、相关多元、科学补充”的发展战略定位，始终保持永不懈怠的精神状态和一往无前的奋斗姿态，站在中冶宝钢改革发展的新起点上，勇担时代重任，紧跟发展节拍，在生产经营、精细化管理、品牌建设、文化建设、党建工作等方面取得了可喜成绩。2019 年，在新一轮改革中，第三分公司完成了宝钢宝山基地检修业务的再一次整合，实现了宝钢检修产业链全覆盖。

谋全局、干实事、抓落实，第三分公司坚定不移地深化改革，推进企业高质量发展。2016 年，顾红飞荣获全国五一劳动奖章；2017 年，第三分公司荣获“上海市模范职工之家”称号；2018 年，第三分公司被授予上海市五一劳动奖状；2019 年，李伟伟荣获全国五一劳动奖章、张晓东获得国务院特殊津贴；2020 年，李伟伟荣获“全国劳动模范”称号……一张张漂亮而醒目的名片见证了第三分公司多年来的发展与成就。

孕育新机，逆势突破

近年来，第三分公司在改革中不断壮大规模，经营业绩也实现了梯度增长，尤其是自2016年开始，钢铁行业进入了“寒冬”，第三分公司突破固有思维，及时调整经营策略，在宝钢宝山基地检修资源饱和的情况下，积极拓展宝钢技改市场和外部市场，努力实现新发展、新突破。

第三分公司深入贯彻“有检修的区域就有技改市场”的营销理念，在做强做优检修主业的同时，瞄准发展空间更大的宝钢技改市场，分析市场、精准定位，从2016年的宝钢股份热轧厂行车无人化改造项目开始，分公司在技改营销上实现了质的飞跃；2019年，宝钢大力推行“智慧制造”，分公司及时把握智慧制造的发展浪潮，抢抓机遇，先后在宝钢炼铁厂、宝武炭材、冷轧厂、钢管条钢事业部以及运输部等区域获取新项目，且通过与宝信软件的合作成功拓展了宝钢厚板部喷印机业务；2020年，第三分公司在宝钢技改市场闯出了一片天地，承接了多个千万级项目，签约合同额超2亿元，实现了技改项目的“华丽转身”。

第三分公司骨干人员合影

2018年，第三分公司成功开拓西南市场，进驻重庆钢铁。这是一次有准备的营销，中冶宝钢抓住宝武集团整合发展契机，有针对性地攻坚重钢皮带机业务。2019年，第三分公司在重钢皮带机一体化业务的基础上，不断摸索业主市场需求，坚持做强区域，做精一方，成功开拓了炼钢厂、动能部等业务。短短一年中，重钢业务产值规模突破1亿元。2020年，第三分公司利用自身的设备维保技术、施工区位和品牌资信优势，加大专业、区域一体化和工程技改业务承接，先后中标重钢原料码头升级改造总承包、动能废水处理升级改造、动能部污泥压榨等项目，加速实现了点面转化，使中冶宝钢在西南市场业务拓展又增添了浓墨重彩的一笔。第三分公司紧抓重庆钢铁“一千万吨规模”改造机遇，力争全面占领西南市场份额，将重庆分公司打造成中冶宝钢在西南市场的一颗璀璨明珠。

第三分公司从“寒冬”中一路走来，一步一个脚印，开拓新市场的步伐从未停止，在未来前进的道路上，必将继续务实笃行，行稳致远。

抓住新机，打响品牌

2018 年，首届中国国际进口博览会在上海举办，根据上海进博会节能减排要求，宝钢股份全面启动“蓝天保卫战”。第三分公司涉及宝山基地业务范围的 5 个厂部、10 条产线同步进行年修、定修，检修量一度攀升，短期负荷达历史峰值。面对“三大高峰、三大挑战、三大压力”，第三分公司把业主交予的任务放在最前面，将打赢“蓝天保卫战”同“决胜四季度”紧密结合。以安全、质量、基础管理为抓手，加强内部挖潜和人员综合利用，错峰实施，全面完成了这场历史上尚属首次的“蓝天保卫战”，得到了宝钢业主的高度认可，打响了中冶宝钢检修品牌。

2019 年，第三分公司完成了宝钢宝山基地检修业务的再一次整合，实现了宝钢检修产业链全覆盖，同期完成宝钢全产业链定年检修任务，开启了宝钢检修业务常态化新模式。2020 年，分公司在疫情防控常态化管控下，提前精心策划、着力精准协调、全面精细把控，完成了以炼钢 3CC、厚板产线年修为代表的第一阶段、以冷轧 1730 单元年修为代表的第二阶段以及下半年连续长达 90 天的宝钢大院全工艺链系列年修，取得了疫情防控稳定、年修管控严格、项目紧扣节点、安全总体受控、质量全面把控、形象得到赞誉的突出成果，品牌效应凸显。

从 2016 年的零星技改到 2020 年的多个千万级项目，第三分公司在技改项目管理、专业能力上有了深厚的“功底”。分公司在技改项目管理上坚持“三全三创”，即全面推行安全标准化创形象、全面推行样板工程创品牌、全面推行精细化管理创效益。通过坚持开展安全文明标准化建设，实现技改管理的“蝶变”。2020 年，第三分公司以宝钢冷轧厂 C309 彩涂机组炉子 RTO 改造工程为契机，积极打造分公司首个“样板工地”，项目从 BIM 模拟工序交底、施工区域封闭管控、大型备品备件不落地、智慧安全监控、信息化管控等多方面加强策划与过程管控，实现了技改管理新突破，被宝钢股份评为“样板工地”，树立了分公司技改品牌。10 月份，第三分公司梅开二度，承接的炼铁区域四烧结烟气净化系统超低排放适应性改造工程再获“样板工地”殊荣，彻底打响分公司技改品牌。

第三分公司经过多年的磨砺与发展，已打造成为一支管理精干、专业多元、业务过硬的队伍，是中冶宝钢的“中坚力量”。2020 年，第三分公司开启了冶金全产业链多元化运营服务新里程。

培育新机，开辟新局

危机孕育着新机，变局预示着新局。第三分公司深刻认识到，只有自身不断与时俱进、不断发展壮大，才能把握住未来的发展机遇。

近年来，随着宝武集团积极推进“智慧制造”，作为钢铁守护者，第三分公司紧跟业主步伐，加快智慧运营。以“智慧检修”为目标，分公司加快技术创新步伐，加大工装投入，积极研发智慧工装，以机械代替人力，提高生产作业效率。通过多年来的积累，分公司技术研发研制工装及装备 357 套，其中高效工装 137 套，先进装备 220 套，均已成功运用到检修现场。相关项目平均劳动效率提升 25.73%，为业主创造效益 5000 余万元。在降低作业风险、推动标准化作业、提高作业效率、促进现场环保等方面取得了积极成效。2020 年 10 月 31 日，一场靓丽的工装秀展示在宝钢冷轧、炼铁四烧结年修现场。台车轴套加热装置、智能精准加油装置、蓄能型（充电）式电焊机、曲臂式登高车（登高、吊装两用）等一一亮相。这既是分公司多年来技术创新的成果，更是分公司“智慧改革”的见证。

以变求进，以进求远。对于第三分公司来说，一场检修革命正在悄悄酝酿。“检维一体化”的服务模式已成为宝钢设备管理深化改革的一个重要发展方向。自 2019 年底开始，分公司全方位应对，紧跟宝武战略布局，全面革弊鼎新，深化设备管理改革，推动公司钢铁服务由“护士”向“医生”再向“专家”的设备维护诊断方向延伸发展，实现冶金运营服务全面提质换挡。2020 年开年来，完成了《宝钢全工艺链点检业务承接策划方案》的编制。上半年，通过区域化专业化项目意向梳理，最终确定了“检维一体化”和“检修功能计价”管理变革试点项目 4 个，并签订了项目管理协议，迈出了从检修走向点检业务的第一步。目前已累计储备点检人才 180 余人，“检维一体化”点检储备人才 38 人。通过“点运检”联动、设备状态把控、维修周期优化，运行效果初显。未来，设备维护工程师将是第三分公司又一张响亮的名片，助力公司向更高层次、更高水平发展。

风劲潮涌，任重道远。在聚合与吞吐之间，第三分公司的个性魅力正在彰显；在顺天与应人之间，分公司的干群合力正在增强；在激昂与奋起之间，第三分公司的综合实力正在提升。站在时代百年变局的历史潮头，新的改革发展蓝图已经绘就。第三分公司将继续不忘初心，砥砺前行，面对新机遇、新挑战，用新思维、新举措，谋求新业绩、新发展，打造适应新时代冶金运营服务产业品牌，为中冶宝钢打造“国内第一、国际一流”冶金运营服务商而努力奋斗。

焊花蕊中炼匠心

——记国务院政府特殊津贴获得者张晓东

张晓东，中冶宝钢焊接高级技师，领军人才，被评为首批上海工匠，上海市命名的技能大师工作室负责人，2018 年起享受国务院政府特殊津贴。从事焊接工作 20 余年，他精研焊接技术，创新焊接形式，成立张晓东焊接工作室，打造焊接精英团队，师徒带教，桃李芬芳。

工匠的成长之路上不仅有鲜花和掌声，更多的是汗水和执着。他的手上和身上留着灼伤的印记，是在技术追求中砥砺前行的足迹。

焊位上的一个接近凝固成雕塑的身影，正手拿“钢针铁线”，不断缝合着现代化的工业建筑，专注的目光中流露着青春的睿智和执着。生活中，他勤勉奋进、浑身充满正能量；工作中，他静心钻研、攻坚克难、精益求精。在他身上，有着“创新”“实干”“技术担当”这些青春最美的符号。他，就是中冶宝钢第三分公司炼钢检修队电焊工张晓东。

1968 年出生的张晓东于 2001 年 8 月光荣加入中国共产党。大专学历的他从电焊高级技师和焊接、结构工程师做起，现为中冶宝钢焊接领军人才，曾获上海工匠、上海市劳动模范、五矿集团优秀共产党员、上海市十大工人发明家提名奖及上海市创新标兵等荣誉和称号。另外，他还接受了上海市“千人计划首席技师”项目资助，跻身宝山区第七批及第八批拔尖人才、全国冶金建设系统高级技能专家、上海市技能大师工作室负责人。2018 年起，他开始享受国务院政府特殊津贴。

踏实工作，攻坚克难立新功

2012 年 5 月，中冶宝钢得知宝钢 2 号转炉需要更换三点支撑，第三分公司经讨论和调研，认为以焊接带头人张晓东的技术经验及分公司焊接力量为储备，有能力承接该项结构的技术改造项目。如能顺利完成该项目，也将打破分公司未曾承接大型结构类改造项目的先例。

知之非难，然行之不易。经现场调查，得知该结构高 860 毫米、长 800 毫米，构件厚度达到200 毫米，销轴安装精度为0.4 毫米，因此，焊接变形必须控制在0.8 毫米以内，施工涉及结构变形控制、结构安装精度、焊接工艺编制、焊接应力控制、焊工技术培训等多重考验，且经过大量资料查阅，发现该项目施工尚无先例和可靠经验供借鉴。在施工中，只要其中一个环节的技术未能得到控制，就会使整个项目的施工时间完全失去控制，使钢铁生产遭受重大损失。

认真工作中的张晓东

重任在肩，当全力赴之。面对施工难题，张晓东主动请缨，在单位领导的全力支持下，他采用了多种焊接方式对项目涉及的钢材进行焊接工艺评定试验。通过对大量的试验数据进行分析，发现有一种材料焊接性能较好，能进行多种焊接方式的焊接。因此，根据公司现有的装备能力和技术力量储备，分公司有能力承接该类项目的施工，为施工的顺利开展奠定扎实基础。张晓东身先士卒，得出试验结果后他积极落实相关设备，并组织开展焊接人员培训，并在以高超的焊接技术迅速掌握超厚板焊接参数的基础上，将相关经验传授给该项目的焊接参训人员。经过长达两个月的艰苦培训和技术考核，共有 28 名焊工通过了该项目三种焊接技术的考核。张晓东善于开拓、乐于创新，为有效保证项目施工时间，他在同事的帮助下开发出了能减小焊接量的超厚板坡口角度形状，发明了保证结构安装精度的定位装置，还创造了大深度下的焊条运条方式，这些创新技术为项目的成功实施提供了坚实的保障。他吃苦在前、勇于担当，为了避免焊缝在焊接过程中产生不必要的结构应力，焊缝时需进行连续作业，而完成一组结构需持续焊接作业 40 小时。面对高强度的焊接作业量和质量要求，他自结构拆除起就一直紧盯现场，及时解决施工中出现的每一个问题：当拆除的结构出现应力性裂纹时，他利用专业知识对裂纹进行及时处理，确保施工过程连贯；当变形超过最大值时，他及时指导焊工改变焊接节奏，将焊接变形控制在有效范围内……从结构拆除至焊接完成的六天五夜，他吃住在现场，以工匠的执着和对质量极致追求的行动体现了一个共产党员的责任和担当。

张晓东指导焊接人员

转炉三点球面支撑结构焊接完成后，通过热处理，并经过检测，发现结构变形控制在 0. 6 毫米以内，焊缝经 UT 探伤为一级，完全达到了设备设计的要求。这不仅开创了大型结构金加后进行焊接的先例，该项目组合的系列检修工法还在冶金建设系统内被评为国内领先，其中的定位装置得到了专利受理，焊接技术在国内的权威核心期刊上发表，得到了国内同行较高的评价。

这样的事例，在张晓东的工作中比比皆是。他在做好焊接技术的同时，还善于对不同的施工技术不断地进行开发创新。在卸船机大型斜拉梁的修复中，他利用自己开发的专利技术对断裂的斜拉梁进行了在线修复，节约了近 7 天的工期；他开发的氧枪对中装置，大大地提高了氧枪喷头的修理质量。通过不断总结和归纳，他编写的 7 篇论文先后在国内的专业核心杂志上发表，发明的 3 项实用新型专利得到了授权，2 项专利技术申请得到了受理。他以不忘初心的工匠态度，在开拓智慧检修的道路上砥砺前行。

传道解惑，打造焊接精英团队

一花独放不是春，百花齐放春满园。张晓东在工作之余，还将自己的焊工技艺总结出教程，传授技艺，希望通过自己的努力，打造更多的焊接精英团队。在工作中，他把生产和教学结合起来，竭尽所能在班组内开展“传帮带”工作，从新员工握焊枪开始，手把手传授操作技巧，将自己积累的技术经验倾囊相授。在他的带领下，焊接工作室在焊接技术方面形成了浓厚的“学、比、赶、超”氛围。张晓东每年培训电焊工达100余人次，其中16人获得高级技师和技师证书，20余人获得高级工证书。徒弟现已遍布国内多个行业，均已成为各行各业焊接领域的领头兵：有的徒弟获得全国建设系统比武第八名、上海市职业技能金奖；1人荣获上海市“优秀农民工”称号；2人在宝山区焊工比武中荣获第一名；多人获宝钢设备系统技术比武前三名。

张晓东被评为焊接高级技师后，成了中冶宝钢焊接技术领域资深的内训师，几乎每个月都要给焊接技师、高级工的取证考试进行培训，也常常应邀担任焊接技术职称评定的专家评委和各类焊接技能比赛的裁判，为培养焊接技术人才进行不懈的努力。

志存高远，勇于探索技术创新

光干不说是傻把式，光说不干是假把式，会干会说才是真把式。张晓东在做好焊接技术的同时，还善于对不同的施工技术不断地进行开发创新。

他先后研发的RH浸渍管专用焊割装置、大型钢梁的矫正装置、氧枪的对中安装装置获得实用新型发明专利授权，参与编撰的《检修工艺链——焊接篇》被作为公司的企业标准。

以张晓东的名字命名的工作室成功参与研发大型转炉检修工艺，经科技成果鉴定，被评为国内先进；编制的《大型转炉托圈的裂纹修复》在全国冶金建设系统“QC”成果发表中，获得一等奖的佳绩。工作室能够经常性地处理现场焊接难题：成功开发出滚筒托圈在线修复法，节约施工时间近7天，创造了近百万元的经济效益；成功开发出三点球面厚板焊接工艺，使转炉提前20天投入生产，创造千万元的经济效益；组织450吨大型行车梁断裂抢修，得到行业内专家的好评；发明的大型方形梁矫正装置使大型港机提前 15 天投入生产；组织实施的 21 项焊接工艺为公司获得特种设备安装检修资质起到了关键性作用。

这就是张晓东，领导眼中的优秀员工，技术“传、帮、带、教”工作中的优秀工匠。他高度发扬了共产党员吃苦耐劳、敢于担当、乐于奉献的先锋模范作用，他那积极创新、刻苦钻研、热情专注的工作态度像一面旗帜，深深感染了周围的同事。

工匠精神体现“中国气质”

——记首批上海工匠、上海市五一劳动奖章获得者卢长春

中冶宝钢第三分公司高级焊接技师卢长春从1993年参加工作至今，长期致力于超临界锅炉的焊接研究，以及铜材、铅板、钛板等的焊接研究，被誉为“异材焊接大师”。他搜集整理了20余万字的焊工技术资料，改进工艺方法160多项，总结先进操作方法并撰写技术论文18篇，守成技术开发、技术革新项目13项，参与研制的干熄焦锅炉在线维修技术科技成果被鉴定为国内领先、撰写的《干熄焦余热锅炉维修工法》被评为省部级工法，显著提高了劳动生产效率，为企业的发展做出了突出贡献。为此，他先后被授予上海市五一劳动奖章和上海工匠荣誉称号。

“工匠精神从来不是舶来品，从冶金锻造到瓷器丝绸，从古至今，从个人到行业，中国是一个具有创新传统和工匠精神的国度。找回大国工匠、上海工匠符合时需，使‘Made in China’的产品用品质说话，让工匠精神必须具备‘中国气质’”。

以上这段话是荣获首批上海工匠荣誉称号的卢长春对工匠精神的理解。2019年，上海在全国首次提出“上海工匠”概念，目的是打造一支与加快建设上海科技创新中心和实施“中国制造2025”要求相适应的高技能领军人才。卢长春不负众望，获得纪念铜章一枚，同时上海市“五一劳动奖章”，并入选上海锦绣文章出版社出版的图书《上海工匠》。《解放日报》《文汇报》《新华网》《东方网》等主流媒体也对此次评选活动进行了专题报道。

卢长春是中冶宝钢技术焊工、高级技师、全国冶金行业高级技能专家，

长期致力于超临界锅炉的焊接研究以及铜材、铅板、钛板等的焊接研究，被誉为“异材焊接大师”。他先后获得“青年技术能手”“技术标兵”“先进个人”等荣誉称号。从1993年参加工作至今，他搜集整理了20余万字的焊工技术资料，自制和改进各种焊具、夹具80余件，改进工艺方法160多项，总结先进操作方法并撰写技术论文18篇，守成技术开发技术革新项目13项。他独创的管道坡口带水打磨、带水焊接技术转换成了发明专利，参与研制的干熄焦锅炉在线维修技术科技成果被鉴定为国内领先、撰写的《干熄焦余热锅炉维修工法》被评为省部级工法，显著提高了劳动生产效率，为企业的发展做出了突出贡献。

坚守：用20年做好一件事

“我感觉这半辈子就做了这么一件事情。”“坚守”是卢长春的标签，为他的工作生涯做了最好的注解。从技校毕业后，卢长春进入企业，成为一名电焊工。一次，炼钢厂转炉60毫米厚板出现了裂纹，他找到裂纹产生的原因并制订修复方案后，二话不说，拿起焊钳就开始工作，火星不时飞溅。转炉壳体余温使焊接环境温度达50℃以上，衣服都被汗水浸透了，但卢长春全神贯注，继续工作。不知不觉中，10个小时过去了，为了使焊接过程稳定，他连午饭都没时间吃，只靠喝水补充体力。一道道弧光，闪烁而美丽，却是最不认六亲的。跳跃的火花飞到手上、臂上、胸前，穿透衣服，黏在皮肤上，刺痛着肉体，会让人产生钻心的疼痛。他却全然不顾，继续吧嗒、吧嗒地稳稳地焊接，因为稍有疏忽和停顿就会影响裂纹修复的质量。正因如此，他参加工作仅4年便参加了焊工技能大赛，先后获得全国冶金系统焊工比赛第一名、第二名，成都市焊工比赛第一名以及“全国优秀焊工”等优异成绩。公司领导曾想让卢长春转到管理岗，但卢长春一直没答应，他觉得即便不在现场，也要搞好工艺研究。

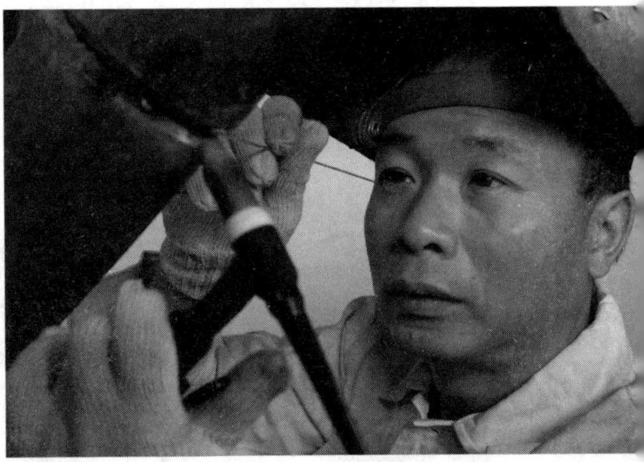

卢长春在工作中

“去管理岗位，我能干什么呢？还是踏踏实实在一线好——学有所长，毕竟焊接才是我的专长。”

坚韧：情系“鸟巢”，圆百年“奥运梦”

憧憬百年，2001年7月13日，国际奥委会宣布北京获得2008年奥运会举办权，举国欢腾。时隔15年，当时激动、澎湃的心情仍然依稀可见，卢长春更是有段难以忘却的回忆。2003年4月，经过严格的评审程序和群众投票，国家体育场“鸟巢”设计方案最终中选。卢长春做梦都没想到，这个庞然大物能与自己的工作有关。国家体育场是北京奥林匹克公园内的标志性建筑，也是北京最大的具有国际先进水平的多功能体育场。“鸟巢”主体钢结构工程屋面外形呈双曲马鞍状，整体结构形状内互相纺织成一个完整曲面。“鸟巢”焊接难点在于钢板的厚度最厚点达到100毫米，且Q460钢为国内首次使用，铸钢与其他钢材的焊接、构件的截面均为箱型断面，焊接产生的应力、变形收缩和层状撕裂很难控制。为使焊接质量得到保证，2005年7月，公司指派他到北京中冶集团建筑研究总院焊接研究所参与鸟巢大型钢构厚板焊接工艺研制与焊接。在北京焊接研究所工作56天，他参与研制的工艺评定达120多项，还进行了二氧化碳焊应用野外作业防风技术、“SMAW + FCAW + GMAW”联合焊接厚板工艺技术、CO_2焊接超高强钢特厚斜面仰焊工艺技术、厚板焊接收缩量研究、Q460特厚钢板焊缝力学性能等研究。等待7年，准备7年，2008年，中国终圆世纪奥运梦。而卢长春更为曾经参与“鸟巢”建设而备感自豪。

坚持：打破技术瓶颈，设备国产化

对技术“着魔”的卢长春有着自己的坚持。2012年3月，一家企业急需解决燃烧器国产化的问题，于是带着日本专家找到了卢长春。氧气燃烧器整套产品和技术都来自日本，进口一台燃烧器的费用要120余万元。国内没有掌握燃烧器制造的核心技术，无法进行产品国产化。产品损坏后，也只有运到日本进行修理，修理费加上运费和关税，合计要花费近60万元，所以厂家急需解决这个难题。日方明确表示：“这是技术秘密，我只能告诉你，工作温度为800℃、中心火焰温度为3000℃，但连图纸都没有，你们休想研究出来。”我只能选择你，卢长春暗下决心，一定要为国人争气。他进行设备“解剖”后，发现焊接变形达到0.2毫米便会导致部件无法装配；材料也相当复杂，有不锈钢与镍相焊、铜与不锈钢相焊，焊接工艺十分复杂。面对如此精密的设备，卢长春抽丝剥茧，第一代燃烧器终于制造出来了。经过厂家使用验证，设备达到了日本产品的性能指标，但使用寿命比日本的稍短，只有6个月，而日本的燃烧器可以使用8个月。又经过半年时间的闭门研究，卢长春研制出的第二代国产化燃烧器的使用寿命达到了1年，超过了日本产品。燃烧器由日本进口改为国产终于取得成功，就这样，每制造一台设备就可比进口节约80万元。

坚毅：宝钢检修现场修复高难设备

高炉炼铁是钢铁生产中的重要环节。宝钢高炉风口平台中的套焊接部位二是发生裂缝，如继续扩展，炉内的铁水就会流出来，情况十分危急。处理方案一，是整体更换中套。放掉的铁水作为废铁处理，直接经济损失达60多万元，而且更换时间需要13小时。由于高炉生产1小时产值为20万元，那么此方案的经济损失近260万元。处理方案二是采用焊接修复裂纹。宝钢高炉风口中套本体由全铜铸成，直径800毫米、长760毫米、厚度30毫米，其边缘的碳钢板厚度为5毫米。风口中套铜板厚、铜体大，进行铜材质焊接时需大电流，在这时母体温度未发生变化，但边缘的碳钢板便已熔化，如想把铜与钢两种材质结合起来十分困难。卢长春以主人翁的姿态，使用自主研制的焊枪，克服检修现场无预热条件、作业环境狭小、焊接点工作温度高达70℃的困难，仅用1.5小时就成功将中套厚铜板裂纹修复，这在宝钢高炉投产30多年以来尚属首次，较计划提前9小时，且一次性试车成功。事后，宝钢炼铁厂不仅对全厂通报表扬、嘉奖，《宝钢日报》《现代焊接》及中国钢铁新闻网等媒体也相继报道了此次焊接作业。

坚信：世界技能大赛之后的反思

以卢长春命名的焊接工作室从2007年组建以来，可一次性容纳20人进行焊接培训，具备超临界锅炉的焊接研究以及铜材、铅板、钛板等焊接研究基础和条件。在徒弟们看来，卢师傅的眼睛极“贼”，一拿焊枪就能判断出你适不适合学电焊。只要适合，不管你是急性子，还是慢性子，卢师傅总能因材施教，而且很快就能让你捅破一层“窗户纸”。

卢长春在休息间隙为大家答疑解惑

全国职工职业技能大赛为国家级一类竞赛，是全国规格最高、参赛范围最广的职工职业技能赛事。首届大赛于2003年举办，每3年举办一次，其规模越办越大，水平也逐年提高。2012年，在第四届全国职工职业技能大赛中，卢长春担任教练，并带领团队在这次焊接领域顶尖人才“全运会”中取得了团体第三名的好成绩，得到了上海市总工会的充分认可。世界技能大赛被誉为“世界技能奥林匹克”，在第42届世界技能大赛选拔中，他再次挂帅出征，经他教导的学生在比赛中分别获得1个第一名、2个第二名、2个第三名，同时取得团体第一名的好成绩。赛后，卢长春不断思考：韩国、巴西等国一直在世界技能大赛中占据领先地位，在任务完成质量、比赛方法经验、掌握比赛规则等方面都具有明显优势，而我离技能强国还有很长距离。目前，国家、企业有关心重视技能人才的氛围，培育工匠精神离不开坚守的信念、专注的态度以及敢于超越的信心，这样才能让技能人才响当当。

“心心在一艺，其艺必工；心心在一职，其职必举。”卢长春靠着传承与钻研，凭着专注与坚守，用“匠心”锻造出行业品质。

积极进取，勇攀高峰

——记上海市五一劳动奖章获得者李克刚

李克刚 1980 年参加工作，从一名普通的工人做起，一路向前，先后担任过副工长、工长、主任、厂长、经理助理、经理等职务，2013 年调至中冶宝钢工业公司任党委书记、执行董事至今。李克刚凭借优秀的业务能力，兢兢业业的工作态度，先后荣获上海宝冶及中冶宝钢先进生产者、先进标兵、优秀共产党员以及中冶集团先进工作者、劳动模范等称号。2017 年 4 月，李克刚获得上海市五一劳动奖章。

虽然取得了不错的成绩，但李克刚一直保持着谦虚谨慎、不骄不躁的心态和积极进取的工作热情，兢兢业业、勤勤恳恳为党工作，专心致志地投入到党的事业中，他对工作高度负责的态度和执着敬业的精神，充分展现了一名优秀共产党员的本色和风采。

勤奋学习强素质，开拓进取攀高峰

多年以来，李克刚始终保持着学习的热情，年复一年，孜孜不倦。他深知“业精于勤荒于嬉”的道理，从来不曾放松。在政治理论方面，他坚持不懈，认真学习毛泽东思想、邓小平理论、“三个代表”重要思想、科学发展观和习近平新时代中国特色社会主义思想，深入贯彻落实党的十九大及十九届历次全会精神，学习党的基本路线、政策法规，带头积极参加党课教育和各项专题学习。工作之余，他不忘自学，系统地、不间断地学习政治理论，不仅丰富了自己的政策理论功底，也进一步夯实了他永葆先进的思想根基。在工作方面，他致力于学习各种专业知识，提高业务能力，先后参加过工商管理培训、项目经理资格培训、上海市委党校董事研修班培训，并取得二级项目经理等资格证书，为事业的再提升打下了坚实的文化理论基础。

爱岗敬业求卓越，带领公司创佳绩

为了公司的经营业务拓展和转型发展需求，李克刚带领工业公司全体员工，多次与宝钢股份开展行车“管用养修”一体化业务的沟通交流，从项目初期的成立、筹备到设备管理的稳步推进，他都全程参与。目前，工业公司已承接并完成的业务覆盖了宝钢股份冷轧厂、硅钢部、热轧厂、镀锡板厂、钢管条钢事业部等区域。同时，工业公司紧跟宝钢股份改革步伐，主动参与无人化行车改造项目，通过加大行车点检队伍的培养、科学信息管控系统的构建、技术工法的不断集成，进一步发挥了专业一体化整体合力，在钢铁行业“寒冬”期里占领、巩固了市场，为公司专业化转型发展、实现业务做强做大奠定了良好的基础。同时，为适应宝钢股份协力生产的最新发展要求，李克刚在管理过程中提出“提升服务、延伸服务、增值服务”的“三服务”理念；为确保理念的有效落实，他提出了管理要与业主方实现“思想统一、标准统一、执行统一、考核统一”的“四统一”管理要求；通过对管理要求的明确和推广，打造了工业公司优质服务的品牌形象。2014 年，湛江项目启动，李克刚紧抓行车操作工的培训工作，源源不断地为湛江项目输送了 450 余名优秀的行车操作人员。2016 年，李克刚带领广大领导干部、员工队伍进一步完善和规范制度体系，制定了《应对钢铁冰河期相关政策的若干规定》，有效应对了因原宝钢股份经营责任主体下沉给公司带来的影响。与此同时，工业公司持续完善无人化行车基础管理机制和行车“管用养修”体系建设，丰富了管理技术资源，提升了无人化行车管理水平，制定和修订了点检标准，为规范设

上海市五一劳动奖章获得者李克刚

备点检管理工作打下良好基础。同时，在QC课题活动中，工业公司有2个项目分别荣获全国冶金建设行业优秀质量管理小组成果交流一等奖和二等奖。

李克刚以认真落实“一岗双责”、标准化作业、过程管控为重点，坚持开展系列安全培训教育、危险源辨识、岗位规则“找茬”等活动，进一步推动员工安全意识和技能的有效提升。同时，根据工业公司的安全管理特性，他组建了一支29人的安全管理队伍，实现了对现场安全生产24小时不间断的管控，查处现场违章，有效减少了安全事故的发生。2020年，工业公司党委和宝钢股份党委开展安全生产共建活动，分别与7个二级厂部党委确定并签订了共建项目，鼓励其在安全生产工作中充分发挥各级党组织的独特优势和党员在安全生产中的先锋模范作用，为实现安全生产“双促进、双提高”和共同打赢安全“翻身仗”的管理目标发挥党员表率作用。

清正廉洁做表率，甘于奉献当模范

竹以直而美，人以正而尊，党以廉而强，心下则廉洁，身正则刚直，行正则威严。作为工业公司党委书记、执行董事，李克刚根据党风廉政建设和反腐败工作文件精神，身先士卒、以身作则，结合“三严三实”“两学一做”要求，深入自我剖析、对照检查、及时整改，自觉做到自重、自省、自警、自励。同时，加强对党员干部的针对性教育，上行下效，进一步增强了党员干部的勤政廉政意识，提高了党员干部的拒腐防变能力。在李克刚的带领下，工业公司领导班子始终保持和衷共济、精诚团结、风清气正的良好局面。

工业公司党委中心组集中学习

李克刚借助群众路线工作的开展，下基层了解职工所思、所想、所盼，积极解决职工群众反映的热点问题，对职工思想进行引导，通过微信公众平台、微信群以及公司网站、简报等宣传平台正确引导舆论方向，解决员工队伍中出现的不稳定因素，努力将矛盾化解在萌芽状态。一直以来，工业公司党委坚持开展“五必访”、召开员工心声座谈会等活动，从多方位、多角度、多层次及时了解职工思想状况，诚心诚意地解决职工群众的实际问题。每逢重大节日，工业公司坚持开展系列特困职工慰问活动，先后为数名员工举办了爱心捐助倡议活动，在职工危难之际伸出援助之手，帮助困难职工家庭解决燃眉之急。

作为一名共产党员，李克刚作风正派、思想政治素质过硬、管理能力卓越，成绩斐然，是带领工业公司创出佳绩的领头人。虽然取得了不错的成绩，但李克刚一直保持着谦虚谨慎、不骄不躁的心态和积极进取的工作热情，兢兢业业、勤勤恳恳为党工作，专心致志地投入到党的事业中。他对工作高度负责的态度和执着敬业的精神，充分展现了一名优秀共产党员的本色和风采。

十年负重才换一鸣惊人

——记上海市五一劳动奖章获得者徐华

徐华始终坚持“能够把简单的事天天做好，就是不简单；能够把容易的事认真做好，就是不容易”的工作作风，每日坚持做好、做优。他勇于改进多年的行车供料路线，缩编叉车操作工艺，对原有标准结合现场实际安全允许范围做出了小改进，将每日的作业时间缩减了近30分钟，创造了极大的生产效益。2018年7—9月，在上海市举办的叉车行业岗位练兵与技能比武劳动竞赛中，徐华荣获一等奖，获上海市五一劳动奖章。

2007年，23岁的徐华作为一名劳务派遣工，走上了中冶宝钢协力分公司叉车操作岗位。10年后，这位曾经默默无闻的一线叉车司机在上海市举办的2018年叉车行业岗位练兵与技能比武劳动竞赛上一鸣惊人，在众多参赛选手中一举夺魁。上海市总工会为在进博会期间做出贡献的集体和个人进行了表彰，授予徐华上海市五一劳动奖章。

在徐华一鸣惊人的背后，是十年如一日的默默负重前行。

200批次、100余吨、2000次“回头看”，日复一日

1984年，徐华出生于上海市浦东（新区）书院镇的一个普通农民家庭。初中毕业的他于2007年进入中冶宝钢协力分公司从事叉车作业。基本功是新手上路的必修课。实习、师徒带教，仅一年的时间，徐华就扎实地掌握了叉车操作的理论基础和操作技术。

驾驶叉车是一份细活，更是一份需要沉淀的工作。这10余年来，徐华一

直从事叉车操作，目前在宝钢股份炼钢厂一炼钢分厂“八吨电梯”区域从事冶金耐材、稀有金属的叉车驳运作业。十年如一日的坚持和不断突破自我让他的技术极为娴熟，又笨又重的叉车在他的操作下就像绣娘手中的绣花针一样灵活。

“八吨电梯”负责传送各种冶金耐材及稀有金属物资到各冶炼区域，是炼钢原料进炉前第一道工序，也是第一个把关点，关系到后续整条生产线的总体产品质量。徐华深感责任重大，每天都一丝不苟地驾驶各类不同型号的叉车周而复始地穿梭在运转的设备之间，驳运着各类资材、备件。平均每天需要他驳运的资材有 10 余个品种、200 多个批次、100 余吨，每天在叉车上仅“回头看”这个动作就达 2000 多次。

重复动作看似简单，但是在每天重复 2000 多次的同时保证精准确认却是不容易的，需要有过硬的心理素质和高度的责任心、坚持度。“能够把简单的事天天做好，就是不简单；能够把容易的事认真做好，就是不容易”。当被问到有什么秘诀时，徐华这样告诉我：“只有做好叉车驳运过程中的每一个细微动作，才能确保叉车驳运作业的安全、高效。”

“小聪明”、多能手，毫无怨言讲奉献

徐华凭热衷于探索、钻研，凭借自己多年的经验，并结合自己的创新想法，勇于改进现场使用多年的行车供料路线，提出了叉车行驶路线优化方案。经大家讨论后，他提出的方案获得一致通过，并在现场付诸实施。优化后的路线不仅可以为公司节约叉车的燃油成本，而且还提高了现场作业的安全性。与此同时，徐华通过自身不断操作摸索，简化了叉车操作工艺，将原有操作标准结合现场实际，在安全允许范围内做出几处小改进，将日作业时间缩减了近 30 分钟，进一步提升了工作效率，创造了极大的生产经济效益。这看起来是一份“小聪明”，却饱含着大智慧。

徐华虽然家在上海，但为了能有更多时间服务生产一线，他放弃了家里优越的住宿条件，选择住在集体宿舍。徐华以前做过建筑内部装潢的工作，多年练就的电工、装修知识和技能让他在解决日常生活中发生的照明、电器、水管故障时能够手到擒来。宿舍中有人遇到类似问题，都会慕名而来寻求帮

助。每当遇到这种情况，徐华从来都是有求必应，随叫随到，毫无怨言。

2018 年，为进一步提升基础管理水平，徐华所在作业区准备开展自主三室修缮工作。然而，修缮时面临着一个大难题：作业区的员工大部分都是叉车驾驶员或者修理工，一时间找不出谁来负责三室修缮这个重任。听到这个消息，徐华考虑到之前曾有丰富的装修工作经验，于是毛遂自荐，主动提出参与三室修缮。在装修过程中，他仔细研究三室构造，制订出最省时省力的装修方案；在材料方面做了对比研究，选用性价比最高的材料，节约了大量的人力物力。天下无难事，只怕有心人，经过不懈的艰苦努力，徐华终于将三室修缮一新。面对全新的休息环境，员工工作热情更加上扬，工作氛围也变得更加和谐。

徐华冒雨进行训练

好学习、练技能，力求突破自我

面对钢铁行业的激烈竞争，徐华勤奋好学、苦练技能，积极参加公司组织开展的技能等级培训、岗位规程操作标准化培训、千人计划培训、操检合一培训等各类培训，提升自身的叉车操作理论知识和技能水平。在下班后的业余时间里，他也会通过购买叉车操作相关书籍或查询网络来解决叉车操作中遇到的疑难问题，不断补齐自身的叉车知识短板。同时，徐华每年都会积极参加公司组织的各类叉车技能大比武，在技能比武中与同行的叉车技术能手切磋，从而取长补短，不断提升自己的叉车操作水平。

为积极提升上海市叉车行业从业人员的安全管理水平和岗位作业技能，服务本市经济社会健康发展，特别是有效保障首届进口博览会的成功举办，2018 年 7—9 月，上海市举办叉车行业岗位练兵与技能比武劳动竞赛。徐华积极参加了本次劳动竞赛，并凭借着自己主动的学习态度、扎实的理论基础、高超的岗位技能和一丝不苟的比赛态度，历经初赛、复赛、决赛的层层筛选、角逐，最终以坚定的服务意识和过硬的操作技能，在众多决赛选手中脱颖而出，荣获一等奖，总成绩位列第一名。举世瞩目的首届中国国际进口博览会于2018年11月5日至10日在上海成功举办。会后，为表彰先进、树立榜样，上海市总工会对在此期间做出贡献的集体和个人进行了表彰，徐华在本次表彰中喜获上海市五一劳动奖章。

从默默无闻的叉车驾驶员到在上海市劳动竞赛中一举夺魁，是时间的积累，也是默默耕耘和不断突破自我的结果。三百六十行，行行出状元。在徐华身上，有“草根”逆袭的青春励志，也有默默负重的突破精神。他虽然是平凡的叉车驳运岗位上一名普通的叉车操作工，但他在自己的岗位上兢兢业业、任劳任怨，十年磨一剑，一朝试锋芒，用自己的努力创造着属于自己的精彩人生。

现场“啄木鸟”：保障安全的排头兵

——记上海市五一劳动奖章获得者张伟

张伟现任中冶宝钢工业公司安全环保室主任。在宝钢厂区生产作业现场，活跃着一支由他带领，由各车间单位安全生产主管、安全员组成的“啄木鸟”小分队。这支小分队主要从现场员工日常行为入手，围绕安全隐患、现场改善、标准化作业、岗位规程等方方面面查找各自岗位区域的不足及待改进点。同时，通过定期巡检、监督，找出“零容忍”的行为陋习，参照2020年公司安全行动计划的安排，进行专项“啄虫”“治病”活动。目前，活跃在现场的这支“啄木鸟”队伍已成为工业公司查岗位陋习、纠违章事件、促环境改善的排头兵。

查岗位陋习，促职业行为养成

日常作业中的一些行为陋习看似是小问题，但如果不及时防微杜渐，就有可能成为大隐患。“啄木鸟”小分队在对热轧二级高危项目进行监护时，发现操作人员用锤子敲击轨道下的三角铁时，旁边的员工未戴护目镜，这样操作既不利于质量监控，同时也是一个安全隐患。“啄木鸟”小分队发现后，及时指出并开出整改“药方”。在检查热轧1880精整行车轨道铝热焊项目时，发现该项目委托、安全交底、现场车间管理者监护等均正常，但生命绳设置、双钩安全带生根不规范，对此，小分队要求现场立即停止施工并整改考核。自成立以来，“啄木鸟”小分队结合岗位规范和标准化作业，纠正现场各类岗位陋习数十项，都得到一一整改。

纠违章事件，营造和谐工作氛围

“安全第一，违章为零”这句口号虽然天天讲、人人讲，但安全违章仍然是安全管理工作的难点。遍布厂区的“啄木鸟”小分队较好地攻克了这一难题。3 月，在硅钢四期 Q512 机组 168 小时大型定修期间，小分队在巡检过程中发现现场的指吊工在作业时违反安全操作规程，他们立刻上前指出，但该员工并没有给予高度重视。因此，“啄木鸟”小分队迅速启动“曝光”程序，在智慧运营平台公布有关情况，随即得到违章单位及人员的响应，类似的行为立刻得到整改。至今，由“啄木鸟”小分队查找并整改的生产、设备等各类安全隐患已达数百起。

对高危项目方案落实情况进行检查

注重效果，强化现场培训

张伟以工业公司各项安全管理制度为基础，以生产现场各类危险源分析为重点，以典型案例剖析为辅助，对标“四同”、结合实际，组织编制完善各项培训教材。为了进一步提升现场员工素质，安环室牵头组织推进“在职员工的再教育”培训活动，完成了培训材料初稿的编制工作，并对现场典型事故案例等进行了照片的收集和整理，编制成幻灯片材料，来提高“啄木鸟”小分队等一线安全管理人员的管理和风险识别能力，形成齐抓共管的局面。通过系列教育培训的方式，工业公司最大限度地减少了“人的不安全行为”。

狠抓落实，保现场平安

为把安全工作抓细抓实，“啄木鸟”小分队真抓实管，采取了一系列安全举措。小分队对公司生产现场所有危险源进行分析和识别，按照重大危险源点、较大危险源点、一般危险源点建立危险源登记台账，并于每季度定期召开危险源评审会，确保所有风险处于受控状态；同时，有重点、分阶段地组织各类专项安全检查。针对运转二车间安全险肇整改措施落实不到位的情况，张伟带领相关人员严格制订整改计划，督促各点检作业区全面排查行车零部件螺栓松动脱落、连接部开焊等可能造成高空坠物的隐患，并当场予以整改落实。张伟本着“实实在在查问题，认认真真抓整改”的态度，定期对查出的隐患进行分类，对共性问题和个案区别对待，有重点地进行分析和梳理，提出整改的意见和建议，为全年安全行动计划的进一步实施奠定基础。

行车轮更换项目检查

身体力行，促现场改善

在现场各区域的环境整治活动中，“啄木鸟”小分队发挥了重要作用。他们不仅是现场环境问题的发现者，更还是环境整治活动的排头兵。不久前，宝钢厂区 3 号站附近的绿化带旁有一根被遗弃的消防水带无人问津，“啄木鸟”小分队发现后，第一时间与责任区域有关人员取得联系，协助他们迅速处理，确保该区域的环境不受影响。

不断学习，加强自我提升

作为“啄木鸟”小分队的带头人，同时也作为一名有着多年党龄的老党员，张伟肯吃苦、会学习、善总结、敢创新，从一名现场普通员工迅速成长为安全管理的领军人物，在平凡的工作岗位上做出了多项喜人的成绩，多次被业主和公司评为先进和标兵。多年来，他始终如一、数年如一日、不厌其烦地对每个月检查出的违章、隐患进行汇总、分析，并结合季节等特点，形成专项教育和安全计划，在车间和作业区积极组织管理人员和员工进行安全学习，为各项安全管理工作提供有力依据和支撑。

身为“80 后”的张伟在工作中也非常善于创新。他积极主动通过开展视频学习、感官体感教育、现场事故还原、组织员工学习讨论等类型多样、别开生面的教育活动，有效提高了员工的安全意识和责任意识。2010 年，他参与的“交叉点安全管理法”QC 课题活动，获得了公司一等奖；同年 9 月，他通过自学考试，顺利取得了国家注册安全工程师资质证书；2012 年，他参与填报的“降低伸缩挂梁故障频次，消除安全隐患”安全自主管理课题参加了宝钢股份组织的自主管理发布会，获得优胜奖；2013 年 5 月，张伟又喜获上海市五一劳动奖章；2016 年 4 月，公司授予的“张伟安全管理创新工作室”成立。2020 年 7 月 20 日，张伟带领团队撰写并申报的“一种起重机卡轨器”发明专利获得国家知识产权局的受理。

安全无小事，安全无侥幸。多年的基层安全管理工作经验练就了张伟雷厉风行、敢说敢管的工作作风和细微谨慎、一丝不苟的工作态度。同时，他带领的“啄木鸟”小分队也将秉持“安全工作只有起点，没有终点”的理念，助力公司不断完善安全管理体系，推进重点区域、领域安全督导，深化隐患排查与专项整治，提升现场安全水平，以强化各项安全管理工作。

深耕细作，厚积薄发

——记上海市工人先锋号协力分公司炼铁协力车间

随着国家环保要求的逐年提高，老旧的生产工艺已不能满足新兴钢铁企业的生产需求，改变刻不容缓。宝钢股份于2013年提出全面改建原料区域各条生产线，杜绝现场扬尘撒料情况发生，有效改善周边环境，减少粉尘颗粒污染，实现“煤进仓，矿进棚”，力争打造出一个绿色、环保的“花园式料场”。

目标一经提出，原料区域的改造项目纷纷启动：原料煤输出筒仓项目从2014年12月起建，到2016年11月投产；原料输入系统改建工程从2014年7月动工，到2019年12月逐渐收尾；原料破碎系统自2014年1月开工，到2016年7月正式投产；原料矿输出系统从2013年9月启动改造，至今尚未完工……整个原料区域全面投入技改浪潮，意味着安全风险管控难度和保持有序生产的难度大大提升。在此背景下，协力分公司炼铁车间秉承“一天也不耽误、一天也不懈怠”的企业精神，边组织生产、边严控技术改造，安全、生产齐抓共管，两手都不放松。通过施工前方案审核、施工中方案跟踪、施工后总结改进等一系列措施，在确保技改施工安全的前提下做好各项生产组织工作，通过将安全管控措施落实到位，有力确保区域内各技改现场施工期间安全受控，生产有序进行。

成绩的取得来之不易！2016年，中冶宝钢炼铁协力车间喜获上海市工人先锋号，但这不表示我们可以止步不前。发展的经验弥足珍贵，需要我们不停脚步，不断地去创新、改变、建设更多东西。

中冶宝钢协力分公司炼铁车间位于宝钢厂区的北部区域，主要承担宝钢股份公司本部炼铁厂原料输入与输出、矿石破碎、高炉炉渣处理生产以及设备维护等工作。

筒仓介绍牌

炼铁车间业务范围几乎涵盖了整个炼铁厂区域，与宝钢主作业线紧密相连。其中，原料的输入与输出业务是宝钢物料进出的咽喉要道；煤输出筒仓、全门架等项目是宝钢厂明星环保项目；车间承接的高炉水渣业务，各项技术指标达到或超过世界同行业一流水平。炼铁车间通过近30年的深耕细作，打造了一支业务精湛、作风优良的技术队伍，不但得到了业主的高度认可，而且在树立良好企业形象的同时，也创造了较好的企业效益。

细耕耘，结出硕果累累

炼铁车间团队务实高效，团队成员锐意进取，在各项工作上都较好地发挥了先锋模范作用。经过近30年的耕耘，车间硕果累累，下属的班组曾荣获上海市总工会模范职工小家、上海市团队创先特色班组、上海市五一巾帼奖、宝钢炼铁厂超值贡献奖等各项集体荣誉；往届车间主任也曾荣获全国五一劳动奖章、中冶集团劳模等多项荣誉，并先后两次获得全国冶金行业系统及全国工程建设系统自主管理发布的一等奖和二等奖；整个车间集体也多次荣获中冶宝钢双文明建设先进集体等荣誉；车间员工多人次荣获中冶宝钢公司双文明建设标兵、优秀共产党员等荣誉称号。

在钢铁行业遭遇“严冬”之时，车间的经营与发展也遇到了前所未有的考验。车间管理团队认真分析当时的业务现状，在“危机”中寻找发展的“机会”，按照区域化、专业化、一体化的思路，本着甲乙双方共赢的切入点，凭借以往良好的业绩与口碑，先后承接了厚板精整、船板涂漆、原料工程机械、原料煤和输入一体化等多项业务，为公司争取了近2000万元的业务，车间利润也较之前增加了一倍多，员工收入连续3年增幅都在12%以上。

抓重点，推动全面发展

炼铁车间曾参与宝钢1～4号高炉的大修以及4号高炉的建设工作，并紧紧围绕“坚持一个中心，抓住两个关键”开展工作，强化现场的基础管理能力。

坚持一个中心：以3号高炉炉区创建样板炉为契机，以3号高炉承办“宝钢杯”第七届全国钢铁行业职业技能竞赛为中心；抓住两个关键：一是关键员工（新员工），二是关键工作内容（特殊作业），并具体分解为两大核心工作：一是落实作业安全，二是抓好环保工作。车间紧密围绕两大核心工作，全方位提升管理规范化、作业标准化工作。

煤筒仓

以抓生产安全为主线，稳步推进各项管理工作。由于炼铁车间作业范围较广，管理难度大是车间安全管理的特点。为落实责任，车间按业务范围将管理区域分为原料、高炉两大板块，从车间主任到一般管理人员都有分管的责任区域，实施“党政同责，一岗双责”“谁不负责就要追责”。同时，大力推行网格化管理工作，确保管理的全覆盖。

坚持PDCA循环和认真的工作思路，排查治理隐患。炼铁车间定期组织危险源辨识与评审，每季度完成一次管理辨识覆盖。大力开展隐患排查治理，全年共组织各类安全检查百余次，查处出来的问题均已得到落实整改。管理者按照隐患排查治理“五到位”的原则，对辨识出来的危险源和重要环境因素进行员工知晓率抽查，作业区每月覆盖检查危险源的知晓情况。另外，对承接的新项目，要求作业人员进入现场前，由炼铁车间牵头组织相关管理人员深入现场进行危险源及环境因素的辨识，保障隐患排查治理的效果。

强化改造项目安全管控，确保队伍稳定。2016年，原料破碎改造项目进入边施工边生产阶段，该区域每天进入施工现场的人员达到300人左右，且大多数施工队伍由包工队组建。鉴于施工人员缺乏系统的安全培训教育，其安全意识与安全辨别能力较差，导致现场安全管理形势严峻。一边要保障生产顺利进行，一边又要确保施工人员的安全，炼铁车间的安全管理工作遇到了前所未有的挑战。炼铁车间认真梳理并编制了“破碎整合项目安全生产、施工跟踪方案”，建立整合项目跟踪机制，落实项目跟踪责任人。在施工现场，每天下午组织施工单位、甲方项目部、生产跟踪人员在现场进行“安全天天读”工作，反映当天检查出的各类安全违章问题，对安全隐患进行通报，督促施工单位做好整改措施，确保施工作业的安全。

煤输出作业区、原料输入作业区也进入大规模的设备技改施工阶段，施工周期长，过程中极易出现只注重施工进度，而忽略生产安全的问题，给安全管控带来了前所未有的压力。车间建立了项目施工信息平台，及时掌握施工与生产中凸显的各种问题，便于车间及时与甲方进行协调，同时要求在确保施工安全前提下做好生产组织工作，通过将管控措施落实到位，有力确保了施工期间安全受控，生产有序进行。

重培训，提升员工素质

在人才培养方面，本着人尽其才的原则，充分发挥每个员工的才能，同时打造可循环持续的员工技能培养通道。到目前为止，车间高级工持证比例达到30%以上，并涌现出一批优秀技师、领军人才与工程师人才，为公司和车间的发展奠定了人才基础。比如在湛江钢铁和越南河静钢铁，车间选派了相关系统的优秀人才支撑或驻守，特别是在湛江钢铁投产初期，铸铁生产遇到瓶颈，应业主方的邀请，炼铁车间及时选派优秀的技术骨干进行支撑，使生产瓶颈得以缓解，得到了湛江钢铁炼铁厂的高度认可。

打铁还靠自身硬，苦练内功、夯实培训基础。受钢铁行业整体状况不佳的影响，宝钢相关业务量下降，从而影响到车间的产值目标。为进一步做好经营管理，炼铁车间开展了“抓内部管理，力争产值不下降，练好内部管理基本功”活动，除了完善岗位规程、修订管理文件之外，组织员工技能培训无疑成为最重要、最有效的一项活动。为此，车间开展“午间员工培训活动”，每个作业区每周不少于2次，利用午间30分钟至1个小时时间，在各作业区员工休息室，由作业长或请甲方管理人员对当班员工进行安全、岗位规程培训，日积月累，员工技能和业务素养得到了稳步、有效的提升。

以老带新、以赛代练，互为补充，促进技能提高。在炼铁车间承接的原料工程机械业务上，由于操作工基本都是新手，故大多数操作工缺乏基本的例保常识，故障判断和处理能力较弱。车间以分公司开展的例保比赛为契机，从编制工程机械操作、例保培训计划入手，组织对操作人员进行了为期2个月左右的理论和现场实际操作培训。在此期间，车间所有机械操作工全部参加了培训。最后，车间还进行了操作、例保培训考核验收。

通过培训，参训员工基本掌握了各自操作的机械设备的例保内容，并学会了判断、处理一些一般性故障，操作工的车辆操作、例保技能得到提升。同时，利用公司工程机械例保比赛的契机，车间还选派了3名操作工参加比赛。其中2名操作工分别获得了第一名和第二名的较好成绩，车间及时进行了奖励，这也激励了机械操作工做好日常例保工作的信心。

创和谐，增强团队凝聚力

在工作中，炼铁车间大力倡导以“复杂的事情简单做、简单的事情重复做、重复的事情快乐做、快乐的事情用心做”的理念，尊重每一位员工的人格，让员工体面劳动，让员工不断在工作中认识和体会到自身价值。通过利用不同场合、不同环境开展员工“面对面”“心贴心”“实打实”的交流，及时了解员工心声，畅通员工沟通渠道。为方便与员工交流，车间领导班子的手机号码对全体员工进行了公示，24小时开通，随时接受员工意见和建议。

雄关漫道真如铁，而今迈步从头越。成绩再辉煌也已然过去，放眼将来，更需努力。协力分公司炼铁车间将一如既往，继续保持昂扬的斗志，向着更高、更远的目标前进。

新时代中冶人的“知”与“行”

——记上海市工人先锋号协力分公司二铁水作业区

中冶宝钢二铁水作业区作为上海市工人先锋号团队，始终不忘初心、牢记使命，在祖国的钢铁洪流中冲锋在前，为祖国的新时代钢铁事业贡献着自己的青春与力量。铁水预处理是连接高炉与炼钢的关键环节，二铁水作业区严格把控安全关、质量关，为打通喉口环节，不断付出智慧与努力。守初心、携手共进，善学习、共同提高，互帮助、氛围融洽，面困难、勇于挑战，执标化、四班如一，成为二铁水一直以来进步的信条。他们不断熟悉工艺，掌握生产技术要点；不断完善作业，提高生产效率。从当初的到处是灰，到现在的一尘不染；从工作从哪开始做、怎么做、如何保持，到现在的井然有序，制度完善，里面饱含了二铁水人的辛勤努力和坚持不懈。二铁水作业区积极发挥先锋作用，将日常的小事做好，发扬“认真是一种态度”的精神，以军人的姿态把作业区变成了生产线上的一股中坚力量和一道靓丽的风景线。

在宝钢炼钢的生产源头——铁水预处理生产主线上，有这么一群面孔稚嫩、冲劲十足的年轻人；他们来自祖国的四面八方，创造了大硅钢、精品钢所需铁水的处理纪录，刷新了大硅钢铁水月处理量的历史纪录，为宝钢大硅钢等品种钢的冶炼奠定了坚实的基础——他们就是新时代的中冶人，获得2018年上海市工人先锋号的二铁水作业区。

守初心，携手共进

自2006年承接宝钢炼钢铁水预处理任务以来，二铁水作业区面对着设备老化、工艺瓶颈、质量苛求等各种各样的难题。然而，大家并没有被困难吓倒。作为协力员工，他们知道铁水预处理是高炉连接转炉的中间枢纽，也是喉口的关键工序。如果向前进一步，可以畅通生产物流；一旦退一步，就会面临显著的生产物流瓶颈。这时，炼钢的生产节奏不仅会受到制约，而且会影响宝钢订单产品的完成。协力员工一向以雷厉风行、令行禁止的作风立足岗位、扎根现场，他们面对困难减少怨言，面对问题增加主动，使设备还原本色、保持稳定的功能，用实际行动开展了细心的设备维护和精细的操作。为了使设备保持稳定的功能，他们利用作业的间隙，全员行动，人人拿起工具，对现场设备进行“洗脸、清脏、紧固、加油”。他们克服生产中遇到的制约预处理生产节奏的重重困难，将优质的铁水源源不断地送至转炉、电炉，为冶炼创造了良好的条件，完成了一项又一项硅钢、精品钢所需铁水的生产处理任务。

铁水预处理作业

善学习，共同提高

铁水预处理工序使用的是宝钢引进的日本川岛制铁厂的斜插式喷吹工艺。面对全自动的先进操作工艺，而员工大多来自农村，文化程度和工艺操作需求之间存在一定的矛盾。他们懂得“笨鸟先飞”这个道理，利用班前、班后、工作之余的时间反复学习规程要点、操作的重点，有计划、有目标地开展工作，坚持以老带新、以熟练工帮陌生工，营造资源共享的氛围。俗话说得好：苦心人，天不负，卧薪尝胆，三千越甲可吞吴。善于学习是团队强大的资源，是团队建设的有力保证，是团队整体提高的关键。

二铁水员工主动利用休息时间多读书、多钻研岗位技能，提高操作水平，找到最合理的、最省时保效的工作方法。作业区的员工也养成了好问、多问的良好习惯：对现场作业的岗位规程中出现的问题进行主动“找茬”，看到作业流程不顺、存在隐患的作业项目踊跃反馈，同时利用自主培训的平台相互交流、相互提问、辩论，最终找到最合适的操作方式方法，形成完整的作业规程。功夫不负有心人，他们以“缩短宝钢铁水预处理烟罩清理时间”为主题的QC活动参加全国冶金行业发布，并获得一等奖。同时，在技能提升方面，铁水预处理工实现了全员覆盖，其中高级工达到了83.3%，为铁水预处理操作水平的提高打下了坚实的基础。

互帮助，氛围融洽

团队具有较强的凝聚力、向心力，才能发挥团队的强大力量和作用。在日常的工作中，由于性格的差异、风俗的习惯等原因，员工之间相处时难免会有磕磕绊绊。难能可贵的是，虽然大家来自五湖四海，但是都明事理、懂分寸。即使因工作原因发生争执，也都是对事不对人。唯宽可容人，唯厚可载物，大家都有一份体谅的胸怀，就是这种具有凝聚力的氛围将大家融合在了一起。所以，大家经常在一起对生产工艺、新学习的技能、操作中需要改善的步骤等互相探讨，不吝分享自己的想法。工作中也能够相互帮助、相互提醒，存在的失误和隐患也能立刻被察觉，并得到及时改正、提高，避免造成更严重的后果。对工作，大家始终充满激情，以饱满的精神态度面对每一项任务。就这样，他们创造了单月处理大硅钢铁水1832炉的历史最好纪录。

迎困难，勇于挑战

他们以厂为家，用心工作，坚持班班清扫厂房的每个角落，班班擦洗门窗玻璃、操作台面，现场物物定置化、事事有人管，特别是对积淀的污垢，他们都会想办法利用钢丝球进行摩擦清洁。为了将地板、通道擦亮，不留痕迹，他们用手将拖把布一遍遍地清洗干净再去拖地。通过这种一把扫帚、一把锹，一个钢丝球、一块布的工作方法，改变了铁水预处理现场尘土飞扬、烟雾缭绕、四处杂乱的原有景象。他们用日复一日的坚持，让现场的旧貌换了新颜，良好的作业环境也提升了他们对工作的自信。难能可贵的是，业主也对此给予了高度赞扬，称之为“沙漠中的绿洲”。他们能把铁水预处理恶劣的环境改变成绿色生产的工序，非常不容易。这种成功的蜕变及改变过程中积累的宝贵经验吸引了其他单位的敬仰和钦佩，二铁水作业区都会迎来诸多兄弟单位到此参观交流，上门取经。

执标化，四班如一

良好的团队离不开标准的严格执行，二铁水作业区一向以高标准、严要求、军事化的制度和人性化的管理建设团队。作业区员工在日常行为中都严格要求自己，上下班、交接班时坚持列队进行。慢慢地，所有员工从不适应到适应、从适应到自觉主动，标准在执行，行为在改变。特别是作业区员工每次以军人的姿态列队走在路上时，总会吸引行人的目光。那种崇拜的眼神让员工心里感觉很有荣誉感、自豪感。二铁水作业区在重点作业的工序、项目上采取了指唱确认，通过眼看、手指、口唱、心到等，让指唱确认为作业区谱写了一首安全之歌。执行同一个标准，做好同一个动作，坚持同一种态度，养成同一种行为，团队坚持“四班如一”的管理，取得了良好的效果。

从“金牛作业区”到上海市工人先锋号，一项项的荣誉是对这个团队努力的肯定，但绝不意味着他们就此止步不前。逆水行舟，不进则退，团队里的每一个人都不会忘记在开拓路上所付出的汗水，更不会甘于躺在功劳簿上得过且过。大家会一步一个脚印，齐头并进，吹响工人先锋的号角。

脚踏实地，平凡中见真章

——记上海市工人先锋号协力分公司一中间包作业区

中间包作业区成立于1991年，主要承包宝钢大型中间包的耐材砌筑、维护施工任务。中间包是钢水包和结晶器之间用于钢水浇注的中转设备，是提高钢产量和质量的重要一环。自成立以来，作业区连续多次获得中冶宝钢示范作业区称号，2018年获得宝钢股份有限公司作业区管理“银牛作业区”称号。大家以精准、高效的工作作风完成了一项又一项中间包砌筑、维护任务，每年完成中间包内衬耐材大全修90余只、全年耐材消耗近17700吨，同时致力于改善和优化中间包内衬耐材结构和维护技术。作业区通过申报技术开发项目、利用自主管理活动等手段完成多项研究课题，经济效益显著，取得授权专利2项，以自己的双手结合简单的工具践行“基础管理提升不是一个人的战斗”的理念，改变了现场的整体面貌，展现了不怕苦、不怕脏、不怕累的工作作风。

当2019年上海市工人先锋号揭晓，在335个单位名称中一行一行地查找到“一中间包作业区”的那一刻；在那一张象征着荣誉和汗水的“上海市总工会工人先锋号”红色奖牌被放在作业区最醒目处的那一瞬，员工们的自豪感油然而生，回想过往的辛苦付出、尽管有汗水泪水，但是值得。

中冶宝钢协力分公司承包宝钢大型中间包的耐材砌筑、维护施工任务。作为2018年宝钢“银牛作业区”，一中间包作业区成立于1991年，共有60名员工，他们来自五湖四海，性格文化虽有差异，但凭着勤奋上进、求真务实的作风在平凡岗位上施展才华，放飞梦想，在宝钢这个大舞台上奏响新时代钢铁工人“不忘初心、朝气蓬勃、奋发有为”的主旋律，完成一项又一项中间包砌筑、维护任务。

20 多年来，他们凭借精湛的技艺、一流的服务水准和科学的管理方法不断夯实基础管理，构建了一个员工团结、宝钢满意的和谐团队，多次受到宝钢上级领导的高度赞扬和评价。2018 年，一中间包作业区被宝钢股份公司评为作业区管理“银牛作业区”；同年，作业区作业长被宝钢股份炼钢厂评为最佳实践者。他们积极贯彻党的十九大精神，以习近平新时代中国特色社会主义思想为指导，在高质量发展的道路上披荆斩棘、携手并进。

爱岗敬业，他们始终全心服务、不忘奉献。该作业区现有 60 人，平均年龄 40 岁，主要承担宝钢一炼钢分厂 1930 连铸机、2300 连铸机中间包的砌筑、维护作业项目，作业过程包含壳体清理、耐火砖砌筑、工作层涂层、中间包三大件安装、机构维护修理等 10 余种作业工序。20 多年来，作业区员工勇敢面对设备老化、工艺创新、质量苛求等各种难题，没有被困难吓倒。员工思想坚定，作风硬朗，坚持从细节做起，全员推进设备 TPM 管理，通过一把扫帚、一把锹，一个钢丝球、一块布改变设备的面貌，使设备还原本色。面对质量的高要求严管理，为了保证质量和速度，班组成员以精准、高效的工作作风，完成了一项又一项中间包砌筑、维护任务，每年完成中间包内衬耐材大全修 90 余只，全年耐材消耗近 17700 吨。作业区班组通过从理论知识到实际操作，再到上、下工序之间的合理配合演练，确保质量精细化管理。员工对设备精心呵护、精准操作，将中间包不断地输送到连铸机，为提高钢产量和质量保驾护航。

列队交底

自主创新，他们始终勤奋钻研、教学相长。中间包是钢水包和结晶器之间用于钢水浇注的中转设备，是提高钢产量和质量的重要一环。该作业区利用各种契机，加大员工技能培训力度，首先利用日常作业间隙，对规程重点、要点进行有计划、有目标的培训，坚持以老带新、以熟练工帮生疏工，营造资源共享的氛围；其次，推行“一人多岗、一岗多能”制，通过教育培训、传帮带和技能比武等系列活动，加大多能工的培养；第三，结合公司“千人计划”的实施，稳步提升员工的操作技能，作业区员工全员持特殊工种证件103件，其中高级工37人，占比61.67%，中级工8人，占比13.33%；第四，充分利用班前、班后时间，积极开展岗位规程“找茬”、安全隐患自查整改等活动，及时总结、同时利用自主培训的平台相互交流、相互提问、辩论，最终找到最佳方法。

在公司、车间各种创新机制的激励下，作业区班组员工注重挖掘自身知识潜能，踊跃参与一线生产作业的创新创效活动。班组自主成立QC活动小组，每年拟定QC技术课题进行研究。2008年完成的QC课题“降低中间包浸入式水口异常下线率”获全国冶金施工系统QC成果一等奖。同时班组致力于改善和优化中间包内衬耐材结构和维护技术，通过申报技术开发项目、利用自主管理活动等手段，显著提升经济效益，取得国家授权专利2项。班组成员善于在生产实践中总结新经验、新方法，注重发挥团队协作精神，踊跃参与一线生产的小改小革。2018年，作业区共提出合理化建议69条，实施69条，在作业方法的改进、现场安全状况的改善、降本增效等方面做出了突出贡献。

精益求精，他们始终恪尽职守、严格苛求。自公司大力推进基础管理工作以来，一中间包作业区始终走在前端，从管理规范化、行为标准化、环境整洁化等多个方面推进基础管理工作，他们以自己的双手结合简单的工具践行“基础管理提升不是一个人的战斗”，改变了现场整体面貌；在危险源预知活动中，他们以现场为教室，围成一圈相互讨论最有效的控制措施；在指唱确认时，他们站姿挺拔、动作标准，眼到、手到、心到，三个步骤的标准化牢记于心，让指唱确认在实际工作中谱写安全之歌；牢记岗位核心要素，让核心铭记于心；在基础管理的道路上，大家始终坚信夯实基础、稳定基础才能更好地做好自己的本职工作。

以人为本，他们始终气氛和谐、寓教于乐。作业区建立互帮互助体系，从老工人对新工人的传帮带、到新员工对老员工的激励反推动，大家相互促进、共同求进步。大家经常在一起对操作工艺、新学习的技能、操作中需要改善的步骤等互相探讨，不吝分享自己的想法。与此同时，作业区经常利用业余时间到兄弟单位去取经，把别人先进的操作方法和管理经验带回来，大家一起研究和推广，将学到的知识运用到实际工作中。这样一来，既能提高作业区综合竞争能力，又加深了大家的友情，增强了团队的凝聚力，同时让大家的整体素质在潜移默化中得到进步。

岁月不居，天道酬勤，一分耕耘，一分收获。荣誉绝不意味着可以止步不前，不骄不躁才能继续在逆境中奋勇前行。一中间包作业区充分发扬工人阶级的优良品德，以高度的责任感和大局意识，全心全意服务生产，一步一个脚印，齐头并进在钢铁之城。

播撒芬芳，岗位建功

——记上海市五一巾帼奖获得者钟仕英

正如一篇《幸福不过女匠人》的文章所言，工作在每一个平凡岗位上的女匠人，她们所从事的岗位不同，在社会中所扮演的角色不同，但都有一个共同的特点：不受外界嘈杂环境的影响，内心宁静；专注于自己的事业，精雕细琢；把事情做到极致，以“技”养身，以“心”养“技”，做自己工作中的“匠人”。就是凭借对工作的这份热爱和专注，中冶宝钢女员工钟仕英多次获评先进个人及标兵称号，并获得第五届上海市五一巾帼奖荣誉称号。

巾帼不让须眉！在中冶宝钢第四分公司这个团队里，有600多名女员工，钟仕英是其中一名朴实无华的行车女工。多年来，无论在何种作业环境，她都一如既往，一心扑在平凡的工作岗位上，兢兢业业、踏实勤恳，干工作想在前、冲在前，奋发向前，甘于奉献。

夫唱妇随，并肩追梦

众所周知，对于务工人员来说，在上海拥有稳定的工作，创出成就并受到上海市总工会的表彰，是一件非常不容易的事情。钟仕英工作优秀，业绩突出，在事业正旺、美誉上升之时，她毅然舍弃繁华的都市，选择奔赴湛江东海岛，支撑湛江团队。

她的这个决定当时令许多人无法理解，甚至有人当面笑她太傻。面对许多人的不理解，钟仕英很淡定地说：“舍得舍得，有舍才有得。”对于她来说，上海和湛江同是外地，没有太大的区别，有那么多有才干的人已经去湛江基地支撑奉献，自己只是一名普通的行车操作工，没有什么是不能舍弃的。

2015 年，钟仕英的丈夫作为工程机械点检员已赴湛江支撑，她追随丈夫入湛，并肩作战，可以省却分处异地的牵挂，做好丈夫背后强大的护盾，让丈夫更安心地工作。她还开玩笑地说，很多人都去湛江钢铁追梦，自己这一次也赶个时髦，做个追梦人。

钟仕英是行车高级工，行车操作技能娴熟，且有带教经验。她之所以选择追梦湛江，除了支持丈夫工作之外，还有一个更重要的原因是她意识到湛江新团队比上海老单位更需要熟练工。在湛江钢铁这片新天地，她坚信可以挖掘更大的潜力，发挥更大的作用，实现更大的价值。

默默奉献，播散芬芳

入湛后，中冶宝钢招聘了大批属地行车工，急需带教培养，钟仕英有了更大的发挥空间。面对属地新员工，她从简到繁、由浅入深，将生手带教到熟练工，将熟练工培养成技师。

钟仕英给新员工做培训

在自身技能提升和“传帮带”的过程中，她力求做到“三个为主，三个结合”，即：以自学为主，做到“传帮带”学习与自身学习相结合；以为人做事谦和为主，做到“传帮带”的精讲与通讲相结合；以开拓创新为主，做到“传帮带”理论与实操教学相结合，以人为本。

秋去春来，学员送走一批，又来一批；徒弟换了一个又一个，始终不变的是钟仕英的认真态度。她一遍遍重复同样的动作和琐碎的细节，不厌其烦、不嫌琐碎，手把手地带教，心贴心地传授，从指吊动作到升降实操技能及日常例保维护，她将自己掌握的技巧和积累的经验毫无保留地传给每位学员，为中冶宝钢湛江团队打造技能队伍做出贡献，再次树立了追梦新时代的巾帼标兵形象。

受转炉吹炼影响，宝钢股份炼钢渣处理区域车间内漫天粉尘。虽然行车工不需要参与清扫工作，但无论哪台行车轮班到她，爱干净的钟仕英总是提前到岗，第一件事情就是做清扫工作，将行车上下及走道都清理得干干净净。从参加工作开始，她的这个习惯十几年从未间断。有人劝她：清扫有专业班来做，行车工没必要动手，清洁工的工作范围很广。她说："不要总是跟着一个地方打扫，自己动手就好。"她用过的车是最干净的，同事都愿意接她的班，享受整洁的工作环境。

钟仕英现场汇报

到了湛江钢铁，钟仕英在废钢车间开行车。废钢车间的粉尘较废渣处理车间略有改善，但她轮班到岗的第一件事仍然是先做清理，保持环境整洁。在日常工作和带教中，她告诉徒弟们：清理是行车保养的一项重要举措，顺手能做的事情就不要等，每次随手花几分钟时间及时清理，既可以享受干净整洁的工作环境，又可以预防行车零部件损坏，延长行车使用寿命，一举两得。

在她的带动下，徒弟们如今也保留了这个良好的习惯。在带教中，除了进行技能的教授外，她也时刻告诫徒弟：在接手每一份工作时，要竭其心志、穷其工力，不要总是这山望着那山高；既然选择了，就要学会热爱，慢慢地会由适应转变为热爱，并凭借着这份热爱和专注来激发内在的潜力和活力，正如嗜之越笃，技巧越工。

人们常说，热爱生活的人，才会热爱事业，这句话在钟仕英身上得到充分诠释。钟仕英的工作成就有目共睹，但她的业余生活也十分丰富。虽然文化不高，但她的悟性很好，能够主动补充专业知识，编制带教方案。她平时酷爱十字绣、丝网花和编织等手工艺。业余时间，她绣了多幅十字绣，编制各种丝网花，用于装饰家居和班组休息室、更衣室，美化工作和生活环境。她还是缝纫好手，家里有台缝纫机，时常为同事缝补开线的工作服和划破的口袋；偶尔有原料，她也会缝制几个小香袋，送给徒弟和同事挂在更衣柜内除味，同事们戏称她为“香姐”。

此外，钟仕英还是烹饪高手，烧得一手拿手川菜，色香味俱佳。因她夫妻二人皆随和好客，同事们都喜欢到她家里去吃地道的川菜，单身员工尤其喜欢时常到她家里去补一补。在畅享美味的同时，友谊增进了，力量凝聚了。

在领导眼里，她是勤勉又朴实的一线骨干；在同事眼里，她是热情又贴心的大姐。从上海到湛江，在追梦的征程上，她吐露了芳华，播撒了芬芳。

坚守岗位，抗疫前行

新冠疫情牵动着所有人的心，无数坚守岗位、负重前行的“可爱的人”，用自己的实际行动书写着独特的战“疫”篇章。

面对突如其来的疫情，钟仕英坚守岗位，积极发挥劳动模范示范引领作用，舍小家、顾大家，将自己的一腔热情与能量释放于坚守岗位和阻击疫情上，披荆斩“疾”，用实际的行动践行着劳模精神。

疫情期间，她始终贯彻执行中冶宝钢各项任务部署，消毒不留死角，测温不丢一人，扎实工作，充分发挥“排头兵”作用，团结班组成员，抓疫情、抓生产，构筑了疫情防控的“红色防线”。

做最好的自己！只要倾力于事业，每一个生命都能创造奇迹。钟仕英正是这一理念的最佳诠释者。“人世间的美好梦想，只有通过诚实劳动才能实现；发展中的各种难题，只有通过诚实劳动才能破解；生命里的一切辉煌，只有通过诚实劳动才能铸就。”重温习近平总书记的谆谆教导，愿我们每一个人都能在各自的岗位上舞出精彩！

始终在路上，不断在进步

——记全国优秀农民工周安叶

周安叶，中冶宝钢第三分公司马迹山项目部生产管理人员，主要负责检修、机修、设备管理三大作业区的日常工作。已过不惑之年的周安叶能取得现在的成绩，比常人付出了更多的努力。他出身农村、高中学历，为了弥补身上的不足，凭借着勤奋和毅力，不断积累知识和经验，将每一件小事都当作大事来认真对待；肯钻研、爱思考，总能灵机一动地将所思与所见相结合，让创新的火花在马迹山港熊熊燃起。回首往昔，20 年前偶然走进中冶宝钢的周安叶肯定想不到，他将与中冶宝钢结下不解之缘，并为之奋斗一生。

华丽蜕变迎新生，不懈努力结硕果

2000 年，周安叶进入中冶宝钢从事检修工作，在岗位上，他认真踏实、勤勉学习、积极向上，出色地完成了各项工作任务，更利用工作之余不断努力学习各项生产技能和管理知识，完成了从一名普通检修员工到重要生产岗位管理人员的蜕变。

2008 年初，马迹山项目部为适应宝钢发展，成立专项点检班组，周安叶因此被调至宝钢马迹山港从事专项点检岗位工作。从一名设备检修员工转变为设备管理人员，他意识到转变的不仅仅是工作岗位，更是一份岗位的职能和操守。凭着坚忍的意志和不懈的努力，他很快掌握了先进的设备管理方法和丰富的设备管理经验。

消除工作效率低下的工艺流程、依靠提升科技水平实现劳动生产率的提高是中冶宝钢提高生产作业效率和企业经营效益的努力方向。2012 年 10 月，同时具备设备检修和管理工作经历的周安叶，开始从事项目部质量技术管理岗位工作。

在新的岗位中，他利用工作中积累的经验，着力于检修工艺改进、器具研发和设备功能的改善，他团结一线员工群策群力，以为员工创造安全高效作业环境活动为平台，激励员工参与创新、勇于创新，并在一系列的创新活动中，结出了累累硕果，为“向创新要业绩”活动贡献巨大力量。

周安叶在工作中

在质量技术管理岗位期间，他积极与甲方人员共同探索、努力创新，参与研发的“降低二程船靠离泊风险系数技术及方法”荣获第二十八届上海优秀发明银奖，“一种钢丝内衬输送带翻身装置及翻身方法”项目先后荣获中冶宝钢科技创新“五小评比”一等奖、中冶宝钢管理创新奖、第八届国际发明展览会“发明创业奖 · 项目奖铜奖”，带领作业区获得中冶宝钢“示范作业区”、宝钢股份公司运输部“周辉奖”等荣誉。

推进码头一体化，成功牵来第一“牛”

2013 年 10 月，宝钢马迹山港为消除皮带系统由多家责任单位管理导致的多方协调而产生的低效问题，决定将皮带系统的生产、运保和点检三方人员合并，成立设备管理作业区，探索码头皮带输送机一体化管理的高效模式。面对全新的运行和管理模式，周安叶勇敢地承接了这份重担。

作业区成立后，他在管理上以点检为主导，生产操作和检修相配合，既参加生产在线运行，又自主管理设备状态，以围绕“保本质安全、控设备事故、促状态稳定、创优良环境”为管理主轴，追求“生产运行效率、设备管理效率、人员劳动效率”的全面提升，将皮带系统的岗位操作与设备管理有效地结合，创造设备故障持续下降、设备状态稳定运行、作业环境持续改善的良好成效，验证了码头皮带输送机一体化管理创造的“区域管理、集成服务”先进管理模式的成功。

但周安叶不以此自满，为全面提升作业区管理水平，他扎实推进基础管理工作。2015 年马迹山项目部对标宝钢马迹山港“金牛作业区”，以其所在的设备管理作业区为示范点，深入开展了作业区的创“牛”活动。

备件上机前确认安装尺寸

周安叶按照创“牛”评比细则规定的 69 条要求，组织作业区展开自我诊断，系统梳理基础管理工作中可能存在的薄弱环节，进行有针对性的改进，顺利通过飞检工作奠定基础。2015 年，马迹山项目部设备作业区成功评选为“银牛作业区”；2016 年，成功通过宝钢股份飞检，并升级为“金牛作业区”；2018 年，成功通过复检。而他本人也因为出色表现，被评为中冶宝钢优秀作业长，获得第二十八届上海市优秀发明选拔赛优秀发明银奖等荣誉。

在重钢项目前期筹建时，他第一时间前往支援，配合完成重钢皮带系统及其附属设备清扫、巡检、维护和检修项目合同的承接方案编制及投标工作，期间也与甲方对口管理部门就重钢皮带设备管理方面的问题进行交流，宣传公司及项目部的管理理念，得到甲方认可。

危急时刻勇担当，疫情防控走在前

2020 年是极其不平凡的一年，年初突然暴发新冠疫情。疫情就是命令，防控就是责任，周安叶积极落实疫情防控有关要求，一是对各区域进行了防控，严格办公区域、生活区域、通勤车、操作室等区域消毒的防控要求，并检查食堂分段分餐制和浴室分时段洗澡的执行情况；二是及时掌握所管区域人员的身体状况，周安叶每天对上班人员进行体温监测，并跟踪员工身体状况，切实做到疫情防控有效开展；三是配合项目部做好在泊船舶管控。在泊船舶严禁人员下船，船舶供货用吊车将物资吊上船，供货方负责将物资装入船上网兜或吊具，项目部人员上船进行清舱等作业时必须在佩戴口罩、手套、护目镜等防护措施后，再由码头指定的专人检测体温正常，方可上船作业。

2020 年春节期间，项目部共有 100 余人离岛休假，近 90% 是周安叶所负责作业区的员工。周安叶逐一打电话、发微信收集、核实、汇总人员情况，掌握员工休假期间情况，了解每个人具体的回乡探亲日期、乘坐班次、途经省市、身体状况、有无接触史等信息。

同时，周安叶与嵊泗县新型冠状病毒防控委员积极保持联系沟通，根据员工位置远近、员工居住地管控执行等情况，每天确定上岛人员，分批分次落实人员复工返岗工作。员工返岗前，周安叶实地查看，确定集中隔离观察点，选定最优居住环境，并不定时以电话、微信等形式，关心员工心理状态，确保了“人离心不离”。

纵观马迹山项目部多年的发展，我们可以看到员工的实干精神始终贯穿着项目部发展的每一步，周安叶和项目部全员时刻牢记“让业主满意、业主无小事、业主的事就是我们自己的事”的服务理念，把每一件事做到极致。

现今 45 岁的周安叶仍然每天在生产一线坚守着，他说：“选择中冶宝钢，我无怨无悔。”带着这样的情怀，他脚踏实地、不断前进，诠释着一个普通员工的执着和追求。

用“火花”缩放梦想

——记上海市农民工先进个人王光辉

王光辉，中冶宝钢第三分公司的一名高级焊工技师，自入行以来，凭借自身过硬的技能，多次参加上海市、宝山区以及宝钢设备部组织的各项技能比武，并取得了优异的成绩，先后斩获上海市农民工先进个人、五矿集团青年岗位能手等荣誉称号，无论是个人或是团体，34岁的王光辉可谓集荣耀于一身。今年，又从上海市职工技术协会获悉，王光辉凭借《烧结强力混合机螺栓轴修复》这篇焊接论文，荣获2019年度上海市焊接技术论文一等奖。王光辉凭借自身过硬的技术，在大型技改项目中，不管是工艺复杂还是材质特殊，均能一次性焊接过关。他的高超焊接技能，深受业主和公司领导的认可。

王光辉，1986年出生，系中冶宝钢的一名焊工高级技师，于2009年加入中冶宝钢。作为一名来沪工作的普通农民工、一名标准的“80后”，自踏入焊工岗位以来，他凭借自身过硬的技能，多次参加上海市、宝山区以及宝钢设备部组织的各项技能比武，并取得了优异的成绩，先后斩获上海市农民工先进个人、上海市职工焊工技能大赛团体冠军和个人银奖、宝钢股份检修单位技能竞赛焊工专业工种团体第一名和个人第一名、五矿集团青年岗位能手、中冶集团青年岗位能手等荣誉称号。他撰写的《烧结强力混合机螺栓轴修复》焊接技术论文在首届长三角地区职工数控技术论文竞赛中脱颖而出，荣获2019年度上海市焊接技术论文一等奖。34岁的王光辉可谓集荣耀于一身。

荣誉的背后是王光辉不为人知的艰辛付出。为成为一名出色的焊工，他经常利用下班后的时间琢磨、研究焊工技术；为提升自己的焊工技能，他虚心向老同志们学习，坚持只有多动手、多练习才能更专业。

“傻大个”：严苛苦学求真经，技艺傍身皆称赞

朴实的王光辉净身高 1.92 米，学起技能来认真、踏实。练电焊时需要蹲着，每次一蹲就是 4 个小时，他从不叫苦叫累。没人愿意干的脏活，他也总是主动揽过来，被人取名“傻大个”，他也是憨憨一笑。他利用工友吸烟、休息的间隙，不知疲倦地一遍又一遍地练习。冬天，工地干活没遮没拦，风吹在脸上像针扎，嘴唇被寒风吹裂了口，手上长满了冻疮；夏天，迎着太阳晒，脸上电弧烤，身上天天洗“桑拿”，此外，电焊时飞溅的火花落在身上，会直接灼伤皮肤，不下苦功，技术根本无法精益求精。王光辉不道苦、不埋怨，硬生生地把疼痛吞下，把泪水咽下，虚心向师傅和同事们请教。在学中干、在干中学，勤学苦练的同时，王光辉及时补充理论知识。四五年后，他在业内崭露头角，慢慢开始承担各种大型项目的重要焊接任务，曾参加浦钢搬迁动力管网安装、浦钢连铸主机冷却水管焊接、浦钢氧气站氧压机管道安装等高压力管道、焊接质量要求高的大修、技改项目，其所焊焊缝全部一次性探伤拍片合格，得到了业主方、国外设备专业技术人员的认可和一致好评。项目负责人王进川说：“在承接工程的时候，合格率是一个硬性指标，签合同的时候明确要求焊接合格率达到 96% 以上。达不到这个指标，将来在结算时是要考核、扣分的。”王光辉凭借过硬的技术，在多个项目中赢得了同行的称赞。在宝钢炼焦 9 号锅炉改造管道安装项目施工中，有一些关键部位因为工艺复杂，加之管道的材质原因，焊前要预热，焊后还要保温，而且还要求达到二级片以上，工艺复杂，焊接技术要求极高。但是，王光辉凭借着一股“傻劲”、刻苦钻研焊接技术和独特技巧，圆满完成全部的焊接工作，并且一次性焊接过关，展示了他的高超焊接

“师徒带教”式的焊工培训

技能，得到业主方和公司领导的一致好评和认可。

“能达人”：智慧匠心保生产，推波助力求“四达”

班组长是兵头将尾，直接与一线员工打交道，官虽不大，责任重大。宝日汽车板4号GA区域A08热镀锌机组于2015年9月15日正式投产，作为宝钢股份区域首条生产GA、GI高强钢及超高强钢的专业生产线，从IF软钢到120KG高强钢等钢种均能生产。为了配合生产线需求，王光辉披星戴月，带领班组解决各种各样的突发故障及设备的检修、运行维护。

代表全国职业技能大赛上海选拔赛选手发言

2016年8月11日，4号GA区域实现全面“四达”（全线达产、达标、达效、达能）目标，当月完成机组产量达标、成材率达标、GA汽车外板产量达标、980DP和780DP超高强钢产量达标，且现场安全作业受控，各项指标均超过预定目标。为了确保4号GA热镀锌机组后续生产的安全顺行，稳定“四达”的管控目标，王光辉带领班组成员开展了“小改小革”“金点子”“师徒带教”等自主管理提升，针对4号GA区域的特点，开展作业环境本质化改善、设备消缺、降本增效、资源优化等各项活动，确保现场生产安全稳定。4号GA热镀锌机组全面实现“四达”标志着该机组已正式成为可批量生产1180双向超高强钢汽车板的生产线，“王光辉班组”更为我国汽车产业轻量化节能减排贡献了一份力量。

“好父亲”：心存愧疚忘“小家”，无私奉献顾“大家”

奉献是一种高贵的品质，在工作和家事之间，王光辉首先选择的是工作。爱岗敬业在他身上，不是响亮的口号，不是漂亮的幌子，而是深沉的付出。王光辉用自己对于工作的热忱不断提升着自己，有着强烈的进取心，敢于拼搏、勇于奋斗、善于学习，是一名优秀的技能型人才，也是值得很多年轻员工学习的典型和榜样。在工作中，他经常舍“小家”为“大家”。有一次孩子高烧，他的妻子带孩子去医院，一个人带着孩子吊盐水。当他的妻子去拿化验单时，孩子没人看，吊水的针跑了，流了很多血；他在爷爷生病期间没能回家看望，直到爷爷去世都没能回去；父亲不慎将腰扭伤，卧床不起，也没能请假回家照顾父亲；遇到系列定修时，他经常早出晚归，孩子一个星期都看不到爸爸，总是问妈妈“爸爸去哪了”。面对妻子的责怪和对家人、孩子的愧疚，他总是说“工作忙、走不开”，然后傻傻地一笑了之，时间长了，家里人也就习以为常了。其实，他心里何尝不想多陪家人，但他心里想得更多的是工作，他觉得现场更需要他。

没有惊心动魄的故事，也没有色彩斑斓的传奇，王光辉用奋斗的身姿、永恒的匠心演绎平凡的人生。他说，荣誉是企业给的，是国家和社会给的，只有怀着感恩的心更好地做好本职工作，才能更好地回馈公司；唯有劳动，才能收获幸福与快乐。

始终在突破“上一个自己”

——记中国五矿集团先进个人宋亮

中冶宝钢第三分公司经理宋亮主动适应市场发展新常态，牢固树立发展新理念，在2017年带领第三分公司实现经营逆势增长，超额完成利润指标，并使分公司在领导力建设、“瘦身健体”、“千人计划”、基础管理等系列重点工作中取得长足进步。他带领的第三分公司团队被授予上海市五一劳动奖状，他本人也被中国五矿集团有限公司授予“先进工作者”荣誉称号。

再布局，恒心续写做强篇章

在经营管理上，每一个阶段对宋亮来说都是新的开始。

第三分公司的市场根据地在宝钢，除此之外，还有浙江嵊泗马迹山港、山东日照、新疆八钢、越南河静等四个区域市场。宋亮因地制宜，针对不同的市场，设定不同的目标，采取不同的策略。在宝钢市场，利用现有人力资源、技术、管理优势，做实做精常规检修、做强做大技改工程；在外部市场，以上海本部为依托，四个项目部为支撑点，全方位拓展业务，形成内外市场共同发力、齐头并进的新格局。

与之相对应的是，第三分公司在2017年取得的经营业绩不仅在宝钢有大量的亮点，而且随着竞争力、适应力的提升，加之创新浪潮的推动，第三分公司在外部区域和海外市场均取得了亮眼的成绩。

宋亮对施工项目理性分析，以“承接一个项目就要做好一个项目、赢得口碑”为底线组织策划，实施精细化管理。仅就2017年承接的技改项目而言，第三分公司全系统、多角度大力跟进，努力承揽宝钢股份大院的厚板行车无人化、原料码头 18U3 卸船机更新改造等 26 项较大型技改项目。

我们看到的是他新一轮的做强布局：在山东钢铁的项目营销中，从项目投标准备到整个投标过程的分析，第三分公司与多达 17 家单位进行竞争，凭借强大的品牌力成功中标 6 个标段的常规检修业务，且不是以低价竞标；全力做好新区域、新项目跟踪和营销力度，让第三分公司在马迹山项目、新疆项目、日照项目再签十多个区域检修项目。

毋庸讳言，第三分公司全力提供优质化增值服务，亦为海外合同大幅增长写下了极具意义的一笔。在越南河静钢铁厂，第三分公司检修和协力业务并举，提供原料厂皮带一体化等项目。数据显示，炼铁部高炉厂和炼钢部生产协力业务 2017 年就中标承揽合同 26 份。

出管理，不重复原来的自己

在检修生产组织上，宋亮构建起钢铁企业设备检修组织模型，成为第三分公司应对钢铁微利形势、实现检修资源“无忧”拉动和最优化配置的重要举措，该项管理创新成果还荣获了上海市企业管理现代化创新成果二等奖。

与此同时，他还提出安全网格化管理，编织起周密的安全管理网络数据库，实现全员、全方位、全过程隐患整改率 100%；对于明确责任、落实违章问责、持续深入推动安全体系建设发挥了积极有效的作用。2017 年，第三分公司外部违章记分同比下降 41%，违章记次同比下降 22%。

宋亮将优化管理运行机制融入“大数据”之中，把一个又一个工作节点清晰标注，在施工管理上，凭借成熟的人力资源数据库，有序有力地组织了投入资源多、协调难度大的 6 场宝钢年修，同步还为其他相关业务范围设备保驾，如 UOE 异常管处理线工程因业主生产物流需求，需要提前 2 个月投产等关键节点；通过数据库显示的人力资源指标，2017 年度该分公司一线作业岗位技能等级提升率 10.75%，高级工以上提升率为 3.61%。

对重点项目提前策划出质量控制点及措施，是宋亮在落实质量追溯制度方面做出的“大不同”。实行自检班组长检查、质量员检查并留存质量检查记录，这一切都是凭数字说话：当年共策划重点项目 686 个，常规检修验收 650

工作中的宋亮

项，技改重点检验批 76 个，由质量检查员 100% 覆盖检查，确保了常规检修和工程质量受控。

经过多年的服务和创新，用户可以明显感受到与传统检修不同的经营氛围，每一种需求在这里都有与之相匹配的品质来服务。

在设备管理服务模式上，宋亮推行以设备状态管理为标准的点检定修制管理模型，推进以机、电、仪区域工程师作为技术支持的技术管理体系；在设备检修模式上，则凭全工艺链的检修核心技术，支持现场设备状态稳定，实行设备状态计划检修，最大限度降低检修时间对生产的影响；据不完全统计，仅在宝钢原料区域，年生产效率就提高了 4.45%，故障率大幅度降低，单在原料区域制作对应的维修作业标准就已达 200 余项。

全方位，造就有温度的品牌

为了让自己的思维空间有那么“一点点不同”，近年来，宋亮对技术管理系统的创新尝试一直没有停止过。

第三分公司另一个独特的标签是现有 2 个上海市技能大师工作室和 1 个浙江省舟山市技能大师工作室。这 3 个工作室成立至今，已用“师徒带教”的模式培养 201 名学员，其中 29 人取得了技师和高级技师的证书，86 人取得高级工证书，多名被带教学员多次在上海市行业技术比武中取得前三名的好成绩。

宋亮倾心关注的是在现场技术攻关、技术支撑、科技创新、专利申请等方面取得优异成绩，并形成多项国家专利和创新发明。BIM 建模技术在现场的应用为企业创造了不菲经济效益。同时，工作室不断加快培育新时代工匠的脚步，发挥高技能人才示范引领作用，推进高技能人才队伍建设。

在这里，尤为抢眼的是宋亮通过激励基层全员去创新，以提高企业效益和服务品质的理念。在仅 2017 年，第三分公司开展“千人培养计划”，“师徒带教”培训就达 1320 项，培训 5544 人次、5784 学时，而这无疑壮大了这个群体的力量。

也是在 2017 年度，第三分公司全员科技创新项目达 450 项，QC 成果 22 项，申报发明专利 20 项，发表科技论文 5 篇，完成工法 4 项。以上成果分别获得了中国冶金建设协会 QC 成果一等奖，中国施工企业协会和中国建筑业协会 QC 成果二、三等奖和中国循环经济协会专利奖三等奖等多项殊荣。

每一个想要超越昨天的人，都要付出更多的勇气和精力，当然还有责任心，而宋亮正是这样的一个“超越者”。

两次飞越南极的雄鹰

——记中国五矿集团优秀党员、中冶宝钢品牌人物陈忠

陈忠现任中冶宝钢第五分公司生产管理部副部长，先后参加了中国第31次、第35次南极科考队，出色完成昆仑站、泰山站设备安装任务。他参加工作10余年来，始终以锲而不舍和持之以恒的工作精神，放下身段，摸爬滚打，默默耕耘基层一线。时间的磨炼和锤炼使他在工作面前，勤奋自勉，苦练技能，提升自我；在责任面前，沉着冷静，严于律己，敢于担当。一分耕耘、一分收获。“80后”的人生闪耀着金色的光环，他相继获得以下光荣称号：2014—2015年度共青团中冶宝钢青年岗位能手；2015—2016年度中冶集团青年岗位能手、2016—2017年度中央企业青年岗位能手；中国第31次南极科考队优秀共产党员、中国第35次南极科考队优秀队员；2015—2016年度中冶宝钢创先争优活动优秀党员；2018年度中冶集团优秀党员、2018年度五矿集团优秀党员；2018年度中冶宝钢双文明十大标兵。

米南德说过：“谁有历经千辛万苦的意志，谁就能达到任何目的。”

2014年10月，陈忠带领中冶宝钢南极项目组随中国第31次南极科考队远赴冰盖之巅执行南极昆仑站二期机电设备安装调试任务。经过6个月的风雪兼程和艰苦奋斗，他带领团队克服了在极寒环境中施工的种种困难，于2015年4月载誉归来。这段人生路上永不磨灭的特殊经历为他的人生添上了浓墨重彩的一笔，也为企业赢得了荣耀与光辉。

2018年11月2日，陈忠再次踏上南极的征程，带领中冶宝钢南极项目部随中国35次南极科考队参加南极泰山站二期机电设备安装任务，再次用生命的担当去书写青春的梦想！

临危受命，用行动展现责任

陈忠在南极内陆出发基地前留影

“80后”的陈忠作为中冶集团公司的一员，在责任面前没有丝毫懈怠，严于律己，沉着冷静，敢于担当；在两次赴南极施工的任务面前，他始终坚持“七分准备，三分施工”的方针，积极带领项目组精心准备，利用手上可用的资源，不分昼夜，精心钻研，努力吃透技术图纸、研习相关技术资料、分析以往从南极拍摄回国的照片，并针对消化中发现的疑问第一时间与建设单位及总承包单位沟通、交流，以便及时解决问题，并且对原有的施工组织设计、施工方案进行优化。为了各尽其职，各尽其用，最大限度地发挥项目组成员的优势，他还根据施工人员的技能特点制订详细的培训计划，利用空闲时间开展内部培训。2014年第一次赴南极执行施工任务之前，为确保昆仑站二期机电设备发电机能够正常工作，有效地应对突发情况，经过项目组多次讨论研究，陈忠于2014年9月底主动请缨，前赴湖北武汉发电机厂家学习发电机的启动运行保障等专业知识。10月25日前，他完成了出发前的全部准备工作，带领5名队员乘“雪龙号”科考船奔赴施工现场——中国南极昆仑站。经过半年的精心施工和辛勤努力，陈忠及其团队圆满完成施工任务。

孟子说过：“天将降大任于斯人也！”时隔4年，南极泰山站的施工任务又召唤陈忠去完成。2018年10月，他再次主动请缨，带领队员参加第35次南极科考队，前往中国南极泰山站，开始中冶与南极的风云际会。

两度请缨，用实干践行担当

中国南极泰山站二期工程建设是中国第35次南极科考的一项重要任务。泰山站位于南极洲东南极内陆冰盖伊丽莎白公主地区域，海拔高度2621米，距中山站522千米，处于中山站与昆仑站之间，可为前往昆仑站进行考察的

陈忠进行夜间巡查

科考队员提供后勤保障支撑。

2018 年，公司承担南极泰山站设备安装施工项目，包含地基与基础、结构/设备安装、热力管道、给排水管道等 10 个分部工程以及木板/木龙骨/钢梁/封板/冷风管/热风管，电气配管/放线/接线等 42 个分项工程。其中，涉及各类电缆 10000 余米、不锈钢桥架 1000 余米、管线 4000 余米、结构件制作安装 30 余吨。这些工程量放在南极这样复杂的施工环境里，其难度超乎常人之想象。从 12 月 26 日开始，陈忠带领南极项目组 6 名作业人员在自然条件极其严酷的环境下与低温天气、大风雪和高强度紫外线做斗争，与时间赛跑，每日工作长达 12 小时以上，用实际行动践行着“一天也不耽误、一天也不懈怠”的企业精神。他们这种特别能吃苦，特别能战斗的敬业精神和职业素养受到中国南极第 35 次科考队领导的高度赞扬。

2019 年 2 月 12 日 18：15，陈忠从南极中山站给公司传回捷报，电话告知此次承接的中国第 35 次南极科考南极泰山站设备安装项目奋战 38 天，于 2 月 1 日安装完毕并一次性调试成功。6 名施工人员随着科考队顺利返回中山站休养，于 2 月 14 日登上“雪龙号”船，2 月 15 日开启回国之旅，3 月下旬回到上海。

南极洲这块晶莹如许的大陆记载着陈忠等中冶勇士奋战的印记，中山广场的合影留下了中冶宝钢员工疲惫而不失雄健的身影。

责任，让他勇于担当；使命，让他不畏艰险；青春，让他乐于奉献。陈忠这种严谨求实、团结协作、勇于创新、敢于拼搏的精神，同“爱国、求实、创新、拼搏”的极地精神有机地融合统一。

狠抓管理，工程技改多面手

作为第五分公司生产管理部分管工程技改的副部长，陈忠对第五分公司所属重点项目分别采取不同的管控措施，保证工程项目如约完成。2020 年下半年以来，对于进入最后冲刺阶段的宝钢德盛全厂给排水项目、综合管线工程项目采取周计划日管控，他通过周分析、月汇报的方式紧抓施工过程管理，确保施工的安全、质量、进度；对于宝武特冶 90 吨行车合规性改造项目，通过采用电子眼对高危作业进行全程管控，督促施工人员严格按照施工方案进行作业，严格执行各项安全保障措施，形成“降违章、遏事故”的安全氛围；对于时间紧、任务重的第八综合楼项目，采取日计划、日落实的方式，确保工期不因我方原因滞后。

除了做好公司工程技改现场管理工作，他还积极开展工程项目管理培训工作，在炎热的六七月里组织工程项目管理人员开展工程项目管理培训 3 次，主要培训内容包括工程项目管理基础知识、公司相关管理文件、工程资料归档编制要求等，为公司各施工单位的项目过程管理打下了一定的基础。

超越自我，怀桔报恩赤子心

中冶宝钢党委和团委高度重视青年的发展，狠抓共青团基础建设，为青年的发展搭建了各种形式的平台，促进了青年的快速成长。陈忠就是在公司党委的培养下迅速成长起来的。从大学毕业从事技术工作以来，他就利用公司党组织提供的平台，勤奋好学，刻苦钻研，充分利用业余时间不断提升自己的业务能力。同时，受公司内在软文化的影响，逐渐形成了他严于律己、沉着冷静、敢于担当的工作品质，以及始终坚持“多做一点，再争取一下”的工作理念。他始终严格要求自己，严谨求实，团结协作，勇于创新，敢于拼搏，模范践行“爱国、求实、创新、拼搏”的南极科考精神。

不断超越自我，追求精益求精，不断提升自己的理论和实践能力，才能实现自己的人生理想，为企业创造更多的价值，在平凡的岗位上为企业做出不平凡的贡献。陈忠始终保持着这种昂扬向上的精神状态，用创新的思路精益求精，以超越自我的精神开展工作，时时想着企业的发展，勇于开拓，大胆创新，充分发挥自己的才智，用自己的努力和魅力激发每个人的积极性，每天不断地激励自己，不断地超越自我，让每一天的自己都能够释放最大的力量，为企业创造更大的价值。他深知，没有企业的发展就没有自己的成就；

陈忠进行工程交底

没有企业这个温暖的家，也就没有自己的未来。所以，他始终胸怀一颗赤子之心，怀桔报恩，奉献自己的青春力量。

海阔凭鱼跃，天高任鸟飞！陈忠的努力恰恰说明，“80后”的青春是人生的一首歌，成功是词、拼搏是曲，永不懈怠是青春的主旋律。飞瀑之所以能够飞流直下，除了它有积累之外，就是它选准了一个突破口；滴水之所以能穿石，除了它能锲而不舍之外，就是因为它有一个明确的目标。“付出加业绩”和“拼搏加奉献”是陈忠对家人的爱、对企业的责任担当和敬业情怀。有企才有家，这也是他一直以来对幸福的诠释。

正如中国作家协会会员、中国冶金作家协会副主任、著名诗人亦平诗中所写的：

陈忠是风，
陈忠是苍鹰；
南极，
两次高傲的飞翔；
飞翔之上，
还有新时代青年知识分子，
那颗睿智朴实、晶莹剔透的良心！

迎难而上彰显忠诚本色，务实担当践行初心如磐

——记中冶集团先进工作者曹伟华

第七分公司阳春项目部经理曹伟华在中冶宝钢工作的35年间，多次被公司评为“双文明建设先进个人和中冶集团先进工作者。他带领着阳春项目部团队一步步发展壮大。

1985年，曹伟华加入了中冶宝钢检修队伍。2010年，他临危受命，担任阳春项目部经理，着力推动项目质量变革、效率变革、动力变革，精准找出管理中存在的问题与短板，并及时制订出对策和措施，顺利解决皮带胶接更换项目问题，在业主方扭转了形象，树立了口碑。

2014年，曹伟华通过利用原检修队伍发明的专利设备——新型4×200t双同步液压顶升横移装置，优质、高效地完成了新钢铁炼铁原料4号斗轮机取料机回转轴承更换项目。

2015年，曹伟华带领着阳春项目部直面钢铁行业寒冰期，依靠中冶宝钢冶金生产服务全工艺链的核心竞争力，使项目部产值从2010年的700万元逐步增长到2800万元。2017年，他再次临危受命，承接第七分公司防城港项目部的管理工作。10年间，阳春项目部在他的带领下团结一致、开拓进取、砥砺奋进，不断翻开新的篇章。

他干实事、勇担当、肯作为，将初心和使命贯彻于工作始终。他从一名普通的检修工成长为项目部经理，始终扎根一线，踏实工作、奉献自我，立足本职岗位，兢兢业业，以顽强的拼搏进取精神站在前线。他就是第七分公司阳春项目部经理曹伟华。对他来说，责任是使命的召唤，是能力的体现，

是制度的执行。在中冶宝钢工作的35年间，他谱写了一曲奋斗乐章，多次被公司评为“双文明建设”先进个人和中冶集团先进工作者。如今，他带领着阳春项目部团队栉风沐雨、目标明确，发挥优势，提升能力，展现实力，一步步走来，以口碑赢得认可和发展。

勤于学习，自我淬炼

1985年，曹伟华加入了中冶宝钢检修队伍。在日常的工作中，他深刻地认识到：要想突破自我、取得更大的进步，对自身的能力素质必须有更高要求。不论是成就自己的人生理想，还是担当时代的神圣使命，都必须提高内在素质，锤炼过硬本领，使自己的思维视野、思想观念、认识水平跟上越来越快的时代发展步伐。于是，在工作之余，他积极参加各类培训进修学习，报考了大专学历教育班，在别人的娱乐时间里，他却往返学校与宿舍之间。通过2年的刻苦学习，他顺利拿到了大专学历。“机会是留给有准备的人的”，他在学习中增长知识，在工作中增长才干，为今后的长远发展时刻准备着。从设备故障处理到解决施工难题，从编制施工方案到统筹整个项目部管理，他从一个职场新手到专业能手，经历了一个又一个忙碌的工作场景：从组员到班长，从班长到作业长，从作业长到公司工效管理再到项目部经理，每一个成长足迹都见证了他积极进取、勤奋好学的心路历程。

工作中的曹伟华

担任阳春项目部经理后，为了提升自己的经营管理水平，他更是刻苦钻研招投标文件、合同条款、经营结算文件、预结算编制、分包结算业务流程、管理规章制度等。加入党组织之后，他坚持每天阅读各类报刊，时刻关注时政要点新闻，及时掌握党和国家的路线、方针、政策，不断提高政治理论水平。通过不断的刻苦学习，使得他思想具有前瞻性，眼光具有敏锐性，工作具有创造性。

他凭着一股刻苦钻研、精益求精的精神，经历35年的光阴交错，35年的拼搏努力，几十年如一日的勤奋学习和自我充电，在本职岗位上发光发热，尽显担当本色。

临危受命，诠释担当

2010年，刚成立不久的阳春项目部陷入发展的困境，在业主方的口碑也岌岌可危。经过公司领导综合考量，一直表现优秀的曹伟华被委以重任。他临危受命，从上海远赴阳春，担任阳春项目部经理。走马上任后，他立马着手进行大刀阔斧的整改，着力推动项目质量变革、效率变革、动力变革。白天，他深入施工现场，从组织安排到与项目的沟通协调，从熟悉人员到熟悉环境，他劳心劳力，亲力亲为；晚上，他冥思苦想，反复琢磨管理办法，精准找出管理中存在的问题与短板，并及时制订对策和措施，想方设法提高项目部的核心竞争力、盈利能力、综合竞争力和可持续发展能力。

现场开展安全专项检查

在他当时接手的业务中，皮带胶接更换是项目部工程量最大、技术含量最高的检修项目，但由于生产人员对皮带系统工艺维护保养不到位，经常发生皮带接头开胶和异常跑偏磨损的现象，且因检修员工对皮带硫化工艺不熟悉、操作水平有限而导致多条皮带硫化更换时间较长，短时间内造成了业主方对项目部检修能力的不信任。他一方面四处招聘皮带硫化方面的技术人才，一方面将公司的标准化作业在班组深入推广。通过推行皮带硫化作业规范，狠抓硫化班组建设和队伍建设，加强硫化工艺培训学习、严格控制皮带硫化质量，一段时间后，皮带硫化质量有了稳步提高，更换的效率也大大提升。经此一事，曹伟华带领项目部在业主方扭转了形象，树立了口碑。

攻坚克难，尽显本色

2014年，阳春钢铁炼铁原料4号斗轮机取料机由于长期使用，回转轴承已经严重磨损，需要进行更换。该设备属于炼铁原料场的重要设备，长时间的停机将影响高炉产量。回转轴承更换工作量大、技术难度高、工期紧，按照正常施工组织需要15天左右时间。承接回转轴承更换项目对曹伟华带领的项目部来说既是挑战，更是机遇。按照业主方给出的施工方案，施工时间过长将影响高炉设备的正常运行，所以对于具体停机检修时间，业主方一直难以决定。曹伟华充分发挥自己的工作经验和技能，反复到现场实地考察，最终想到了自己之前所在检修队伍发明的专利设备——新型4×200t双同步液压顶升横移装置能运用到该设备轴承更换中，而且能极大地缩短检修时间。于是，他一方面积极沟通协调，连夜从上海借用该专利设备，一方面根据现场实际情况调整施工组织方案和施工组织计划，指导现场施工人员先进行工装制作。在他的协调下，原本需要15天的检修时间最终仅历时4天却安全、优质、高效地完成了该检修项目，获得了炼铁厂领导的高度好评，为中冶宝钢树立起崭新的企业形象，为今后实现口碑营销奠定了坚实基础，也为后面顺利承接金属有色金川公司圆形堆取料机回转轴承项目积累了经验。

扛起铁铲协助清料

砥砺奋进，业绩攀升

2015年，钢铁行业产能过剩令钢铁市场陷入困境，钢铁行业在近十年间首次迎来寒冰期，阳春新钢铁面对如此困境，采取了降本增效等措施。曹伟华带领着阳春项目部却破冰而出，依靠中冶宝钢冶金生产服务全工艺链的核心竞争力，不断夯实基础管理，开拓创新。凭着5年的优良业绩及口碑，阳春新钢铁省掉了技术交流、合同报价、商务洽谈流程，直接将两座烧结区域的检修任务放心地交给项目部。项目部产值指标从2010年的700万元逐步增长到2800万元。此后，阳春项目部在阳春新钢铁的业务也不断扩大，从最开始的原料场皮带硫化和检修业务，发展到生产协力、劳务、单项技改、土建等。2017年，曹伟华再次临危受命，承接第七分公司防城港项目部的管理工作，负责金川铜业冶炼厂、选矿厂、动力厂及全厂外围管网检修业务。尽管一人分管两地，但业务不断拓展，第一年从最初的400万元产值提升到750万元，第二年又提升到1250万元。所谓“酒香不怕巷子深”，名声在外，不怕业务不上门。2019年春节前夕，当人们沉浸在过节前的氛围中时，他率领着员工奔向湖南娄底，完成了涟钢7号高炉主皮带的更换。10年间，阳春项目部在他的带领下团结一致、开拓进取、砥砺奋进，不断翻开新的篇章。

风劲帆满，再图新志

在曹伟华的带领下，阳春项目部发展渐入佳境。可是，曹伟华时刻保持清醒的头脑，秉持居安思危的意识，安而不忘危、乐而不忘忧。随着钢铁行业回暖，阳春新钢铁提出了“低成本、高品质”发展战略，大力推进设备“零故障”管理，极力缩短设备检修周期，要求设备高效运行。随着阳春新钢铁管理工作要求的升级，加强自身管理水平和提高员工技能水平、狠抓基础管理、提高精细化管理水平成为曹伟华今后工作的重中之重。他日夜冥思苦想，积极探索新的管理制度和手段，希望能全面提升项目部管理水平。2018年年初，他制定并实施《设备基础管理提升方案》，对员工的团队合作精神、思想意识、执行力、业绩考评等一系列方面提出了明确的要求，并狠抓落实，全面推行精细化管理。在日常的管理中，他加强现场安全、质量及标准化作业管控，规范管理，不断提高管理水平，努力培育技术过硬、响应快速、服务规范的检修保障力量。

习近平总书记说：“抓工作，是停留在一般性号召还是身体力行，成效大不一样。”确实不一样！阳春项目部在曹伟华管理的10年间，9次获得阳春新钢铁“维检工作先进单位”及“安全生产优秀外协单位”荣誉称号，连续2年荣获金川“年度优秀检修单位”荣誉称号。产值提升、荣誉加身，这些成绩的获得，都离不开曹伟华“舍小家顾大家”的无悔付出，是他十年如一日的默默耕耘和辛勤付出的成果。

奋进新时代，曹伟华始终初心不改，以骨子里的忠诚信念出色地完成公司交办的各项工作任务，持之以恒提升务实高效、追求卓越的执行力，带领着阳春项目部团队秉承“一天也不耽误、一天也不懈怠”的企业精神，以更加高昂的姿态投身美好中冶高质量发展新征程。

扎实勤恳真本色，与时俱进带头人

——记中冶宝钢马迹山项目部经理陈耀忠

陈耀忠，1991 年参加工作，2001 年加入中冶宝钢马迹山项目部。经过 20 年的滚动发展，项目部已从筹建初期几名员工的小项目部，发展到目前拥有五六百人的大项目部，而陈耀忠也从一名普通员工成长为这个大项目部的经理。这其中饱含着他和全体员工的智慧和汗水，更与他崇尚的“扎实勤恳做人，实实在在做事”这一人生信条密不可分。

风雨兼程，共同成长

回忆起自己的工作历程，陈耀忠思绪万千。1991 年，年仅 20 岁的陈耀忠进入当时的宝冶检修公司检修二队工作。1998 年，当时的上海宝钢集团公司出于战略发展的考量，决定在马迹山投资兴建铁矿石中转港。马迹山位于浙江嵊泗海域，居于我国南北海岸线的中部和长江出海口，是我国南北运输必经的黄金水域，也是进出上海港乃至长江流域的必经之路，濒临国际航线，与亚太新兴港呈扇形辐射之势。作为宝钢的战略合

接受当地电视台采访

作伙伴，2001 年，中冶宝钢马迹山项目部应运而生。

将“开拓一片天地，展示一番作为”作为人生追求的陈耀忠，在而立之年与数名员工跟随第一任项目经理上岛驻守，主要承担检修及三班运保业务。当时，马迹山港正在建设初期，一切均从零开始，岛上工作条件艰苦，工作事务繁重，工作制度严格，业余生活设施缺乏，条件异常艰辛。但已有 10 年工作经验及社会阅历的陈耀忠不同于一般的小伙子，既来之则安之，他一头扎进学习的海洋里，并敏锐地看到了马迹山港作为当时亚洲第一深水港的大好发展前景。虽没有很高的学历，但他刻苦钻研，常常学习到深夜，缺啥就学啥、补啥。强烈的求知欲与勤奋肯干的态度使他 5 年间（2001—2006 年）利用业余时间顺利取得了大专学历。同时，在工作中，他也从一名普通钳工实现了钳工技师、检修作业长、质量员、安全员、生产管理者的转变。

2007 年 12 月，马迹山项目部第一次协力业务整合开始，由于陈耀忠多年来出色的表现，他被委以值班总作业长这一重任。值班总作业长主要负责项目部协力业务整合后岗位协力的安全、生产、质量管理和生产效率提升等工作。要想管辖好协力生产业务，检修出身的他需要一个转折与适应的过程。由于这是一个新成立的部门，相关的工作程序及工作制度相对薄弱，陈耀忠又缺乏相应的管理经验，这些客观原因给他工作的开展带来了艰巨性和复杂性。

为了避免生产在线运行出现管理链脱节，陈耀忠前期深入到各协力单位，对相关单位的业务流程做了深入了解，并根据自身所学所见，配合项目部管理层制订了适合生产运行管理的现场型和长效型管理模式。同时，为尽快熟悉掌握马迹山港生产协力的接口和工序接口，切实为生产运行提供保障，实施生产现场总作业长值班制，他跟着翻班作业区连轴转，既管安全，又管生产，还要推进效率提升工作。精心打理、严格管理、培养工人素质、狠抓作业质量成为陈耀忠每天的必修课，他每天平均睡眠时间还不到 5 个小时。正是因为有像陈耀忠这样的管理人员在，第一次协力业务整合平稳过渡，他也因此大放异彩。2008 年 1 月，第二次业务整合接踵而来，检修员工的体制转变、轨道调整及工业电视、通信设施检修业务回归后，由他配合负责管理。2009 年 12 月，随着马迹山项目部的各项业绩不断凸显，第三次业务整合又如期而至，港区消防、空调等四项维修业务及生活后勤协力业务整合后，由时任生产管理组长的陈耀忠全权负责。

三次协力业务的完美整合和后续一体化业务及区域化整合试点在马迹山项目部的顺利推进，让中冶宝钢一次又一次赢得了宝钢业主的信任。随着宝钢深化改革的推进，为进一步做好宝钢运输部马迹山港卸船机操作、料场操作业务协力化工作，达到承接后员工和生产作业平稳、安全、持续运行的工作目标，按照宝钢股份运输部的要求，2018 年，中冶宝钢对马迹山港区卸船机操作、料场管理业务进行再度协力化。作为项目部一把手的陈耀忠为了保证两项业务的顺利承接，一方面对项目部前期从事该岗位的人员进行摸底梳理，根据摸底情况对外进行人员招聘；另一方面，他还组织专人进行培训教材汇编及人员培训。在他的指导及各方面的配合下，两项业务顺利承接，同年吞吐量达6303 万吨，创历史新高，超出设计吞吐量的26％。

2014 年，陈耀忠又兼任了项目部书记这一职务。一上任，他就开展了三项工作：一是与管理人员进行约谈。作为经历三次业务整合的他，深深明白管理的重要性，在月度业绩考评中发现每位管理者存在的问题和不足，并利用工作和空余时间进行约谈，以点概面，逐一剖析，使管理者针对自身弱项进行有针对性的学习，这是基层管理人员提升自我组织协调能力、业务管理水平、全局管理意识的必要手段和有效途径。二是提出并推进“为员工创造安全高效作业环境”活动。活动通过“现场行为观察法”为一线员工改善作业条件，创造安全高效的作业环境，降低或消除危险源以及人员劳动负荷强度，提高作业效率，受到一线员工的认可与好评。三是立即接手，做好为孤老院老人服务工作，这也是项目部的优良传统。

如果说马迹山项目部是一把利剑，那陈耀忠就是这把利剑的剑峰。干净利落的做事风格，勇猛果敢的办事效率，使他一次次地实现着自我价值，而马迹山港的吞吐量、项目部的各项产值指标也在他的带领下连创新高。

率先垂范，品格高尚

马迹山项目部的茁壮成长得益于这里有一支团结奋进的领导班子，大家心往一处想，劲往一处使，共同为企业的繁荣昌盛贡献智慧和力量。好班子又得益于有一个好班长，陈耀忠处处以身作则，率先垂范，廉洁勤政，真心实意为企业谋发展，为员工谋利益，赢得了上级领导的好评与广大员工的拥护和爱戴。

熟悉马迹山项目部的人都知道，这里有一支作风过硬的领导班子，陈耀忠曾自豪地说："历经风风雨雨，我们一起从青年到壮年、从而立之年走向不惑之年。十多年来，没有一个班子成员出现思想波动，'稳定压倒一切'在这里得到了充分体现。在企业发展过程中，我们也经历了很多波折，在金融危机期间甚至只能发放最低工资，但没有一个人有怨言，也没有一个人临阵退缩。"

联合党支部活动

团结共事十多年，这在别人看来似乎是天方夜谭的事情，但无论是作为一名普通员工还是一名项目经理，陈耀忠都很好地做到了。这与他不凡的人格魅力、宽阔的胸襟、朴实厚道的人生信条分不开。

2012 年起，陈耀忠被聘为项目部责任人。他始终坚持四个字：以身作则。在员工的记忆中，几年里，陈耀忠的假期从来没有休满过，平时只要在岛，他总会早早地上班，当员工们陆续上班时，他已经做好了一天的工作计划。长此以往，管理人员习惯了每天一上班就到各自分管的工作区域内查看，及早发现问题。作业长跟着管理人员学，班组长跟着作业长学，整个项目部的工作积极性和自觉性都被充分调动起来。

陈耀忠不仅是率先垂范、廉洁勤政的领路人，同时也是懂感情、讲情义、始终把干部员工的利益挂在心上的好干部。他总说："我本就是一个普通的员工，员工辛苦我最懂。"陈耀忠用最朴实的话阐明了他员工为先的价值观。有一件事在项目部备受称道：2013 年，整个钢铁市场形势逼人，不容乐观，但项目部员工加薪一事却提上了议事日程。班子成员们也曾迟疑过，但陈耀忠的一席话打消了大家的顾虑，"我们不能失信于员工！我们再难，也没有员工难。”正是由于他和班子成员的努力及上级领导的支持，激励发放模式得到执行，确保了项目部员工收入的增长，而且此次涨幅为历年之最，极大地激发了干部职工的工作积极性。

在马迹山项目部，“以人为本”绝非一句空话。这里的员工是幸运的：每两个月组织一次体育竞赛，每年组织一次文艺表演，酷暑时送凉，寒冷时送暖。平日里，员工有什么困难，只要找到陈耀忠，他都会帮助协调解决。有员工生病，他第一时间慰问；有员工家属来访，他帮着安排住宿；有员工家境贫困，他立即上报上级工会。因为能让员工得到实实在在的帮助，陈耀忠也被员工亲切地称为“贴心人”。

人尽其才，才尽其用

作为项目经理，陈耀忠深信，要建成一流的钢铁技术服务企业的项目部，安全保障是重中之重，而确保一线的安全生产，管理是关键。其中，核心因素是人，只有选好了人，才能为作业安全、施工质量提供保证。在实际工作中，他以不看关系背景、资历高低、学历高低的原则来选人定岗。

虽然陈耀忠是一名经理，他却经常喜欢往员工堆里钻，喜欢和员工聊天，现任生产管理的周安叶就是他在聊天中发现的“钻石”。当年，项目部前任质量管理由于个人原因离职，公司方面以减员增效等原因将这一岗位交由项目部自行决断，而周安叶就在那时走入了大家的视野。周安叶原是专项点检班组长，仅有高中学历。陈耀忠建议周安叶担任此职务，起初几乎所有人都不理解，质疑否定之声充斥了原本沉寂的会议室。陈耀忠耐心地做大家工作说：“我已经观察他很久了。小伙子虽然学历低，但是从他担任专项点检一职的成绩可以看出，他在管理上有自己的一套。而且我经常看到他下班后在车间钻研专业知识，这表明他具有很好的学习精神；他还经常向老师傅虚心请教，这也说明了他为人谦虚；从我多次与他的谈话中，可以感到这个小伙子有想法、有热情、会总结、会动脑子，这不正是质量管理所需要的条件吗?”一番话说得大家心服口服。

而周安叶也没有辜负他的信任，自接任质量管理以来，先后研制和创新了无数小成果，其中“自制油桶搬运小车”获中冶宝钢2012年度“五小科技创新”成果评比一等奖；“钢丝内衬输送带覆盖胶厚度无损检测仪”获2013年度中冶宝钢职工“五小科技创新”成果评比一等奖。由于历年来的出色表现，周安叶还被授予2017年度“上海市优秀农民工”以及2020年度“全国优秀农民工”。

这些年，经陈耀忠慧眼挖掘的人才可真不少：嵊泗县道德模范赵平生是他点的兵，全国劳模李伟伟是他提的将，并拥有浙江“百千万”优秀技能人才傅可杰、吴杰等一大批先进个人。在大家佩服他选人的眼光时，他经常认真地说：选对人是一个项目负责人应尽的职责，唯有如此，才能保证项目的安全和质量，对企业发展尽责，本质上也是对员工负责。

作为项目经理，他既要抓好安全生产管理，又要协调好对外关系，工作强度很大，但他重视员工岗位成长的热情却从不减少。项目部不少员工是刚参加工作的实习生，工作经验少，如何让这些年轻员工成长起来是陈耀忠一直在思考的问题。他专门从书店买来《如何当好基层主管》等各种管理类书籍，认真阅读、仔细研究，以破解项目管理人才难题为突破口，探索性地寻找育才良方。结合项目实际，他摸索出了一条适合项目特点的育才之路：一是实施“请进来、自己学”计划。请进来，与上级公司联系，定期邀请具有多年施工经验的各类老师到项目部授课，通过深入浅出的讲解，实现了理论知识和实际的有效结合；自己学，就是各个作业区于年初自行制订本区域的学习计划，根据作业区实际，缺什么学什么，不会什么教什么。二是与兄弟作业区联动——你的尖子教我的弱项，我的能手教你的缺项——并以此为示范，充分发挥这一模式良好的带动作用。一请一学，加快了年轻员工的发展与成长，也加快了项目部的拓展与壮大。

高瞻远瞩，雷厉风行

近年来，人工智能及大数据运用已是当今工业发展的潮流，也是中冶宝钢“智慧制造”产业升级的具体要求。按照中冶宝钢战略布局，马迹山项目部已先后承接并整合了检修、生产操作、工程机械“管、用、养、修”、皮带设备运维“一体化”、料场管理及卸船机操作等业务。在这个背景下，2018年，陈耀忠当机立断开始着手策划“散货矿料港口先进生产技术的研究及应用”这一课题。该课题是港区传统“带式输送机运维技术应用”的基础上的创新与实践：一是通过“无人机系统 + AI + 北斗集成应用”实现料场智能化、少人化；二是通过移动端实现港区生产、设备的管理集成，在人员实时受控的前提下，实现生产与设备资源的最优调度，最大限度地提高劳动效率。

2019 年 7 月，正值智能估料系统测试阶段，为了核实其精准性，项目部往往会将人工估料与智能估料同时进行。一次，五泊位需要进行 15700 吨弹子矿的装船作业，人工估料指出作业料堆余料 14000 吨，与装船所需还有差距，希望进行驳料；智能估料则显示料堆 18000 吨，满足需作业的量。到底是驳还是不驳？要是不驳，作业中出现的不足将造成质量事故；要是驳，实际余料要是超出所需量，将浪费大量的人力物力，操作推进智能估料系统就失去了意义。所有人都陷入了深思。这时候，陈耀忠斩钉截铁地表示：不驳！最后，实际作业显示，智能估料系统完全正确。2020 年 1 月 3 日，马迹山港智慧化料场办公室正式投入使用，项目部实现以无人机代替人工进行估料操作。通过与实际装卸量结果的对比，发现误差控制在 5% ~8%，取得了阶段性成果。智能精准估料的运用为港区生产计划和调度提供了可靠依据，该方法的首次应用填补了行业空白，具有很高的创新价值。

危难时刻，勇于担当

每个企业的发展都不会一帆风顺，马迹山项目部也是如此。从 2001 年扎根马迹山港至今，项目部全体员工走过了一段曲折与光明相伴快乐与艰苦同在的漫长道路。二十载岁月，也曾有过艰辛、有过无奈，但是陈耀忠和他带领的项目部全员以不怕挑战、敢于挑战的精神，一次又一次实现了跨越。

2018 年 11 月 23 日 00：30，马迹山港 F206 和 F304 皮带系统的其中一段突然发生整体垮塌，项目部负责人陈耀忠第一时间赶赴现场，并与港区立即启动应急预案，临时成立了安全、生产、电气、机械四个应急小组，全面对设备损坏及生产影响情况进行掌握和预判，为后续事故处理赢取时间。

当时正值马迹山港年度产量完成的关键时期，F206 和 F304 皮带垮塌后，对现场生产影响极大，装船的三个流程仅一个流程能正常运作，时间对马迹山港来说尤为珍贵。马迹山项目部的所有人员得知事情的第一时间后，休假的纷纷赶回，准备休假的放弃回家，充分展现了员工与企业同呼吸共命运的态度。在所有抢修全体人员的努力下，12 月 7 日 15：30，经过 14 个日日夜夜的奋战，随着第一根 F304 皮带的启动，抢修大战圆满完成。

在这场战役中，马迹山项目部全员上下面对前所未有的挑战和压力，经受了大雨、大风、大雾的考验，他们精心策划、迎难而上，高效率、标准化地按照节点推进各项施工计划，用他们的智慧、责任、拼搏与奉献，将中冶人“一天也不耽误、一天也不懈怠”的奋战精神牢牢地镌刻在马迹山港。

项目负责人陈耀忠长时间驻守现场，海岛的天气就像“娃娃脸”说变就变，一会儿日晒，一会儿雨淋，一不小心就患上了重感冒，但他仍然坚持在生产一线坚守。

施工总负责人张建军，在此次抢修项目中充分发挥出了一个全国劳模的担当和责任心，凌晨 5 点就到达现场，晚上不到 10 点绝不离开。

质量管理周俊明，家中妻子产期临近，却因为 F206 和 F304 皮带系统整体垮塌抢修项目，选择在质量管理这个岗位上坚守。

检修电工王基成，前一天刚签了月休假单，第二天知道 F206 和 F304 皮带系统整体垮塌后，二话不说就撕掉了假条。

后勤作业长王长记，为了做好后勤保障，保证现场人员吃热饭、喝热汤，已经连续好几个月没有休假。

……

在 F206 和 F304 皮带系统整体垮塌抢修中，像这样的同志还有很多很多。在任务异常繁重、时间极度紧张的情况下，正是靠着全体干部职工的不懈奋斗和无私奉献，才能顺利完成各项任务，体现了中冶人不畏艰险、迎难而上的高尚品行，用实际行动阐述了中冶人“用心铸造世界”的经营理念。

2020 年，新型冠状病毒感染的肺炎疫情暴发，1 月 23 日，浙江省启动重大突发公共卫生事件一级响应；1 月 25 日起，嵊泗县实施了外地人员“只出不进”的管控规定，对各主要通行出关口进行了严密布控。为了配合当地政府做好疫情防控工作，陈耀忠带领着马迹山项目部以敢于亮剑的勇气和舍我其谁的精神，争当尖兵，全力保障马迹山项目部全体员工的健康和生命安全。

疫情发生期间，陈耀忠虽身处上海，但全程电话、微信指导 7 名在岛党员干部，在第一时间成立疫情防控工作小组，负责项目部疫情防控的组织领导、统筹协调，制订项目部疫情防控重要措施，研究解决疫情防控中的重大问题，建立了项目部、管理组、作业区、班组防控和班子成员工作责任机制，构筑了横向到边、纵向到底的联防联控责任体系。2 月 5 日，经过与嵊泗政府沟通，得到新型冠状病毒防控委员会同意后，陈耀忠带领着相关骨干排除万难上岛，首先在宿舍进行 14 天隔离，但闲不住的他经常以电话、微信等形式全程参与马迹山项目部的疫情防控战，努力保障生产经营和安全环保大局稳定。

为打赢这场防疫工作，马迹山项目部多措并举，全力推动项目部及全体员工加强疫情防控：一是制订周密方案，使企业疫情防控有章可循。联合马迹山港共同制定发布《关于落实疫情期间马迹山港公共卫生管理的通知》，对办公区域、生活区域、通勤车、操作室等区域进行严格消毒及防控，并实行分餐制，要求各作业区按规定时间分时段就餐，就餐时分开就座，建议住宿人员打包回宿舍就餐。二是及时摸底调查。严格按照上级公司要求了解项目部返家人员情况，是否为四省二市人员、回乡探亲日期、乘坐班次、途经省市等。三是要求各作业每天上班前进行每日一报。每天对上班人员进行体温检测，并将上班人员数量及身体状况进行上报，绝不允许漏报、谎报、瞒报，严守项目部管理人员 24 小时在岗值班制度，实行早发现、早报告、早处置的防控报告机制，切实做到疫情防控有效开展。四做好船舶作业人员的管控。在泊船舶严禁人员下船，船舶供货用吊车将物资吊上船，供货方负责将物资装入船上网兜或吊具。项目部人员上船进行清舱等作业时，必须在佩戴口罩、手套、护目镜的前提下，由码头指定的专人检测体温正常后，方可上船作业。五是安置管理到位。随着复工时间的临近，为做好有序复工和疫情防控工作，确保项目部平稳过渡，逐步恢复生产经营秩序，项目部根据舟山市有关疫情防控工作要求，经摸底调查，筛选了 40 余名符合政府防疫工作要求、满足返程要求的员工，并按照政府机关要求做好企业物资储备申报、企业防控措施及应急预案编写以及复工人员假期接触史及身体情况等相关资料的填报工作。陈耀忠和几名党员干部多次前往备选休息点，在当地政府的大力支持下，最终选定了当地新建的星级宾馆作为集中休息观察点。良好的住宿条件最大限度地缓解了员工 14 天集中休息观察期间可能产生的烦躁情绪。人员到达嵊泗李柱山码头后，项目部安排专人配合当地政府将人员送至指定集中休息观察点，全程全员戴口罩，并督促人员做好每日体温监测工作。在观察点安排了 2 名员工进行 24 小时值班，建立了休息观察人员群，确保第一时间了解集中休息观察点人员动向及需求，保证“人离心不离”，配合政府机关全力做好疫情防控工作。六是做好舆论宣传引导和健康指导。依法依规做好有关疫情政策措施宣传工作，通过挂横幅、微信群等形式，向职工宣传新冠肺炎预防知识，教育引导职工做好本人和家庭的科学防护，在出门、乘坐通勤车、派班等公共场合要佩戴好防护口罩，减少在人员密集场所出入和聚会、聚餐等。同时，及时纠正网络不实信息，加强正面引导，确保广大员工不信谣、不传谣。

在陈耀忠和项目部全员的努力下，疫情期间项目部还创出佳绩，创单月作业区吞吐量 185.7896 万吨的纪录，打破了 2019 年 3 月份保持的 183.6633 万吨的记录，实现了 2020 年开局开门红。

数年里，中冶宝钢马迹山项目部不懈努力提升企业核心竞争力，以全局的发展眼光给自己打下了一个良好的基础，成了钢铁服务行业一支不可小视的生力军。陈耀忠坚信，健康的企业才能成长，成长的企业才能发展；强大的人才和技术实力是跋涉的双腿，一流的服务质量和口碑效应是飞翔的双翼。在未来越来越规范化的市场竞争中，中冶宝钢马迹山项目部将继续以昂扬的姿态迎接挑战，看得更远，做得更好！

冲锋在“超级工厂”冶金运营服务前沿的中冶宝钢人

——中冶宝钢以主人翁精神为服务品质赋能

世界上没有无缘无故的信任，与优秀者同行、让优秀者更优秀的中冶宝钢，讲政治、讲诚信、负责任、实力强，助力业主实现达产、稳产、高产。炼铁区域是全流程钢厂工序龙头，宝钢股份宝山基地炼铁厂以创造超额价值为导向的员工绩效评价体系，设立“超值贡献奖”，重点奖励在安全生产、降本增效、节能环保、重大创新等方面做出重大贡献、避免重大隐患、取得重大成果的员工（包括检修协力员工），从而充分调动和激发员工的积极性和潜力。目前，中冶宝钢先后共计有 5 名员工荣获“超值贡献奖”。

钢铁行业还是傻大粗吗？不然！中国宝武正计划将旗下宝钢股份宝山基地升级成世界钢铁业智能化程度最高的样板基地。与优秀者同行、让优秀者更优秀的中冶宝钢，掌握一系列冶金运营服务核心技术，打造了一支以专业技术领军人才为主的“专家医生”团队，实现全天候冶金运营服务能力，开启建设具有持续竞争优势的“国内第一、国际一流”冶金运营服务商的新征程。

炼铁区域作为全流程钢厂工序龙头，宝钢股份宝山基地炼铁厂以创造超额价值为导向的员工绩效评价体系，设立“超值贡献奖”，重点奖励在安全生产、降本增效、节能环保、重大创新等方面做出重大贡献、避免重大隐患、取得重大成果的员工（包括检修协力员工），从而充分调动和激发员工的积极性和潜力。目前，中冶宝钢第三分公司员工张涛、茅忠道、徐益志、石显应、王新贵等 5 名员工荣获“超值贡献奖”。

发挥“主人翁精神”，时刻心系业主

中冶宝钢第三分公司树立“大炼铁思路”，围绕炼铁厂提出的“协同、高效”这一目标，统筹分公司总体人力资源，从“为检修项目负责转向关注设备状态”，围绕业主年度故障指标，数项举措多管齐下，确保宝钢股份宝山基地各区域设备故障指标全面受控。

宝钢股份炼铁厂领导为中冶宝钢员工颁奖

2016 年 3 月 27 日，一个普通的周日，中冶宝钢第三分公司员工张涛被呼出进厂参加宝钢股份宝山基地三高炉 TRT（高炉煤气余压透平发电装置，Blast Furnace Top Gas Recovery Turbine Unit，以下简称 TRT）抢修。其间，他带领 1 名组员前往四高炉休息点位置取工具时，隐约听到远处主皮带尾部传来了“咣当”声。凭借极强的工作责任心和扎实的检修业务能力，他感觉这声音来得不正常。于是他循着声响，来到主皮带配重轮上方的平台，发现九号改向轮表面的胶皮已经磨损、开裂，轮壁上的一根短轴已断裂，随时可能造成主皮带撕裂的重大设备事故。事不宜迟，他随即联系甲方点检员，并将信息上报给他的作业长。经甲方研究后，决定高炉临时休风，对九号改向轮进行更换。发现四高炉的设备故障后，张涛没有选择“事不关己高高挂起”，而是发挥了主人翁精神和“业主的事，就是我的事”的责任意识，他沉着应对，避免了皮带撕裂造成高炉长时间停产的严重后果。事后，宝钢股份炼铁厂领导为张涛颁发“超值贡献奖”，对他良好的职业道德素养给予充分的肯定，对他沉着冷静地查明设备故障、避免高炉设备 1300 万元经济损失表示由衷的感谢。

2018 年年底，中冶宝钢第三分公司焦化设备检修队队长石显应也荣获宝钢炼铁厂“超值贡献奖”。

2018 年 11 月 3 日 17：00，石显应在对宝钢股份宝山基地炼铁厂焦处理

207 皮带机设备检查时，发现该设备存在安全事故隐患，及时通知甲方存在的事故隐患，并立即组织抢险人员连夜进行 16 小时检修作业。抢险过程中，他一直坚守现场。次日 24：05，207 运输皮带设备顺利开机投入生产并平稳运行。由于通报及时，减小了事故发生的严重性，设备得以正常生产。

不仅第一个“吃螃蟹”，还要“吃透螃蟹”

螃蟹外形丑陋而又凶横，古人对其十分惧怕，没人敢轻易尝试吃它。那么历史上第一个吃螃蟹的人到底是谁呢？有人听传说故事，推测是大禹的助手巴解；有人查典籍，得出结论是汉武帝。无论谁是史上第一个吃螃蟹的人，他的精神和勇气都值得我们为他点赞。而在中冶宝钢第三分公司茅忠道、王新贵不仅是第一批“吃螃蟹”的人，而且是“吃透螃蟹”的那批人。

随着高炉的大型化和炉顶压力的提高，高炉煤气物理能的利用日益引起重视。TRT是目前国际上公认的有价值的二次能源回收装置。该装置运行过程中不需要耗费新能源，具有减少环境污染和能量浪费、稳定炉顶压力、改善高炉生产条件从而实现无公害发电的优点，是支持循环经济的绿色能源产品，现已成为当今世界钢铁行业公认的节能环保装置。

中冶宝钢检修现场

2017 年，中冶宝钢第三分公司首次承接宝钢股份宝山基地炼铁厂一号高炉 TRT 年修。接到年修项目后，立即成立了以茅忠道为组长的施工组，全面负责年修的施工、质量和安全各项事宜，并在前期积极与宝钢股份宝山基地炼铁厂设备室技术组、点检和厂家技术员做好沟通，安排两组施工人员 24 小时轮流作业。特别是转子、上下承缸和气封都更换新备件时，茅忠道提出了微动打磨气封的先进操作法，确保施工质量和进度。

TRT 设备顺利开机投入生产，且一次性开机成功，打破了陕鼓动力、宝钢技术以前年修需多次开机的记录，在看到控制画面显示 TRT 设备振动值为 40μm，实现了历史性突破，将原计划 15 天年修的时间提前了 3 天 13 小时。

高炉 TRT 一天的发电量高达 40 万 kW · h，全成本核算经济效益 98.88 万元，仅此一项便为业主带来巨大经济效益，同时一举解决一高炉 TRT 设备困扰多年的运转不稳的难题，得到业主方领导的充分肯定。

今年 7 月，在宝钢股份宝山基地炼铁厂原料分厂九号刮板机链条首次整体更换项目中，中冶宝钢第三分公司员工王新贵主动请缨，一次性试车成功，较原计划提前 12 小时交工。

经过近 5 个多月的运转，目前九号刮板机运转状况良好。

因为九号刮板机为进口设备，刮板及链条的整体更换为首次作业，所能查询和借鉴的资料有限，为保证项目的顺利实施，王新贵依据项目施工内容策划施工方法、工期节点、质量安全保证措施、人员协调、备件组装、车辆进出场等问题。细心的王新贵将作业中有可能出现的问题进行一一罗列，对以上问题的解决方案不断进行完善修改，并协助安全及技术管理人员对参战的施工班组进行详细的安全、技术质量交底。

在施工过程中，他一直坚守现场，根据实际情况对安全、质量、进度进行综合动态管控。在这个过程中，难免遇到一些新问题，他都能利用自身近 15 年积累直来的丰富施工经验做出精准判断，为项目的顺利实施提供保障。时间一分一秒地过去，经过 60 小时连续奋战，项目高效完成，为后期刮板机检修项目的承接奠定了坚实基础，为刮板机的检修积累了宝贵的施工经验，为业主方获得许多设备相关信息。该项目的顺利实施受到业主方一致好评。

靠前服务，决战“二对四”

宝钢股份宝山基地炼铁厂二号烧结于 2016 年 12 月 30 日服役结束，一号烧结于 2017 年 4 月 15 日服役结束，随后迎来了一号、二号烧结的整合改造。一号、二号烧结历经 30 年，见证了宝钢发展的历史，它们光荣地退出历史舞台，也标志着从 2017 年 4 月至 2019 年 3 月期间，炼铁厂两台烧结机对应四座高炉的生产模式正式启动，即“二对四”模式。在此模式下，系统物流将发生较大变化，对炼铁厂的生产组织提出了更高的要求，任务艰巨，压力空前。炼铁厂作为宝钢厂区的咽喉区域，是关乎炼钢、厚板等厂区设备稳定生产的必要条件，在一号、二号烧结整合改造的 2 年时间里，必须按照设备零故障管理的思路出发，奋发努力，确保“二对四”期间设备状态稳定。

12 月 27 日，有 20 多年一线检修工作经验的中冶宝钢第三分公司班组长徐益志，凭借过硬的技术本领和工作中的优异表现荣获由宝钢股份宝山基地炼铁厂颁发的 2017 年度“超值贡献奖”。在“二对四”期间，为了更好地保障烧结设备的正常运转，他多次放弃节假日休息时间，配合点检及生产加大现场巡查力度，积极查找排除各类隐患 20 余项，为烧结区域设备的正常运转提供有力的保障，其中热破导料槽的隐患消除及机尾摆架链的在线修复直接为业主方挽回经济损失约 180 余万元。

在颁奖过程中，双方领导亲切交谈，宝钢炼铁厂领导对徐益志在工作中的突出表现表示认可，也对中冶宝钢第三分公司一直坚持“让业主满意、业主无小事、业主的事就是我们自己的事”的服务理念表示赞赏。

世界上没有无缘无故的信任，这句话用在商业合作领域，亦很贴切。中冶宝钢讲政治、讲诚信、负责任、实力强，助力业主实现达产、稳产、高产，在奋进中保持奋进，走向更美好的明天，走向更光辉的未来。

永远做党和人民的忠诚卫士

——中冶宝钢消防应急救援中心承运侧记

组建企业专职消防队伍，是党中央适应国家治理体系和治理能力现代化作出的战略决策，是立足我国国情和灾害事故特点、构建新时代国家应急救援体系的重要举措。为深入贯彻落实公安部等十三部委联合下发的《关于规范和加强企业专职消防队建设的指导意见》，增强企业抵御安全风险能力，维护经济生活平稳发展，2017 年，为支持宝钢建设而筹建的宝一中队正式撤出，组建企业专职消防队。中冶宝钢作为宝钢股份战略合作伙伴，光荣地承担起企业专职消防队的组建任务。

2017 年 12 月 27 日是一个值得载入宝钢股份、中冶宝钢企业发展史册的好日子，中冶宝钢承接的“宝钢消防应急救援中心”正式揭牌成立，交接现场 53 名消防救援人员，整齐列队、身姿挺拔，庄严接过凝聚着辉煌荣誉的水枪，郑重的交接昭示着全产业链的冶金运营一体化服务迈上新起点，崭新的风貌映照着忠诚热血的队伍集结整装再出发。

快速融合，无缝衔接

为保质保量完成企业消防队组建，中冶宝钢高度重视落实、组织、成立专项推进小组，宝钢股份、宝山消防支队按照“全过程、手把手”帮建、“全方位、一对一”指导、“全时段、点对点”支援原则，在方案编制、人员招聘、岗位培训、执勤训练、装备操作等方面给予全方位帮扶指导。2018 年 3 月 30 日，随着宝一中队最后一批现役官兵的撤出，为维护人民群众生命财产安全、维护宝钢一方平安，宝钢消防应急救援中心英勇奋斗、忠诚奉献、赴汤蹈火的新征程已然开启。

该中心成长中的每一个脚印都深深地印刻在宝钢这片热土上制度建设为先，以此规范、鼓动队员为担负战备奠定良好基础，按照临警出动要求“定人、定车、定位、定责”确保战备；训练计划在实，确定周度、月度、季度、年度训练计划，严格落实项项考评，确保计划落地有实效；体能训练为常，“常规＋专项”训练风雨无阻，提升单兵体能、敏捷度、爆发力；技能训练为重，开设平地编号三号操科目、百米水带爆破调换操科目、单人沿六米拉梯铺设一带一枪操科目等多样科目操，贴近实战，提升专项技能、应变力；理论培训为辅，邀请宝钢厂部技术人员、消防支队装备技师、消防支队高级指挥员等，每月开展消防知识培训，提升理论知识、攻坚技能、指挥技能；装备维保为基，发扬中冶宝钢优良传统，坚持每天检查记录，保证车辆装备器材的完整好用；可视化为助，执勤动态牌、体能评估表、每周一课等信息上墙，动态更新，激发队员你追我赶的激情。

百米障碍救助操

947 个日夜，在宝山消防支队的精心带教下，在各级领导和社会单位的殷切关怀下，宝钢消防应急救援中心坚持部队建设标准，始终坚持以党的创新理论武装队员头脑，坚定理想信念，继续传承和发扬“赴汤蹈火、追求卓越”的上海消防精神，快速融合，严格训练，以过硬的作风、精湛的技术、一流的服务，为宝钢安全生产运行筑起一道坚如磐石的屏障。

铿锵誓言，日月为鉴

“我志愿加入国家消防救援队伍，对党忠诚，纪律严明，赴汤蹈火，竭诚为民，坚决做到服从命令、听从指挥，恪尽职守、苦练本领，不畏艰险、不怕牺牲，为维护人民生命财产安全、维护社会稳定贡献自己的一切。”入队之初，每一位消防队员都曾站在国旗下郑重宣誓、庄严敬礼，无一不在日夜践行誓言。

“从部队退伍，虽然脱下了军装许久，但我依然坚定自己的选择和志向，消防员是我朝着梦想前进、矢志不渝的选择。”队长王安平说，他无比怀念在红门的日子。

“坚决听党的号令，永远做党和人民的忠诚卫士”，有着16年消防服役经历的副队长孔利永刚从部队转业，第一时间就加入宝钢消防应急救援中心，用行动证明了他的意志和决心。

“我们平常的工作就是保卫宝钢的日常生产，不要让它受损。”在2019年宝山区春季消防运动会上，参赛选手、腼腆的大男孩陈克钊很平常地告诉上海电视台记者，仿佛这是刻在骨子里的印记一样，稀疏平常。

“我喜欢部队的生活，严肃、活泼，消防工作更是一份光荣、伟大、充满挑战的工作，我热爱这份职业。”刘涛是1500米空气呼吸器负重跑、徒手3000米和5000米跑的最佳纪录保持者。他18岁参军，在新疆反恐突击，维护南疆社会稳定、退伍后，他义无反顾地选择了消防这个职业。

郭正华从上海浦东地空导弹部队退伍时，刚好碰上中冶宝钢消防应急救援中心招聘，酷爱部队生活和健身的他也在第一时间加入中冶宝钢。执勤训练之余，他经常充当起健身教练，为队员的体能提升提供一对一教学。轮休时，新晋奶爸的他则全身心地照顾宝宝，硬汉亦有柔情。

“1500米空气呼吸器负重跑完成，全队达标，汇报完毕！”“战斗班1车8人正在能环部制氧分厂熟悉水源环境，目前情况一切正常，汇报完毕！”“司通班1车8人正在纬三路测试消防栓出水情况，出水正常！”“2019年夏季大练兵6项科目圆满完成，全部过关！”……这样的汇报是队员们的日常。作为国家特大型企业宝钢股份的守护者，他们背靠长江，辖区面积阔达22平方千米，始终保持最佳战备状态是他们每日必须完成的科目。

不论是在执勤岗位，还是在救灾现场，宝钢消防应急救援中心的广大队员都在用行动诠释着自己的使命和责任。他们排查了1436个消防栓、绘制了230张水源图、编制了119个作战预案、联合各厂部实战演练67次、完成各级战备抽查158次……这是他们947个日夜的工作记录。他们严格按照习近平总书记训词要求，瞄准国家队、主力军，以更加昂扬的精神状态和更加顽强的战斗意志，守卫宝钢、守卫人民，为应急救援事业贡献自己的力量。

栉风沐雨，少年可期

“始终对党忠诚、做到纪律严明、敢于赴汤蹈火、永远竭诚为民!”习近平总书记的指示言犹在耳，这支年轻的队伍立足实战、贴近实战，狠抓全队实战化训练，持续抓好单兵体能、基础技能、攻坚班组、指挥技能训练，确保全员达标、人人过关，全面打造一支专业化、职业化的应急消防救援队伍，用忠诚、使命、智慧、奉献守卫着一方安宁，用自己的实际行动践行着宝钢消防为宝钢的铮铮誓言。

他们在联合演练中汲取力量，自担负战备以来，累计与宝钢各厂部开展联合演练67次，通过联合演练，模拟煤气泄漏起火、电缆隧道起火等实战场景，确保在突发事件发生时从容面对、快速处置；在实战救援中提升能力，在竞赛比拼中汲取营养。消防队伍执勤岗位练兵比武竞赛和消防运动会是上海市检验执勤岗位练兵成效、强化消防队伍应急救援能力、提升公共消防安全水平的重要手段。2018 年 9 月，他们参加宝山区多种形式执勤岗位练兵竞赛，取得 5 个项目第一名及团体第一名；2018 年 11 月，参加上海市多种形式执勤岗位练兵竞赛，取得 1500 米负重空气呼吸器跑第一名；2019 年 4 月，参加宝山区春季消防运动会，取得 4 个项目第一名及团体第一名。他们坚持练体能、练技能、练指挥、练协同、练保障、练作风，做到招之即来、战之必胜，圆满完成各项战备任务。2019 年，该中心荣获应急管理部消防救援局消防救援执勤训练工作“企事业专职队先进单位”称号。与钢铁为伍，与长江为伴，身上的一处处伤疤，陈列室里的一张张奖状，既是“宝钢消防为宝钢”铮铮誓言的见证，更是时间雕刻的“赴汤蹈火、追求卓越”勋章。

宝钢消防应急救援中心集体照

中冶宝钢以冶金运营服务为核心主业，坚决贯彻落实党中央重大决策部署、中国五矿和中冶集团工作要求，自 2015 年 12 月以来，坚持“聚焦主业、做强一业、相关多元、科学补充”发展战略不动摇，紧紧围绕检修协力核心主业，统筹推进技改工程、装备制造及新型材料、钢渣综合利用等产业协调发展，打造了“1 +3”四位一体产业格局，构建了“七大区域市场”，为国内外 27 家大型钢铁企业提供着全天候、全流程、全产业链、全生命周期的高质量冶金运营服务。企业专职消防队的承接是历史性的突破，是跨行业的挑战，是中冶宝钢不断强化冶金运营服务、不断擦亮“国内第一、国际一流”冶金运营服务商的初心本色的新尝试。

站在新起点，期待新作为。宝钢消防应急救援中心的队员们决心以更加昂扬的精神状态、更加顽强的战斗意志，练就科学高效、专业精准的过硬本领，在应急救援实战中，践行习近平总书记“敢于赴汤蹈火、竭诚为民”的殷切嘱托，永远做党和人民的忠诚卫士，书写人生的华美篇章，为擦亮中冶宝钢品牌增添一抹火焰蓝。

热血忠诚：抗洪抢险，担当有我

——中冶宝钢坚守南京长江抗洪抢险一线保护梅钢原料场

2020年夏天，江南梅雨季延长，出了“番外篇”。7月中下旬，连续多日大暴雨导致长江南京段水位持续上涨，超越历史最高水位线，漫上岸来。梅山钢铁厂原料码头一次料场受江水上涨影响，雨水积存，影响生产。中冶宝钢及时启动应急防汛预案，抢险救援。队员们连续半个多月日夜坚守在长江抗洪一线，及时加高防堵墙，保障码头产线正常生产。如今，长江险情早已过去，但中冶宝钢人勇挑抗洪抢险重担的责任和担当仍然激荡耳畔，鼓舞人心。

2020年夏季，南京多雨，导致长江水位持续上涨；7月中旬，梅山钢铁厂原料码头一次料场受江水上涨影响，排水困难，雨水积存持续多日不下，形势紧急。作为梅山钢铁厂不可替代的战略合作伙伴，中冶宝钢第二分公司党组织及时启动应急防汛预案，抢险救援，连续一个月坚守在长江抗洪一线，为钢厂正常生产保驾护航。

危急时刻看党徽闪耀

“长江水位又涨起来了，今晚我们仍然坚守码头料场！”“码头防堵墙再次加高！”“目前水位明显下降！”“险情不解除，我们绝不离守！”这是2020年7月中下旬，中冶宝钢第二分公司抗洪抢险工作群内不断刷新的防汛日志。

7月15日，南京大雨如注，梅钢料场深处积水达40厘米以上，料场高压电气室灌入雨水。汛情就是命令，中冶宝钢第二分公司党总支委员、副经理罗光明带领党员、作业长第一时间赶到现场察看水情，并迅速成立以“码头作业区为主力、其他作业区支援”的应急抢险队，指挥人员落实现场安全措施，分工合作，紧急抢险，想方设法助力排水，缓解危情。在罗经理的指挥下，有的配合装载机铲料防堵水流涌入；有的为料堆布置防雨布，防止塌方；有的协同梅钢调配柴油机潜水泵，助力电气室抽水向长江排放。在这场抗洪抢险的过程中，涌现出了不少感人的事例和催人奋进的力量。

我在长江边抗洪抢险

7月15日16时30分，第3台潜水泵刚接通，防汛作业长闫松涛接到山东老家的电话，被告知父亲病重入院。想到抢险工作正在关键时期，他没有向组织提出请假要求，而是默默擦去眼角的泪水，毅然投入到抢险工作中。在众人的配合下，当晚20时，电气室地面的积水全部抽排干净，开始抽排地沟内的积水。16日16时，原料场积水全部抽排干净，高压电气室的险情得到有效缓解。

罗光明察看水情，指挥加高防堵墙

这时，有人劝老闫回去看望住院的父亲，但他担心有更大的暴雨再次袭击，坚持继续留在抗洪一线。未出所料，7月17日至18日，瓢泼大雨再次袭击码头料场，长江水位持续上涨，于18日上午突破历史最高水位，并在19日持续上涨，江水漫入库房。严阵以待的老闫带领抢险队员连续几个昼夜坚守现场，一面加高防堵墙，一面增加水泵，抽水后向长江排放。20日凌晨6时，他接到了父亲病危的消息，等他赶到家时，父亲已经过世了，父子俩未能见上最后一面，留下了永远的遗憾。

后来，有人问老闫，是否后悔没有及早赶回家看父亲最后一面。他说：“当时抢险工作紧急，选择留在抗洪一线保护料场，是非常情况下的非常之举，相信父亲在天之灵也能理解和体谅。”

我是党员，也是退伍军人

码头作业区电气班班长董国华是一名共产党员，也是一名退伍军人，在此次抗洪抢险中，他总是首冲一线，第一时间和作业长到达现场勘查汛情，协助作业长迅速组织作业区应急抢险。7 月 15 日当晚，董国华第一个主动请战，轮值夜班，监控夜间排水情况。他说：“我是党员，也是一名退伍军人，风雨来袭时必须冲在前面，绝不能退缩!”在作业长闫松涛回家料理父亲后事期间，董国华主动挑起重担，带领抢险队连续多日战斗在抢险一线，用实际行动诠释了一名退伍军人“退伍不褪色”的责任和担当。

持续加高防堵墙

险情不解除誓不退场

码头作业区机械班班组长肖辉林是一名入党积极分子，在作业长闫松涛回老家奔丧后，他主动支撑起党员董国华的工作。7 月 21 日，长江水位上涨到 10.39 米，险情更加危急，肖辉林带领组员一直坚守阵地，持续加高防堵墙。料场积水后，他也多次轮值夜班，在整个抗洪抢险过程中，肖辉林轮值夜班的频率仅比党员董国华少 1 次。他说：“险情不解除誓不退场!”

7 月 22 日起，南京长江水位逐渐下降，但中冶宝钢抢险队员并没有放松，仍然轮值夜班看守。直到 8 月上旬，南京长江水位解除险情，抢险队员们才安心撤退。其间，许多人轮值多个夜班，但并无人抱怨，因为他们和作业长闫松涛、党员董国华、积极分子肖辉林一样，都有一份让“冶金运营服务，因中冶宝钢而不同”的责任担当和心灵深处对党、对人民的忠诚。

坚定信念，为梦放歌

——记浙江省“百千万”高技能领军人才吴杰

吴杰，中冶宝钢第三分公司马迹山项目部日勤作业长，主要负责马迹山港卸船机及机内岗位的日常点检、维护、操作、标准化作业的布置、落实、检查、整改。为诠释自身价值，这个“80后”作业长扎根基层、奉献青春，通过不断努力做更好的自己。同时，他也因为锐意奋斗，在平凡的岗位中发出了璀璨的光芒。

曾几何时，“用汗水付出、用科技振兴”的警句常在耳边回响。历史和现实告诉我们，一个没有科技创新、没有艰苦奋斗精神作支撑的国家是难以繁荣昌盛的；一个没有科技创新、没有艰苦奋斗精神作支撑的社会是难以长治久安的；一个没有科技创新、没有艰苦奋斗精神作支撑的民族是难以自立自强的。艰苦奋斗是中华民族的传统美德，科技创新是社会主义核心价值观的重要内容体现。吴杰就是我们身边艰苦奋斗、科技创新的楷模。

吴杰，1980年出生，中共党员，2000年参加工作，是一名码头卸船机司机。在工作中，他严格要求自己，始终把“耐得平淡、舍得付出、默默无闻”作为自己的做人准则。卸船机操作工作时效性较强，且必须全神贯注。为及时完成任务，他加班加点，安全准确完成各项既定任务。因工作成绩突出，他先后多次被评为先进工作者。

2007年，由于出色的工作表现，他受聘为中冶宝钢第三分公司马迹山项目部的班组长。随着马迹山港的产量逐年增加，生产装卸任务也逐步加重，且工作量较大。为了保证船泊卸载及时，他合理安排人手配合减载计划，出色完成每日的工作进度，用行动验证了一个团队重要性的格言，同时也找到了自己存在的价值，并于2009年被马迹山项目部聘为大组长。

8年的大组长岗位经历使吴杰快速地成长，他始终秉承“诚信、责任、分享、共赢”的服务理念，在日常工作中爱岗敬业、扎实工作，履职尽责地完成港区下达的各项任务。他在生产战线上开阔思路，为提高生产效率，用最原始的管控方式和“跑得勤、跟得快、盯得紧”的现场调度作业方式，时刻管控生产。他以自己的诚信与责任维护现场的生产秩序，一次次地出色完成作业量进度。

带领员工检查设备点检的质量

在担任大组长的8年时间里，他带领作业区多次打破各项生产纪录：2010年10月29日创下的作业区昼夜吞吐量90.6673万吨、2011年8月4日创下的半卸船单船通算能力（9354吨/小时）和实动能力（10489吨/小时）的纪录保持至今。实践证明，吴杰是一名有能力、有毅力的人，凭着特有的细致、精明和才干，他为马迹山项目部打造出一片更为广阔的新天地，同时实现着个人无悔的价值。

2017年，吴杰被项目部聘为日勤作业长，主要负责卸船码头设备、生产等各项的日常以及人员培训等工作。

2018年，马迹山港协力区域生产业务扩大到卸船机司机。吴杰全权负责对新进人员的现场安全、岗位认知、操作要领等的日常培训。

为更有效更直观地提高理论培训效果，在没有此类教案借鉴的前提下，吴杰着手整理汇编了十多种关于卸船机岗位的教案教程。作为培训项目的负责人及讲师，他运用自己汇编的各类培训教材以及对卸船机的熟悉程度，使马迹山项目部对马迹山港卸船业务的尽快接手起到了关键的作用。多年来，吴杰以言传身教的方式带出多名徒弟，其中带出的高级工就有23名。

随着吴杰岗位的不断变动，他对自己的要求也有所不同。在工作上，他对自己要求很高，本着精益求精的个性，时刻揣摩工作中存在的各类问题，并通过创新、改进来改善作业中的问题。秉着“孜孜不倦、勇于开拓”的精神，他踏实工作、默默奉献、争创一流。

多年来，在同事支持和领导关心下，吴杰取得了傲人的成绩，并得到同事和领导的一致肯定。技能突出、现场生产运用头脑风暴是吴杰的特点，作为首届长三角职工劳模工匠人才创新工作室“李伟伟大师工作室”的成员，他多次参与马迹山港设备设施的改革创新，并针对创新后的作业工艺改变进行总结，会评随之产生的各类危险源，制定消缺措施，优化工作程序。

他不忘初心，虚心好问，刻苦钻研。2017 年，他参与的项目“一种船舱矿湿料吸水装置及使用方法”在第二十二届全国发明展览会暨第二届发明创新论坛中荣获“发明创业奖 · 项目奖银奖”。

2018 年，他参与的项目“一种适用于多系统分流的双闸限流驳运料仓”获第三十届上海市优秀发明选拔赛职工技术创新成果银奖，代表马迹山港参加在六横码头举行的舟山市劳动竞赛，并获得了不错的成绩。

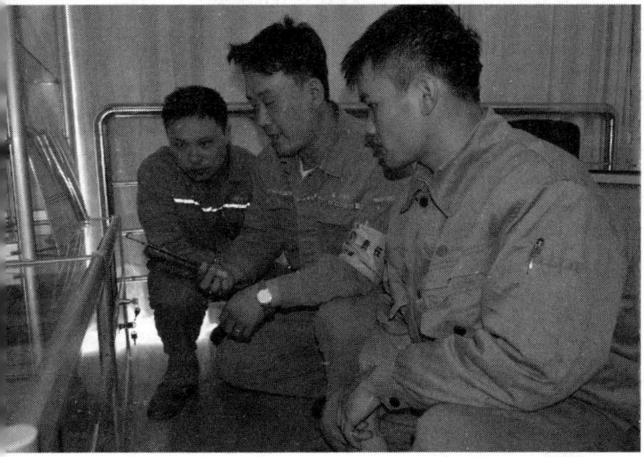
工作室“五小”创新成果讲解

2019 年，他参与的项目“一种输送带翻身用驱动装置”获舟山市第二届职工技术创新成果三等奖。

随着业务能力的提升，吴杰不仅在现场管控生产的能力上尤为突出，还常对未来发展未雨绸缪。

2019 年，为完善马迹山项目部生产资料库，为生产一线安全工作提供支撑，吴杰着手建立了一套关于卸船码头作业的各类数据库，其中包括在泊外轮舱型结构数据、单船靠泊在泊数据等资料。这一整套数据库目前还在完善更新中，最终将形成一整套完整的数据库，对马迹山港的泊位安全、清舱效率提升起到支撑作用。

冶金运营服务行业需要爱心、细心、耐心，是一份平凡的事业。20 年来，吴杰始终坚守着这份平凡，在平凡中默默奉献。当人们进入甜美的梦乡时，他要么穿梭在生产现场，要么伏案于电脑前；在人们举家团聚的时刻，他还忙碌在工作岗位上。

2020 年，由于吴杰的业务表现突出，他被浙江省评选为“百千万”高技能领军人才，在人生履历中增添了光辉的一笔。

正是有了像吴杰一样默默付出、无私奉献的“蓝衣战士”，中冶宝钢的事业才会蓬勃发展。人的一生，没有最高层次的目标，只有更高层次的追求；只有不断向着更高层次的目标不懈追求，才会不断发展进步。

青春只有一次，但求面对碧海苍天扪心自问时，能骄傲地大声说：我拼过，我无悔。吴杰以自己的实际行动，一步一步实现着自己的人生价值与社会价值。

拼搏奋斗一线，技术点亮人生
——记浙江省“百千万”高技能领军人才傅可杰

傅可杰，中冶宝钢第三分公司马迹山项目部日勤作业长，主要负责装船区域的安全生产、装船机械、船舶管理、码头设施和人员培训等几项业务。傅可杰自2001年进入马迹山港后，由于出色的业务能力和工作表现，从一名卸船机司机逐步蜕变，先后担任见习作业长、作业长、日勤作业长等职务。在前进的路上，他用“道虽通不行不至，事虽小不为不成”不断地鞭策着自己，不断钻研、不断成长，为马迹山项目部的壮大付出了自己的努力。

一路栉风沐雨、砥砺前行；廿载凌霜傲雪、昂首扬鬃。

拥有“优秀作业长”“技能人才”“技能大师”等众多头衔的他，由于工作出色、业务精湛，入选为浙江省“百千万”高技能领军人才，这项成绩为他的职业生涯再添灿烂一笔。

在东海之滨的马迹山港项目部，他迎风而立、踏浪而行，绽放出独属于他的璀璨光芒。他就是共产党员、中冶宝钢第三分公司马迹山项目部日勤作业长傅可杰。

树雄心立志向，外行变成内行

技术能手不是与生俱来的，傅可杰的成长也经历了一番磨炼。

时间回到2000年，时年21岁的傅可杰通过招工进入宝钢原料码头，学习卸船机操作，并于2001年7月进入马迹山港，从事卸船机A类岗位。入职之初，他对卸船机岗位一无所知，但傅可杰知道，只要肯学、肯钻研，就一定能收获成功。

学习之初，他心怀抱负，在岗位学习中刻苦钻研、力求上进，努力学习本岗位相关的技术，并经常和卸船机点检一起交流学习。由于他不断学习积累，成功奠定了日后成为技术能手的强大基础。

随着傅可杰的职业技能不断提升，只要遇上有难度、抢进度或特殊的作业，都会安排他进行操作。压力就是动力，他就在这样的环境下练就了一身过硬的本领，并在2004—2007年连续4年被评为年度优秀协力工、年度技术能手。2005年，他在卸船机岗位上先后提炼出“走行抓取法”“T形抓取法”，这两项先进操作法的推广运用使卸船作业效率得到了大大提升。

操作装船机

华丽变身不懈怠，不断突破创纪录

2007年底，宝钢协力体制转化，由中冶宝钢马迹山项目部承接生产业务，傅可杰多年来亮眼的工作表现、突出的工作业绩，他被马迹山项目部聘为生产作业区见习作业长。在见习期间，他认真刻苦学习作业长管理、宝钢作业长“五制”，通过作业长研修会平台学习，并与其他兄弟单位对标好的管理思路、管理经验。

在他的努力下，3个月后，他成功被马迹山项目部正式聘为主作业长，主管安全生产。在担任主作业长2年多的时间里，傅可杰带领作业区全体员工先后创造单班吞吐量纪录、单班卸船量纪录以及昼夜开靠船纪录。

此外，傅可杰克服协力队伍人情关、当地风俗习惯的影响，把安全、生产、设备、质量成本等一一控制在指标范围内，先后多次受到项目部领导和港区的嘉奖，连续3年被评为优秀作业长，于2010年被马迹山项目部聘为日勤作业长，主管马迹山装船业务。

2010年以来，马迹山项目部开始推进港区协力一体化管理工作，其中涉

研究船舶装载方案

及的装船区域业务（如装船机、船舶作业、人员管理、效率提升等工作），都由傅可杰负责。同时，他还要承担项目部管理组组长休假期间的管理区域。刚刚接手新岗位，要学习的业务非常多，为了不造成管理脱节，他常常在下班后对本区域内的管理、业务流程进行摸索，学习装船业务知识，以便能尽快上手。

3 个多月里，他通过不分昼夜的摸索，理顺了四大作业区的管理机制，加强队伍建设，并完成提升作业区装船业务、装船效率的报告，递交给项目部领导。该报告被采纳推广，后在宝钢协力员工 JK 自主管理发布中获得优胜奖。

自此，傅可杰创新的热情被进一步点燃，多次对装船的工艺、流程的改进提出了宝贵的意见。正是因为有过多次创新实践，他脱颖而出，先后被舟山市评选为技能人才、技术能手、技能大师。

潜心钻研攻难关，勇于创新显身手

近年来，随着市场格局的变化，马迹山港装船贸易量急剧增加，客户要求的提高给现场作业带来前所未有的挑战。傅可杰除了白天上班时进行业务收集，还多次利用夜间作业的特点跟踪采集资料，编创岗位规程，为一线员工提供科学的作业环境，为港区提供有力的作业保障。

2018 年，海事部门对港口装船作业提出了“安全作业”的新要求。由于二程船载运的是固体散装货物，而船舶在装货前会受巴西等国在雨季空气含水量大、堆场为抑制粉尘而进行洒水及阴雨天等客观情况影响，在国家标准规定的含水量临界点装载各种分矿时，则货物通常会在舱内以“易流态”分布。当船体在海浪中颠簸、左右横倾时，容易引起翻船。

为保障年度生产任务的圆满完成，傅可杰连续蹲守现场，研究如何在确保安全的前提下保障生产的最大化。他提出，可根据船方的配载单舱吨位，以船舱的纵向中心线作为装载的海陆侧分界线，初步计算舱内布料。这被称为特殊时期的“8 字装船作业法”。

该项操作法是按照船方提供的装载作业量，在单舱内 5 个料堆间绕“8”字来回装载，依次进行往复不间断的装料。由于舱内 5 个点迂回均匀装载，使舱内形成“五筒”状，可有效降低舱内高度，并最大限度地保证左右舷界限内物料装载的均衡，保证船舶的适航安全，为马迹山港安全、顺畅地完成作业任务提供有力后盾。

20 年，在历史的长河中不过是浪花一朵；20 年，在时光的隧道中不过是弹指一瞬；然而，20 年，对于正在成长的马迹山项目部来说，已足够从弱小走向强大。

正是由于有无数个像傅可杰这样用辛勤的汗水、过硬的技术、丰富的经验投入工作的员工，中冶宝钢才能以豪迈、稳健的步伐不断地向着“国内第一、国际一流”冶金运营服务商的宏伟目标阔步前进。

让青春在汗水中闪光

——记“不爱红装爱武装”的“90后”女孩王小翠

王小翠，一名土木工程专业的“90后”工科女，自2015年毕业参加工作以来，一直奋斗在中冶宝钢技改岗位一线。风吹日晒，起早贪黑，她有着这个年纪蓬勃、朝阳的心态，却没有火树银花般多彩的生活。工地，是她成长最好的见证人，也是她唯一最长情的陪伴者。作为一名青年女职工，参加工作5年来，她扎根基层和一线，成为工地现场一道靓丽的风景线。一年四季，季节变换，不变的是“不爱红装爱武装”的王小翠那一身印有“中冶宝钢”字样的工作服。她用行动谱写了一曲动人的青春赞歌。

在中冶宝钢的工地上有这样一个女孩，她巾帼不让须眉，追梦不负芳华；她甘于平凡，但不平庸；她才情满溢，却不张扬。她就是王小翠，一名土木工程专业的“90后”工科女。

我还是曾经那个少年，没有一丝丝改变；
时间只不过是考验，
播种在心中信念丝毫未减。

这是她最喜欢哼的一首歌的歌词，也许不只是因为旋律动听。还有人记得，刚入职的她稚气未脱，脸上虽有一丝迷茫，却也充满坚定——准备扎根土壤的那种坚定。5年过去了，这颗种子在中冶宝钢这片沃土的滋养下终于生根发芽，茁壮成长。

在平凡中努力耕耘，在工地上展现风采

王小翠现任中冶宝钢建安分公司宝钢项目部项目总工，先后参加了宝钢技改冷轧厂1550新增汽车板重卷项目、原料中控及9号电气室优化改造项目、化工新型炭材料升级改造项目、宝山通沟污泥资源化利用项目及管加工中心特殊扣能力提升改造项目，出色地完成了领导交代给她的每一次技改任务。

王小翠在工地现场

2015年，大学刚毕业的她怀揣着对未来的憧憬，来到了上海这座大城市，成为一名工程师，梦想着自己也能为祖国的建设添砖加瓦。施工现场尘土飞扬，工作服、劳保鞋、安全帽这几样工地“三宝”就是她日常工作生活的写照。在风华正茂的年纪里，她将青春献给了中冶宝钢，中冶宝钢也将荣誉回馈给了王小翠：

2016－2017年，连续两年被评为建安分公司双文明建设“优秀个人”；

2018年，被评为公司“优秀共产党员”；

2019－2020年，连续两年被评为公司“青年岗位能手”；

2020年，被评为建安分公司“优秀共产党员”。

经常会有人问她：一个女孩子，为什么选择土木工程这个专业？在工地现场做施工管理，家里人不心疼吗？她总是开玩笑地说：“敢让子女学土木工程的家长，才最了解自己的孩子。”刚到中冶宝钢时，对建设工地一无所知的她就被安排到宝钢项目部，在工地现场跟师傅一起做项目上最基础的资料。她从最简单的图纸看起，慢慢地学会了计算工程量，能比对着图纸去看现场，找出施工中不对的地方。一点一滴，一砖一瓦，她从一个施工员、技术员做起，把项目上的这些简单而琐碎的实务都安排得井井有条。实习期的她，就以出色的工作能力、踏实勤恳的工作作风得到了领导认可。

“最佳实践”的背后

2016年6月，实习期刚过的她被领导安排单独负责宝钢厂内的技改项目——原料中控及9号电气室优化改造项目——这是她第一次独自在施工现场负责和管理一个完整的技改项目。该项目是公司承接的首个楼房加固项目，工程内容涉及楼房加固、机械电气、装饰装修及玻璃幕墙等，施工过程复杂、工程量大，且施工期间不能停产。这对于初次接触施工项目管理的她而言是一次极大的挑战。面对困难和挑战，她没有退缩，迎难而上，牺牲了自己所有周末的休息时间，查阅相关施工规范，努力吃透技术图纸。针对发现的疑问，她第一时间与建设单位及设计院沟通、交流，以便及时解决问题，并且结合现场实际情况制订详细的施工作业设计方案，将每一步工序都清楚交代给工人。在保障安全生产的前提下，王小翠顺利完成了此次中控楼的改造任务。最终，该项目被评为2017年度“最佳实践”项目，获得业主方的一致好评。

改造后的原料中控楼及9号电气室

用汗水守初心

2019年是中冶宝钢技改工程产业“打基础、建体系”之年，作为公司技改产业发展的主力军，建安分公司凝心聚力、积极应对。而作为建安分公司人才队伍的生力军，王小翠主动请缨，负责厂外宝山通沟污泥资源化利用项目一期工程。

宝山通沟污泥资源化利用项目是公司承接的第一个市政类项目。在通沟污泥处理过程中，采用的是污泥接收及筛分、压滤脱水、热脱附、混匀的处理工艺。压滤脱水和热脱附废液排至回用水池，重复使用，多余废水使用水泵输送至罐车后运送至宝武炭材处理站处理；污泥接收及筛分、压滤脱水工序设有异味收集罩，臭气经过异味收集处理装置处理达标后才能排放；混匀工序粉尘设有粉尘收集罩，废气经除尘系统处理达标后才能排放。整个项目涉及土建、钢结构、设备安装以及电气仪表等各专业方面的施工，业主方对该工程的进度、质量、工艺高度重视，要求单位工程一次验收合格率必须为100%。这对于初次接触环保改造工艺项目的王小翠来说，又是一次极具吸引力的挑战。

该项目主要施工阶段集中在7月、8月、9月这三个月份。露天的施工现场，骄阳似火，烈日当空，原本白净的小姑娘被晒得黝黑，但这是她成长的印记。她以学徒身份虚心地向各个施工厂家和生产方请教，一步一个脚印，踏踏实实地弄懂每一步施工工艺，最终确保了该项目的顺利投产。

目前，该条工艺产线通沟污泥处理能力已达到4.3万吨/年，生成PC铁质校正料6.88万吨/年，顺利达到该项目投产的预期目标。在分公司精简人员、强调一专多能的前提前，她用实际行动践行公司理念，在现场施工中，技术、质量一手抓，在确保安全的前提下保质保量地完成这次技改任务，再一次用实力诠释了“巾帼不让须眉”。

用行动谱写青春赞歌

“时间就像长了脚的妖怪，跑得飞快”：在工地奔走间悄悄流走，在凝神思考间悄悄流走，在尘土飞扬间悄悄流走。你以为时间白白流走了，而王小翠认为，正是这些流过指缝的时间让她寻找到了属于自己朝圣的方向。她说过：“当一个人真真切切地朝着自己既定的目标坚定不移地走下去的时候，好像整个世界都在为你呐喊助威。”如今，参加工作5年的她已经能在自己的岗位上独放异彩，可是，她却有如此期望：“如果可以的话，希望自己是屋檐下的一只小小鸟，如初生的婴儿般，在屋檐的庇护下成长；如果可以的话，希望自己是大海中的一朵小小浪花，如初春探尖的嫩芽般，在大海的怀中绽放；如果可以的话，希望自己是天边的一抹淡淡的云彩，是太阳隐退时的光芒。世间万物，生息变幻，我只求，在有生之年留下属于自己的浓墨重彩。”

青春是一首永不言弃的歌！既然做出了选择，就要在自己的岗位上坚持做到干一行、爱一行、钻一行、精一行。工作本身没有贵贱之分，但是对工作的态度却有高低之别。“90后”的王小翠深深扎根施工一线，用实际行动表达了她对于这份工作的狂热，将“一天也不耽误，一天也不懈怠”的企业精神展现得淋漓尽致。

“当一个人选择默默地糜烂时，定会有另一个人在悄悄地奋斗。”人生注定是一场孤独的旅途，前行的路上，她总是固执地告诉自己：忙碌是最有效的强心剂。也就是这样一个简单、质朴的“90后”女孩，在她正青春的时刻，用自己的实际行动谱写了一曲高亢激昂的青春赞歌。

创新篇

“巨无霸”巧借他山之石，产学研助推优质发展

——记“中冶重机”产学研项目亚洲载重第一的PBC-380吨铁水车

“中冶重机”作为国内为数不多的冶金大物流装备的研制单位，历经15年风雨洗礼，跨越近10年的“钢铁寒冬”，不但愈挫愈勇，还在技术上填补了多项国内空白，引领行业发展。“中冶重机”的品牌报道还登上了中央电视台财经频道《第一时间》栏目，“中冶重机”品牌一时间家喻户晓。这些都与“中冶重机”员工勇于创新、开放发展的理念密不可分。未来，他们会继续进行产学研有机融合，助推企业高质量发展。

厚积薄发，“巨无霸”喷薄而出

2017年8月24日，亚洲载重第一的PBC-380吨铁水车横空出世、惊艳八方，国内众多主流媒体争相报道这个“亚洲巨无霸”的风采。这是“中冶重机”在特种车辆制造领域十年磨一剑的小试锋芒，“亚洲翘楚”威名远扬。

近年来，“中冶重机”无轨化冶金大物流的相关技术日趋成熟，在业内已经形成良好的口碑。其中，其自主研制的PBC-380吨铁水车堪称无轨化冶金大物流领域中的“巨无霸”。该车型整备质量超过500吨，载重380吨，为国内首次研发的亚洲最大吨位的无轨铁水罐运输设备，主要功能是在1600℃液态高温环境下，实现铁水由高炉至转炉之间的转驳运输，满足“一罐到底”的冶炼工艺。“中冶重机”整合10多年的特种车辆研制经验，经过创造性设计，取得了技术上的重大突破，打造了六轴线同步转向、整车覆盖遥控的旗舰车型。整车集高集成、高承载、运行平稳、安全可靠于一身，是目前亚洲

冶金大物流领域的新标杆。

2018年3月12日，“中冶重机”运用信息化和大数据创新管理研发的用于PBC-380吨铁水车等核心产品的远程信息管理软件——冶金特种车辆远程信息管理系统经申报通过了国家版权局的计算机软件著作权登记保护，并获颁了相应证书。目前，该管理系统共管理各类冶金特种车辆45台，包括山东日照380吨铁水车、河北澳森钢铁200吨铁水车、浙江和鼎铜业抱罐车、青海铜业抱罐车等。该系统对所管理的所有车辆采用每车建一档、专车专档的管理方式，具有远程收集和存储车辆实时运行参数、故障诊断存储及报警、设备每日每月运行统计、远程参数标定等功能。预计在不久的将来，通过该系统管理的冶金特种车辆数将超过百台，有望覆盖“中冶重机”在全国大部分的业务区域。该系统的投入运营将进一步加强“中冶重机”对冶金特种车辆的设计、售前及售后全生命周期的技术支持力度，并提高客户的应用体验。

PBC-380吨铁水车发车仪式

2018年3月28日，“中冶重机”完成了PBC-380吨铁水车、澳森钢铁PBC-200B铁水车、燕钢BGC-90B铰接平台式抱罐车的环保信息公开工作，在追求高质量发展的同时肩负起大型企业的环保责任，做精品、讲诚信、树品牌。

“他山之石”，巧助攻技术瓶颈

PBC-380吨铁水车作为国内首次突破，设计之路异常坎坷。研发团队攻坚克难，结合以往的相关设计经验，萃取国内外平板运输车辆研发技术精华，最终创新整合成目前亚洲最大吨位的铁水运输车雏形。该产品外形尺寸为19800毫米×4840毫米×4500毫米（长×宽×高），最大承载380吨，是“中冶重机”继成功研制出湛钢140吨、永钢200吨、澳森200吨铁水车之后的又一力作。项目设计以PT200液压平板车结构为基础，通过有限元对比分析，以 360 吨轨道运输车及 PBC-200 吨轮式铁水运输车为技术基准。整车采用六轴线，驱动轴线为 6 线 12 液压悬挂结构，转向系统设计杆系结构和转向油缸，实现“液压动力 + 机械连杆”的全轮同步转向、整车遥控系统功能全覆盖。

要以 200 吨铁水车为基础制造出较原载重量提升近一倍的“巨无霸”，设计难点在于其结构部分，也给设计工作带来了前所未有的困难。设计团队集各自所长，合理分析运行工况和高负载、高可靠性要求，提前策划，整理出控制要点辨识百余条，并提出应对措施和方法。其技术控制重点一是车架结构设计，包括车架结构三维设计、有限元受力分析和优化；二是转向系统，包括合理设计杆系结构以匹配足够动力，并运用虚拟样机进行动力分析，验证转向杆系是否发生干涉、各轮组是否沿同一轨迹圆运行、是否会“吃胎”；三是液压行走系统，包括设计静压驱动闭式变量系统、EP 电比例控制，设有差速控制模式，行驶挡位为重载低速和空载高速两挡模式，具有行驶控制方便、可靠的特点；四是电气设计，考虑到此车通信系统复杂，专门设计了互联网监护平台，设置无线数据发射器，以 4G 网络对外频射实时车辆数据传输到监控中心，实时监控车辆数据。最终形成的这套卓越的整体设计方案，离不开工程师和设计师的默契配合、缜密计算和丰富经验。

作为目前国际先进的辅助设计手段，设计团队在实际使用有限元分析中屡次遭遇瓶颈。他山之石，可以攻玉为使项目设计更加完美，提升项目的整体安全系数，设计团队尝试与高校联手，借助高校丰富的理论经验，共建产学研的“约会”，碰撞出绚烂的技术火花。该项目得到公司领导的大力支持，并最终选择了武汉科技大学作为合作对象，这是因为经过对国内同类院校的多方面对比，发现武汉科技大学技术优势明显，特别是在有限元分析的软件、硬件和经验等方面皆首屈一指。双方经过详尽的沟通，于 2015 年 4 月签订了“PBC-380 吨铁水包运输车车架结构设计优化”的技术开发（委托）合同。

技术团队制作了详细的研究方案，披露了此次合作研究的来源、目的和意义。铁水包运输车作为冶金行业内应用最广泛的设备之一，在整个行业中的地位举足轻重。为响应当前“一包到底”的理念，实现无轨化运输，“中冶重机”特设立了该研究课题，研究目的是提高铁水车车架强度、优化车架结构，达到安全生产的要求，并减少铁水车的维修次数，降低产品成本，提高企业生产效率，提高产品的竞争力。其主要研究内容和研究方案包括：380 吨铁水车和铁水罐温度场与热应力三维有限元分析、热力耦合三维有限元分析、车架结构优化等。

技术团队最终用辛勤的汗水浇灌出“亚洲巨无霸”之花——“中冶重机”PBC-380 吨铁水车具有六大特点：优化匹配，动力强劲；悬挂冗余，杜绝下跨；多法协同，转向同步；结构设计，类比优化；电气控制，人机友好；多重应急，客户安心。“中冶重机”用智慧造就品牌实力，以“他山之石”击破技术瓶颈。

群方咸遂，宝山区慷慨扶持

2017 年 11 月 10 日，上海市宝山区科学技术委员会对“中冶重机”申报的产学研项目——PBC-380 吨铁水车给予大力支持，划拨科技创新专项扶持资金 20 万元。该项目研发完全契合上海市实施的创新驱动发展战略、加快建设具有全球影响力的科技创新中心的理念，符合国家和上海市科技发展规划，对推进宝山区科技进步、提升创新能力、实现经济社会可持续发展有一定的贡献。2016 年，在宝山区科委每年组织开展的区内企业专利产业化项目与产学研项目评选活动中，该项目经过申报、答辩及专家组验证，在近 40 个申报项目中脱颖而出。

通过与武汉科技大学合作，经过反复论证，PBC-380 吨铁水车的分析校核结果完全合格，样车的质量得到了业主的充分肯定。样机下线后，中国国家工程机械质量监督检验中心专程对“中冶重机”PBC-380 吨铁水车进行了为期 4 天的型式试验。此次性能测试是国家权威机构的最终检测，将 PBC-380 吨铁水车列为国家《自行轮胎式平板搬运车》技术标准范畴，接受了包括安全性检查、动力性能、转向性能、制动性能、噪声试验、稳定性试验、爬坡试验、坡道停车制动共计 10 余项性能检测，最终该车顺利取得了型式试验合格证书，技术性能和整体质量得到了国家权威检验机构的认可。

在车辆平行移动测试中，由于车身方向偏移后，驾驶员会习惯性地去扶方向盘，专家观察视频里如果出现手扶镜头，测试则为不合格。在现场测试过程中，驾驶员全程没有手扶镜头，车辆方向偏移也在合理的数值范围内，最终一次性通过测试。历时 4 天，经过各项严苛检测，无论在软件还是硬件上，车辆都获得了一致肯定，标志着 PBC-380 吨铁水车获得了业内准入通行证。

在业内，车载液压称重精度一般为 10%，最精确的可达 5% 左右。称重人员可依据车辆自身悬挂液压系统数据，通过测量系统的 4 只压力传感器和 4 只编码器进行精细测量，经过计算和修正，来给车辆称重。称重后的数据可以通过有线连接，可使铁水重量在炉前屏幕上动态显示。为此，技术团队制订了严密的称重试车方案，在马路、斜坡等不同路况下，从 100 吨试到 230 吨，从 357 吨试到 380 吨及以上，尝试了多种不同级别的负载。经过一个多月的样车称重调试，称重人员多次优化称重程序：从悬挂状态到 3 点支撑，再到 4 点支撑，12 种类别，11 种数据，共采撷了 6072 组数据值。经检测，在 0～500 吨范围，满足 5‰（全量程）FS 精度要求达到 80%；在 420～470 吨范围，满足 5‰（全量程）FS 精度要求达到 90%；称重数据中，最大重量偏差为 3. 88 吨，最大实际精度为 7. 8‰（全量程）FS。就这样，项目团队创造了车载液压称重精度的新高度。

群雄逐鹿，高质量激活市场

有竞争才有进步，“中冶重机”在群雄逐鹿的市场竞争中脱颖而出，以高质量发展激活产品市场，品牌效应日渐显现。高质量发展离不开“转型升级”和“人才队伍”这两个方面。“中冶重机”在转型升级的发展道路上坚持高质量发展战略，以“耿会良劳模工作室”研发团队为核心力量，研制出适销对路的产品，提升公司发展质量。近年来，“中冶重机”的产品沿着“一带一路”，从国内市场延伸到海外市场，高质量发展的影响力进一步扩大：在印度市场，实现了铁水车销售首次突破；在越南市场，实现了抱罐车产品销售首次突破；在智利市场，实现了首次合同签约。在海外项目中，提升了与业主直接进行签约的比例，提高了项目盈利水平，也为实现高质量发展打开了新的空间。

2017 年 12 月 19 日 20：18，随着山东钢铁日照精品钢基地炼铁口倾倒出第一炉铁水，承载着“中冶重机”技术团队耗费1000多个日日夜夜心血的9台PBC-380吨铁水车圆满地完成了点火运行生产的第一炉、第一罐液态高温铁水的运输任务。此后，9台“巨无霸”日运输50罐次左右，日运量稳定在1万吨左右，保持着200天运输无故障的纪录。经实际使用证明，“中冶重机”产品设计合理、运行稳定、安全可靠、售后有力，为高炉铁水物流的正常运转提供了强大支撑。2018年6月，在技术团队对项目回访时对车架进行了检测，发现车架上拱数据仍处于合理的设计范围之内。

运载无故障、结构无变形，标志着“中冶重机”产学研项目的研制取得圆满成功，也为“中冶创造”在无轨化运输市场奠定了行业翘楚的地位，展开了中国同世界交融发展的新画卷。

新角色，新责任，新征程

——记中冶宝钢首届中国长三角地区劳模工匠人才创新工作室

2013年，中冶宝钢李伟伟创新工作室在马迹山港成立，工作室团队成员集合了钳工、机械、电工、焊工等多个专业力量。多年来，他们不断擦出火花，将70余条合理化建议应用到生产一线，累计创造经济效益700多万元。2019年11月，李伟伟创新工作室荣获首届“中国长三角地区劳模工匠人才创新工作室”称号，这是一份肯定，更是一份激励。

作为首届中国长三角地区职工劳动技能竞赛活动的重要组成部分之一，上海市总工会会同江苏省总工会、浙江省总工会、安徽省总工会共同开展了“中国长三角地区劳模工匠人才创新工作室”交流选树活动。三省一市工会弘扬劳模精神、劳动精神、工匠精神，把具有引领性、示范性的劳模创新工作室选出来，在全社会提升“中国长三角地区劳模工匠人才创新工作室”的影响力，为推动长三角一体化发展国家战略贡献智慧和力量。

以新角色、新责任、新征程为目标的中冶宝钢李伟伟劳模（技师）创新工作室一路过关斩将，从277家各类劳模工匠创新工作室、271项创新成果中脱颖而出，被选为153家创新工作室之一，进入评选后备库，并首先通过66家工作室及创新成果的筛选，参加首批交流选树活动。2020年11月8日，该工作室被三省一市工会授予首届“中国长三角地区劳模工匠人才创新工作室”荣誉称号。

筑牢创新平台，碰撞创意火花

在马迹山港，有这样一间创新工作室：实验室里面装满了荣誉和创新成果，其骨干成员在企业中发挥着劳模和骨干力量的凝聚和引领作用，这就是中冶宝钢李伟伟创新工作室。这是由全国五一劳动奖章获得者李伟伟命名成立的创新工作室，有着经验足、技术精、专业广等得天独厚的优势；16 名创新团队成员中，集合了钳工、机械、电工、焊工等多种专业力量。自 2013 年在中冶宝钢各级领导的关心与指导下成立以来，工作室茁壮成长，累计将 70 余条合理化建议应用到生产一线，创造经济效益 700 多万元，参与并获得市级以上科技创新奖项 10 项，省部级以上科技创新奖项 11 项，专利 3 项，在国内起重行业专业期刊上发表论文 2 篇。

宝钢股份公司党委领导参观共建工作室并了解无人机在马迹山港的运用情况

从创新之初，李伟伟创新工作室就要求员工们遵守工作制度规范，工作任务明确，人员分工协作，工作开展务实高效。在不断探索的过程中，工作室从实践出发，逐渐把自身打造成了一个集智慧积累和创新的摇篮和平台，一种“比奉献精神，比创新能力”的良好工作氛围已经形成。

由技术骨干牵头，工作室定期开展创新研讨交流会，碰撞创新灵感，就近期在工作中遇到的实际问题和困难开展讨论和交流，通过群策群力想方设法优化工序，不断普及智能化操作等措施，从而提高生产能力、降低员工与污染源的接触以及提高操作效率，为公司的发展做出贡献。

与此同时，工作室经常找机会与其他单位的创新人员进行横向交流，如宝钢马迹山港“李斌大师创新工作室”、宝钢股份“丁海绍创新工作室”和宝钢“工人发明家”孔利明大师团队等，分享创建工作室的经验和心得，并将智慧化、智能化作为各创新工作室的切入点，让每一个领域的成员能立足于本职岗位进行脑力碰撞和讨论，激起思维的火花，努力通过工作室这一平台发掘更多创新项目，开展更多创效工作。

做好引领与培训，培养创新人才

如果要用熠熠闪光的荣誉去衡量人生的高度，那么中冶宝钢的作业长、“李伟伟创新工作室”带头人李伟伟用拼搏和创新积淀起来的人生高度，足以让人心怀敬意。全国五一劳动奖章获得者、上海市五一劳动奖章获得者、舟山市技能大师……不胜枚举的荣誉让这个“80后”小伙子周身光芒四射。但李伟伟深知，一朵鲜花点缀不出绚丽的春天，一个先进打造不出辉煌的业绩。

创新工作室不仅是创新的平台，同时也是培训的基础，李伟伟就是这样。他带领职工开展技术研发、技术攻关、技术协作等活动，为企业人才孵化、科研创新和技术发展提供了源源动力。多年来，工作室通过“师徒带教”的形式培养了109名生产一线员工，其中2人已取得技师技能等级，51人取得高级工技能等级。现在，卸船机业务已承接，中冶宝钢马迹山港项目部充分发挥资源一体化的效率优势，有效地做到相互支持、优势互补，作业效率稳步提升。

荣誉证书

李伟伟工作室设在宝钢新大楼四楼，与徒弟讨论生产过程中遇到的难题是李伟伟的日常工作。徒弟周军志常常感慨道：“在工作中遇到一个好师傅，是一件幸事。师傅言传身教，把自己掌握的技能技巧毫无保留地传授给了我们。”平时遇到难题，大家就会在工作室一起讨论，相互帮助。在这样的氛围下，工作室成了一个人才辈出的摇篮，周安叶、杨晓虎有多项发明专利在手，金益平、傅可杰成为舟山市技术操作能手——除此之外，还有很多在各领域内独占鳌头的能人。

着眼当下与未来，创新永不止步

这些年来，李伟伟创新工作室成员始终着眼当下、放眼未来，围绕生产难题开展研究和改造，在技术上追求创新和新技术的应用，结出了累累硕果，并将之运用到了现场，为生产现场作业环境的改善、作业效率的提升提供源源不断的动力。

“5年，70余条!”从工作室成立至今，工作室连续5年开展“为员工创新高效作业环境”活动，活动主要以现场“短平快”项目为解决方向，以工艺改进、设备本质化、劳动保护、行为养成四类问题为切入点，从危险源等级降低、检修负荷减少、劳动效率提升、工作环境改善等方面考虑和探索，各级管理管理者通过现场观察和倾听员工心声的方式，努力探索新思路、新方法，把员工提出的问题作为践行企业基础管理工作的重要环节。自活动开展以来，5年间总计提出并实施到生产一线的小建议、小改进共70余条。

“翻个身，效益增!”工作室有一项发明专利——“输送带翻面的驱动装置及技术”——原来，这个“翻身”指的是橡胶输送带的“翻面”使用。在运载铁矿石的过程中，当输送带表面磨损接近使用年限时，原则上就必须进行更换。但是，输送带具有非工作面磨损速度远小于工作面的特性，根据这一特性，工作室成员大胆提出了通过将输送带翻面后继续使用，以延长使用年限、降低成本的设想。

听起来似乎很简单，但实现过程中却有许多难点要克服。正常速度下运转的输送带速度可达每秒3.15米，如此高速无法处理“翻面”运行过程中可能出现的对输送带产生损伤的异常。要想让输送带“平安”翻身，必须将原先高速运转的驱动装置替换成低转速、大扭矩输出，并将输送带的运转速度控制在5米/分钟左右，才能进行顺利“翻面”。创新小组通过修旧利废和自制连接装置，经过反复加工和测试，终于巧妙地将研发的翻面驱动装置与各种类型的减速机相连接、匹配，达到了输送带翻面的重要技术条件。“别小看只是简单地翻个面，因该技术成熟可靠，实施不受空间环境限制，在延长使用寿命、大幅降低设备运行成本的同时，真正实现了工艺改进、达到技术增效的目的!”

依托“智能+”，全力打造智能港口。目前工作室正在绘就一张宏伟蓝图——将马迹山港打造成一个智能港口。为了解决马迹山港现场难题，完成技能传承，实现智能港口，工作室于2018年开始了“千万吨散装码头智能管理系统研发”项目，主要分为两大块：一是通过“无人机系统+AI+北斗集成应用”实现料（堆）场智能化、无人化，二是港口智能管理集成平台。

堆场智能化管理需要以精准、快速的高质量基础数据为基础，采用基于无人机和北斗导航的低成本、高质量码头堆场数据获取技术，为散装堆场码头管理提供精确的数据资源基础条件，在数据获取技术上具有极高的性价比优势，并采用以深度学习为基础的堆场码头数据处理方式，为智能化管理提供自学习、自我演进的决策支撑，在数据获取和数据处理上具有技术应用创新特色。项目由三部分组成：无人机图像数据获取、图像边缘与点云数据生成以及基于深度学习的智能评估计算。

港口智能管理集成平台的研发旨在将马迹山港生产、设备、检修一体化管理模式中的各类信息集成，并通过平台实时监控和下达指令，减少各类纸质报表下达中导致的信息滞后和误差。尤其是港口管理中船舶、水文情况多变，可通过此系统第一时间掌控，及时调整。后续将料场智能管理系统和全港设备视频监控纳入平台、成为港区管理的中枢，将对提升企业核心竞争力大有裨益。目前，这项工作正在紧锣密鼓地推进。

心中有方向，手中有方法，脚下有力量，中冶宝钢怀揣梦想，向着更远更高的方向，一路前行！面对一个接一个的新课题，积极探索、勇于创新，中冶宝钢李伟伟创新工作室的辐射面、凝聚力和影响力正在不断扩大，创新的步伐也将继续迈进，永不停歇！

为长三角技能创新注入力量

——记中冶宝钢首届长三角职工劳动技能竞赛工人先锋号

技能创新是当代工人与20年前的工人在工作方式上最大的区别。20世纪90年代，“技能创新”还是一个比较新鲜的名词，产业工人对此了解不深，贡献不大。进入21世纪，产业工人的创造热情逐渐被激发出来。近几年，随着“工匠精神”活动的宣传，技能创新如雨后春笋一样涌现出来，高广志工作室正是在这种条件下成长起来的。随着长三角一体化发展上升为国家战略，技能人才培养的力度不断加大，工作室成员的技能不断进步和提升，为长三角技能创新注入了力量。

2020年9月上旬，“上海工会参加中国长三角地区职工劳动技能竞赛动员会”在申通地铁集团召开，表彰了2019年首届长三角地区职工劳动技能竞赛获奖个人与集体。中冶宝钢第二分公司高广志工作室获得长三角立功竞赛“工人先锋号”荣誉。高广志作为工作室代表，应邀出席会议；上海市总工会副主席周奇为其颁发了荣誉证书及奖牌。

2018年11月，习近平总书记在首届中国国际进口博览会上宣布，支持长江三角洲区域一体化发展并上升为国家战略，着力落实新发展理念。2019年4月，长三角区域一体化发展工会合作会议在沪举行，会上启动了首届“中国长三角地区职工劳动技能竞赛”活动，以此推动长三角苏浙沪皖技能人才发展。中冶宝钢第二分公司高广志工作室以技术创新参加了上海工会组队的首届“长三角地区职工劳动技能竞赛”活动。

高广志工作室成立于2016年，成员8人，主要负责中冶宝钢第二分公司施工难题攻坚、技术创新、工艺革新等工作，是一个集攻坚型与创新型于一体的工作室。工作室成立以来，先后为梅钢和南钢解决多次现场施工难题，助力高效检修，助力业主降本增效，并通过师徒带教、技能培训，培养出十余名高级工及3名技师，创造9项专利成果，打出了中冶宝钢在江苏的技术品牌。

高广志工作室成立不久，发现南钢连铸中间包烘烤预热及浇铸系统存在问题。工作室成员仔细查找原因，研究设计改造方案，提交业主审核，获得了批准。经过反复实践，技术人员研发了一款“新型双文氏管水口预热装置”，成功改善水口烘烤预热工艺及设备，使水口预热达到了规定要求，有效提高了生产效率及产品质量，获得业主赞扬。“新型双文氏管水口预热装置”还获得了国家实用新型发明专利。针对大流量液压管道冲洗难题，工作室研发自制了一套大流量管道冲洗装置，能够满足9000L/min的冲洗流量。大流量冲洗装置目前在全国并不多见，不仅提高了工作效率、节约了人工成本，且有效提高了企业自制装备能力。

高广志工作室成员探讨问题

针对连铸坯夹钳钩头位置偏移及夹钳连接销轴间隙大，夹钳下降启闭器无法精准对位启闭座，导致夹钳各连接部位销轴及启闭器时常损坏、影响铸坯质量等问题，高广志工作室做了深入研究。经过多次反复试验后，他们在夹钳启闭器两侧增加了两组导向装置，成功解决了启闭器频繁更换的难题，有效减少了故障停机，节约生产成本与人工成本。该套装置获得国家实用新型发明专利。针对磁力运输机卷扬钢丝绳会在生产过程中从卷筒或定滑轮中窜出，造成卷筒钢丝绳乱槽、轴承座损坏、钢丝绳断裂、定滑轮翻边等诸多现象，高广志工作室研究出增加脱槽检测与保护控制装置，能够及时检测脱槽并能自动停止磁力运输机系统运行，有效降低风险，防止钢丝绳脱槽事故发生。该套“具有导向结构的板坯夹钳装置”获国家实用新型发明专利。

根据皮带机检修需求，高广志工作室研发出皮带机检修效率提升专用工装4台套，包括液压皮带剪刀一套，帆布带、钢丝带剥皮机各一套，小型皮带机专用设备一台。4套专用工装，有力地提高了钢丝皮带切割效率、皮带剥皮效率，“用于皮带更换的装置及其使用方法”也获得了国家实用新型发明专利。工作室还拥有“一种电磁阀检测仪”“一种流体泵叶轮清堵装置”等专利成果。

2018年，高广志工作室对梅钢码头堆取料机液压站安装位置及构造提出合理化改造建议，全面完成了7台堆取料机、8台液压站系统设备的安装及管路整体改造，解决了原液压站系统漏油问题，全面实现液压系统智慧化运行，每年可节约80万元生产成本。工作室还攻关解决了梅钢和南钢现场施工难题50多项，收获50多项“五小”成果，为高效检修、智慧检修及设备稳定高产做出了突出贡献。

高广志工作室成员研究图纸

目前，高广志工作室根据高炉风口吹管拉杆拆卸效率低的问题，正在研发风口吹管拉杆快速拆卸装置，持续为长三角技能创新注入活力，为长三角技能人才发展贡献力量。

用不同思维方式跨界组合的新技术

——中冶宝钢第三分公司加速提升智慧运营服务能力

第三分公司作为中冶宝钢“远程诊断与远程培训信息化管理平台研发”试点单位，通过与科研院校、信息软件公司的协同合作，成功完成系统研发，并在项目管理、远程培训、科技创新等方面实现有效应用。随着功能的不断更新，该平台已成为中冶宝钢提升智慧运营服务能力的“助推力量”，并通过提升智慧运营服务能力，使中冶宝钢全力推动产业向管理技术密集型转型升级。

2018 年，中冶宝钢率先实现“远程诊断、远程培训”信息系统上线投入使用，有效解决了员工异地培训、异地解决现场问题的难题；明显提高效率节约成本，且大幅提升了冶金运营服务信息化水平。

作为该系统平台的研发及试点单位，2020 年，中冶宝钢第三分公司已全面使用远程平台移动版进行项目管控。通过不断提升智慧运营服务能力，中冶宝钢正全力推动产业向管理技术密集型转型升级。

倾力打造智慧检修体系

围绕“智慧制造”大课题，已成为一项一刻都等不得、一刻都慢不得的核心工作。第三分公司加速与科研院校、信息软件公司协同合作，加大先进工装、技术、系统的投入和科技创新力度。

从 2018 年 4 月开始，第三分公司针对“远程诊断与远程培训信息化管理平台研发”技术开发项目，组织项目组和提供软件开发服务的同方知网（北京）技术有限公司人员先后 3 次召开专题交流会，就该系统 I 期软件开发项目进度、存在的问题、后期的规划以及合同内容等进行深入交流，确定每个功能的实用性，对接公司各个层面的需求，将每一个步骤反复推敲论断，从而确立最优方案。

2018 年 8 月 20 日，远程诊断与远程培训信息化平台进行了首次远程在线直播培训，桌面直播与摄像头直播均可良好运行，为下步解决远程诊断、远程培训及项目在线管理问题，提高对驻外单位技术支撑打下扎实基础。

自制装置在烧结区域年修主体区域附属装置检修中得到应用

2019 年初，中冶宝钢远程平台移动端正式启用，第三分公司积极推广使用，加强对现场施工项目过程管控，该平台清晰的界面、方便的操作获得了使用者及作业人员的一致好评。与此同时，第三分公司组织编制了《远程平台移动版使用手册》指导用户使用。目前，按照《使用手册》的指引，分公司各级管理人员都能独立操作和使用该平台。

远程平台移动版的推出，避免了管理人员频繁往返施工现场和办公楼进行项目检查登录的问题，可实现办公实时化和无纸化、施工内容和进度可视化、现场检查和信息反馈及时化，大大提升管理效率，有力加强项目现场过程监管力度。

该平台研发包括远程诊断、远程培训、项目管理三大内容，运用不同的新技术进行跨界组合。

新的增长动能与新优势

近年来，中冶宝钢市场规模快速扩展，服务范围涉及全国各主要钢厂以及越南市场，但此前各地分公司信息无法实时传递、共享。如果开发、利用互联网平台，则质量管理、安全管理、计量器具管理、科技创新等都可以实时更新、共享，发现问题后可以及时反馈。

以往的创新工作相对独立，技术研发、专利、论文工法、创新成果等都在少数人手中，对于推广应用和产业化非常不利。中冶宝钢2018年底提出的“智慧运营服务”战略中，最重要的一步就是核心技术共享及产业化。

在远程诊断与远程培训信息化平台，第三分公司采用互联网云服务技术构架，并基于互联网通信技术及4G移动通信技术，建立驻外机构人员与上海本部高级专业技术人员间的实时语音、视频、文字交互平台，驻外机构人员在现场能够通过便携式移动终端设备获取云端高级专业技术人员的远程诊断与远程培训，检查相关设备资源。驻外机构人员能将现场情况实时传输给上海本部高级专业技术人员，实现语音、文字、图片信息的沟通交流，获得高级专业技术人员的专业帮助及指导；也可通过移动终端设备或者PC端，观看服务器中已有的相关解决方案及操作演示视频。

第三分公司研发的这套系统平台能够实现信息交互的敏捷性、可控性和高效性，并极大程度地提高驻外机构解决问题的能力，降低上海本部对外技术支撑的成本：可实时查询设备相关资料信息，对驻外机构需求方进行远程培训；通过系统平台的语音视频交互功能，专家能够提供相关操作或问题解决方法，经过数据的长期积累后，平台的智能检索功能就能自动显示相关解决方案；如果系统自动检索出的方案不能满足用户需求，则系统会推荐相关方面的专家，用户可以指定一个或多个专家解答，对于相关需求，平台可以通过视频、语音、图片、文字等方式进行技术支撑。

系统关键技术与创新点

毋庸置疑，第三分公司研发的这套系统平台的着力点首先是便捷的在线交互技术，即通过借鉴当下比较流行的用户交互模式，形成远程平台独有的用户交流界面，熟悉的操作方法和界面布局使得用户能够更快融入软件并学会运用，改善了以往教室培训多、参与培训人员受限、操作推广使用时间较长的工作状况。

其次是快速的知识积累。因为这是一款放置在中冶宝钢内部服务器上的知识积累软件，通过软件，能够收集各方面的资料，并将其分门别类地放置在服务器中；用户可以快速检索自己所需要的资源，并在线浏览；也可对施工过程所遇到的问题或早已存在的问题进行提问、解答。

该系统平台功能不断更新，正成为提升智慧运营服务能力的“助推力量”。

首先，基础资料库的搭建包括设备图纸、技术资料、相关照片、视频及BIM模型（该部分内容需要在BIM管理平台建立后才能实现数据互通）、历史维护记录、难题库（包括常用故障手册、每次故障处理记录等）、常用标准库（国家行业标准）以及知网数据库（主要为论文）、中冶知识管理平台数据库（主要为方案、维标、工法、技术开发、各项成果，需要有保密级别）等。

其次，以运维项目（先以检修项目为主）为基础开展的项目管理，涵盖了项目创建应包括的项目名称、设备名称、计划开工和完工时间、需要的工种及人数、所需工器具等信息；项目的查看及可见度区分了用户层级，操作内容包括项目前期准备与项目过程管理，同时具备统计分析功能，并按要求自动生成统计分析报表；不但能够“人找资料”，还可实现“资料找人”，即针对不同的人员及其关注点自动推送最新技术资料，以便于学习。

创新驱动无止境！在前期工作打下的基础上，第三分公司利用该系统平台，在运营服务上注入了更多的“智慧力量”，如技术质量管理功能、安全管理功能、工器具管理功能、科技创新管理功能、检修组织管理功能、物联网＋功能等。

提升智慧运营，永远在路上！

以党建引领发展，以创新推动转型

——中冶宝钢工业公司专业化、智慧化转型发展述略

作为行车“管用养修”专业化企业，中冶宝钢工业公司自2002年成立以来，先后经历了“单纯的行车操作”和“行车‘管用养修’专业化总包”两个发展阶段。十几年来，在中冶宝钢的大力支撑下，工业公司行车专业化总包发展实现了“从无到有、从小到大”的深刻转变。在全体员工的共同努力下，艰难度过了“钢铁冰河期”，顶住了宝钢在经济上、管理上的压力，锻炼了一支敢于担当、乐于奉献的管理和技术人员队伍。特别是2017年以来，随着宝武集团智慧制造的深入推进和人工成本的逐年增高，全体员工团结一致、勇挑重担，深入践行提升服务、延伸服务、增值服务的“三服务”理念，市场业务不断丰富，行车专业化总包能力持续提高，当前正紧跟宝武智慧制造发展步伐，努力打造智慧运维服务体系，努力朝着构建专业化、智慧化共同发展的良好局面砥砺前行。

从2017年中冶宝钢提出“打造行车专业化总包优势拳头”，到2019年提出“紧跟宝武智慧制造步伐，加快打造智慧运维服务能力”，再到2020年提出“打造智慧运维服务队伍，努力成为中冶宝钢在行车无人化领域的代表”，这几年，工业公司沿着公司的科学研判，发展的航向更加坚定，发展的路径更加清晰，转型发展的步伐适度加快。

作为行车“管用养修”专业化企业，工业公司自2002年成立以来，先后经历了“单纯的行车操作”和“行车‘管用养修’专业化总包”两个发展阶段。这十几年，在中冶宝钢的大力支持下，工业公司行车专业化总包发展实

现了“从无到有、从小到大”的深刻转变。在全体员工的共同努力下，艰难度过了“钢铁冰河期”，顶住了宝钢在经济上、管理上的压力，锻炼了一支敢于担当、乐于奉献的管理和技术人员队伍。特别是2017年以来，随着宝武集团智慧制造的深入推进和人工成本的逐年增高，全体员工团结一致、勇挑重担，深入践行提升服务、延伸服务、增值服务的“三服务”理念，市场业务不断丰富，行车专业化总包能力持续提高，员工收入适度增长，一次又一次地克服了传统业务灭失带来的经营压力。

“不忘初心、牢记使命”主题党日活动

当前工业公司正紧跟宝武智慧制造发展步伐，努力打造智慧运维服务体系，努力朝着构建专业化、智慧化共同发展的良好局面砥砺前行。

专业化、智慧化发展离不开高质量的党建引领。历史告诉我们，越是艰难险阻的时候，越需要一个坚强的党支部战斗堡垒，越需要党员冲锋在前，发挥表率作用。面对行车专业化、智慧化发展需要，工业公司始终坚持党建、经营融合发展思路，扎实组织开展“不忘初心、牢记使命”主题教育，坚持用习近平新时代中国特色社会主义思想和党的十九大精神武装头脑、指导实践、推动工作，引导广大党员切实增强“四个意识”，坚定“四个自信”，坚决做到“两个维护”。努力通过提高党员党性修养和夯实党支部党建工作基础，充分调动广大党员干事创业的积极性，用高质量的党建引领凝聚企业发展力量，解决企业发展困难。

几年来，工业公司党委切实把党组织“把方向、管大局、保落实”的作用落到实处，真正把党组织的独特优势转化为企业的竞争优势，提高服务大局的能力。围绕企业行车专业化、智慧化建设需要，先后开展了“结对攻坚，做设备主人”“立足岗位，争做合格党员”“党旗飘扬、党徽闪光”等主题实践活动，充分借助党委共建平台，不断推动企业党建和生产经营同向融合、裂变增效，先后获得了中国中冶“先进基层党组织”、上海市建交委“先进党委”、中冶宝钢“先进党委”“双文明建设单位”等荣誉称号；“提升原料库行车‘管用养修’一体化综合管理能力”“行车管用养修操作点检检修安全管控能力提升”等多个项目被宝钢评为党委共建优秀项目。

专业化、智慧化发展离不开与时俱进的改革创新。改革创新是推动企业发展的根本动力。推动企业实现可持续发展，解决制约企业发展的困难，必须依靠改革创新。这几年，为了更好地推动企业转型发展，工业公司在企业经营、设备管理、薪酬分配等方面进行了积极的探索和尝试，改革创新的成效逐步显现。

深入贯彻落实国文清董事长提出的“到有鱼的地方去撒网，到有草的地方去放羊”的市场营销理念，全面推进经营承包责任制，激发各单位市场营销意识，落实营销责任，积极应对宝钢持续降费和智慧制造发展变化，先后承接了多个行车技改改善项目、生产协力天地一体化项目、宝武铝业全厂运维服务项目。

坚持绩效驱动，加快构建科学完备的绩效分配体系，努力激发全体员工干事创业激情，在市场业务不断灭失的压力下，保持骨干员工收入一年一个台阶的增长态势，员工队伍逐年稳定。

中冶宝钢2018年党组织共建总结启动会

整合资源，提高资源利用效率，试点“操、检”一体化作业区管理，进一步整合人力资源，提高设备异常响应速度。当前，工业公司紧盯公司关于“加快提升智慧运维服务能力”的总要求，通过层层选拔，确定了15名机电一体化点检进行“优位培选”，为厚植企业发展优势、推动高质量发展奠定基础。

专业化、智慧化发展离不开严谨严细的安全生产保障。安全管理是基础管理，是企业赖以生存的根本保障。特别是作为特种设备的使用、维护、检修、管理单位，特种设备的高危害性和高风险性决定了工业公司安全管理鲜明独特的管理内涵，更应该特别重视和加强特种设备的安全管理工作。

近几年，工业公司一直保持了稳定的安全生产局面，其根本原因在于公司始终牢记“安全管理永远在路上，安全风险时刻存在”，时刻将安全管理放在首要位置，始终坚持“抓问题、抓策划、抓落实”的安全管理理念，通过不断完善安全管理制度，细化网格化管理，安全管理体系更加完善。深入开展“管理者清单式履职”、管理者违章“两黄一红”、“管理者与基层班组结对子”等活动，各级管理者的安全管理内容更加具体。牢牢把握员工参与这个环节，创新开展“员工安全扫雷”“典型案例评比”“VR 体验”等活动，持续推动员工意识由“要我安全”向“我要安全”转变，“违章就是犯罪”的理念更加深入人心。紧盯安全管理薄弱环节，以“细化量化指标、实施项目化管控、开展案例教育分析、安全管理正向激励”等 8 项管控措施为抓手，实现了甲方安全记分的连年下降。

专业化、智慧化发展离不开高效率的设备管理体系。专业化、智慧化发展的根本在于提高设备管理水平，关键在于夯实点检技术能力。这几年，工业公司以“时刻保障甲方生产需要”为目标，采取多种形式不断完善设备管理体系。

夯实基础，稳定状态。为缓解公司设备基础管理薄弱和业主严格的管理要求之间的矛盾，解决设备故障引发机组停机的隐患，提出了“标”“本”兼治 9 项举措，确定了主控行车 107 台，并从人员配置、物料供应以及预案管控等多个方面进行了全面优化和重点管控，实现了设备故障逐渐下降。同时既考虑当下，又着眼长远，以设备改革推进方案为抓手，通过不断完善点检技术标准，细化“操作”“点检”分工界面，持续推动设备管理由“事后处理”向“事前管控”转变，筑牢设备管理“三道防线”。

行车无人化运维服务能力不断加强。工业公司适应宝钢智慧制造发展需要，紧跟公司战略导向，成立了智慧制造专项工作组，利用熟悉现场生产工艺、检修运保体系完善、施工安装经验丰富等优势，从无人化行车项目的研发初期开始介入，策划组织了集“操作、点检、技术、检修”为一体的骨干队伍，全程参与到宝钢7个UACS项目、5个CLTS项目的研发立项、施工安装调试过程中，在实战中锻炼了技改施工作业队伍、生产作业队伍、专业技术队伍等3支队伍；逐步积累了应对经验和对策，总结形成了37大类无人化行车的故障处理注意事项、手顺及处置预案；顺利承接了11台无人化行车的运维任务。

持续优化库存结构。合理的备件储备是设备运行的基本保障，也是企业降低存货风险的重要抓手。2020年，为进一步规范备件管理，提高备件使用效率，防范经营风险，工业公司纪委牵头从采购计划、存货管理、进出入管理等方面开展了备件监察，起到了良好的监督提醒作用。同时试点点检单机成本核算，最大限度地激发起点检责任心，挖潜设备管理效益，提高企业经营质量。

专业化、智慧化发展离不开更加完备的人才体系。人力资源是推动企业实现长期稳定发展和解决发展中存在困难的智慧源泉和不竭动力。工业公司始终高度重视队伍建设和人才培养，围绕中冶宝钢“千人培养”计划，每年坚持梳理、制订人员培训需求计划，紧紧抓住人才这个第一资源，厚植企业发展优势。

这几年，工业公司坚持以“招好人、选好人、用好人、培育人、留住人”五大举措为统领，通过编写年度培训计划，精心组织安排培训时间，有效缓解了现场“工”“学”矛盾。通过组织员工参加技能竞赛，实现了员工技能等级和水平的“双促进、双提高”。通过开展实操培训、故障复盘等创新型的培训方式，进一步提高了技能人才解决现场问题的能力。通过不断地内培外训，丰富企业中高级人才力量，为企业“筑牢现有市场、开拓未来市场”厚植人才优势。

站在中华民族实现第一个百年奋斗目标的历史新起点上，工业公司将在“一天也不耽误、一天也不懈怠”企业精神的指引下，坚定不移围绕行车专业化、智慧化的发展战略，做强行车，做专检修，做好三门峡宝武铝业综合协力，为推动中冶宝钢行车专业化智慧化发展迈向更高水平而努力奋斗，为中冶宝钢实现新一轮的高质量发展贡献力量。

科技引领，携手创新，用心铸造品质楷模

——“中冶铸模”依托科技创新引领品牌发展举隅

中冶宝钢第五分公司一贯重视科技创新，通过科学谋划、扎实推进、真抓实干，科技创新基础得以有效夯实，科技创新工作体系得以持续完善，科技创新工作取得了一系列丰硕成果。目前，第五分公司已经逐渐形成以钢锭模及铸件、热挤压模具、等温锻模具、锻压机工模具等四类产品为主的“中冶铸模”品牌，系列产品广泛应用于国内冶金、航空航天、交通运输、石油开采、核电工业及武器装备等领域。“中冶铸模”正以成熟的工艺、优异的质量和不断庞大的科技创新成果向世界展示着中国制造的大国重器。

科学技术是第一生产力，创新是引领发展的第一动力，这是国家层面对科技创新工作的定位和评价。中冶宝钢第五分公司一贯重视科技创新工作，通过科学谋划、扎实推进、真抓实干，科技创新基础得以有效夯实，科技创新工作体系得以持续完善，科技创新工作取得了丰硕成果。

第五分公司目前已经逐渐形成以钢锭模及铸件、热挤压模具、等温锻模具、锻压机工模具等四类产品为主的“中冶铸模”品牌，系列产品广泛应用于国内冶金、航空航天、交通运输、石油开采、核电工业及武器装备等领域。

第五分公司坚定信心，奋发有为，以科技创新为驱动，用管理创效益，以品质树口碑。“中冶铸模”正以成熟的工艺、优异的质量和不断庞大的科技创新成果向整个世界展现着中国制造的大国重器。

优化核心技术，铸造品质楷模

近年来，我国的装备制造能力逐步增强，国产化已经成为富国强国的根本保障。2000 年以来，我国在飞机研发道路上逐步向前，国内飞机主承力框需要满足极高的刚度和耐腐蚀性，最终确定使用钛合金材料。由于受到国内以往锻造技术和能力的限制，之前普遍都是采用焊接将小锻件组合成大锻件，这不利于飞机的轻型化，强度性能得不到保证，而且涉及的工序多、协调的专业多，使整个锻件加工周期增长，且无法量化生产。

根据国防科工委下达的“特大型 TA15 钛合金整体隔框锻件研制”的国家重大军工配套项目要求，宝钢特殊钢分公司决定于 2006 年委托第五分公司研发与铸造相配套的模架。第五分公司积极响应宝武特冶国家使命类产品，“保供攻坚”专项工作要求，迅速成立专业攻关团队。箭在弦上，刻不容缓。

“中冶铸模”等温锻模具压制大型钛合金飞机隔框产品

模具需在真空感应炉内浇注，但受条件限制，造型和浇注是在不同的区域完成的，所以必须通过车辆运输。由于合金的热导率差、线收缩率大，造成热裂倾向较大，因此所选用的砂型必须兼顾浇注前强度高和浇注后退让性好这两个特点。通过对各类铸造用型砂的性能分析和实验，最后确定使用树脂砂。

飞机要求的模架不仅尺寸大、壁厚，而且模具的结构也不利于冒口的放置，其中耐热座形状复杂，有很多顶出孔需铸造出来，造成补缩困难。因此，要满足模具质量要求，困难很大。第五分公司攻坚团队通过增大冒口上部尺寸和减小与铸件接触面的投影面积，在保证金属液补缩的同时，缩小了冒口与铸件接触面的热节，增强补缩效果，并研制出了新型颈缩式冒口。

超大型高温合金模具有多件形状各异的模块，其中最大模具直径达到 2.0 米，最大浇铸重量达到 8.5 吨，其中的预、终锻模本身结构呈不均匀状态，批量生产的部分铸件都存在诸多缺陷。攻坚团队通过提高结构最薄弱处强度，改善退让性，并加强砂芯的排气，减少冒口热收缩应力，避免冷却过快产生大应力等工艺措施，使铸型的铸造成功率由63%提高到82%，合理减少了铸造缺陷。

这些模具圆满完成了多项国家大型锻件制造任务，创造的经济价值不言而喻。该成果荣获中冶集团科学技术奖，更对国防科技的发展有着深远影响。

钢锭模浇铸现场

历时8年，一群年轻的小伙子也已变得成熟稳重，一些团队带头人早已白发苍苍，但技术研发项目从未停歇。第五分公司不忘初心，坚持用心铸造、品质铸造。通过优化核心技术，对大型高温合金铸造及机械加工方面的研发、试制的推广应用，使特殊钢分公司成功地完成了大型钛合金锻件的试制，填补了国内空白。这使我国的等温锻造技术达到了国际先进水平，极大地促进了航空飞机及发动机锻件的研制生产，有效地解决了部分核心部件长期依赖进口的被动局面，对特殊钢分公司具有里程碑的意义。

一天也不耽误、一天也不懈怠

2020年伊始，一场突如其来的新冠肺炎疫情使国家进入几十年来最严峻的时刻，举国上下都在为抗击疫情日夜奋战。此时，第五分公司接到为上海市口罩机制造工程第一批50部口罩生产设备加工关键部件的重任，在抗击疫情的攻坚时刻，担当起央企的国家使命。

每短缺一只口罩，就可能有一个人的生命受到威胁。公司迎难而上，第一时间召开紧急会议，明确目标、分配任务，各部门快速联动，提供充足的物资保障和强有力的技术支撑。工程师、技术员、操作员在第一时间聚集，仅一天时间就完成图纸消化、人员组织和物资落实等准备工作，就是为了在最短时间内突破国内口罩产能瓶颈，消除市场口罩供应紧缺，为即将到来的疫情防控决胜阶段提供医疗物资保障。

以此次加工任务为契机，第五分公司用实际行动担当起了抗击新冠肺炎疫情的国家使命，用最短的时间做好了充足的准备和筹划；用最短的时间做好了设备的调试和运转；用最短的时间做好了产品的加工和质检。当人们在因遭受新冠肺炎的影响而感到恐慌时，第五分公司的每一位员工却逆行而上，与奋战在一线的医护人员相互呼应，为他们提供强有力的后方保障和支援。

寒冷的冬天，每一位中冶宝钢员工都奋战在自己的岗位上，发扬“一天也不耽误、一天也不懈怠”的企业精神，用自己的执着和努力担负着“救国为民”的重大责任，牺牲小我，终于迎来国家抗击新冠肺炎疫情胜利的一天。

发挥产业优势，开拓国际市场

2012 年，第五分公司首次承接国外的产品订单，公司志在打造“中冶铸模”品牌，以国内领先的装备、强大的质量保障，让中国制造成为国际模具制造的第一选择。

近年来，公司逐步拓展海外业务，用高质量的产品和优质的服务获得了行业的一致好评，也在国际上产生了一定的影响。在服务宝钢特钢的基础上，公司与兴澄特钢、北京安泰、张家港广大特材、江苏图南合金、山西太钢等国内知名钢铁企业保持着良好的合作关系。公司更是先后承接了法国埃赫曼公司的 G38 钢锭模、G42 钢锭模、N370 圆钢模、N640 圆钢模、2D 平板、1GM 平板、2GM 平板的生产任务，承接了日本 R0. 9t 钢锭模的生产任务，承接了波兰夹钳臂的生产任务等。公司用多年积累的经验和沉淀，一次次地完成了苛刻艰难的生产任务。

2019 年，在中冶宝钢的支持下，公司举办了“中冶铸模”企业开放日，被国内多家媒体广泛报道；参加了莫斯科国际冶金展，促进国产装备制造双升级，为“大国重器”增添竞争力；2020 年，公司完成了德国铸钢钢锭模的生产任务，填补了国内铸钢件钢锭模的空白；近期还承接了塞尔维亚紫金矿业的渣/铜包生产任务。

相对于国内产品，国外产品在质量检验要求上更为严格。在埃赫曼公司平板生产过程中，根据现场的熔炼炉吨位和平板质量要求，各部门协调联合，在第一时间派驻技术员全程跟踪。在工艺设计过程中，将实心木模改为空心木模，采用拼接加装加强筋的方式合理降低了生产成本。在熔炼浇注过程中，考虑到浇注的连续性和温度控制，采用麦糠保温和双浇口连续浇注的方式进行质量控制。考虑到冒口的补缩、铁水的应力冲击和砂型的强度，更是采取了“四大四小八冒口”的工艺设计和加装压板的铸型反变形措施。

中冶铸模在克服海外业务生产难度的同时，一次次地改进着自己的工艺，不断进行技术创新，极大地提升了企业的服务能力。第五分公司在千锤百炼中，迎难而上，不断成长，始终秉承以“降本增效，保障质量”为核心，以拓展海外市场为目标的经营理念，创行业之模，做国内之杆，立国际之碑。

雄关漫道真如铁，而今迈步从头越。中冶铸模品牌凝聚着老一辈的智慧与汗水，也流淌着新一代的激情与斗志。征途漫漫，任重道远！中冶人，以沪为点覆中华，以华为面迈世界。中冶蓝，一定会飘扬到更遥远的地方，海阔天空，一路是蓝！

水滴终石穿，铁杵磨成针

——中冶宝钢大型连铸中间包维护技术集成侧记

连铸中间包是钢水从钢包流到结晶器之间的过渡装置，其主要作用是分流钢水、稳定钢流、减压、减小钢水对结晶器中坯壳的冲刷，有利于非金属夹杂物上浮、净化钢水，从而提高铸坯质量。在多炉连浇时，中间包存储的钢水可在换包时起到承上启下的作用。由于钢厂各种高、精、尖品种钢的普遍冶炼生产，并随着转炉溅渣护炉技术的推广运用，尤其大硅钢的冶炼，加入较大量的脱硫剂会使渣的碱度提高，更加剧了中间包内衬耐材的熔损速度，包龄呈下降趋势，中间包维修作业量明显增加。这些因素都制约着炼钢生产物流节奏，为顺应炼钢连铸的快节奏生产，满足中间包对浇钢供应的需求，中间包的砌筑和维护相关要求都发生了很大的变化。

中冶宝钢多年总体承包钢厂中间包维护项目，在原有经验的基础上，经过多年对中间包使用情况进行摸索，通过一系列质量管理活动，中间包维护工艺持续改进优化，形成了比较完整的中间包成套维护技术，在保证施工质量及安全的基础上，降低了成本，提高了作业效率，也减少了耐材生产过程中的能源消耗，有效保障了炼钢厂生产的稳定运行。

作为冶金反应器的中间包是提高钢产量和质量的重要一环，无论对于炼钢连铸操作的顺利进行还是保证钢水品质，中间包的重要作用不言而喻。

宝钢作为国内钢铁行业的龙头企业，一直将冶炼精品钢作为自己的发展目标。作为宝钢炼钢厂中间包的耐材砌筑、维护的施工单位，为顺应炼钢连铸的快速生产节奏，满足中间包对浇钢供应需求，确保生产物流平衡，中冶宝钢一直致力于改善中间包内衬耐材使用、维修施工工艺的改进及降低中间包异常浇注率工作，通过采取一系列行之有效的改进措施，提高中间包使用炉龄和浇注稳定性，最终达到现场生产降本增效、冶炼设备快速周转和确保炼钢连铸稳定顺行的目的。

迎难而上寻踪

中冶宝钢承揽着宝钢大型连铸中间包的耐材砌筑、维护施工任务。随着各种高、精、尖品种钢的普遍冶炼生产，自 2004 年以来，中冶宝钢紧密围绕科技创新，始终致力于改善和优化中间包内衬耐材结构和维护技术，利用自主管理、技术开发等形式，成立攻关小组，迎难而上，成功解决了中间包底部熔损严重、上水口与上滑板间隙测量难、浸入式水口受热不均匀、溢流口耐材易松动脱落、中间包内衬耐火砖解体脱落等一系列技术难题。

中间包砌筑

结合宝钢炼钢厂连铸中间包的实际使用情况，为切实提高中间包的使用炉龄和浇注稳定性，达到生产顺行、提质增效的目的，中冶宝钢先后完成研究课题 7 项，分别为“中间包水口入口处增设防堵圈”“中间包留底大修施工法”“改进中间包溢流口砌筑工艺”“中间包包沿面板及底部与侧部衔接部位砖型改进”“中间包包盖结构优化”“SN 机构维护用工器具研制与创新”和“大型连铸中间包整体浇注”，形成中间包技术集成。

立足于公司技术创新工作要求，在对中间包施工工艺持续改进优化的同时，技术人员及时总结中间包项目技术创新点，从方案总结、工法、技术标准、知识产权申报及成果报奖等方面全方位做好技术创新总结提炼，相继取得授权专利 2 项，发表科技论文 3 项，获得自主管理成果奖 3 项，获奖工法 1 项。其中，“中间包留底大修施工法”荣获“2005 年度上海市职工先进操作法”荣誉；6 项自主管理成果分别荣获 2005 年度、2007 年度、2008 年度、2016 年度、2017 年度和 2018 年度全国冶金施工系统 QC 发布一等奖；大型连铸中间包整体浇注技术获得 2019 年冶金建设行业一级省部级工法。

组织技术人员进行中间包项目科技成果资料的编制，通过多方面搜集相关资料，同时反复查新，深挖关键技术及项目创新点，把专利技术的应用穿插到项目成果中去。此项目技术成果“中间包耐材施工工艺优化”荣获 2009 年度中冶集团暨中冶股份第二届青年创新“优秀奖”。科技创新技术集成项目“大型连铸中间包维护技术”顺利通过 2011 年度中冶集团科学技术成果鉴定，鉴定结论为国内领先水平，并于同年被中冶集团科技成果鉴定为国内领先水平。

抽丝剥茧觅源

中冶宝钢针对中间包包龄下降，维修作业量明显增加的问题，在现有的技术条件下，致力于工艺改进和优化中间维护技术。通过收集现场数据，从调研、立项、预算、实施、验收等各环节对中间包逐一进行攻关，有效提高了中间包包龄，减少了维修量。为降低中间包底部熔损，中间包维修时需要实现“留底大修”，而要实现“留底大修”，必须进一步降低底部耐材熔损。此前采取的办法是在中间包底部安放 SN 机构废滑板，以降低底部耐材熔损，但在实际使用中效果不理想中冶宝钢积极自主开发，并和宝钢有关部门密切合作，在中间包注流部安装防溅桶，有效降低了中间包的耐材消耗，节约了劳动力。

中间包砌筑维护

对于中间包内衬耐火砖解体脱落的攻关，中冶宝钢通过增加中间包包沿厚度，改进中间包底部和侧壁工作层砖型，设计专用密封条，减缓了包沿的熔损变形，降低了中间包维修成本。

效果好获青睐

“留底大修”技术成果“改进底部维修方法，提高中间包包龄”荣获2005年度全国冶金施工系统QC发布一等奖。

采用简易防堵装置来保证浸入式水口的烘烤效果，解决了上水口的堵塞问题。同时，根据烘烤温度要求，解决了防堵圈被卷入钢水结晶器中污染钢坯质量的问题，使中间包浸入式水口事故率从5%下降到2%。该项技术形成了“连铸中间包”国家授权专利成果。另外，“降低中间包浸入式水口异常下线率”技术成果荣获2008年度全国冶金施工系统QC发布一等奖。

改进中间包溢流口砌筑工艺，增强中间包内衬耐材整体性，提高该部位的使用寿命，使中间包溢流口平均维修炉龄从94炉提高至169炉。其中，“提高中间包溢流口使用炉龄”技术成果荣获2007年度全国冶金施工系统QC发布二等奖。

预制阳角使用寿命低，容易剥落、松垮。通过研究优化，采用整体浇注阳角，使其使用寿命大幅提升，取得了意想不到的效果。“提高中间包阳角使用寿命”技术成果获得2016年冶金行业QC成果发布一等奖。

中间包注流部为受钢水冲击最剧烈的区域，该区域的耐材墙体熔损严重，经常导致整个墙体都松动拆除，不仅限制了中间包内衬耐材炉龄，还造成了巨大的耐材损耗。通过在中间包墙体创新采用砖体与浇注相结合的施工方式，便于对受冲击区进行局部更换，有效减少了过去修理量大的弊端，缩短了日常修理时间，保证了正常的生产周转。“降低中间包下线修理时间”技术成果获得2017年冶金行业QC成果发布一等奖。

由于多年来炼钢工艺的革新与连铸技术的变化，中间包包壁与包底内衬耐材熔损速率相对有所滞后，即在大修解体时，包底耐材已达到残厚标准线，而包壁残厚还尚未充分利用，造成耐材浪费。通过分析计算，得出了包底砖体厚度最优值，可在现有基础上将包底砖加高一定厚度。经过多次现场实施，发现效果良好。“同步中间包内衬耐材熔损速率”技术成果获得2018年冶金行业QC成果发布一等奖。

中间包维护技术在宝钢炼钢厂成功应用后，通过与炼钢厂和宝钢生产技术耐材组共同沟通协商，将这些维护技术纳入标准化管理，对“岗位规程”和“CP 控制计划”进行了修订，并按照修订后的操作规程进行施工作业。本技术创新成果多次荣获全国冶金施工系统 QC 成果发布一、二等奖，同时获得国家专利授权 2 项。

中间包施工工艺的持续创新改进和改善了中间包生产实际中的许多问题，提高了中间包砌筑维护质量及生产效益，既锻炼了员工的技术创新能力，又为企业发展增添了新动力，实现了企业与职工的双赢，也为今后持续推进技术创新工作积累了丰富的经验。

石灰石焙烧废弃物的一场绿色革命

——中冶宝钢石灰石焙烧废弃物循环利用技术研发纪实

近年来，随着我国冶金行业的迅猛发展，大量冶金固体废弃物的产生占用了大量的土地资源，污染了周边环境。为此，提高钢铁流程固体废弃物资源化高附加值利用是钢铁企业必须解决的重大问题。“十三五”期间，我国继续加快处理钢铁工业大宗固体废弃物的发展步伐，国务院发布的《“十三五”节能减排综合工作方案》中明确了节能减排工作的主要目标和重点任务，并要求钢铁行业把“绿色发展、循环发展、低碳发展、两化融合”作为实施途径，大力发展循环经济，拓宽钢铁生产流程中固体废弃物协同处置渠道。作为宝钢股份的重要合作伙伴，中冶宝钢承担着宝钢股份石灰石焙烧厂的生产协力和环境整治工作。随着业务的开展与经验技术的积累，中冶宝钢发现石灰石焙烧厂在生产生石灰过程中产生的废弃物石灰石泥饼的成分与石灰石相近，可以替代部分石灰返炼钢转炉再生产利用，有效实现废弃物的回收和利用。该项目成果既能丰富我国在炼钢废弃物的回收利用上的技术路径，更能体现绿色环保的社会进步要求，为循环经济添砖加瓦。

在钢铁企业石灰石焙烧区域，粉尘大、作业环境恶劣是很多人脑海里的第一印象。如今，在宝钢炼钢石灰石焙烧现场，再也看不到这样的场景了，焙烧废弃物在进行干燥、破碎、二次处理后作为冶金辅料返炼钢使用，废弃物成了再生资源，而周边的环境依然保持清洁，实现了绿色生产。

奇迹的出现得益于石灰石焙烧废弃物资源化利用技术研究与应用。多年以来，中冶宝钢协力分公司技术团队都在固废利用上潜心研究，突破重重困难，实现了固废的循环利用。2019 年，在中国冶金科工集团科技成果鉴定中，经专家评审，“石灰石焙烧废弃物资源化利用技术研究与应用”项目成果达到国际先进水平。

果断立项，立足绿色环保

2019 年，全球粗钢产量达到 18.699 亿吨，我国的粗钢产量为 9.963 亿吨，约占全球粗钢产量的 53.3%。以每吨钢产生固体废弃物 600 千克 ~ 800 千克估算，全年共产生固体废弃物 5.9 亿 ~ 7.9 亿吨，主要构成为冶炼过程形成的炉渣、含铁尘泥、烧结脱硫产物。国务院发布的《“十三五”节能减排综合工作方案》中明确了节能减排工作的主要目标和重点任务，并要求钢铁行业把“绿色发展、循环发展、低碳发展、两化融合”作为实施途径，全面实现我国钢铁工业绿色发展。中冶宝钢协力分公司承担着宝钢股份石灰石焙烧厂的成品清洁生产任务，如何高效环保地处理、利用焙烧废弃物是发展历程中亟待解决的一个重要课题。

焙烧废弃物起始的处置方法是在回转窑堆场进行适当包装，外运至指定废弃物处理点，该方法不仅会对自然环境造成影响，还要投入大量的人力、物力和财力。随着研究的持续深入，技术团队发现焙烧废弃物成分与石灰石相近，理论上可用作炼钢造渣剂使用，既可回收资源，又能保护环境。在经过现场调研、查阅资料、分析讨论后，协力分公司技术团队果断成立专项小组，明确各自分工，从技术可行性、先进性、经济合理性、安全可靠性等方面开展对石灰焙烧废弃物资源化利用研究。由此，一场石灰石焙烧物的绿色革命拉开了序幕。

攻坚克难，艰辛换来成功

关于炼钢助溶剂的生产方案，世界范围内的钢铁厂都在研究。2008 年，日本提出的一种技术是以铁酸钙为有效成分的炼钢助熔剂的生产方法，是在破碎的石灰石颗粒上覆以氧化铁粉末水浆，入回转窑烧结，待氧化钙和氧化铁反应生成铁酸钙后，再将氧化钙颗粒分离。2010 年，韩国提出了一种炼钢助熔剂的制造方法，该方法通过助熔剂快速收集钢液中的氧化物生产纯钢，

焙烧厂房外景

它是将石灰石、铝土矿和液体黏合剂放入捏合机内，混合在一起，使液体黏合剂覆盖在材料的表面，第一预混料和低熔点材料混合，再加入第二混合材料进行加热，进行塑化熔融，待混合物冷却后粉碎并筛分。2013 年，韩国又提出了另一种应用氧化钙源和氧化铝源制造炼钢助熔剂组合物的方法，该方法仅涉及氧化钙的使用。因世界上现有的研究成果可知，利用氧化钙作为炼钢助溶剂是切实可行的，但是在利用焙烧区域石灰石泥饼废弃物进行返炼钢领域，国内外未见相关报道，也未检索到其他相关专利，可见这是一场技术攻坚的硬仗。

随着项目调研的逐渐深入，项目目标逐渐清晰，项目的可行性也越发明朗，研发思路也明确下来。基于现有的研究结论，只要将项目的终点设置为前人研究起点，就能圆满解决这个困扰宝钢多年的固废处理难题。因此，项目主要需要解决两个技术难题，即焙烧废弃物返炼钢技术和焙烧废弃物如何作为冶金辅料进行返炼钢。首先，焙烧废弃物成分复杂，虽然其主要成分是氧化钙和水，但是，剩余 30% 的其他成分是否会对返炼钢产生影响？返炼钢使用中是否可行？其次，焙烧废弃物形态呈现湿泥巴状，如将其简单晾晒或者烘干至水分比例合宜，其形态势必以粉料为主，运输不便。在转炉炼钢过程中，也会因炉内的高温上升气流和除尘装置而被处理掉。如何实现成分分解？以何种形态再利用？这是第一个问题的两大技术瓶颈。

因此，项目组针对石灰石焙烧废弃物理化性质和炼钢辅料的技术参数进行了研究。石灰石焙烧废弃物投入转炉，在炉内加热煅烧，其表面温度会在瞬间由常温升至 1100℃ ~1400℃ 的炉内温度，说明石灰石焙烧废弃物在转炉环境内的分解是没有问题的，而且分解趋势非常大。有了理论的数据支撑，项目组开始进行入转炉试验，试验钢种主要集中在 AP、AN 及压盖钢上。2016 年 2 月，项目组在宝钢炼钢厂二分厂开展了泥饼试验，试验料通过料斗预先加入废钢料槽，根据钢号进行连续的入炉试验及数据统计。为了确保试验数据具有更强的说服力，项目组在宝钢炼钢厂一分厂转炉同步开展，避免了各方面差异的造成的试验结果偏差。经 100 余炉次的试验、分析，得出结论：可以实现转炉的正常冶炼，出钢正常，S、P 指标均达标，试验炉次平均回硫量、平均停吹磷等数据均为正常，未对生产造成不良影响。该辅料的进入有利于冶炼过程改善化渣，可明显降低石灰单耗，第一个技术难题成功攻破。

紧接着，项目组考虑的是如何将石灰石焙烧废弃物从原料堆场输送至加工场所，以及选择何种工艺系统进行石灰石泥饼的加工、压型并实现最后的返炼钢入炉工序。经过大量的实践，将废弃物干燥、压球成型为泥饼是最适合的解决方案。项目组通过对不同压型黏结剂的压型效果进行比较，同时考虑了防止成型物料破碎的溜槽等辅助技术，通过添加黏合剂，发明了冷态下的石灰石泥饼压球成型技术。

在主要设备选型方面，为实现较高效平稳地连续生产，从性价比上，项目组选择了中低压压球机。相比而言，该类设备维护更方便，成本更低，性价比远远优于高压压球机，但不可回避的问题是：在中低压下，石灰石泥饼的直接压球成型率极低。项目组通过检测分析石灰石泥饼成分，利用其主要成分特点，考虑新增某种黏结剂，研制成一种石灰石泥饼压球成型配方，达到了较高的成球率，并提高了成球的强度，从而用工艺上的改进弥补了设备上的不足，以非常经济的方式为石灰石泥饼返炼钢生产创造了基本条件。

此外，技术团队结合石灰石压型参数，配套研制出石灰石泥饼返炼钢工艺和生产设备，通过对石灰石泥饼进行干燥、破碎、搅拌、添加辅料、压制、二次干燥等过程，使之变成冶金辅料，实现废料再利用，形成一条绿色环保的生产模式。

再接再厉，摘得累累硕果

石灰石焙烧废弃物资源化利用项目成果在宝钢炼钢厂应用之后，使石灰石焙烧废弃物以炼钢辅料的形式得以循环再利用，实现了焙烧废弃物的环保化、资源化利用。

困难一个又一个，难关一道又一道。项目组一步一个脚印，一一克服，在研发过程中申报 5 项专利，其中 2 项发明专利和 1 项实用新型专利获得授权，2 项通过国家专利局初审（目前正处于公示阶段），在 2019 年中冶集团的科技成果鉴定中，经专家评审，该成果达到国际先进水平。同时，该项目研究秉承变废为宝、资源再生、创造资源与环境和谐的思想理念，坚持市场导向、专业化、产业化发展道路，致力于绿色生产的全面创新和实践，形成一条绿色环保生产模式，在同类钢厂中极具推广价值。

以创新之魂谱写“中冶智造”之歌

——记“中冶重机”焊接渣罐的研发之路

中冶宝钢研发焊接渣罐近10年，终获成功！“中冶重机”品牌的焊接渣罐具有环保、强度高、寿命长、综合性价比高等特点，市场向好、订单沓来，产品已远销至国内外大型有色冶炼厂和钢铁厂。中冶宝钢始终坚持在焊接渣罐的研发道路上创新求变，谱写“中冶智造”的绚丽篇章。

以不变应万变的量身定制

七月流火，“中冶重机”焊接渣罐的生产也如火如荼。截至2020年8月，中冶宝钢需完成制造的焊接渣罐多达350套。焊接渣罐项目的主要特点是批量小以及规格多样化，容积从4.4～25立方米不等，达7种之多，结构形式有平底、球底、圆锥形筒体、椭圆形筒体、溜嘴倒渣口结构等。针对不同的客户群体，研发团队始终坚持攻坚克难、深度研发，根据客户个性化的需求，实现真正意义上的量身定制。

“两手抓、两手硬”的复工达产

由于焊接渣罐制造工艺的特殊性，所采用的主体材料都需定轧采购。2020年，受新冠疫情影响，人力、物力等都出现了一定程度的滞后。同时，由于当年的项目都是小批量定制，多个项目穿插进行，要求工期“短、严、快”，这些都对作业效率提出了考验。

为保证项目能正常履约，项目团队坚持“两手抓、两手硬”，多措并举，确保复工达产。一是周密策划，将每个项目的生产计划细化到每天，并制定相关责任人，通过“天天读”和日报的方式，掌握准确的生产信息，及时监控生产进度，快速发现问题、解决各环节的卡滞点，真正发挥各工序预警、纠偏的作用。二是结合多种形式推进生产作业，根据各工序的定量计划，结合防疫措施要求，采取轮班接力、错峰作业等方式，解决人手紧缺、生产设备有限等问题。三是各层级人员“靠前站”，关注生产流程中的细节落实和执行情况，进一步发挥管理、协调职能作用，做到“今日事、今日毕”，深入现场、协同作战，实现各工序之间的无缝连接。

通过各项措施的有效落实，最大限度地降低了疫情对工期的影响，保证了生产过程管控有度、忙而不乱，各项目皆按照客户需求完成交货。

新技术、新工艺的经济效益

受钢材市场价格、人工费用上涨及行业竞争激烈等因素影响，焊接渣罐项目制作成本大幅增加。为了降本、增效、提质，项目团队群策群力，通过技术研发，将一套套实用有效的装置、工装、工艺在焊接渣罐制造上成功应用，取得了显著成效。

焊接渣罐生产现场

中冶重机研发的6000吨液压机及其配套专用工装与工艺实现了锥形厚板筒体不预留压头余量的冷压成型，在降本增效的同时，也改变了以往筒体压型由外委承接所带来的周期不可控，从而影响工期的被动局面；研发的球形罐底压型的专用模具采用热压工艺，保证了球形罐底成型的尺寸统一，提高了与筒体的组装契合度；采用“金字塔式”倒置拼装工艺，保证了渣罐的拼装质量，提高了工效；在焊接工艺上，实现了气体保护焊与埋弧自动焊的有机组合以及全熔透焊与非熔透焊的最优布局，保证了渣罐的焊接质量；先后研发的球形包底坡口切割工装、坡口切割机器人、环缝焊接专用工装、渣罐筒体埋弧焊可升降式双工位焊接工装、渣罐整体焊接专用工装、个性化的检验工装等工装与工艺，解决了焊接渣罐成型、拼装、焊接等一系列工艺难题，在提高作业效率的同时，也提高了产品质量。

近年来，“中冶重机”多项技术、工装获得专利的授权：“用于铜渣缓冷工艺的焊接结构式渣罐制造技术”通过中国冶金建设协会的关键技术鉴定，并取得了省部级工法；“用于球底焊接渣罐制造的系列工装”获得中国五矿首届职工岗位创新十大成果；“一种用于铜渣缓冷工艺的球底焊接渣罐自主研发及产业化项目”获得第四届全国质量创新大赛 QIC-Ⅳ级技术成果证书。这些荣誉、成果的取得，充分展现了中冶宝钢的技术创新实力、技术成果及产品质量，成就了“中冶重机”的品牌影响力。

“中冶重机”品牌焊接渣罐承载着中冶宝钢的骄傲与梦想，把焊接渣罐做大做强是每个“中冶重机”人的责任！在未来的发展道路上，中冶宝钢将在团结拼搏中与时俱进，在攻坚克难中追求卓越，为品牌而战、为荣誉而战，积极推动“中冶重机”品牌焊接渣罐向新领域、新方向、新合作模式发展。

从“新”出发，全面打通生产瓶颈

——中冶宝钢精细铁水预处理核心技术侧记

随着钢铁工业的飞速发展，炼铁、炼钢工艺不断进步，产量不断提高，对质量的要求也随之提升。作为铁水冶炼变成钢水的必需环节，铁水预处理是高炉连接转电炉的中间枢纽工序和重要的咽喉部位。中冶宝钢承接预处理项目以来，克服了无数困难，解决了多项技术难题，同时不断培训岗位人才，并先后获得多个专利和质量成果，为打通生产瓶颈贡献了力量。中冶宝钢重视人才培养，积极营造技术氛围，岗位上的操作工也要成为“专家”，造就了铁水预处理“人人懂设备，人人懂工艺，人人能提建议”的良好氛围，打造出一支专业的铁水预处理团队。有团队精神，就有牺牲精神。预处理员工舍小家、为大家的现象屡见不鲜。正是有这种团队精神作为基础，铁水预处理团队才能奋勇前进、稳步发展。经过多年的不懈努力，中冶宝钢在铁水预处理中锻炼了一批骨干力量，可为转电炉的品种钢冶炼保驾护航。

铁水预处理是对铁水中的有害成分进行加工处理，主要是去除铁水中的硅、磷、硫等有害杂质，是炼钢炉前的必备环节，向转炉提供高质量的低硫、低磷、低硅铁水，为转炉少渣和无渣炼钢创造条件。降低钢铁料消耗，为大硅钢、汽车板等品种钢的冶炼提供优质的铁水，为冶炼高附加值、高难度钢种、超纯净钢创造必要条件，为转炉扩大品种、提高产品质量做出贡献。铁水预处理是高炉连接转炉的中间枢纽，有利于放宽高炉原材料条件限制，解放高炉生产力，降低高炉焦比消耗，保证高炉顺行，更有效地解放转炉生产力，缩短冶炼周期，提高产量。

2006 年 5 月，中冶宝钢协力分公司承接了宝钢铁水预处理生产操作项目，通过多年从事生产协助和维护服务积累的丰富预处理操作经验，从最初的处理普通铁水、单向脱硫，通过技术攻关、工艺改进、技能提升，使得协力团队能够处理更多品种的钢铁水加工。2007 年，宝钢正式开始大硅钢的冶炼，这是硅钢生产的初始年，而铁水预处理又是硅钢生产的关键工序。大硅钢采用的是全铁水冶炼，铁水处理的好坏对硅钢冶炼的成败起着关键的作用，协力分公司通过“苛求、精准、协同、高效”的硅钢精神、扎实的操作技能和员工的业务水平打通了枢纽和瓶颈，为宝钢的大硅钢大批量生产保驾护航。

自宝钢大硅钢投产以来，协力分公司这个年轻富有朝气的铁水预处理团队用青春、智慧、责任坚守着铁水预处理岗位。他们肩负着硅钢铁水处理质量把关的责任感和硅钢一线生产的使命感，用实际行动克服了铁水原料的异常和设备的老化、喷吹烟气外溢时的扬尘等种种困难，为协力分公司铁水预处理核心技术攻坚克难、精益求精。随着钢铁市场的不断变化，对品种钢要求越来越高，这也让这群年轻的中冶协力员工更加全身心地投入到硅钢铁水预处理中来。

铁水预处理

扎实基础强化培训，精益求精钻研技术

协力分公司自承接宝钢铁水预处理项目以来，根据大硅钢等品种钢生产的需要及技能的需求，制订了一套针对铁水预处理操作规范的培训机制。为了使协力员工更稳定、扎实地立足大硅钢生产工艺岗位，协力分公司专门邀请宝钢炼钢技术工艺专家、大硅钢生产的专业人员到现场指导、交流、传授精品钢铁水处理的先进经验及技术攻关的知识。公司也定期组织有针对性的技术交流及技术联络单、CP 计划的强化培训，为硅钢批量稳定生产打下了扎实的基础。

为了把这个年轻的团队磨炼成一支技术娴熟、责任心强、善打硬仗的铁水预处理操作队伍，公司派专门的技术人员、管理人员到现场跟踪、指导，对大硅钢等品种钢的铁水处理中存在的问题及时进行分析、总结、论证，使铁水预处理的操作更加精细、扎实，对遇到的困难更能有效地解决、改进，通过理论加实践的培训模式，在铁水预处理脱硅、脱磷、脱硫的基础上，成功地开展了铁水中脱锰、脱钛的实验，申请专利5项，QC活动9项，其中获得全国冶金发明一等奖2项，为宝钢品种钢的扩展奠定了坚实的基础，也使这支年轻的铁水预处理团队更加成熟稳健。

强化队伍凝聚建设，打造善于学习团队

不断学习才能提高，学习是一个团队的血液，善于学习是团队进取的注油机。2007年大硅钢投产后，预处理的协力员工投入了更大的工作热情，始终以“苛求、精准、协同、高效”的八字精神严格要求自己。虽然团队人员来自祖国四面八方，但是他们在日常工作中不断加强文化修养，消除文化差异。宝钢的铁水预处理采用的是日本川岛制铁厂的设备工艺，是国内最先进的铁水处理工艺。面对高标准的操作要求，协力员工不断钻研操作技能，开展经验交流从不吝啬。对于上个班总结的经验，他们会在交接班时及时传达给下个班同事。他们虽然是同事，却像兄弟般团结、和谐。为了让宝钢的硅钢铁水处理得更优质，他们有时放弃休息，几个人在一起探讨铁水预处理中的技术经验。2009年12月，甲班员工小邵准备回家结婚，由于一个大硅钢批次生产任务比较急，在任务和婚期时间重叠面前，小邵还是选择了推迟婚期，来完成铁水预处理任务。其实，他们怀着同一个梦想，站好铁水预处理的这班岗，服务好业主，扎实自身的操作技能，树立协力的预处理技术品牌。俗话说得好：学无止境！作为协力人员，又是大硅钢等精品钢生产一线成员，为了让业主放心满意，做“信得过”协力合作伙伴，他们充分发扬了协力员工的优良作风及创新能力的团队精神。

他们面对“制约硅钢生产质量的第一个环节”——苛刻的铁水预处理要求，埋头钻研，解决了操作中的一个个难题。中冶宝钢协力员工通过日常刻苦的学习，积累了一套丰富的铁水预处理生产经验，用自己的热情服务业主，为宝钢精品钢的长久发展做出贡献。

技术标准长效推进，团队水平共同提升

经过十几年的实践，协力分公司铁水预处理岗位锻炼了一批年轻的骨干核心人员。他们在宝钢精品钢冶炼的道路上一起成长，越来越成熟稳健。在这些年的磨炼中，他们更多地思考着铁水处理的技巧和奥秘，不断地提高铁水预处理的操作标准，与严格的要求同步推进。在推进的过程中，他们坚持“四班如一”，不会落下一个人，团队的水平共提升、共进步。通过他们的精心操作，将高质量的铁水源源不断地送到下道工序，为每一炉钢的冶炼创造条件。

在这些年的铁水预处理核心技术工艺的生产实践中，协力分公司全体员工扎根岗位，共同努力，出色地完成了宝钢精品钢中的低温取向硅钢、高温取向硅钢、顶级高牌号硅钢、高效硅钢、中低牌号硅钢、汽车板等铁水的加工处理，为宝钢的精品钢生产实现大满贯，用实际行动践行“一天也不耽误、一天也不懈怠”的企业精神。

努力探索，科学发展，打造绿色钢渣产业链

——记中冶宝钢绿色冶金渣处理技术的探索之旅

炼钢过程中要产生大量的废渣，产生率达到钢产量的10%。国家“十一五”发展规划中指出，钢渣的综合利用率要达到86%以上，基本实现“零排放”。然而，钢渣中国综合利用的现状与规划相差甚远。

中冶宝钢是国内最早专注于冶金渣处理与综合利用的公司。公司重视和发展科技，把创新能力作为企业发展的驱动力，经过几十年的不懈努力，完全掌握了绿色钢渣处理核心技术，达到了国际一流、国内领先的水平。一直以来，公司在冶金渣处理技术领域不断投入资金与技术，在实践与发展中先后发明铁水渣浸泡生产工艺、渣罐格栅处理工艺、渣罐喷涂工艺、冶金用高纯度渣钢铁加工工艺、铸余渣综合利用工艺、石钢锤破碎渣钢铁工艺、滚筒渣处理技术、滚筒维护技术、钢渣返回生产循环利用技术等几十项关键技术，全部应用到了宝钢渣出处理系统，同时产生了巨大的经济效益和社会效益，具有很高的推广应用价值。

站在新起点，中冶宝钢充分发挥在钢铁服务业的技术优势，继续艰苦奋斗，孜孜以求自主创新，坚定目标，有条不紊，阔步迈进，在钢铁服务特殊的领域里越走越宽广。

中冶宝钢是国内最早专注于冶金渣处理与综合利用的公司，主营业务是将钢铁冶炼过程中产生的废弃渣进行处理与回收再利用。从宝钢“85·9”投产开始，历经多次变革，经过三十几年的不懈努力、持续探索，逐渐摸索出了一套行之有效的独特生产工艺，冶金渣处理技术不断创新，工艺水平不断

提高，综合利用技术日趋成熟，其中核心的工艺技术已经达到国际先进水平。

经营发展是企业永恒的主题，而技术创新是企业的发展之道、力量之源。中冶宝钢协力分公司历经几代人的探索努力，先后发明铁水渣浸泡生产工艺、渣罐格栅处理工艺、渣罐喷涂工艺、冶金用高纯度渣钢铁破碎工艺、石钢锤加工渣钢铁工艺、铸余渣综合利用工艺等；与宝钢携手，首次在国内实现了滚筒渣处理工艺，在生产实践中形成了众多自主知识产权；同时，站在行业发展的最前沿，主导研发钢渣返回生产循环利用技术，并投资建设了宝钢股份钢渣返生产加工项目，生产冶金辅料返回炼铁炼钢使用，钢渣返生产利用率达到国际先进水平，生产的金属料品位达到92%，可替代废钢使用。

扒渣现场

中冶宝钢协力分公司的技术创新历经一个漫长的积累过程，在不断借鉴吸收国内外先进技术经验的基础上，慢慢走上了自主开发、自主创新的道路。进入2000年以后，协力分公司的技术创新逐渐显现出加速发展的趋势，技术创新模式也更加成熟、成套。这些优秀的工艺技术经过市场的历练之后会逐渐固定下来，并不断完善，形成了目前协力分公司的绿色环保冶金渣处理及利用技术矩阵。

中冶宝钢协力分公司目前的冶金渣处理技术是众多先进工艺的集成，是在冶金渣处理的降温、破碎、分选、提纯、深加工等众多工序中，针对不同渣型，围绕节能环保、降低成本而进行技术攻关、技术研发的工艺总和，研发过程中采用小步走、不停步的策略，解决工艺链中的一个又一个难题，逐渐减少冶金渣处理过程中的污染与浪费。

铁水渣浸泡生产工艺成功地解决了铁水渣的处理难题，是首次在冶金渣处理工艺中取得重大突破，其技术原理是在铁水罐中通过合理洒水实现热态冶金渣的降温、粉化，这在传统的冶金渣热泼、闷罐处理工艺外实现了一种全新的工艺：避免红渣直接翻倒，从根本上避免了高温红渣飞溅伤人的事故，

渣罐吊运

降低了翻渣场地的作业温度，改善了作业环境；从根本上杜绝了由于风向不好造成的轮胎烧毁、油缸爆裂等事故，保证了驾驶人员和工程车辆的作业安全；翻倒在场地上的铁水渣无须洒水冷却，场地上不会产生积水，杜绝了因响爆而带来的人身伤害和机械伤害等事故的可能；另外，在翻倒、转场、装车等各个作业环节中，不会产生石墨粉及金属粉尘，极大地改善了作业环境和周边的大气环境。

渣罐格栅工艺是在处理铸余渣过程的重大突破。铸余渣是连铸过程中钢包浇铸后产生的废弃渣，含有一定量的铁。由于铁水冷却后会形成大渣坨，使用传统工艺处理起来非常困难，并且资源回收率也不高。协力分公司员工再次攻关，开发出了格栅处理工艺，采用预置格栅的方法，消除了铸余渣大渣铊的产生，减少了铸余渣加工工序和加工成本，避免了大渣坨破碎和切割作业过程中的危险因素对人身的伤害。经格栅工艺处理过的渣钢铁，一次就达到了入炉标准的尺寸。经提纯处理的渣钢铁可以返回转炉，作为废钢使用。

冶金用高纯度渣钢铁加工工艺解决了金属料的处理难题。以格栅工艺产生的渣钢铁为原料，经过破碎、洒水、浸泡、打浮渣、二次洒水等工序，将渣钢铁加工处理成符合冶炼要求的废钢原料，返回转炉回收再利用。该工艺处理的高纯渣钢铁纯度一般为98%以上，解决了含有磷、硫等冶炼有害杂质的问题，既降低了炼钢生产的成本，又减少了铁矿石、能源的大量消耗，并且解决了因为大量有用的渣钢、渣铁资源不能有效利用而带来的占地、浪费问题，保护了环境、节约了资源。该工艺是循环经济、绿色经济的关键工艺。现在，钢产量已经超过9亿吨，每年新产生的渣钢铁达到上千万吨，累计堆存量数亿吨。如果能够充分利用这些资源，可以减轻钢铁工业造成的环境负荷，有利于整个国家的可持续发展。同时也可以带来可观的经济效益。经估算，采用该工艺处理每吨钢渣可以带来近百元的收益。

滚筒综合运维技术有力地保证了环保型滚筒的正常运行。为了满足炼钢及钢渣处理清洁化生产的需要，满足日益严苛的环保要求，克服滚筒渣处理设备故障率较高、滚筒钢渣处理率较低、滚筒渣处理设备运行维护专业化程度要求较高的难题，通过不断进行工艺创新，中冶宝钢研发出滚筒综合运维技术并应用于宝钢炼钢滚筒渣处理设备，提高了检修效率和质量，降低了滚筒渣处理设备故障率，提高了滚筒钢渣处理率，确保滚筒渣处理的清洁化生产和炼钢生产的稳定顺行，保证了每年宝钢滚筒处理钢渣 120 万吨以上。同时，该技术也最大限度地减少了在钢渣处理过程中对大气的污染和对水资源的污染，符合国家提出的“大力发展循环经济”的号召，是推动资源综合利用的成功技术。在国际上，宝钢首次将滚筒渣处理技术成功应用于生产实践中。目前，该工艺达到国际先进水平，已成功在马钢、邯钢、酒钢、中国台湾中龙钢铁、韩国浦项制铁、印度 JSW 等国内外知名钢企应用，产生了良好的环境效益，赢得了社会各界的高度认可。

钢渣返回生产循环利用技术成功解决了冶金渣处理后尾渣的利用问题。实现了铸余渣综合利用，包括冶金渣返转炉料加工处理、冶金渣返烧结料加工处理等。在技术研发过程中，经过反复对比试验，中冶宝钢另辟蹊径，变废为宝，将看似无用的废弃渣经过精加工，代替石灰石、白云石等作为转炉、高炉冶炼的溶剂、原料使用。这样一来，不仅解决了废弃物长期占用场地以及扬尘、重金属污染水源等环境问题，也节省了对非可再生资源石灰石、白云石的消耗，极大地降低了炼钢成本，促进了循环经济、绿色经济的发展。经过几年的测算，单是石灰石一项，即可降低 10% 的吨钢消耗。同时，在冶炼中加入该工艺处理的渣料后，对冶炼中的磷、硫含量无影响，却明显改善了吹炼过程中的化渣情况，减少了初期铁水对炉衬的腐蚀，提高了炉龄，降低了耐火材料的消耗。此外，渣料中的氧化铁还能被还原进钢水，稀有元素以及重金属等也可通过富集和提取过程返回钢水中重新利用。

近年来，随着冶金渣处理工艺的不断提升与完善，经济效益明显，为业主节约了巨大的冶炼成本，确保了高牌号钢种的冶炼，得到了业主的认可和肯定；同时也取得了很好的社会效益，促进环保型、生态型钢渣洁净生产、综合处理产业发展。在不断促进公司技术实力、促进科学发展过程中，协力分公司的经营业绩屡创新高，积累了大量具有自主知识产权的专利技术。目前，公司拥有冶金渣处理方面的发明及实用新型专利30余项，发表专业论文20余篇。

本着“一天也不耽误、一天也不懈怠”的企业精神，中冶宝钢将在打造“国内第一、国际一流”冶金运营服务商的道路上阔步前行。

管理篇

以微蓝力量迎接灿烂未来

——中冶宝钢以“五种精神”打造领导力品牌

领导力品牌建设是2017年1月18日国文清在中冶集团年度工作会上所作《关于中冶集团领导力建设的问题》的讲话中提出的，第一次精辟阐述了“如何打造中冶集团领导力品牌”建设。其实，早在2015年，一群身着微蓝色服装的中冶宝钢人，在祖国大陆的南端，在南海之滨的东海岛上，在湛江钢铁12.98平方千米的热土上，就以初心和使命践行“五种精神”，率先掀起了领导力品牌建设的巨浪。

有一种流动的蓝叫微蓝，那是一道风景、一种内涵、一种文化、一种精神，是中冶宝钢独有的。在湛钢码头港机旁，在高炉、转炉的平台上，在热轧、冷轧的轧机旁，你总能见到那亲切自然的微蓝。他们坚定信念与湛江钢铁目标同向、能力同向、价值同向，全流程、全覆盖、全天候服务湛钢，以“五种精神”践行领导力，提升服务效率，延伸服务价值，助推湛江钢铁实现“达产、达标、达效、达耗”，不断打造自身领导力品牌，成为湛江钢铁放心、满意的战略供应商。

以使命必达的创业精神打造领导力品牌

湛江钢铁作为宝钢“二次创业”基地，寄托了中国钢铁强国的梦想和希望。作为战略合作伙伴，中冶宝钢人伴随湛江钢铁的建设，怀揣梦想，近千名管理者和员工抛亲舍家，从上海千里跋涉聚集湛江，投身到宝钢“二次创业”的洪流中，开启了追梦筑梦新征程。他们以不可替代的管理优势、技能优势、服务优势承接了湛江钢铁设备检修、生产作业、全厂工程机械运营及技改施工等业务，为湛江钢铁提供从原料码头到成品运输的全流程冶金运营服务。

中冶宝钢承建湛江钢铁投产纪念雕塑落成揭幕

中冶宝钢实施“一厂管一厂”，以上海总部各专业单位对口支撑模式，围绕2015年9月高炉点火这一目标，“一切为了‘15·9’，一切围绕‘15·9’，一切服从‘15·9’”。中冶宝钢人从管理准备、人员准备、技术准备、物资准备、后勤准备五个维度，全方位抓生产筹备。公司大力抓体系管理，编制管理文件百余篇，技术文件4万余篇；投资各工程机械、设备1700余台套。上海骨干支撑人员占比三分之一，此外面向全国招聘4000人，组织员工上夜校、签订师徒带教、现场实训、高手对决、技能比武等各类岗位技能培训10万余人次，迅速打造一支高素质、高协同的专业团队，全力保障湛江钢铁一期一步、二步工程顺利投产及生产运行稳定。

中冶宝钢发扬“一天也不耽误、一天也不懈怠”的企业精神，在创业过程中，面对从零开始的工作，全新摸索，克服了多重困难。从新常态、新环境下的诸多不适应，到目前各项工作得心应手，做到“湛钢想到我做到，湛钢需要我办到”，逐步成长成熟起来，向着冶金运营服务商再拔尖、再拔高、再创业的方向持续攀登。

以敢为人先的创新精神打造领导力品牌

中冶宝钢在湛钢的服务队伍目前已发展至5000人。为全面提升基础管理水平，团队持续开展以“爱岗敬业做表率，精益运行当能手”活动为抓手，认真践行“简单、高效、低成本”的运行模式，抓基层、打基础。2017年，中冶宝钢在湛钢的作业区领先其他单位，被评为宝钢股份“银牛作业区”“铜牛作业区”；2019年，多个作业区成功晋升“金牛作业区”“银牛作业区”；

50%的作业区被湛江钢铁评为示范作业区，105名作业长个个有自主管理成果，399名班组长提交的合理化建议均得到湛江钢铁认可。

中冶宝钢不断蓄力蓄能，打造精干高效的团队。一是精简管理人员及组织机构。在管理上，以短、平、快的短流程运行，缩短工作传达流程，精简会议。二是优化人员配置，提高在岗人员岗位胜任能力，推进“两长”安全履职及“一岗双责”落地。三是在生产上，以开展“大生产、大协同”的模式，探索“区域负责制”，优化生产组织，打破设备检修与生产操作壁垒，促进检修和操作人员相互支撑，逐步实现高效协同的运行能力。

同时，中冶宝钢还不断优化生产工序，提升产能。一是开展“一岗多能”活动，培养多面手，精简岗位定编。二是开展工装、工法革新，助力检修效率。三是研发地脚螺栓拆卸专用工装，研发焦炉煤气排风机轴承盖壳翻身专用电动工装，改造30万吨码头矿石清仓铲车铲斗，研发煤粉粉尘吸尘器等近百项先进操作法。在助力湛江钢铁“四达”目标实现的同时，这一系列措施也实现了中冶宝钢自身冶金运营服务能力的提升，由钢铁“护工”“护士”逐步向钢铁“医生”转变和发展。

以乐于付出的奉献精神打造领导力品牌

为培养属地化员工，广大党员干部及支撑人员坚持“5+2”“白加黑”的牺牲奉献精神，感染带动了一大批员工。春节是我国最大的传统节日，在全国人民阖家团圆的时候，一大批党员干部与支撑人员留守在湛钢，坚守岗位，连续多年在厂区里值班过年，回家探亲的时间一拖再拖。

有支撑人员在宝宝出生半年后，年轻的父亲还没有回去抱过孩子；也有支撑人员为了工作，甚至没能抽身赶回家探望年迈病重的父母，最终未能见父母最后一面，留下永远的遗憾。行车女工钟仕英是第五届上海市五一巾帼奖获得者，为了支持丈夫在湛工作，2016年，她主动放弃上海本部稳定的工作，甘愿随丈夫支撑湛江，做一名行车工带教师傅，培养属地员工操作技能，演绎了一部现代版的“夫唱妇随”。如今，他们的孩子已经大学毕业，跟随他们一起扎根湛江。

还有大部分管理者利用双休时间，长期开办“周末学校”和“晚间课堂”，培养属地接班人。他们长年累月驻守在岛上，把美好的青春年华奉献给了湛钢这片热土。值得一提的是，他们不仅得到了亲人的支持，也鼓舞和感染了一大批属地员工。

用中冶宝钢湛江团队首位属地电工技师唐秋富的话来说，上海支撑人员来湛付出那么多，牺牲那么多，自己身为中冶宝钢一员，如果不努力，何以对得起这身微蓝的工作服？如今，唐秋富已经成为属地员工佼佼者，引领着众多青年对标学习。

以敢拼实干的无畏精神打造领导力品牌

从入湛筹备到保一期一步、一期二步工程顺利投产，从多次定（年）修高效协同到助推湛江钢铁实现“四达”，都见证了中冶宝钢湛钢团队的高效速度。2015年10月4日，面对强台风“彩虹”的袭击，更体现出中冶宝钢敢拼实干的无畏精神。强台风过后，人们惊魂未定，中冶宝钢率先扛起大旗，抢险冲在第一线，第一时间组织1200多人开展自救工作。公司领导率上海专家团队赶赴抗灾一线，发扬连续作战的精神，用2天修复22条输送皮带机，8天完成综合码头1号卸船机拆除及廊道的修复工作，47天恢复30万吨码头皮带机生产，54天确保30万吨卸船机滚装上岸，为湛江钢铁顺利生产赢得了时间保障。

在抗台抢险战役中，中冶宝钢多人立功，赢得了湛江钢铁、湛江市政府的信赖，所有见到身着微蓝工作服的中冶宝钢员工的人都会竖起大拇指：湛钢因为有你而骄傲。在维护湛江钢铁的日子里，中冶宝钢这支冶金运营服务商的新型经营模式也经受了考验，成为改革创新的标杆。

以率先垂范的榜样精神打造领导力品牌

领导干部和员工同吃同住，以身作则，示范引领，带动群众，尤其是带动属地青年员工成长。一是创建服务型党组织，开展领导带班值班制，形成“一对一结对子”的模式，脚踏实地服务基层。二是以党建带团建，培养属地青年接班人，关注青年员工激发斗志。三是关注属地员工落户湛江，安心工作。四是注重技能提升和能力培养，激发带动一大批青年员工学技能、争先进，持续推进比、学、赶、超的良好氛围。在2017年湛江钢铁首届技能比武大赛的高手对决中，中冶宝钢一并摘取技能比武的电工、焊工、钳工三连冠。后来，中冶宝钢始终在高手对决中保持王者风范。

以“千人计划”人才培养为契机，中冶宝钢联合湛江技师学院等高校开展校企合作，构架高技能人才培训通道，培养高精尖技师团队，打造高素质、高水平、高技能的队伍，通过远程诊断、远程培训、上海本部专家支撑、技术攻关等的培养模式，加快培养技术人才。

开展劳动竞赛活动，人人争当先锋，促进湛江钢铁集中系列定修、年修工作高效率完成，为湛钢生产再铸辉煌，展现了中冶宝钢全流程、全覆盖、全天候的服务能力，为湛江钢铁快速发展贡献智慧和力量。

持续构筑新一轮精彩，打造领导力品牌

中冶宝钢以“五种精神”打造领导力品牌，用铁肩诠释了“冶金运营服务，因中冶宝钢而不同”。新的征程上，湛钢大地上的微蓝继续闪耀着独特光芒，不忘初心，砥砺奋进，在美丽的南海岸边，继续打造新时代领导力品牌，构筑新一轮精彩。

条线联动重落实，精细管理树标杆

——中冶宝钢梅钢基地精细化管理出成效

细化管理能够助力企业各项工作高效有序开展，提升企业形象。近年来，中冶宝钢苏皖地区的精细化管理不仅得到梅钢、南钢、马钢三厂业主肯定，同时也为三厂协作队伍树立了标杆；马钢项目部及梅钢区域均曾获得中冶集团“安全生产标准化示范车间”称号。中冶宝钢美誉形象不断向外延伸，并由此带来苏皖市场发展。由此可见，坚持精细化管理，按条线推进、重视执行和落实，就能够取得良好的效果。

自 2017 年始，中冶宝钢苏皖地区取消梅钢项目部，由第二分公司机关部门直接管理梅钢作业区；南钢项目部和马钢项目部以自主管理为主、机关部室支撑指导的模式推进，明确分工与条线定责，促进精细化管理高效落地，提升了企业形象。

明确责任，分而治之，形成合力

明确责任，划线分区。在安全管理上，按照“管生产必须管安全”和“一岗双责”原则划分部门责任：安全环保部负安全生产的第一责任，工程管理部负生产组织的安全责任，技术质量部负安全技术和技改项目的安全责任，综合办公室负后勤保障的安全责任。在形式上，推行网格化结对子、安全视频案例进班组、装备行车记录仪、安全交通违章随查、高危项目全程摄像监控、管理人员肩背随身拍摄影仪、VR 安全模拟体验等多项举措，全面加强安全意识及防范能力。

在常规检修与定修、年修施工管理中，以工程部为第一责任，划片分组，协同管理。每一组包含安全员、工效员、技术员、质量员，连同作业长，共同对区域施工的进度、安全、质量进行跟踪把关。在技改工程施工中，推行以技术质量部负主体责任，工程管理部、安全环保部、综合办公室按职能责任全面配合，分包队伍协同跟上的管控模式，共同推进技改施工。

灵活机动，区域互补。对在线技改施工与停机施工实行分类管理：施工项目可与生产同时进行的，按总策划方案与进度计划实施；需要协调停机施工的，根据计划停机次数进行总策划。到施工前，再根据停机时间，结合设备、材料到货具体情况及业主需求，再次策划并落实施工人力。

现场可视化管理

结合南钢、马钢业主需求，南钢项目部与马钢项目部在日常检修管理中，以项目部自主管理为主、机关部室支撑指导的模式进行，灵活推进属地管理。两个项目部负责的技改工程施工管理以机关部室派驻专业技术员、施工员对口支撑的模式进行，全程负责，直至技改项目完成验收交付。

细化分工、多面组合、层层推进，实现了管理互补、区域并进的良好效果，促进精细化管理有效实施。

条线对口，推进基层基础管理

条线分工，主动推进。中冶宝钢服务苏皖三座钢厂，在管理上对标梅山钢铁厂。2017 年，宝钢股份基础管理考评工作仅限于上海宝钢厂内的协作单位，尚未延伸到梅钢协作单位。中冶宝钢以超前的意识主动对标宝钢“金牛作业区”69 条标准，率先在梅钢区域成立“牛级作业区”推进工作组，按条线对口指导基层创建“牛级作业区”，全面细化和提升基层基础管理工作。

对口指导，按序推进。按照宝钢股份“安全本质化、管理规范化、环境整洁化、行为标准化”4 项精细管理要求，确定责任牵头部门与条线对口联络人，落实条线对口管理责任，按照条线策划编制“牛级作业区”检查、验收、评定标准及具体推进计划：重新梳理完善岗位规程、岗位核心要素、环境因素辨识评价及控制方法、维修作业标准、五室一所定置化管理制度等标准，印刷下发到作业区及班组，宣贯“牛级作业区”实质内涵。

条线对口联络人同时对梅钢区域 10 个作业区主副作业长进行了分批培训，强化作业长对基础管理工作细化的认知和重视；组织全员学习各项标准制度，将基础管理工作从后勤到一线同步细化，并通过线上“月月考”的形式检验员工知晓率，将基层管理工作全面推进，达到外化于行、内化于心的管理效果。条线对口联络人每周对作业区检查指导一次，做好记录，对比分析，留下数据，作为考评依据。牵头部门每季度组织一次基础管理提升推进研讨会，总结细化管理的好方法、好经验、推广学习，不断改进、巩固基础管理，促行为养成。对口联络人还帮助作业区建设“职工小家”，营造温馨舒适的工作环境和休息环境，打造标准化、定置化、可视化管理品牌。2018 年，宝钢股份基础管理专家首次对梅钢协作队伍基础管理工作进行考评，中冶宝钢申报的“银牛作业区”“铜牛作业区”全部通过验收，同时还获得梅钢公司十多个“信得过班组”称号。

现场标准化定置化管理

以“银”带“铜”，全面提升。2019 年，中冶宝钢所服务的南钢及马钢的作业区全部纳入“牛级作业区”创建推进计划。机关对口联络人多次赴南钢、马钢项目部指导，并开展“以银牛带铜牛”结对子帮扶的模式推进基层精细化管理，两地三厂连成一条线，将创建“牛级作业区”与精细化管理全面糅合一体，高效实现“牛级作业区”全覆盖。此外，梅钢区域的员工休息室还获评宝钢股份“最温馨休息室”流动红旗。

延伸内涵，助力业主提升品牌

中冶宝钢服务苏皖市场十余年，在不断完善和提升自身管理的同时，由己及彼，积极延伸精细化管理内涵，主动助力三座钢厂管理提升。结合梅钢改善环境打造“AAAA级旅游钢厂”的最新愿景目标，中冶宝钢将精细化管理延伸到梅钢，为梅钢细化垃圾分类、清洁设备、清扫环境，整顿标识名牌等，助力梅钢环境全面提升。并通过“用户回馈”的方式获得梅钢公司从上至下一致赞扬，收到20多封表扬信。中冶宝钢将精细化管理结合马钢TPM精益化管理进行推进，高效助力马钢冷轧总厂精益化管理跃上新台阶，多次获得业主嘉奖激励，并带动了马钢的其他协作队伍。在南钢市场，精细化管理为南钢业主排查整改安全隐患、美化环境，为其他协作队伍树立了形象坐标。

中冶宝钢苏皖地区精细化管理的目标是“没有最好，只有更好”。今后，中冶宝钢会继续沿着这个目标继续前进、继续提升。

新挑战新征程新理念，秉初心持恒心下狠心

——中冶宝钢第一分公司安全管理纪实

2020年，突如其来的新冠肺炎疫情让武汉一时间备受全国瞩目。中冶宝钢党委第一时间将身处武汉的第一分公司列为重点关注对象，在公司党委帮助指导下，第一分公司严防死守疫情防控线，严格落实各项疫情防控措施，定期根据疫情形势调整疫情防控方案，确保疫情防控安全有效。在武钢逐步复工复产阶段，一边做好人员复工前的隔离工作，一边克服因封闭管理造成的人手不足压力，积极做好内部拉动。为确保现场安全生产不受疫情高压态势影响，第一分公司严控高危项目，深入开展“管理者结对子”工作，大力开展培训，提升基层管理者管理能力，多措并举，力求安全管理工作取得实效。

安全责任重于泰山。2020年，突如其来的新冠肺炎疫情让武汉一时间备受全国瞩目，全国人民联防联控，共抗疫情。作为共和国钢铁长子，武钢在这场防疫阻击战中主动挑起重担，一边抗击疫情一边组织生产，为武汉众多发热定点医院供氧供气，并喊出“宁可高炉缺氧，不让医院缺氧”这一振奋人心的口号。中冶宝钢作为武钢重要的冶金运维服务供应商，在认真落实各项防疫措施的同时，不间断为武钢各厂区提供保产和设备检修服务，在设备检修和安全管理两方面面临着巨大的挑战。

首当其冲的是严防死守疫情防控线，在确保所有员工不受新冠肺炎侵害的同时，克服现场人手不足和内部拉动频繁的困难，做好拉动人员对新区域作业项目的危险源辨识和安全防护措施落实工作。随着疫情形势的逐渐减缓，

中冶宝钢第一分公司迎来了更大的综合性挑战：武钢钢铁产能逐步释放，相关建设技改项目也陆续开展，大量员工返岗复工，现场负荷急剧增加。在持续做好疫情防控的同时，需更加专注现场，确保现场施工安全质量受控。

联合武汉市防疫部门对复工复产和疫情防控工作进行指导检查

武钢各区域产线设备年修、定修逐步复工期间，作业现场受疫情影响造成的人员紧缺现象并未完全消失，内部拉动仍然存在。新区域危险源辨识工作、新区域作业安全不确定因素增多等难题让第一分公司在此特殊时期有了特殊作战方法：各级管理者下沉班组，深入贯彻“违章就是犯罪”的理念，强化现场安全管控，全力抓好安全管理工作。

明确疫情防控和安全管控“两手抓、两手硬”

为确保员工身心健康和队伍稳定，第一分公司明确疫情防控和安全管理“两手抓、两手硬”的复工思想，制订复工复产疫情防控和安全工作方案。在疫情防控方面严格落实每日体温双测及“三室”消杀工作。协同武汉市青山区防疫指挥部专家对疫情防控各项措施落实情况进行检查指导，确保防疫措施有效落实，职工健康得到保障。同时为减少人员聚集，开展线上复工培训，强化员工作业技能，提高员工疫情防控意识。

加强安全管控，大力开展隐患排查工作

在复工复产过程中，现场检修负荷加大，人员用工紧缺。为此，第一分公司积极制定多套用工方案，高效拉动内部人力资源。为确保人员不受作业环境变化影响，将安全检修落到实处：一是分公司组织人员对新环境安全风险进行充分辨识，并针对新项目、新区域建立安全管理体系，确保安全管理

与项目开工同步进行；二是结合区域调整、作业变化和人员变动等现状对原有制度规程进行修订完善，确保安全体系健全有效；三是根据当前安全形势，开展“降违章、遏事故”安全专项工作，并拿出抗击疫情的精神，把安全工作作为头等大事、第一要务，严查安全管理漏洞，不容丝毫马虎；四是要求各级管理人员以身作则、自我审视、深入现场，以“抓基层、打基础”，夯实双基工作为抓手，紧紧围绕八项重要举措，开展长期专项整治工作。第一分公司全程督促安全工作落实情况，对于工作落实不到位的管理人员进行追责、问责，确保职工生命健康得到保障，现场安全生产平稳顺行。

狠抓严管高危项目，大力推进行为观察工作

美好的一天从测量体温开始

面对严峻的安全形势，为有效遏制重大风险，第一分公司狠抓严管高危项目管理，通过进一步梳理一、二级高危方案清单，对方案合规性、有效性进行再审视，并开展高危项目日统计工作，每日通过微信工作群通知传达次日高危项目，明确项目负责人及监护人，确保施工过程受控。

为进一步深化各岗位风险辨识，规范员工标准化作业，第一分公司结合年度安全行动计划，组织开展行为安全观察活动，从“人、机、料、法、环”多维度对岗位操作、作业活动情况进行观察，并积极与被观察者进行交流，及时发现和纠正不安全的作业行为，修订完善作业规范标准及危险源辨识清单，促进员工行为习惯养成。

制度落地，筑牢安全管理体系

为遏制防范各类安全生产事故发生，增强红线意识，树牢底线思维，将“违章就是犯罪”的安全理念贯穿作业全过程，第一分公司明确安全禁令追责标准，持续强化责任追究。对于煤气等能源介质停送、有限空间作业、高处

作业、大型吊装作业以及试车过程中联系确认等高风险作业项目加大安全检查力度，确保及时发现并处理安全隐患。对于查处的违章行为，分公司严格落实安全违章考核，杜绝出现奖罚不清现象，并定期在分公司范围内编发通报进行学习，做到“查处一个、警醒一片”。

深入开展管理者“结对子”活动。在现场检修作业高负荷运行下，现场存在因管理者缺乏对岗位的了解而通过妄加臆断来判断对错的现象，导致整改过程多次反复，使基层班组疲于应对。为切实提高工作质量，第一分公司全方位、全覆盖、全范围推进结对工作，确保不漏一个班组，不漏一个人员。通过管理者“结对子”，实现“一对一、点对点”的帮扶。

结对管理者开展结对工作前认真准备，活动开展过程中一是通过讲事故案例、行为观察、岗位核心要素以及作业规程和施工标准等，对班组安全交底不规范情况进行现场指正、督促整改；二是参与班组工后会，总结班组当天作业过程中检查出的违章问题，制定整改要求及措施，以切实提升安全管控能力；三是通过两周一次对现场危险源辨识、现场防范措施落实、员工标准化作业、劳动防护及精神状态的检查，规范班组员工作业行为；四是每月召开结对班组安全会议，对查处的违章、隐患进行通报，对班组危险源辨识、隐患查改情况进行分析，协调解决员工反映的问题。第一分公司以多种形式大力开展“结对子”活动，积极改善基层班组安全管理现状，改善违章多、安全能力薄弱、事故频发班组的管理水平，同时督促管理人员安全管理能力有所提升。

大力开展培训，提升“两长”能力。安全管理工作不能只依赖于一个部门或一群安全员，更重要的是要不断提升基层管理者的责任意识，形成“齐抓共管”的安全氛围。为此，第一分公司根据承接业务特点及“两长”人员实际情况，制定详细培训计划和培训课题，利用双休日分批次组织“两长”进行学习，让其真正掌握安全管理体系、安全管理方法、安全责任意识以及安全专业知识等从而提升能力，通过培训使“两长”实现由“管理被动”为“安全主动”的转变。

抓安全要细心，安全工作容不得半点虚假，来不得丝毫马虎，每位管理者必须睁大眼睛，绷紧弦，认真仔细寻找安全隐患，才能将各类风险消除在萌芽状态。抓安全要恒心，安全管理作为一项长久性、艰巨性的工作，涉及的工作相对烦琐，只有平日里多一次检查、多一句要求、多一分辛苦，才可大大减少事故发生。抓安全要狠心，安全无小事，在安全管理工作上，宁听骂声不听哭声，事故处理要狠，违章惩戒要狠，日常管理更要狠。第一分公司时刻将保障员工生命安全作为各项工作的基础，各级管理者牢记“细心、恒心、狠心”的六字管理要求，不忘初心，努力工作，为公司安全稳定顺行不懈努力。

在转型发展过程中深耕厚植智慧制造服务能力

——工业公司持续提升行车“管用养修”及无人化业务运维服务能力

2020年1月，中冶宝钢工业公司党委书记、执行董事李克刚在2020年重点工作部署会上强调，全体党员干部要深入贯彻落实习近平新时代中国特色社会主义思想和党的十九大、十九届系列全会精神，同时紧紧围绕中冶宝钢2020年工作会议精神，科学谋划产业升级和转型发展的路径和举措。以市场营销为龙头，逆势前行谋发展；以“专业化、智慧化”发展为战略目标，完善设备管理体系，提高设备管理能力；以改革创新为突破，精细管理增效益，为全面打造“中冶行车靓丽品牌”，打造行车专业化总包优势拳头而努力奋斗，在转型发展过程中深耕厚植智慧制造服务能力。

持续优化管理机制，为提升“管用养修”及无人化运维能力提供组织保障

工业公司党委率先主动作为，根据宝钢股份冷轧厂、宝日汽车板等二级厂部无人化行车业务推进的具体情况，下好“先手棋”，勇闯“无人区”，第一时间调整了无人化项目部与车间、部室的工作职能，下发《中冶宝钢行车〔2019〕8号 关于公司组织机构、职能调整的通知》，优化管理职能，集中优势资源，为提升行车“管用养修”及无人化（UACS）运维能力提供组织保障。其中，2020年冷轧区域无人化业务增量较之前几年有了大幅增加，实现无人化自动运行库区由2个增加到4个，实现了22台行车CLTS（行车库区信

息自动化系统）模式试运行，实现了生产组织优化和设备维护运行的平稳过渡，得到了业主的高度认可，这些成绩的取得是工业公司高瞻远瞩，围绕中冶宝钢“3+1”四位一体的产业布局不动摇的具体体现。

持续培育技术人才，为提升“管用养修”及无人化运维能力提供技术保障

随着宝钢股份降低成本的管理要求持续推进，工业公司为提升核心竞争力，提升服务水平，不惜成本、不拘一格招聘人才，下发《2020年培训工作计划的通知》，在“引才、育才、用才”方面做足了功课：一是提高技术人才待遇，优化内部资源，对内部技术人员实行了岗位聘用，累计聘任区域工程师5人，项目工程师12人；二是持续培养专业点检技能，结合现场无人化技术维护要求不断提升，工业公司2020年累计为内部专业点检授课近千人次；三是强化无人化（UACS）“主操”人才培养，在行车操作队伍中选优拔才，并且从绩效分配上给予扶持，确保无人化（UACS）“主操”人员收入与技能相匹配，从而稳定人员队伍，2018年至2020年累计培育主操岗位近百人。他们在无人化行车、行车CLTS作业方面技高一筹，在各自岗位上大显身手，得到了二级厂部各项目方、生产方和设备维护方的点赞，逐步形成了工业公司核心骨干的人才优势。

无人化行车点检

持续推进基础管理，为提升“管用养修”及无人化运维能力提供基础保障

工业公司着力推进基础管理工作，以“创牛”工作推进为引领，强化各区域基础管理工作。一是实施定期检查，形成良好的互相学习、互相补位的管理氛围；二是邀请“金牛作业区”作业长不定期巡回检查指导，发挥作业

长理事会引领作用；三是定期与二级部互动学习、互动检查、定期交流，形成了对基础管理工作的良好管理机制，为全力提升“管用养修”及无人化运维能力提供了基础保障。

持续推进项目管理，为提升“管用养修”及无人化运维能力培养复合人才

2020年，宝钢股份继续发挥在智慧制造方面的标杆引领作用，生产、物流现场在少人化、无人化、集控化项目方面的工作逐步展开，工业公司承担部分二级厂部无人化（UACS）和CLTS项目技改施工、项目调试和生产准备工作。一是开展行车工岗位向无人化“主操”岗位转换的培训工作，全年累计培训200多人次；二是以技改项目实施委托管理为抓手，持续提升专业点检在项目化管理方面的管理技能；三是开展以技术标准为管理切入点的技术人才培训工作，提升技术人员在专业技术、程序维护和应急处置、软件调试方面的专业化智慧制造维护服务水平，为提升“管用养修”及无人化运维能力培养复合人才。

无人化行车运行

持续强化设备管理，为提升“管用养修”及无人化运维能力提供管理保障

行车设备维护稳定是无人化智慧制造工作的前提，工业公司党委牵头，部门、车间联合发力，全年开展“设备管理结对”主题活动，发挥管理和专业优势，突出设备稳定主题，彰显设备状态管控决心。一是通过分析从600多台套行车设备中筛选出100多台行车作为主控行车管理，强化检查和状态维护工作；二是通过绩效综合评价为促进手段，确保推进效果；三是结合设备季节特点制定设备状态的动态管理模式；四是突出设备备件管理要素，为主控行车备件供应“开绿灯”，全年实现了设备故障时间和故障次数双下降，

为提升行车“管用养修”及无人化运维能力提供了设备管理保障。

2018年国家工业和信息化部发布了《国家智能制造标准体系建设指南(2018年版)》，持续引领智慧制造业向更高层次、更高水平发展。2019年，从“宝武智慧制造韶钢现场会”传来消息，宝钢股份为保持业界领先优势，确定了大力推进智能化、无人化、少人化生产，降低运营成本，提高核心竞争力的发展方向。如何在宝钢股份装备智能化、自动化升级过程中，稳步推进深化改革创新，激发企业发展的内生动力，持续提升行车“管用养修”及无人化业务运维服务能力，打造具备“学习力、领导力、担当力、执行力”的管理队伍，明确智慧制造服务方向，工业公司从管理机制、技术人才培养、推进基础管理、无人化运维能力的复合人才培养、设备管理等方面强化管理，深耕厚植智慧制造服务能力，不断延伸服务，为最终实现增值服务奠定基础，肩负起打造“国内第一、国际一流”冶金运营服务商的责任担当，得到了宝钢股份及各合作单位的高度认可。

创出新模式，再跃新台阶

——中冶宝钢创新机构改革，推动开拓苏皖市场

2020 年，中冶宝钢新一轮机构改革恰满一年，苏皖地区各项工作快速发展，经过 3 年探索和实践，“扁平化”管理模式逐渐成熟，企业品牌美誉度持续提升，市场逐步扩大，经济效益再创新高，圆满实现了连续 4 年增长的奋斗目标，同时也为后续发展奠定了基础。

2019 年，苏皖地区的梅钢处于待搬迁状态，面对业主常规检修项目压缩及市场激烈竞争的挑战，中冶宝钢强化内功、严抓管理，参与到常规检修区域外厂部业务投标，再次拓展了新业务，签订了炼铁厂煤气余压透平机组系统、干法除尘系统、煤精区域常规检修合同。同时，着眼于设备优化及升级改造的大背景，以公司新一轮机构改革为新起点，深挖潜能。奋斗新目标，潜心挖掘市场新资源，从常规检修市场转战到技改阵地，成功拓出经济增长新途径。

市场开发创新高

机构改革一年来，中冶宝钢梅钢技改项目从常规检修区域延伸到非常规检修区域，扩展到梅钢运输部、冷轧厂、能环部技改及单项工程。承接的较大技改项目有成品码头 3 号库行车无人化改造、冷轧酸洗机组行车无人化改造、热镀锌机组改造、一期焦炉炉门冒烟环境改善、高炉储运皮带机通廊封闭改造、2 号混匀料场环保改造、四号五号烧结区域环境整治、高炉原料部分皮带机系统消防改造等 19 个项目。其中，跨区域技改项目累计承接 13 项，

实现了技改市场大突破。

在南钢市场开发中，2019 年内不仅成功签订了 4 号连铸线常规检修合同，还连续承接了南钢第一炼钢厂房延长工程、增设行车建安工程、2 号脱硫系统工艺改造工程、原料厂新建落地烧结矿堆场建安工程等 4 个技改工程，成功打破入驻南钢无技改项目的历史记录。

中冶宝钢累计承接梅钢、南钢、马钢三厂单项维修工程项目 74 项，其中较大单项工程突破千万元，包括梅钢区域有原料码头 3 号料场块矿上料设施维工改造、焦炉脱硫脱硝系统整改等 54 个单项；马钢区域有车轮轧制二线液压站液压管路整改、二硅钢烟道更换机护栏改建等 12 个单项维工；南钢区域签订第一炼钢厂原料区域扬尘治理、3 号转炉汽化系统烟罩三段更换等 10 个单项维工合同。苏皖地区年度单项维修工程、技改、改善等项目累计签约额与常规检修合同额基本持平，实现了常规检修与技改营收双突破，营业收入较 2018 年增长了 29%。

梅钢冷轧厂 C108 热镀锌机组改造，圆锅吊装

管理模式趋成熟

梅钢区域自 2017 年实施“扁平化”管理以来，坚持以“责任共担、效益共享、体系覆盖、联动协同”的核心目标，强化体系能力建设与团队凝聚力建设，经过三年不断摸索和总结，体系运行逐渐完善，团队能力持续提升，管理模式趋向成熟。

管理团队自我加压，通力合作谋发展。各部门既是各体系的策划者，也是执行者，更是结果和责任的承担者。管理上形成主动牵头、主动协调、主动配合、主动站位、齐抓共管的良好氛围。现场管理一竿到底，信息传递更及时，现场组织协调能力、团队执行力、业务人员的责任心和责任感持续提升；对上级部门布置工作的完成效率以及对下级的协调能力突飞猛进；作业长、班组长有自觉学习、主动提升的自我意识；检修与技改施工打破壁垒，互相支撑，综合能力及自我解决能力得到提升，组织协调与工作效率较上年更进一层。

现场安全管理，按地区划片，南钢马钢及梅钢两个安全责任区，按照“管生产必须管安全”和“一岗双责”原则划分部门责任。安全环保部负安全生产的第一责任，其他部门按照体系、职能分解承担；工程管理部负常规检修生产组织的主体安全责任；技术质量部负安全技术和技改项目的主体安全责任；综合办公室负后勤保障的主体安全责任。四个部门协调联动，分而治之，形成合力，全面覆盖安全管理，不留漏洞。网格化管理、安全案例小视频进班组、行车记录仪交通违章随查、高危项目施工全程摄像监控、定年修划片跟踪等安全管控持续推进。2019 年 VR 安全体验馆建成使用，进一步强化了员工安全意识及防范执行力。

技改施工管理，推行以技术质量部为主体责任，工程管理部、安全环保部、综合办公室按职能责任全面配合、分包队伍协同跟上的管控模式，全面调动施工员、技术员、安全员、作业长的管理力量，形成齐抓共管“一盘棋”效应。技改项目承接后，及时确定项目负责人，定施工员、技术员、安全员，成立项目组；熟悉图纸，申报材料计划、编制施工方案、筹备现场大临设施，细化分工与管理流程，跟踪项目施工管控；在线施工与停机施工实行分类管理，组织协调使业主和监理满意。

助力梅钢码头 3 号库行车无人化投产

南钢与马钢项目部日常检修，结合南钢、马钢业主模式，以项目部自主管理为主、机关科室辅助指导的管理模式进行。两个项目部技改施工，机关部室派驻专业技术员支撑管理，全程负责，直至技改项目完成交付。2019 年，中冶宝钢技改绩效排名在梅钢技改项目管理季度评价中持续上升。

外部合作更融洽

中冶宝钢持续与梅钢业主联合共建，增加沟通与交流频率，总结共建活动中的亮点与不足，固化共建中的好做法、好经验，不断完善。2019 年在梅钢炼铁厂、梅钢新事业分公司联合共建的基础上，扩展了与梅钢冷轧厂共建项目，以提升技改施工管理能力为目标，高效打赢技改项目攻坚战。

开展联合共建以来，通过夜班联合检查、互相监督，有力促进双方安全履职；以党员干部示范作用，带动了全员安全意识转变，员工习惯性违章作业持续下降；通过隐患排查整改、专业技能与业务培训，队伍的业务能力及工作效率持续提升；以标准化施工树立文明施工样板，不断提升和巩固企业品牌形象，坚定了业主与中冶宝钢深度融合的决心与信心，促进了梅钢在线技改向中冶宝钢倾斜，技改项目承接突破了常规检修区域，不断向梅钢运输部、梅钢热轧厂、冷轧厂延伸。

技改施工以分包为主，收取分包单位管理费，不增加企业成本压力。与分包队伍合作中，中冶宝钢认真落实施工员、技术员、安全员施工管理责任，并按要求落实分包队伍“三定员”，推动全面协同、双向管理同步就位，打造技改施工样板工地。在 2019 年实施的 19 项技改工程、15 项技改项目中，现场组织协调有序，未出现影响业务的混乱现象。运输部码头行车及冷轧行车智能化改造、冷轧热镀锌机组改造、高炉储运环保料场封闭改造等技改施工管理，均得到梅钢业主充分肯定。负责南钢技改施工的管理者连续受到南钢业主表彰。

技术创新添成果

新一轮机构改革一年，苏皖地区积极策划技术能力提升与创新方案，组织管理人员、技术人员开展专业工种培训，提升管理人员、技术人员业务能力与操作水平，提高专业技能与管理效率，加快“三支队伍”建设。通过培训，管理人员业务能力普遍提升，一线员工达到中级以上技能等级的人数提升了 20%。钳工实操技术成长迅速，经过实践，目前能够自主完成高炉煤气余压透平机发电机组转子的对中调试工作，同时还培育出多名液压系统检修接班人。

在技术创新中，结合实际需求，中冶宝钢联合外部自主创新经验丰富的自动化机械设备公司开展交流合作，促进了企业自主研发及创新工作的提升；制作新型工装，大力推动人工智能在现场的应用，取得较好成绩；创新研制的转炉炉口防护专用装置、转炉汽化烟道内部升降小车工装、轧机主传动轴拆装专用台车、焦炉地下室交换考克清洗设备、铁沟及皮带机防护装置等5项自主研发工装均研制完成，分别投入实际应用；成功解决了工作效率低、安全风险大等问题，部分成果已申报国家专利。

这一年，还有“一种转炉炉口防护装置”“一种维修清洗设备”“一种夹具”等3项发明成果获得国家知识产权局授权，其中2项为发明型专利。前期申报的“磁力运输机卷扬钢丝绳脱槽保护”项目在2019年末获国家专利授权，中冶宝钢的技术品牌在苏皖地区越来越响。

形象品牌再提升

中冶宝钢持续巩固已经形成和树立起来的形象品牌，继续开展“以‘银’带‘铜’”结对帮扶活动，全面提升作业区基础管理；2019年申报的3个“金牛作业区”及4个“银牛作业区”，在2020年的飞检评价中获得好评；梅钢区域获得宝钢股份“信得过班组”数量已提升到12个，在梅钢协作单位中占比最高。作业区基础管理在三座钢厂全面树立起形象品牌标杆，马钢项目部基础始终引领马钢协作单位对标。

2019年10月起，中冶宝钢延伸精细化管理内涵，面向梅钢业主开展“用户回馈”活动，高效贴合业主，对梅钢区域设备铭牌标识全面梳理、完成补缺，赢得梅钢上下高度评价，并得到梅钢业主大力宣传，再度提升了中冶宝钢的品牌形象。

提振士气从头越

新一轮机构改革一年多，中冶宝钢苏皖地区全体人员深掘潜能、提升服务，实现了高速度、高质量发展。2020年，抗击疫情，提振士气，全力保障三座钢厂生产稳定，促进钢厂产量达标。2020年初，中冶宝钢拓展了梅钢煤焦区域设备点检、运维、检修、清扫一体化总包业务，标志着中冶宝钢苏皖地区市场业务迈出新步伐；随后，陆续承接了梅钢煤精制酸装置酸气回收环保改造、原料码头环保料场示范项目等梅钢多条线安全整治项目；中标南钢第一炼钢厂连铸离线维修区搬迁改造技改工程；另外，还签订了梅钢煤精余热扩容改造、高炉热风炉空气换热器升级改造等合同，与南钢智能修造中心签订两年战略合作框架协议等。未来，中冶宝钢有望再刷新纪录，再创新业绩。

五年砥砺风雨路，逐梦湛钢新征程

——中冶宝钢深入实施创新驱动推动企业高质量发展

目前，湛江钢铁三高炉系统项目建设进入关键时期。2012 年，当湛江钢铁尚在如火如荼建设之中时，中冶宝钢就已经主动靠前，检修协力各项准备工作在东海岛全面铺开。中冶宝钢作为中冶集团唯一一家以冶金生产运营服务为主业的骨干企业，是国内行业规模最大、综合实力最强、专业服务最优的冶金生产运营服务商，承接了湛江钢铁设备检修、生产协力、工程机械 BOO 项目等业务，始终秉承“一天也不耽误、一天也不懈怠”的企业精神，践行湛江钢铁“简单、高效、低成本、高质量”管理理念，投资建设配套产业园，拥有独立包装材料生产基地，打造湛江钢铁最大的生产运营服务供应商，成为“钢铁强国梦”的守护者。

五年时光荏苒而去，创业激情铸就辉煌。

多少风雨荡涤青春，逐梦征程阔步前行。

2012 年 5 月，国家批复建设湛江钢铁基地，一座占地 12.58 平方千米的大型现代化钢铁企业在南海之滨的荒滩上拔地而起。

中冶宝钢作为宝钢的战略合作伙伴，伴随着湛江钢铁的建设，承载着厚望和重托，紧随其后，实施检修资源整合、机构重组，成立了中冶宝钢湛江指挥部和第四分公司。

2014 年 3 月，中冶宝钢第一批管理团队“舍小家、顾大家”，怀揣钢铁报国梦，奔赴祖国大陆南端，开启逐梦创业新征程。

开荒辟土，组建基地，扎根湛江海岛

自宝钢“85·9”投产以来，中冶宝钢就承担了宝钢生产协力和设备检修业务。沐风栉雨、同舟共济，伴随着湛江钢铁建设步伐，承载着厚望与重托，2009年3月，中冶宝钢正式扎根湛江。

2015 年大临基地入住

2014年2月，为更好地服务湛江钢铁，实施检修资源整合、机构重组，中冶宝钢成立了湛江指挥部和第四分公司，确定以第四分公司作为筹备湛江钢铁协力业务的牵头单位，以服务宝钢股份的第二分公司、第三分公司、协力分公司和工业公司分别对口支撑湛江钢铁设备检修和生产协力业务。

面对东海岛上贫瘠的红土地和落后的设备设施，中冶宝钢湛江团队边筹备边生产，一路奔波、勠力同心，撸起袖子加油干。

2014年5月，中冶宝钢启动了大临基地建设，满足1000人的住宿，半年后正式入住；

2014年11月，中冶宝钢承建了湛江钢铁3个检修站工程建设，一年时间进驻办公；

2017年12月，中冶宝钢开工建设厂外产业基地，满足1500人居住，一年后基地鲜花盛开，设施齐全；

2018年10月，中冶宝钢再次承建一座崭新的三号检修站，不到一年时间，正式搬迁办公。

中冶宝钢湛江团队乐观向上、敢为人先、使命必达的创业精神得到湛江钢铁的高度认可。按照湛江钢铁生产筹备体系的总体要求，中冶宝钢从管理准备、人员准备、培训准备、技术准备和后勤准备等五个维度全面、全速、全力做好湛江钢铁生产运营筹备工作。

他们先后承接湛江钢铁9个厂部、22个区域的设备厂检修业务，承接高炉水渣、炼钢耐材砌筑、炼钢手清、全厂行车操作等生产协力业务以及全厂工程机械 BOO 项目等。从此，他们扎根湛江东海岛，成为开拓湛钢市场的先锋队和主力军。

传承变革，创新探索，助推“四达”目标

湛江团队紧密围绕湛江钢铁“一切为了‘15・9’，一切围绕‘15・9’，一切服从‘15・9’”高炉点火这一目标，秉承“传承、变革、突破”的理念，创新践行“一厂管一厂”的管理模式。先后完善组织机构，抓体系，编制管理、技术文件；投资工程机械设备 1500 余台套；本着“科学、合理、精简、高效”的理念，从上海抽调骨干人员，发挥“以老带新”传帮带的作用，提高新员工岗位操作能力，打造一支高素质、高协同的专业团队，探索出以运营为主的 BOO 运营新模式，实现湛江钢铁从建设初期到一期建设全面投产。

荣获上海市建设交通行业“建设先锋”服务型党组织示范点称号

2016 年 7 月，2 号高炉投产；2017 年 6 月，冷轧产线 1550 投产，与湛江钢铁“目标同向、能力同向、价值同向”，践行“简单、高效、低成本、高质量”的管理理念，开展“大生产、大协同”，打破检修和生产操作壁垒，有效平抑“系列定年修高峰”；优化生产工序，提升产能；开展一岗多能，培养多面手，精简岗位定编；开展员工技能培训，形成常态化、制度化、指标化，厚植人才沃土，全面助推湛江钢铁“达产、达标、达效、达耗”目标。

栉风沐雨，担当奉献，铸就铁军形象

2015 年 10 月 4 日，正值国庆佳节，湛江钢铁“9・25”二高炉投产后的欢欣还未散去，一场 18 级台风正面袭来，所到之处满目疮痍。皮带供料系统多数被吹翻损坏，高炉供给系统堵塞，原料主码头 3 台卸船机及综合码头 1

号卸船机被台风吹倒，机身倒入海中；部分产线及设备设施受损严重，湛江钢铁被迫停产。

扛住红旗不倒，站在排头不让。

面对大自然的冷酷无情，湛江团队众志成城。中冶宝钢及时组织专家及骨干力量赶赴湛江支援救灾，公司领导坐镇现场指挥部署救灾抢险工作，组织 1200 名人员对设备进行抢修。

两天内，修复 22 条输送皮带机；

8 天，完成综合码头 1 号卸船机拆除及廊道的修复工作，打通原料运输通道，缓解物流压力；

47 天，恢复 30 万吨码头皮带机生产；

54 天后，3000 吨卸船机滚装上岸；

70 天后，30 万吨主码头卸船机提前 15 天全面完成抢修，恢复码头泊船作业，夺取抗灾抢险全面胜利，铸就“铁军”形象。

突破变革，产业升级，树立行业标杆

2018 年，中冶宝钢产业再升级，改革创新，推进区域管理，推行“管用养修一体化”，做强做精做大主业，深耕湛江市场：

三号检修站搬迁仪式

落实湛江港 400 码头“运保 + 检修”业务；辐射珠三角，承接广州 JFE 检修市场；拓展渤海湾，抢占首钢京唐检修市场；布局广西防城港钢铁，占据北部湾；打造“检修 + 协力 + 备件”和技改产业新格局，成为中冶宝钢的区域综合产业基地。

以“智慧制造”为核心目标，探索简单、高效、低成本的商业模式，联合湛江钢铁物流部、冷轧厂针对冷轧区域钢卷在厂房内无人化短驳 AGV 小车的研制；联合哈工大等院校研制抓钢机远程集中操作；联合宝发赛迪以及宝信软件对废钢行车进行无人化改造，积极推进

“智慧检修”，加快企业转型升级，冶金运营服务主力军逐步实现由“护工”向“医生”转变，成为改革创新的标杆。

攻坚克难，砥砺奋进，见证累累硕果

五年砥砺风雨征程，中冶宝钢湛江团队由最初的40人发展壮大到今天近5000人，业务上实现了从原材料码头到产成品出厂全流程、全产业链的冶金运营服务。业绩逐年攀升，一年一大步，五年迈大步，实现跨越式发展。他们树立使命必达的创业信念、认真苛求的敬业态度、简单高效的创新追求、永争第一的卓越目标，凝心聚力，艰苦奋斗，实现从无到有、从小到大、由弱到强、由强到优的华丽转变，成为冶金运营服务行业的引领者和示范者。

5年来，湛江团队先后荣获上海市建设交通行业首批建设先锋服务型党组织示范点、五矿集团先进基层党组织、中冶集团先进基层党组织等称号，连续4年成为湛江钢铁优秀供应商。经过5年成长。湛江团队还涌现出一批上海市五一劳动奖章、全国五一劳动奖章、五一巾帼标兵、中冶集团劳动模范等先进人物。

雄关漫道真如铁，而今迈步从头越。

2020年是建党99周年，建国71周年，也是湛江钢铁高炉投产5周年。5年后的中冶宝钢湛江团队将继续坚守“二次创业”激情，担当冶金运营服务的使命，以习近平新时代中国特色社会主义思想为指引，忠诚干净、谋事干事，在努力实现公司冶金运营服务高质量发展的征程上，再展新风采，再创新辉煌！

共建促共赢，协同促发展

——中冶宝钢与梅钢公司党组织联合共建创品牌

联合共建是社会上常见的合作形式，共建可以推动合作双方高效发展，实现双方共赢。企业合作中，共建项目及内容也不少，中冶宝钢自2016年开始与梅钢公司党组织联合共建以来，连续开花结果，获得“宝钢股份—中冶宝钢党组织共建2016—2017年度优秀项目”“宝钢股份—中冶宝钢党组织共建2017—2018年度优秀项目”“宝钢股份—中冶宝钢党组织共建2019—2010年度优秀项目”等荣誉。通过联合共建，有力地促进了双方共赢与深度合作。

中冶宝钢在上海宝山基地与宝钢公司党组织联合共建已持续多年，收效良好。苏皖市场因前些年业务覆盖面较窄，没有开展党组织联合共建活动。自2016年始，随着中冶宝钢在苏皖市场业务逐步拓展壮大，基地党组织持续传承总部党建工作好方法，并结合实际情况，与梅钢公司共同策划党组织联合共建活动。

传承好方法，不断延伸新内容

2016—2017年，中冶宝钢与梅钢党组织双方以提升安全管理、稳定队伍、提高员工素质和工作效率为切入点，共同策划党组织共建活动。通过进一步梳理完善安全体系，改进和固化安全管理方法，开展备件修复降本增效，攻关解决现场难点与问题，促进全员“一岗双责”有效落地，推动“稳定骨干队伍，提高员工素质”共建项目顺利实施，实现了“同舟共济、打赢安全翻身仗，坚定信心、共建合力保平安”的共建目标。

共建现场检查

2018—2019 年，中冶宝钢在 2017—2018 年联合共建的基础上，以“强化教育和管理，降低协力员工违章行为”为主题，进一步与梅钢党组织联合共建。帮助协力单位完善安全体系，以“四同”管理要求，严把“入口关”；加强团队建设，提升团队能力；通过党员干部示范引领作用，带动全员营造“我要安全”的良好氛围。有力强化了“强化检修队伍培养，促进检修安全稳定顺行”的共建目标，实现安全风险、降低安全受控的良好局面，维护了人员稳定，促进了双方共赢。

2019—2020 年，中冶宝钢与梅钢公司党组织共建活动全面升级，补充增加了“巩固高危项目管控、两新人员管控及异常作业管控”等内容，将共建活动形成常态化工作，重点加强党员干部在共建活动中的带头作用，以提升工作效率与服务质量为抓手，夯实基础，攻坚克难，全面推动央企基层党建工作同步提升。

共建促履职，高效协同有行动

中冶宝钢与梅钢公司党组织共建活动持续 5 年，随着市场区域不断增加，共建覆盖面也在延伸，由最初的梅钢新事业分公司扩展到梅钢炼铁厂，又于 2019 年扩展到梅钢冷轧厂，有力促进了共建双方互相监督，共同履职。5 年来，双方加大现场日常检修定修、年修施工管控，检查监督力度，开展危险源辨识、排查隐患，专项整治与全员技能提升培训等工作，互融渗透，相容并举，分而治之，形成合力。共建双方增加沟通与交流频率，总结共建活动中的不足，固化优秀的好做法、好经验，并不断完善，制订推进措施及推进计划，形成一系列可操作的共建举措：

一是领导、管理人员带头做好现场值班带班及结对子活动，将“扁平化”管理执行到位，确保各项工作不走样。

二是梅钢二级厂部派驻安全经理参与中冶宝钢日常安全生产，协同管理；参加中冶宝钢梅钢区域周例会、月度安环例会，完善安全专业条线管理，验证共建执行情况，确保“四同”管理工作有效执行。

三是双方通过微信群等渠道传递安全信息，对管理中的缺陷、漏洞及重大安全隐患、疑难杂症等问题沟通有序衔接，及时解决。

四是全面落实三方停电挂（摘）牌、倒查、划片分区跟踪管控、中夜班检查等安全管理制度，执行有力。

五是通过监督与沟通机制，对管理、作业、设备等方面存在的不安全因素进行相互通报、及时处理。

六是加强“两长”能力提升培训，通过月度履职考核、季度安环绩效评价，强化作业长自主管理能力及管理水平提升。

共建现场检查

七是持续开展岗位人员安全意识、应急预案演练能力、生产工艺流程培训，以及各工种技术能力提升、管理者业务能力提升培训。

八是开展运转设备作业、高处作业、高危项目作业、交通安全等多类专项整治活动，提高安全标准化作业等多项举措。并通过不断实践、总结、完善，促进共建双方共同提升。

共建促成效，双方能力有提升

中冶宝钢与梅钢党组织联合共建 5 年来，各方面收效明显：

管理方面：共建促进了党员干部自觉意识及其执行力的提升；管理人员现场施工管控力量增强，作业人员习惯性违章明显降低；作业长、班组长管理能力持续提升；一线人员变被动为主动，从“要我安全”转变到“我要安全”，自我防范意识及防范能力全面提升，安全风险大幅降低。

技能方面：共建促进了中冶宝钢梅山基地技能实训场地落实与安全 VR

体验馆顺利建成；全员专业技能水平及综合能力持续提升，现场施工难题成功攻克，技术成果不断增多，工作效率较 2016 年之前提升 40% 以上。

夯实基础方面：共建促进了标准化作业及设备、厂区环境整洁化上升多个台阶，树立了标杆形象。

综合实力方面：中冶宝钢在梅山基地落矿清扫作业、点检、检修、运维等一体化服务能力全面提升；尤其是 2019 年扩展到梅钢冷轧厂共建活动后，党员干部在技改工程施工管理中充分诠释了央企基层党组织联合共建的效率，检验了中冶宝钢冶金运营服务商的综合实力。

联合共建验证了中冶宝钢高技术、高效率、高质量的服务能力，为梅钢安全生产、降本增效、环境保护等做出了贡献，实现了双方共赢的目标。

用技能提升的杠杆撬动公司持续发展

——中冶宝钢第五分公司强化培训助推“三支队伍”建设述略

既尽其才，则百事俱举。人才队伍的成长和职工技能的提升离不开良好的人才发展环境和氛围。中冶宝钢第五分公司始终牢固树立“人才资源是第一资源”的理念，加强“三支队伍”建设，并做出了详细的部署，从人才培养、员工岗位技能水平提升等方面狠下功夫。第五分公司坚持做实做优、做精做细，积极拓宽人才成长通道，激励广大员工学技能、钻业务、强本领，全力打造一支响应快速、服务规范、保障有力的高技能人才队伍。

搭建学生成长平台，加快人才培养速度

近年来，中冶宝钢第五分公司加大引才力度，统筹规划人才工作，培养和集聚了一大批优秀人才。从 2017 年至现在，公司共招聘大专以上学历毕业生 20 余名。对于这些学生的培养，公司围绕“打造国内特钢行业提供集成专业化服务首选运行服务商”的发展目标，并结合公司目前在改革发展、打造核心业务、扩展外围市场中对人才的迫切需求，在选人、育人、用人、留人，推进人力资源梯队建设，精心对大学生进行培养，以满足公司快速发展的人才需求。

在大学生新入职的时候，第五分公司举行了新生见面会，向新进大学生赠送了励志书籍。公司领导纷纷结合自己的经历，讲述了自己的成长历程，对大学生提出了殷切希望，为他们的成长指明方向，大学生们深受鼓舞，受益匪浅。

在大学生成长计划中，公司采取了操作、技术、管理“三轨制”人才序列。根据不同序列，设定大学生的职业发展路线，对“三轨制”人才实施差异化培养、考核、选拔，让优秀大学生有更多晋升的机会，逐步走向操作技师、专业工程师、管理干部的岗位。对于进厂大学生，第一年均安排在一线实习，其人员关系在前6个月隶属技术质量部，6个月后初步定岗，后续再结合每名大学生的成长情况适时进行岗位调动。

在大学生的培养上，由技术质量部牵头，第五分公司相关职能部门配合编制大学生实用培训教材，通过下发教材自学、专项培训或月度轮训等形式，全面了解公司规章制度及操作规程等。建立每个大学生成长档案过程跟踪学习情况，为过程选拔提供依据，通过师徒带教、资格取证、过程跟踪、定向培养和搭建平台等步骤和形式，尽快把大学生培养成公司发展的“智多星”。

技能竞赛理论知识考核

根据企业发展现状，要实现第五分公司发展目标，走在行业前端，占领更多市场，必须要培养一批劳动技能型、专业技术型的领军人才，以及既具有一定创新能力又能够提升劳动效率的新型人才，为打造公司品牌、构建公司核心产品提供人才支撑。我们渴望人才、爱惜人才，竭诚用事业留住人、培养人。与其同时，我们更加注重关爱大学生的成长，充分利用青年微信群等多种形式，适时关心、协助，帮助大学生克服心理波动、搭建丰富载体，以人为本，关爱大学生成长。通过以上措施的落实，加快了大学生的培养速度，为企业转型和跨越发展汇聚起青春的力量。

创造技能提升氛围，激发员工学习热情

为加快员工岗位技能提升，拓宽员工技能成长通道，通过开展内外部培训、技术比武等活动，带动了职工队伍整体素质和创新能力大幅提升，形成了更多千里马竞相奔腾的新局面。

围绕公司生产经营，大力开展岗位练兵技术比赛和培训。2018 年 6 月，分公司举行了第二届员工岗位技能竞赛，涉及钳工、电工、焊工、起重、液压、行车和办公软件 PPT 制作等 7 个项目的竞赛。共有百余名选手参加，人员涉及分公司所有车间、检修队和项目部。除 PPT 制作外，其余各个项目均采用理论考试和实际操作相结合的方式进行考核。这次竞赛在 2017 年的基础上增设了竞赛项目，拓宽了竞赛范围，优化了竞赛内容，改变了竞赛奖项，增设了“技术能手”称号。最后，经过评比和成绩评定，产生了“优秀组织奖”和“最佳团队奖”各一个，“技术能手”5 名，有 21 人次取得工种前三名。这次技能竞赛是全面检验公司员工技能水平的一个平台，也是扎实推进“领军人才”培养的一次练兵，极大鼓舞了员工争学技术的士气，有力地带动了员工比学技术的积极性。

第三届技能竞赛开幕式现场

各车间、队和项目部紧密结合生产和检修实际，开展形式多样的培训、练兵、比赛。截至 2020 年 9 月，全年各层次的培训、练兵、比赛参与员工超过 500 人次，学时超过 1500 学时。同时，2017 年，技师、高级技师培训考试工作进展顺利，目前在学技师 3 名，预计年底前取证结束；有 1 名技师参加公司高级技师评审。2018 年 8 月，分公司组织 30 余名优秀选手参加了公司 2018 年技能竞赛，经过努力，在已经结束的比赛项目中，取得了 1 名选手获得起重工中级项目第一名、2 名选手分别获得电工中级项目第二名和第三名、1 名选手获得行车工中级项目第二名的好成绩。

开展“百日行动”，再掀技能提升热潮

为全面提升员工岗位技能水平，优化员工队伍结构，提高公司核心竞争力，激励广大员工学技能、钻业务、强本领，打造一支响应快速、服务规范、保障有力的高技能人才队伍，2020 年 9 月初，在第五分公司范围内开展了员工岗位技能提升培训“百日行动”活动，计划在活动开展的100天内，以技能提升和业务培训两部分内容开展各类培训活动。第五分公司对这次活动十分重视，专门下发行政文件通知到基层单位，并成立了以经理为组长的领导小组，领导小组下设工作组，由总工程师担任工作组组长，具体负责员工技能提升活动统筹规划、组织协调、过程监督和效果评价等工作。

这次培训立足生产和检修实际情况，以“干什么练什么，缺什么补什么”为活动主题，目标为确保实现“三个100%”，即培训参与率100%，培训出勤率100%，培训合格率100%。培训重点是针对分公司新入职员工、技能薄弱员工、岗位紧缺工种等进行培训。培训导师有部门系统管理人员、主任工程师、技术员、领军人才、受聘技师、技术能手、高级工及经验丰富、技能精湛的老师傅等，充分利用生产、检修间隙及节假日等时间，以分散培训为主、集中培训为辅的培训方式对员工进行多方面培训。

员工岗位技能提升培训“百日行动”以推进“千人计划”培训工作为前提，以服务企业转型升级、全面实施人才强企战略为主线，以提升员工职业素质和职业技能为核心，进一步激发员工争学技术、比拼技能的热情，加快培养造就一支知识型、技术型、创新型高技能人才队伍，弥补公司技术人才青黄不接的短板，为中冶宝钢“三支队伍”建设提供强有力的人才保障。

活动开展后，各队、车间及相关职能部室积极响应，陆续开展了技改项目交工资料归档工作专题培训、宝山区技能竞赛赛前培训和质量管理培训等项目。下一步，已有多个部室和单位提交培训计划，各项培训活动正在有条不紊地展开。

人才培养和技能提升永远是一个企业保持生命力旺盛长久的重要标志。下一步，第五分公司将根据企业发展方向和产业发展态势，在加大培训力度上做文章，在提高技能水平上下功夫，建立健全技能培训管理机制。围绕技能提升、人才培养开展各项培训工作，持续强化“三支队伍”建设，完善员工队伍成长成才机制，努力形成人尽其才的良好局面，让人才的创造活力竞相迸发、聪明才智充分涌流，为第五分公司的发展和愿景保驾护航。

践行初心强品牌，提振士气从头越

——中冶宝钢以党建引领不断扩大苏皖市场

2020 年是中冶宝钢全面深化改革实现新一轮发展目标之年，也是建党 99 周年。第二分公司领导班子守初心、担使命，强化企业品牌建设，不断扩大苏皖市场，营业收入连续 4 年增长 4 倍，员工收入持续攀升，以忠诚的初心为党的 99 岁生日献上了一份厚礼。

中冶宝钢苏皖市场近年来的高速度、高质量发展，离不开党建引领与创新实践，变被动为主动，不断创新服务模式，服务品牌得到梅钢、南钢、马钢三厂业主认同。员工队伍从 2016 年的 500 人增加到目前的 1300 余人，市场业务从设备检修维护扩展到备件修复、单项维修工程、技术改造、点检运维及清扫一体化服务，目前已发展成为梅钢主体之外最大的协作单位。

以差异化、特色化服务助推业主管理提升，广泛拓展市场

2016 年以来，中冶宝钢第二分公司党组织以“一天也不耽误、一天也不懈怠”的中冶精神为指导，以做优做大做强为目标，策划实施“持续提升服务质量”主题实践活动。以“业主满意”为标准，引导员工结合实际，从小事做起，通过排查整改安全隐患、改善设备状态、提高设备性能、整理资材备件、清洁保养设备、改善厂区环境等一系列差异化、特色化服务，提升企业软实力，得到梅钢、南钢、马钢三厂业主高度赞扬。主题实践活动开展不久，中冶宝钢就开拓了梅钢原料码头、高炉、煤场、烧结区域输料系统落矿清扫业务，实现了进军梅钢以来的第一次市场开发。2017 年，中冶宝钢再次

拓展梅钢3座高炉主体设备检修市场，用特色“小行动”书写了市场开拓“大文章”。

5年来，第二分公司党组织“持续提升服务质量”主题实践活动，结合三厂不同模式及新要求，不断延伸服务内涵，创新服务模式，以助推业主管理提升为己任，逐步实现市场业务扩大。在南钢开展的隐患排查及环境整治活动中，中冶宝钢以“持续提升服务质量”主题实践为基础，延伸出“我为南钢安环做贡献”活动，主动为南钢整改隐患、改善设备，成功开拓南钢装备制造市场与备修业务，向南钢销售5台“中冶重机”渣罐车，并相继拓展小棒厂及新增连铸产线检修区域。2019年连续中标南钢炼钢厂房延长增设行车建安项目、原料厂新建落地烧结矿堆场建安项目等4个技改工程，打破入驻南钢10年无技改施工的历史记录。

中冶宝钢党员干部参加梅钢混匀料场落矿清扫

结合马钢TPM精益化管理要求，在主题实践活动基础上延伸“我为冷轧金牛再镀金”活动，在冷轧总厂节能减排、垃圾分类处理等方面做出了卓越的贡献，多次获得马钢冷轧总厂嘉奖激励。2018年年底，签订冷轧新增常化机组地面设备检修维护、行车日常点检、检修运维保驾一体化业务合同。2019年，承接马钢车轮厂液压站搬迁改造等12个技改及单项维修工程。

根据梅钢打造AAAA级旅游钢厂新目标，第二分公司党组织全面延伸主题实践活动内涵，向梅钢业主开展“用户回馈”活动，对设备铭牌、标识全面梳理，完成补缺，赢得梅钢公司上下高度评价，累计收到梅钢20多封书面表扬信，并得到梅钢公司大力宣传，在梅钢协作单位中引起强烈反响。同时，相继拓展梅钢高炉煤气余压透平机组、干法除尘系统、煤精分厂、宝武碳材水务站等检修市场。

在党组织主题实践活动带动下，2019年，中冶宝钢累计承接苏皖三厂单项维修工程74项，较大单项维修工程突破千万元；承接技改工程19项，其中常规区域外技改项目13项。2019年，梅山基地单项维修工程及技改工程营业额与常规检修营业额持平，员工收入增长率达到历史新高。2020年，中冶宝钢开启新里程，签订梅钢煤焦区域设备点检、运维、清扫一体化总包业务。

以党组织联合共建推动双方安全生产，实现共建共赢

随着苏皖市场逐渐扩大，中冶宝钢党组织传承上海总部党建好方法，结合梅山实际状况，策划与梅钢公司党组织联合共建。2016—2017年，双方梳理完善安全体系，改进和固化安全管理好方法，开展备件修复降本增效活动，攻关解决现场难题，实现“同舟共济、打赢安全翻身仗”共建目标。2017—2018年，中冶宝钢策划以推动“稳定骨干队伍，提高员工素质”为主题，再次与梅钢公司联合共建，效果更加明显。2018—2019年，中冶宝钢以“强化教育和管理，降低协力员工违章行为”为主题，升级共建内涵，帮助协力单位完善安全体系，强化党员干部示范引领作用，推动“检修安全稳定顺行”共建目标，有效降低安全风险。

中冶宝钢实施梅钢煤精脱硫制酸装置年修

2019—2020年，中冶宝钢与梅钢党组织共建活动全面升级，增加巩固高危项目管控、两新人员管控及异常作业管控等内容，并将共建工作常态化。共建对象由炼铁厂、新事业分公司发展到冷轧厂，并结合“守初心、担使命、找差距、抓落实”主题教育内容与技改项目管理，与冷轧厂党组织签订“全面打赢技改项目攻坚战”共建协议，强化党员干部在技改施工中的带头作用，有力推动技改工程高效实施。

资料显示，与梅钢党组织共建活动已连续3年被评为“宝钢股份—中冶宝钢党组织共建优秀项目”，1名党务工作者获得中冶集团2019年度“优秀

党务工作者”称号，充分检验了中冶宝钢基层党建工作在企业安全生产及市场开发中的引领作用。

今年，中冶宝钢与梅钢党组织共建再次升级，在党组织共建基础上深化区域共建，并以党带团，与梅钢炼铁厂签订了“打造安全生产青年护航队”团组织共建活动，延伸出新的共建模式与新的内涵。

以专业技术实力加大智慧制造，构建发展蓝图

中冶宝钢第二分公司党组织以前瞻的战略眼光，聚焦宝武盐城钢铁基地即将启动项目建设与梅钢搬迁前设备优化改造以及马钢整合后的发展机遇，积极筹划各专业技术人才与领军人才建设，培养出一批液压系统调试、高炉煤气余压透平机发电机组转子对中调试、大型减速机及煤气风机转子对中调试、皮带硫化作业等专业人才储备。以梅钢区域“高广志技师创新工作室”与马钢区域“范自强创新工作室”10余项技术专利成果为基础，加大智慧智造，在技术研发、工法创新、“五小”发明等方面持续开发，以智慧检修构建未来发展，打造苏皖地区不可替代的冶金运营服务链，为进军盐城钢铁市场、扩大马钢市场提供技术支撑。

立足新起点，迈步新高度

——中冶宝钢大胆创新工业包装业务管理模式

2018 年，宝钢股份做出了上海宝钢工业公司退出湛江业务的决定，中冶宝钢抓住契机，秉承成为“国内第一、国际一流”冶金运营服务商的总目标，为了更好地服务于湛江钢铁，努力向着全厂区全流程一体化的服务方向迈进，中冶宝钢第四分公司以用户需求为导向，坚持“大胆创新、争创一流”的生产服务理念，为用户尽全力、担全责、倾全情，追求极致，挑战一切“不可能”。

2019 年年初，中冶宝钢成功整合湛江钢铁包装材料生产业务，成立中冶宝钢第四分公司工业包装材料生产车间，以吨钢总包模式承接湛江钢铁冷轧、热轧包装材料集配业务，标志着中冶宝钢实现钢卷包装业务全流程一体化的服务。在公司的正确领导下，快速融入融合，进入状态，克服诸多困难，仅一年时间就创下了年产值过亿元的喜人业绩，及时到位的一站式包装材料集配服务得到了湛江钢铁领导的高度认可。

抓融合融入，顺利对接各项工作

2019 年，工业包装材料生产车间成立之初，根据业务调整情况，迅速整合岗位规范、管理制度和质量控制计划书等方面文件资料。仅用不到一个月的时间，各项管理信息及时、准确传递，工作要求有效贯彻、执行。

车间全体员工秉承“一天也不耽误、一天也不懈怠”的中冶精神，在圆满完成各项生产任务的同时，积极参加湛江钢铁冷轧、热轧厂部开展的各项安全、质量管理活动，围绕服务质量和产品质量的提升等方面开展交流，全年客户满意度达到100%，包装材料质量、服务零异议，在公司开展的各项活动中崭露头角。

抓成本改善，固化管理成果

车间大力推行降本增效，在塑料板的材料配比方面积累大量数据，为稳步降低生产成本夯实基础。车间围绕各机组的成材率提出更高目标，并按周期进行统计公示，分析过程波动原因，及时采取有效措施，显著降低纸、铁、塑各机组原料成本。

车间充分利用自有资源，减少外委采购成本。通过购置材料，自制铲板，先后新做包板铲板60个，修复70个，实际降低费用35%；针对PE机组厂房气漏飘雨问题，大胆采用换顶加围的维修方法，简单快速有实效，同时也缩减了维修费用的支出；利用报废的货架，制成隔离栏，将各类塑料原料、纸原料分区分类规划定置，使车间布局更合理。

工业包装材料库房

抓现场改善，提高定置化管理水平

车间自主研发专用回收筐，解决铁制品边角余料需要人工投放到废钢斗的安全隐患和铁外角钢冲孔颗粒散落影响环境的问题；设计专用周转料架，让原来沿墙散放的纸护角半成品整齐划一、堆放稳固；加工专用垫木，实现废纸多层堆放，不仅使环境更整洁，还增加了存储容量；对塑料原料区域、废纸堆放区域、铁外护角堆放区域设置安全栏杆，进行库位定制化改善，从本质上改善现场的安全环境；结合示范作业区创建工作，现场严格执行进筐、进线、进柜定置要求，做到实物有标识、放置守规范、事事有标准、时时有监督。

抓技术开发，创新工作取得丰硕成果

2019 年，车间完成 PE 板卷取装置技术开发项目，实现了一次卷取成形目标。该项目完善了 PE 二号机组的功能，有效解决了因板、卷产品转换而停机切换机组的难题，每年可降低开机成本 20 余万元。

车间推荐的“提高纸护角产品合格率”自主管理课题，获得中国建筑业协会Ⅱ类成果和中国冶金建设协会一等奖；“降低 PE 机组开机时间”课题获得湛江钢铁发布二等奖；“提高 PE 板回收料的利用率”QC 课题被推选至冶建质协发布荣获二等奖。《中国冶金报》《中国宝武报》《湛江日报》等多家媒体相继以“打造钢铁包装基地”为题报道车间在技术创新方面取得的喜人成绩。

抓自主维护，掌握设备核心维修技术

车间技术人员勇于挑战自我，不断攻坚克难，全面掌握了各条产线核心部位的维修及维护技术。

工业包装材料生产车间管理团队讨论岗位核心要素

车间完成 PE 机组一号线核心部件螺杆的更换，解决了板材质量不稳定的问题；自行维修 PE 二号机组系统模块故障，标志着全面掌握该设备自主维护技术；通过研究铁护角加工设备的控制程序，实现对设备提速，修正了设备在生产过程中由于传感器的误差引起的尺寸误差等问题；改进纸生产设备的淋胶装置，解决了一直以来胶水粘贴不牢、速度提不上去等问题；通过多次试验，找出适合纱管纸分切的标准间隙，延长分切刀的使用寿命，解决了生产过程中需要频繁更换刀片的问题。

实现 U 形夹具内部加工制作

2019 年 8 月，为提高服务业主的及时性，降低采购成本，第四分公司决定，供应热轧区域高强度钢卷板头固定的 U 形夹具要实现公司内部加工制作。车间从计划源头对接湛江钢铁“L3 生产运行系统”，主动获悉业主月度生产计划，将工作前置，从计划源头上策划生产计划；同时，车间技术人员迅速做出反应，细化加工图纸，完善加工工艺及相关质量标准，指导兄弟单位设备排布和实物放样。

2019 年 9 月，自主生产的第一批 U 形夹具送往现场投入使用，标志着中冶宝钢又一包装材料产品具备自主生产能力及生产技术。经跟踪用户反馈信息，发现该夹具使用效果优良，供货周期大大缩短，现场库存积压情况明显改善。

助力主业新项目，屡获业主褒奖

2019 年年底，湛江钢铁冷轧高强钢项目投产，中冶宝钢系统地输出“标准代码 + α”的包装材料菜单，根据实地情况规划包装作业布局和运行管理，实现与机组投运同步的包装材料全覆盖。

工业包装材料生产车间

2020 年春节前夕，为配合湛江钢铁三高炉系统冷轧项目自动包装机组爱沙尼亚制造工厂设备 A 检，第四分公司应湛江钢铁要求，需在 2 月 25 日前生产一批试机包装材料，集装发运至爱沙尼亚。这是中冶宝钢首次承接出口包装集配。

时值春节和疫情防控特殊时期，第四分公司上下齐心协力，共克时艰，多次与相关部门沟通、协调，第一时间梳理包装材料清单，对所需的包装材料如防锈纸、镀锌（塑料）包板卷、镀锌带钢、机用捆带等进行紧急加工，并落实出口报关材料，同时针对装箱海运，第四分公司按照每一种物资装箱所需的规格尺寸准备木托盘，按照海运要求进行加固捆扎作业。最终，此次出口包装材料集配工作顺利高效完成，获得了业主来信表扬，充分体现了中冶宝钢“一天也不耽误、一天也不懈怠”的企业精神。第四分公司抓商机抢市场，为后续相关领域市场开拓奠定了坚实基础。

2020 年 5 月 4 日，卷号为 20157270601 的钢卷在安装井字架后顺利装船，启运出口意大利。该钢卷外径达 1793 毫米，单重达 23.53 吨，系宝钢使用“井字架”包装方式的历史最大卷，标志着第四分公司顺利完成超大钢卷用井字架的制作。

此前，第四分公司从宝钢物料信息系统中检索到该钢卷的包装代码以后，为保证该卷在物流环节中的安全性，立即度身定做方案：增加底木根数，提高其整体抗压强度；增加材积 23%，提高其抗弯强度；底木两端各缩短 100 毫米，提高上下木支点处的受力强度。为确认井字架的可靠性，第四分公司会同湛钢制造部、冷轧厂进行了模拟卷试安装、拆除后二次安装、装车试运等实地验证，最终以上木无位移、重压无裂纹、上下木支点处无变形的结论顺利通过。在吨钢结算模式下，该井字架的成功投用在与业主共享成本改善成果方面具有深远意义。

在未来的发展规划中，第四分公司将带领全体员工，不负韶华、勇攀高峰，为湛江钢铁新项目投产提供全方位的钢铁包装材料保障，再铸业绩新辉煌！

真正守住安全发展的底线和红线

——中冶宝钢工业公司积极开展“管理者结对子”活动

为全面提升现场本质化安全水平，降低现场作业风险，中冶宝钢工业公司以“降违章、遏事故”为安全管理目标，以“管理者结对子”活动为重要抓手，通过各级管理人员沉浸现场，切实强化对基层安全工作的指导和支撑，明确工作标准、压实工作责任，夯实现场基础安全管理，为各项工作目标指标的顺利实现保驾护航。

随着中冶宝钢行车“管用养修”业务进程的持续深入、现场技改任务量的持续增加以及业主方安全管理的严格要求，安全环保管理工作进入了新时期，面临着新形势。

为真正守住安全发展的底线和红线，工业公司积极推进“管理者结对子”活动，以进一步固化2019年安全管理成果，健全公司“党政同责、一岗双责、齐抓共管、失职追责”的安全责任体系，持续加强公司职业健康、安全生产、环境保护和消防管理工作，努力实现公司2020年安全环保总体目标。

积极推进“管理者结对子”活动

工业公司快速响应，第一时间布置传达公司相关管理要求，认真学习《“管理者结对子”工作实施细则》和专题会议精神，结合本单位实际，于2020年5月28日发布了《“管理者结对子”工作实施细则》，并在工作布置会上向全体管理者做了传达。

厘清责任，规范落实。工业公司组织包括直管干部、主管、作业长和一般管理人员在内的共93名管理者，与4个车间、1个检修队、1个外地项目部的37个作业区共计248个班组进行全覆盖结对子。为明确管理者的“结对子”责任，工业公司制订了责任清单，组织93名“管理者与结对班组签订了248份安全协议。活动开展以来，工业公司领导班子成员带头到车间开展管理者结对子”活动宣讲，对班前会、安全会议质量、现场降违率、危险源辨识等工作进行阶段性验证。为确保工作执行不走样，工业公司要求各单位实时上传“结对子”活动照片到工作群，职能科室每周从规定动作完成情况、是否存在弄虚作假（代写）嫌疑、活动记录填写规范性等方面进行全覆盖检查，并对检查结果进行通报、考核，组织所有结对管理者对活动记录不规范现象和结对工作涌现出的亮点做法进行学习，对个别结对工作薄弱的管理者进行一对一指导帮扶。

检查行车制动器运行情况

领导干部以身作则，履职尽责

“管理者结对子”活动既是落实安全生产责任制、贯彻党中央“党政同责、一岗双责、失职追责”安全管理要求的有效方法，又是深入一线员工队伍、检验安全履职“实不实”的平台。作为分管安全的党员干部，工业公司副总经理成杰在落实“管理者结对子”活动过程中以身作则、率先垂范。通过参加班组交接班、车间安全检查、车间安全会议及审核车间危险源等，他不断强化干部作风、党员作风，为车间各级管理者及作业长传道、授业、解惑，督促车间各级管理者把安全工作做真，把安全履职做实，实现安全工作“入心入脑”。

成杰的结对对象为工业公司运转二车间。该车间目前设立6个作业区，包括生产操作人员436人、专业点检人员25人，承接了钢管条钢事业部的条钢部、无缝钢管厂、焊管部等几个区域共计144台行车的“管用养修”业务以及无缝、焊管成品库的挂吊等业务，具有工种多样、吊具多样、行车设备投用时间久、地面机组分布广的特点。通过对2019年的业主记分分析，成杰与车间班组成员分别进行调研谈话，针对车间短板开展结对帮扶，不断提升基层安全管控能力。

各级管理者齐心协力，全面提升基层安全管理能力

按“管理者结对子”工作计划，工业公司各级管理者安全交底结对1044次，对员工精神状态、持证情况、近期的安全形势等进行详细了解；管理者安全检查结对522次，对基层作业区设备本质化安全、作业长安全履职、“管理者结对子”工作开展等进行检查验证，共检查问题1666项；管理者安全例会结对261次，在会前对班组安全会议材料进行审核指导，重点剖析班组月度存在的问题、原因分析、措施制订、责任落实。针对“管理者结对子”工作分析班组的短板，对车间“两长”的安全履职要求、“高处作业”“安全带使用”“三方挂摘牌”等进行安全授课。针对不同结对单位安全管控弱点，结对管理者“各显神通”。例如，针对结对车间2019年三车交通违章较多的情况，成杰组织车间交通安全巡检，对员工交通安全禁令知晓、三车反光镜、刹车及反光背心穿戴等情况进行了检查，解决问题3项。针对结对车间无缝区域存在的驾驶室直爬梯这一安全隐患，组织车间管理人员现场勘查实验后，确定可以使用防坠器减少安全风险，目前已经改造完成一台，并开始进行试用和效果评估。在参加“车间周安全检查”时，他发现车间安全检查记录只有时间和区域，策划不充分，存在检查效率不高、检查靶向性不够的缺陷。对此，他及时指导车间对安全检查记录进行分组检查，确定每月的检查重点以及参加人员的责任。

检查运转二车间行车扁担梁

通过“管理者结对子”活动，工业公司安全指标整体有所改善，符合预

期设定的目标。通过各级管理者深入现场、沉浸基层，“管理者结对子”活动共计为基层解决实际问题160项。例如，成杰通过“结对子”发现，车间班前会班组长的履职和安全交底还需要进一步的规范和改进，车间“管理者结对子”工作中存在问题较多，主要是填写不规范、工作形式化、重点重复性的违章下降不明显、设备的“清扫、紧固、润滑”管理水平有待提升等4项典型问题。为此，成杰组织车间拟定具体措施：一是通过各级“管理者结对子”为抓手，示范带教班组长安全交底，带动管理者一级帮扶一级，进而提升班组长的带班能力；二是要求安环室给出模板，指导车间规范填写，并给车间管理人员授课，重点谈对“管理者结对子”的意义，如何杜绝形式主义，并约谈部分管理人员；三是要求车间细化周安全巡查方式，对于检查内容要结合业主、上级、车间自查，举一反三，加强对重复性违章的考核力度；四是要求车间加强设备基础管理，下发专项通知，要求专业点检及生产作业长每天对设备进行检查，将每天自查自改信息上报微信群，要求车间项目工程师每月、每季度、每半年、全年对车间各层级检查出来的设备问题进行汇总统计分析。

通过“管理者结对子”活动，工业公司深化安全理念，扎实开展“降违章、遏事故”安全工作，全面推进安全管理体系建设，切实强化管理者对基层安全工作的指导和支撑，压实工作责任，不断夯实现场基础安全管理，全面提升工业公司的安全工作水平。

主体外协同步走，体制内外共发展

——中冶宝钢苏皖地区创新三种模式夯实班组建设

工人都会追求和谐的工作环境，因此，营造和谐氛围、促进班组建设是企业的一项非常重要的工作。中冶宝钢苏皖地区业务涉及梅钢、南钢和马钢三厂。千人队伍中，既有主体合同制员工及劳务分包制员工，还有三分之一的外协队伍。如何打造高效的团队，促进班组建设？中冶宝钢给出了完美答卷，成功打造了“班组命运共同体”。

“中冶宝钢给我们一家亲的感觉！在这样的团队里工作，我们感到很踏实。”中冶宝钢苏皖地区外协员工这样评价。

中冶宝钢在苏皖地区结合梅钢、南钢、马钢三厂的不同要求，探索推行“一体化”“扁平化”“插入式”三种班组管理模式，将分包队伍与外协队伍纳入公司统一管理，以“主体外协同步走，体制内外共发展”的管理理念，不断凝聚班组力量，夯实班组建设，增强团队向心力。

“一体化”管理，打造和谐融洽的班组

一家亲的好氛围。中冶宝钢在苏皖地区与所有协作单位合作中，将协作班组及员工的教育、行为规范、标准化作业等基础管理纳入公司统一管理，同步执行，形成“水乳交融一家人”的良好氛围，有效提高协作班组人员综合素质，促进企业与协作队伍和谐共建。相关部室跟踪协作人员特殊工种操作证时效，及时联络相关部门，帮助协作人员培训复训，解决特殊工种上岗问题。指导协作班组策划开展技能提升自主培训和岗位练兵，帮助协作队伍

提高综合能力。在业余时间，三两人一组、四五人一群，或是球场竞技，或是河边垂钓，其乐融融。

同等的福利待遇。协作班组及员工享有与中冶宝钢正式员工同等的先进评优及奖励、高温慰问、劳动竞赛等待遇。几年来，协作班组及员工获评公司内部“双文明”建设、劳动竞赛先进集体和个人的数量呈上升趋势。协作队伍员工的合理化建议、“五小”科技创新、QC 自主管理成果等每年递增，有力促进了协作员工的工作积极性和创造性。协作班组员工推行了转炉挡渣板改造、行车专用夹钳、150 吨转炉炉体挡渣板更换方式革新以及煤气风机房增加风向标、行车滑线分段器故障难题攻关等近百项“五小”成果，有力地提高了设备更换效率及设备稳定性。

员工户外交流

暖心的人文关怀。文体活动、帮困帮扶、高温慰问、节假慰问等活动全面覆盖协作班组及员工，还为患大病、患重病的员工或员工家属捐款救助。据统计，中冶宝钢苏皖地区累计为协作队伍患病员工及家属捐款救助 8 人次，累计慰问 19 名患病住院的协作单位员工，累计帮困帮扶 15 个协作单位家庭，将组织的关怀及企业的温暖传递到了协作队伍中。

“扁平化”管理，打造简单高效的班组

结对帮扶，带动班组建设。在苏皖地区，中冶宝钢将“扁平化”管理延伸覆盖到班组，部室及项目部管理人员与班组“结对子”，参加班组早会、工后会等，缩短管理流程。管理人员进班组宣传企业文化理念，播放安全教育小视频，辅导班组学习，营造爱学习的班组氛围。技术人员指导班组开展大工种培训，技能提升培训等工作。近两年，协作队伍员工技能及安全意识明显提升，违章现象逐渐减少。

对标找差距，推进班组建设。部室管理人员定期组织班组长交流、研讨、互查、对标找差距，取长补短。帮助班组总结经验和亮点，结合业主需求，为班组塑身造型，不断推进学习型班组、技能型班组、创新型班组、攻坚型班组、环保型班组、“检修信得过”班组等不同特色的班组，提高班组工作效率与服务质量，成功树立了标杆品牌，多次受到梅钢、南钢、马钢业主表彰和嘉奖。在马钢区域，有的班组曾获得马钢公司“现场6S管理先进集体”及“中国五矿集团安全管理标准化示范班组”等荣誉称号。

创新创造，提高班组建设。根据作业实际需求，专业技术引导班组改进工艺、研发工装，开展技术革新等科研开发工作，吸收班组人员加入“创新工作室”，激发班组人员提升技能水平的积极性、创造性与主动性。近两年来，班组创新活动越来越多，创新设计的皮带剥层专用组合工具、手摇剥皮机、小型皮带机更换装置、电缆线剥皮机及各类专用支架、专用工装等装置有效提高了施工效率与安全系数，编写的“转炉氧枪小车更换工法”获得行业评定，QC成果发布获冶建行业二等奖。

锻炼优秀团队，共创企业辉煌

“插入式”管理，打造平衡稳固的班组

缩小差异，强化班组管理。在实践探索中，中冶宝钢在南钢地区推行“插入式”班组管理方法，即一个班组中穿插合同制、劳务制及协作队伍员工。此种模式最大的效果是有效缩小了不同类别人员差异，减少了矛盾冲突，将班组融合成一个不可分割的整体，促进了班组建设的稳定和稳固。

平衡人力，推动班组发展。依据“插入式”班组管理，延伸制订激励措施，吸收协作单位优秀员工转为劳务分包制员工，从协作队伍中选拔优秀人员作为班组长或作业长，考察劳务人员技能水平及综合能力，择优转制为合同制员工。几年来，中冶宝钢苏皖地区从协作队伍中累计选拔13名优秀员工担任班组长，培养5名协作人员担任作业长或区域安全员，从协作队伍中累计招聘300余名优秀人员签订劳务合同，有效平衡了班组人力及技能水平。

中冶宝钢尝试将外协人员纳入公司统一管理，策划实施三种班组管理模式。通过几年检验，实现了既利于业主与协作队伍发展，又利于自身发展的简单、高效和可持续的发展模式，成功打造了“班组命运共同体”，夯实了班组建设。

服务篇

一路相伴，初心不改
——中冶宝钢生产协力运营纪实

在钢铁企业的发展历程上，有这样一群勠力同心、精益求精、初心不改的守护者。他们刻苦耐劳、匪石匪席，具有极强的战斗力、创新力，他们根植于宝钢这片广袤的大地，具有恪尽职守敢担当、持续作战累不倒、心坚石穿不放弃、精益求精敢创新、矢志不渝诚实相伴的“五种特性”，遍布于钢厂的每个角落，初心不改、精诚相伴。他们就是钢铁企业的协力人、护航者。

不积跬步，无以至千里：转炉护航者的沉淀之路

早晨6点多，太阳东挂。宝钢厂区沐浴在一片晨晖中，一群身形魁梧的汉子从筑炉塔电梯中走出，用手套使劲拍去身上的灰尘，原本白色的口罩、中冶蓝的工作服已经变黑，经过一夜的奋战，他们面色疲惫，双眼通红，然而从他们的谈话中还能感觉出一丝兴奋，那是超额完成计划的喜悦。走出厂房，迎着日出，他们在地上留下了一排黑色的倒影……

转炉炼钢是宝钢炼钢生产中的一个重要环节，而转炉砌筑的质量对转炉炼钢的使用安全性及使用寿命都有很大影响，为了更好服务业主，专业化队伍的打造、技术的凝练再提升就尤为重要。在宝钢炼钢转炉区域，宝钢的管理人员给转炉砌筑班的员工起了一个外号，叫作“铁军”。原因很简单，就是转炉的员工一直像钢铁部队一样，纪律严明，整齐划一，同时也能打硬仗，善于创造各种奇迹。

对于“铁军”的闪光点，很多人都记忆犹新，从1990年承接宝钢本部转炉砌筑，2013年承接南京梅钢转炉砌筑，到2016年湛江钢铁投产后的转炉砌

转炉砌筑现场

筑，这支“铁军”已累计砌筑转炉近300座。很多时候，三个区域的转炉会有交叉、部分重叠，作业任务之艰巨可想而知，每一个转炉砌筑需要的砖，少则620吨，多则820吨。以宝钢5号炉为例，共砌筑耐火材料800多吨，其中最大的耐火砖单重有80千克，一般都在50千克左右，平均每个人在12小时内大约需砌筑5吨的耐火砖。一个炉子砌下来，人已疲惫不堪。另外，每次炉修间隔多则十几天，少则几天。在这种工作条件下，“铁军”都以顽强的意志，攻坚克难，保质保量地完成了各项炉修任务。

不积跬步，无以至千里！长期的技术革新，长期的专业队伍打造，实现了砌筑坐标从宝钢、梅钢、湛钢的地域转移，造就了一位位砌筑能手，凝练了一项项专利、技术、工法。其中，凝练了20年经验的“大型转炉砌筑工法”更是达到国内首家、国际领先水平，通过采用炉底预组装、衬砖程序包装、负层找平技术以及筑炉塔进料4项关键施工技术，实现了转炉的优质、安全砌筑和高效护航。

千锤万凿出深山，烈火焚烧若等闲：手清护航者的提升之路

夏季，申城的温度一路攀升，连续出现多个35℃以上的高温天气，气象部门也发布了多次黄色高温预警，但“火影舞者”仍旧手持重达6千克的手清枪，站在温度高达100℃的铸坯上，技术精准、娴熟地制造着一场场绚丽的“烟火”。

连铸坯手清处理工艺是伴随着宝钢连铸技术的诞生应运而生的。虽然连铸技术不断地日趋成熟，但是受各种因素的影响，铸机浇铸出的连铸坯不可避免地还存在着一些缺陷，若不进行有效的清除就进行下道轧制工艺，这些缺陷将会导致轧制产品降级或部分切废处理，从而降低最终产品的收得率。手清工艺通过人工火焰清理的方式，能够将连铸坯表层这些缺陷去除，提高

连铸坯的表层质量，从而最终达到提高轧制产品质量和金属收得率的目的。

作为宝钢铸坯清理的护航者，24 年来，中冶宝钢始终立足于宝钢，年清理铸坯达 82199 块，建成了全国最专业的连铸手清技术服务基地，成为该领域在国内乃至世界上领先的工艺技术所有者，成功将产品缺陷清除率和轧制合格率提高到 100%。通过不断研究连铸坯手清工艺技术，提炼和总结经验，2012 年，中冶宝钢对手清工艺技术进一步完善，形成了“连铸坯手清处理工艺技术集成”成果，被中国冶金科工集团成果鉴定小组评定为国内领先水平，成为中冶宝钢品牌项目。对于个人来说，24 年历经风雨可能很久，但对于一个掌握着世界先进工艺水平的团队来讲，却正值“青春”。

从中国制造转向中国创造，从制造大国转向制造强国，是我国经济进入高质量发展阶段的必然要求。作为传统制造业，钢铁行业发展至今，面临着越来越严苛的生存环境，而智慧制造显然是一个新的机遇窗口。手清工作环境差、劳动负荷高，为了保障安全生产、降低劳动强度和提高作业人员技能素质，紧跟时代的要求、紧跟宝钢业主的步伐，转型创新更是迫在眉睫。团队已开始研发制作板坯自动化清理装置。“铸坯自动化清理装置”作为连铸手清技术的延伸和拓展，首次将手清技术运用到自动化设备上，利用自动化、机械化的模式取代原来高负荷、高温度和高风险的人工板坯清理，造就了智慧制造自动化护航者。

“蓝天保卫战”行动者：烟气净化护航者的新技术之路

从国家对环保要求的日益严格，到“蓝天保卫战”，到“绿水青山就是金山银山”，加快推进生态文明建设是当前和未来一段时期的重大战略任务，全社会都将是“蓝天保卫战”的行动者。

作为打赢“蓝天保卫战”的重点行业和领域，钢铁企业更是责无旁贷。中冶宝钢烟气净化运行管理团队成立于 2008 年，从最开始的湿法、半干法脱硫工艺到现在世界先进的活性炭烟气净化工艺，工艺从简到难，不断革新，历经 10 余年的磨砺和积累，在超低排放的路上精益求精，持续为宝钢绿色发展保驾护航。

其中，三烧结活性炭烟气净化喷氨系统是活性炭烟气净化工艺的重要环节，也是安全管控难度最大的环节。自2016年三烧结活性炭烟气净化系统投产以来，该团队时刻秉承“现场存在的问题，就是我们研究的课题”这一精神，不断收集数据、模拟试验，同湛江钢铁、太原钢铁进行数据对标。经过研究和分析，摸索出一套高效、节能的喷氨工艺操控模式，改活性炭脱硫脱硝系统原设计一级、两级吸附塔均喷氨为二级吸附塔喷氨，通过数据分析，脱硝率显著提高，减少了氨气用量，此项工艺改进赢得了宝钢股份和中冶长天设计院的高度认可。

烟气净化运行管理团队凭借环保系统运行管理经验的积累，在已有技术成果的基础上，从工艺参数精细化控制入手，朝环保设备低能高效运维控制方向努力，已形成自己独有的、具备行业话语权的技术集成成果，将宝钢股份烧结烟气净化系统打造成了国内外同类项目中的样板工程，接待各钢厂、设计院等参观、交流团体十余次，中石化等国内知名企业、来自韩国等国家的国际友人也纷纷慕名参观学习。这支管理团队真正践行着“蓝天保卫战”护航者的职责。

只言片语讲述着护航者身上的广放尘，钢厂的白天黑夜都是灯火通明。护航者们轮番上阵，闯过一道道难关、破解一个个难题、凝练一项项技术，在艰苦的环境中不断突破自我，用汗水和智慧守护着钢厂的风帆。

以实干为剑，划出属于中冶宝钢的一片天

——中冶宝钢深耕厚植冶金运营服务能力

不经历风雨，怎么见彩虹？经历70年的发展，中冶集团已经发展成为全球最大最强最优的冶金工程建设承包商和冶金企业运营服务商。2012年，中冶宝钢湛钢团队怀抱“钢铁强国梦”，扎根湛江这一片热土。他们啃下了球团单元炉罩环境除尘器改造这块“硬骨头”；他们挑灯夜战，拿下了“煤精封闭”；他们面对新冠疫情，迎“疫”而上。他们就是平凡而伟大的英雄——中冶宝钢人！他们用实干之剑成就辉煌，划出了属于中冶宝钢的一片天。

在改革开放初期，邓小平同志曾说过这样一句话：“世界上的事情都是干出来的，不干，一点马克思主义都没有。”

中冶宝钢第四分公司从发展初期的几十人发展到如今的几千人，发展规模和综合实力大大加强。不过，如今辉煌的背后还隐含着一段段中冶人努力拼搏、鲜为人知的实干经历。

这些实干经历不仅见证了中冶宝钢第四分公司一点点成长、一步步壮大的历程，同时也是中冶宝钢发展历程上的宝贵财富。

迎难而上，啃下“硬骨头”

湛江钢铁炼铁厂球团单元炉罩环境除尘器曾于2012年停机。该除尘器为布袋式除尘器，具有4个优点：低排放浓度能适应越来越低的排放值；可用先进的控制技术实现中控室远程操控；可与主机设备同步运转；减少有害气体以及灰尘进入大气层，降低灰尘对周边环境的污染，有效过滤面积为10150

立方米，滤袋数量为2880只。但是，由于停机的时间较长，该除尘器的腐蚀情况已经较严重，漏风量较大，严重影响后期的正常生产。

2015年5月，第四分公司承接球团单元炉罩环境除尘器改造项目。按照业主的要求，需要将该除尘器进行改造施工，主要是对净气室花板框架以上部分进行拆除更换，对灰斗进风弯管及进风短管进行拆除更换，修复提升阀的箱体和原有的8只气缸，贴补修复灰斗壁板外部及中箱体外部四周贴板，新安装袋笼及滤袋，更换部分压缩空气管道，更换除尘器进出口不锈钢波纹伸缩节（5台），以及新增部分混热风管道安装，并在2015年6月15日之前完成交付。

该项目的高空作业高度高达17.55米，安全风险性大；数量众多的起重作业同样面临很大的安全风险。在高负荷的工作量、工期紧张以及众多难题下，第四分公司组织相关人员进行实地了解，编制施工方法及施工顺序，制订具有针对性的施工方案，提出相关材料计划表统筹规划人员安排，就施工过程中存在的技术难点与点检和生产人员及时沟通解决。

湛江钢铁焦炉四号锅炉

为有一个良好的操作环境，第四分公司主动清理施工区内的易燃物，并将易燃、易爆物清运出场，妥善处理，同时准备防火器材、器具，清理施工通道，确保施工机械设备、机具安全进场；准备好临时措施及防火措施材料；落实好高空作业、起重作业以及动火作业的安全防护措施。在全体人员的共同努力下，保质量、按节点完成交付生产，啃下了这块“硬骨头”，同时也获得了业主的认可。

“煤精封闭”，挑灯夜战完成重任

湛江钢铁一期煤精于2015年7月13日投产，现煤气处理量达到17.5万立方米/小时，单线处理量为全国之最。

焦炉煤气从产出到用户需要经过冷却、脱萘、脱氨、脱苯、脱硫等一系列净化程序，其区域含有横管煤气初冷器、电捕焦油器、煤气鼓风机、中冷洗萘塔、酸洗塔、脱硫塔、再生塔、框式脱硫塔等多个主要净化设备。由于煤精区域本身的特殊性，区域内含有多种有毒有害气体，属于易燃、易爆、易中毒区域。

为更好地落实防护措施，防止无关人员进入，使人员的安全得到有效控制，在与湛江钢铁方面进行沟通、交流之后，2015 年 6 月，中冶宝钢最终决定在煤气区域外围建起牢固的围栏，将其封闭起来，由第四分公司负责施工，湛江钢铁给予技术指导。

2015 年 6 月，第四分公司在承接“煤精封闭”项目后，管理人员立即对现场工况进行仔细观察，制订相关维修作业标准和施工方案，落实好现场安全措施，并与现场的点检和生产人员确认好施工手续和安全措施的落实。

在人员上，第四分公司在队伍中挑选出一批有激情活力、冲劲和干劲的年轻人组成一支青年突击队，展现出不把“硬骨头”啃下誓不罢休的决心。

在项目施工环节上，主要施工内容包括土建测量放线、基坑挖掘、基坑人工修边、基坑夯实、碎石垫层、基坑标高测量调整、围栏立柱定位找正并支撑、大门立柱定位找正并支撑、混凝土浇筑、路口宽度测量、大门丝网切割及焊接、大门合页制作安装、钢结构补漆、基坑土方回填、围栏丝网安装、大门框架整体安装等多道施工工序。

湛江钢铁煤气净化铵苯装置全景

伴随着施工不断地深入，问题也接踵而来：队伍初建，新员工居多，对工作业务流程并不熟悉；场地不成熟，上百个围栏不满足吊装条件，依靠人工搬运；围栏立柱尺寸角度不符等。这些难题都是造成施工进度缓慢的因素。

面对众多难题，第四分公司召开临时会议，讨论解决方案。

在人员协调上，充分拉动铁前、炼钢、轧钢等区域人员去支援“煤精封闭”项目，保证有充足的人力满足现场的施工要求，挑选出一些现场经验丰富的骨干进行现场技术指导，解决现场技术难题。

为追赶施工进度，按时按节点完工，管理人员身先士卒，带头冲锋干，与一线员工挑灯夜战，吃喝在现场，吃住在现场。

炎炎夏日下，全体人员历经2个多月的艰苦奋战，圆满完成湛江钢铁炼铁厂封闭项目所有的围栏立柱基坑挖掘、垫层铺设、围栏立柱安装调整、混凝土浇筑、围栏安装工作，按时交付生产。

迎“疫”而上，湛钢喜迎“双赢”完美开局

从2020年开始，第四分公司率先在湛江钢铁实行常规检修承接总包模式。这种新型模式的检修模式能够最大限度地发挥设备管理各方的优势，提高双方协同工作效率，最终达到降低设备故障率、减轻工作负荷的目的。当时，新型冠状病毒性肺炎正在全国蔓延。面对严峻的形势，第四分公司一方面按照要求落实好疫情防控工作，另一方面充分组织调动现有人力，全力保障安全生产和设备检修业务的稳定运行。

因受疫情管控及返岗隔离等多种因素的影响，2020年一季度，湛江钢铁现场检修人力资源异常紧张。

对此，第四分公司统筹协调好人力资源分配：一方面，落实好疫情防控工作，对返岗复工的员工进行14天的隔离，保证其人身安全；另一方面，精心策划，形成常规检修项目以班组之间相互支撑，定修、年修多个作业区相互配合的模式，充分拉动铁前、炼钢以及轧钢的区域人员，满足现场各施工项目的人力需求。

在施工过程中，严格落实各项安全措施，确保施工节点全面受控。在全员的努力下，先后完成炼铁厂和热轧厂两厂同步年修、3月24日钢铁系列定修以及4月21日钢铁系列定修。

第四分公司还对员工队伍进行专业知识技能培训，以此来提高员工的专业技能，提高工作效率。功夫不负有心人。经过长时间、不间断的培训后，以现场检修为主的炼铁队、炼钢队以及焦化队的现场检修能力有了质的飞跃。

检修能力的提升，在人员紧张的严峻形势下发挥出了重要作用。第四分公司迎“疫”而上，逆水行舟，统筹规划，应对人力资源难题，很好地完成

了各项检修任务，不仅为达产达标贡献了智慧和力量，也促成了第四分公司首次承接总包业务喜迎“双赢”的良好开局。

不积跬步，无以至千里。成长历程中的“小故事”并不会被时间所消磨逝去，而会显得更加鲜明和弥足珍贵。迈过更高的山谷、啃下更难啃的“硬骨头”，中冶宝钢用实干铸造出了属于自己的钢铁之魂，并用实干之剑划出了属于自己的一片天。

迈出新步伐，开启新里程

——中冶宝钢拓展梅钢设备点检运维一体化总包之路

2020年，在中冶宝钢市场发展过程中，出现了多个“第一次”“首次”或“突破”之类的关键词，其中，承接梅钢设备点检运维一体化总包业务也成为中冶宝钢进驻梅钢的“第一次”和“突破”。中冶宝钢进驻梅山钢铁10年整，于2020年年初成功签订梅钢煤焦区域设备点检、运维、清扫一体化总包合同。此项拓展标志着中冶宝钢在苏皖地区市场冶金运营服务中迈出新步伐，开启新里程，并为今后在苏皖地区持续扩大“操检合一”业务市场奠定了基础。

2020年，中冶宝钢在梅钢市场的业务覆盖面越拓越宽，年初即成功接手梅钢煤焦区域设备点检、运维、清扫一体化总包业务。项目实施后，梅钢的生产效率得到提升，故障率明显降低，各项考核指标连续3个季度优异，业主表示非常满意。

寻找目标，持续跟踪信息

2019年，中冶宝钢梅山基地响应总部“大步快走”发展战略，建立市场经营团队：一面收集市场信息，制订相应营销方案；一面兵分各路，寻找目标做宣传，为市场拓展打开通路。当年年中，经营团队从梅钢公司获悉，梅钢计划在煤焦区域推行一体化分包管理，区域营销责任人及时跟踪信息，时常沟通联络。同年11月初，梅钢公司确定煤焦区域设备一体化分包管理事项，中冶宝钢及时组织人员考察现场，初步策划了机、电、仪各工种人力资源及工具配备方案，并提交梅钢业主审核，最终获得审批。

讨论方案，确定业务界面

2019 年 12 月初，中冶宝钢与梅钢公司就煤焦区域一体化总包业务首次推进，双方就一体化总包所涉及的业务内容、区域界限、协力模式、双方权责、物料配备及项目管理流程、安全环保管理、评价考核、总包费用等事项进行商榷，确定了点检业务界面，包括煤焦卸煤线设备、综合煤场区域含料机与皮带设备、水运煤皮带、翻车机筒仓系统机电仪设备点检，液压润滑装置、水系统等状态检查，区域设备日常检修、维护、清扫等一体化服务内容以及考核要求，明确了双方权限责任；同时，落实了值班、抢修及日常管理联络体制。

点检列队行走

2019 年 12 月中旬，双方拟定了煤焦区域设备状态联控项目协议、安全环保责任协议与协力安全管理协议，同时制订项目承接推进计划，落实点检办公室、休息室及相关配置。

提前培训，强化点检能力

一体化总包业务确定后，中冶宝钢一面提前组织人员对新区域、新环境进行危险源辨识、梳理风险，制定相关制度与岗位规程；一面策划专业能力培训，组织点检员按计划熟悉点检流程，强化点检四大标准、设备维修概念、设备维修制度等专业学习。从 2019 年 12 月中旬起，点检员全面参加业主方组织的设备点检制度、设备点检管理、设备状态管理、TPM 全员生产维修、检修管理、备件管理等专业培训，同时签订点检带教协议，开展设备点检实训。经过 1 个月的训练，点检员的专业知识有了大幅提升，能够较准确地判断出设备故障、分析原因，找到有效的解决方法。后期，中冶宝钢还将轮流安排点检员参加点检资格取证培训。

如期进驻，全面实施履行职责

2019年12月31日，双方召开一体化管理协议实施动员大会，并完成岗位交接。2020年1月1日，中冶宝钢各工种人员按合同要求全面进驻煤焦区域实施一体化运作，认真履行点检运维职责，完成多项整改提升。截至2020年12月，中冶宝钢已经成功改善煤焦系统煤筒仓顶部4台小车撒料问题，提高了运焦系统溜槽的耐磨性；改善了运煤系统运行驱动部位的安全性，减少了翻车机系统电气故障频率；整改煤焦区域设备拉绳开关、急停装置等9项内容，为煤焦区域设备正常运转提供了有力保障。清扫人员每班都会及时清扫，各条线设备及周边环境整洁，提高了区域环保程度，降低了安全风险。

一体化管理双方交流会

业主满意，服务成绩优异

日前，中冶宝钢承接梅钢煤焦区域设备一体化总包管理已有一年，各条线除了按规定在每周一次流程停机时进行常规检查维护外，尚未发生因故障停机或申请停机的情况。业主方每个季度的综合考核评价显示，中冶宝钢连续3个季度成绩突出，标准化作业、物料管理、台账管理、点检实绩管理、异常联络单闭环管理等基础管理全面达标，安全环境卫生达标，顾客满意度达标，设备点检、检修、协力综合业绩均达90分以上。同时，设备运行效率得到提升，服务能力得到认可，业主对此十分满意，实现了预期目标。

煤焦区域设备点检、检修、运维、清扫一体化总包业务是中冶宝钢进驻梅山市场10年来的第一次变身。尽管一体化管理仍在摸索阶段，但随着点检员对现场设备的不断熟悉，服务能力也随之提升。自2020年二季度以来，12名点检员已经陆续取得点检资格证，专业管理能力越来越强，项目也会越做越大。

用心做服务，质量树品牌

——中冶宝钢打造工程机械“管用养修”品牌侧记

中冶宝钢协力分公司从事宝钢股份炼铁厂、炼钢厂、钢管厂、冷轧厂、运输部、原料采购中心机械“管用养修”业务及分公司内部机械“管用养修”业务。为适应现场生产需要，公司自主研发了35吨整体式渣罐运输车、遥控铲车、卸料平台、石钢锤、油液混合动力自卸车等一系列设备；拥有国家授权专利23项，省部级以上成果2项，达到国际先进水平1项，国内领先1项；业务范围以宝钢炼钢厂为基点，实现对硅钢事业部、宝日汽车板、冷轧厂、原料运输等区域的辐射，并凭借精湛的服务多次受到各厂部赞扬。

2019年，中冶宝钢持续深化改革，实现工程机械“管用养修”能力集成，激活助推产业发展的强大动能。协力分公司始终紧跟中冶宝钢部署，持续发力，于2020年1月正式承接宝钢运输部原料汽车“管用养修”一体化项目，致力于将工程机械“管用养修”业务打造成中冶宝钢拳头产品。

工程机械“管用养修”品牌初具模型

2015年，协力分公司正式成立机械维修中心，通过整合工程机械“管用养修”业务，优化资源配置、市场布局，深化“管理+资产”经营模式。2019年，协力分公司同时承接宝钢炼铁、炼钢、轧制区域工程机械“管用养修”系列业务；2020年1月，正式承接宝钢运输部原料汽车管用养修一体化项目，业务总量实现成倍增长。新项目承接伊始，面对员工不稳定、管理接续、安全受控三座大山，协力分公司凭借技术优势、管理优势、资源优势，因地制宜，优化各项组织方案，实现新项目的平稳过渡。

协力分公司拥有国家授权专利23项，其中，授权发明专利6项，省部级以上成果2项，达到国际先进水平1项，国内领先1项；业务范围以宝钢炼钢厂为基点，实现对硅钢事业部、宝日汽车板、冷轧厂、原料运输等区域的辐射，并凭借精湛的服务多次受到各厂部赞扬。

完善体系，细化资产管理

协力分公司不断完善管理体系，细化资产管理制度：每年定期对在用管理文件进行评审、修订，细化完善10大类标准，使管理要求做到量化、可执行。

制定“管用养修”三方分工协议，涵盖18种机型，近500台设备。明确点检方、操作方、维修方责任分工。每周不定期对现场进行设备状态检查，制定各区域互检计划，督促现场做好车辆的例保工作。

文明示范车

针对各车型制定点检标准、给油脂标准及维修标准，强化维修质量管控，大幅度降低设备的维修率。组织技术骨干先后对部分进口车型的发动机、变速箱等维修难点进行技术攻关，减少工序外委的成本。

自行开发库存管理软件，对备件进销存实时管理，及时掌握库存情况，实现库存共享；对备件使用性价比进行分析，不断优化备件选型。

加强培养，提升操检技能

协力分公司注重加强人才培养力度，不断提升员工队伍的操检技能：严把上岗关，组织骨干团队落实“一对一”师徒带教，确保操作技能和保养技能同时合格方能上岗。2015年至今，已培训取证初级工55人、中级工68人、高级工 31 人。

以例保比赛、文明示范车评比活动为依托，以赛代练，提升员工操作技能、培养运行点检能力。在 2018 年上海市叉车行业岗位练兵与技能比武劳动竞赛中，炼钢管养作业区岗位工徐华用技术说话，一举夺魁。

校企联合，培养后备人才。通过多方考察，协力分公司和江苏、四川、云南等地的职业院校达成共识，吸引车辆检测维修专业人才近百人。2017 年至今，已有 20 余人成为一线中坚力量，为现场生产提供专业支撑，成功打造企业、院校、学生三方共赢模式。

改革创新，提高修理效率

协力分公司锐意进取，不断改革创新，通过科学管理，不断提高修理效率：

打造“区域负责、基地集中维修”模式，主作业线机械采取“区域负责、贴身维护”模式，离线维修集中到基地维修模式，提高维修作业效率。

模拟市场化维修运作模式。自 2017 年起，实施内部维修的市场化运作，按单结算，进一步明晰使用单位、维修单位责任、权利，维修作业量与修理工绩效挂钩，充分调动各方人员积极性，提高修理效率。例如，轧制区域 9 名修理工为硅钢、冷轧、宝日汽车板等 158 台套机械设备保驾护航，保质、保量、高效，多次受到业主称赞。

故障分类，提高修理效率。按重要性及配置数量、设备属性（是否特种设备），将设备分为 A、B、C 三类，对于不同类别，设定不同的管理覆盖周期及管理标准。同时，按车辆故障处理时间进行分类管理（A 类 2 小时，B 类 1 天，C 类 1 天以上），减少在修车辆数量，提高资产利用率。

通过研发、购置等途径，配置高效工器具，提高作业效率。近 2 年来，公司增配各类高效工器具 130 件。

“道在日新，艺亦须日新”，协力分公司将全力把工程机械“管用养修”业务打造成中冶宝钢的拳头产品。

中冶宝钢装备制造在欧洲市场完美履约

——“中冶重机”挪威超万件阳极钢爪项目竣工纪实

长期以来，中冶宝钢坚定自己的发展方向，紧跟国家“一带一路”倡议，积极布局海外市场，并注重“深练内功”，强化管理，严抓质量。在与挪威客户长达10年的合作中，以“撸起袖子加油干”的拼搏精神，奋力完成了超万件阳极钢爪特大订单。这充分体现了中冶宝钢人的诚信态度、扎实的生产能力和技术硬实力，同时为“中冶重机”品牌开拓海外市场留下了浓墨重彩的一笔。

数量过万，彰显项目影响力

挪威超万件阳极钢爪的项目制作，无论从产品数量上还是项目制作周期上来说，在中冶宝钢装备制造板块都首屈一指。17000件阳极钢爪项目得以顺利承接的好消息一时间广为流传，消息通过中冶集团网站发布后，还得到了整个集团的关注。

阳极钢爪项目的客户是挪威Umoe工业公司，这是一家从事电解铝装备制造的欧洲企业，有着悠久的发展历史，总部在挪威，分部遍及芬兰、冰岛和中国。该项目是中冶宝钢装备制造板块开拓海外市场的核心项目。项目的顺利承接是一种机遇，是一种挑战，更是一种责任；项目的成功履约将进一步提升“中冶重机”品牌的海外形象，对进一步赢得海外市场至关重要。

欧标验收，凸显项目含金量

实际上，阳极钢爪项目的制作曾面临双重考验，首当其冲的是技术难题。项目团队未雨绸缪，积极组织项目策划，研究讨论制作方法，优化工艺方案，批量设计制作工装、焊缝检测样板以及构件尺寸检查样板。本次钢爪项目在质量要求方面相比之前的项目有明显不同，主要表现在焊缝高度要求较高，同时增加了大量的标识焊接。其中，最为突出的是钢爪编号的焊接，该编号由8个字符组成，要求全手工焊接，字符大小也仅有30毫米高，对焊接技能的要求极高。项目团队周密安排，挑选优秀铆工和焊工配合作业，并在最短时间内完成了首批样品制作。业主委派制造部经理进行了质量验收，相关验收标准执行情况：尺寸执行EN ISO 13920 BF验收，焊接执行EN ISO 5817 C验收。验收过程中，客户对产品采用平台投影法进行了测量，极为专业地检测了样品的各项尺寸。最终，样品顺利通过验收，为后续的大批量制作奠定了坚实基础。

挪威方监理现场检查钢爪质量

共克时艰，增强团队凝聚力

项目制作的第二个考验是工期考验。由于客户新的生产线亟待投产，因此，在项目开工之初，便明确了保质保量地满足每周发货的要求。2019年12月，中国传统的农历春节即将到来，春节假期会影响生产将近3周时间，工期会受到影响。更加出人意料的是，2020年1月20日，受突发新冠疫情影响，武汉开始封城，全民自觉隔离防疫，生产再次受到影响。面对重重困难，“中冶重机”项目团队迎难而上，共克时艰，积极想办法一一化解。面对春节影响，生产部门提前策划，“5+2”“白+黑”地干，开足马力，加量生产，为春节期间补足了产量。面对疫情，“中冶重机”全体员工严格落实复工生产

“两手都要抓，两手都要硬”，有效抵御了疫情，并确保了生产工期。

完美收官，提升品牌美誉度

2020 年 4 月，最后一个批次 6 个集装箱的产品顺利集港，标志着“中冶重机”出口北欧的超万件钢爪项目圆满竣工，合同也如期履约。

该项目共计 17000 件，分 41 批次发货，累计使用 208 个集装箱，生产制作持续近一年时间。此次项目的顺利完成，一路坎坷，充满挑战；项目的最终胜利充分展示了“一天也不耽误、一天也不懈怠”的企业精神，充分体现了中冶人的诚信态度以及扎实的生产和技术硬实力，同时为“中冶重机”品牌形象在海外市场又留下了光辉的一笔。这次与 Umoe 工业公司的完美合作，时间特殊，意义非凡。患难见真情，相信通过此次的合作与考验，双方的友谊会更加深厚，未来的业务合作前景将更加光明。

为宝武铝业全程保驾护航中的三个“第一次”

——中冶宝钢全方位助力宝武铝业投产纪实

2020年3月31日，中冶宝钢与宝武铝业正式签约，业务内容覆盖了宝武铝业的全产业链、全流程、全生命周期。作为中国宝武的战略合作伙伴，中冶宝钢秉持“一天也不耽误、一天也不懈怠”的企业精神，早部署、早准备、早落实，为宝武铝业第一炉铝锭的产出，从第一次投料、第一次扒渣、第一次吊锭开始，全程保驾护航。

中冶宝钢与宝武铝业携手打造中国宝武旗下第一块有色冶金品牌，同时也在拓展有色冶金市场中迈出了成功的第一步，为打造“国内第一、国际一流”冶金运营服务商的宏伟愿景夯实了基础。此次与宝武铝业的携手合作，为宝武铝业提供全流程、全产业链、全生命周期的服务，是中冶宝钢实现这一宏伟愿景的一个里程碑，真正体现出“冶金运营，因中冶宝钢而不同”。

宝武铝业坐落于素有黄河明珠、文化圣地、天鹅之城美誉的河南省三门峡市，是中国宝武贯彻国家中部崛起战略的重要举措，是东部央企与中原大省深度合作、共谋发展的重要载体，也是落实中国宝武“一基五元”战略中新材料产业的产物，更是宝钢股份实现“从钢铁到材料”转变的重要标志。

宝武铝业的铝深加工项目是河南省重点建设项目，也是三门峡市加快产业转型升级、助推全市经济转型创新和高质量发展的重大支撑性项目，其产品定位于国内重点领域急需的铝板带高端制造，广泛应用于汽车、航天航空、军工等领域。

该项目一期工程计划产能30万吨，分为公辅、熔铸、中厚板、冷轧精整四大区域。全厂主要设备为“2+2+1”模式的美国安德里茨熔炼炉和保温炉组3条，英国、德国普锐特联合体1+3热连轧机组1条，德国西马克SMS2500毫米六辊冷轧机组1条，意大利米诺3000毫米六辊冷轧机组1条，意大利菲米薄板横切机组1条，以及德国AMOVA自动化立体库。

作为中国宝武40余载的战略合作伙伴，中冶宝钢与宝武铝业的此次合作，携手打造中国宝武旗下第一块有色冶金品牌，同时也在拓展有色冶金市场中迈出了成功的第一步，为打造“国内第一、国际一流”冶金运营服商的宏伟愿景夯实了基础。

2020年3月31日，中冶宝钢与宝武铝业正式签约，业务内容涵盖宝武铝业全厂生产协力、包装作业及部分资材供应、全厂设备检修、铝灰渣处理BOO及厂内物流运输BOO业务，覆盖了宝武铝业的全产业链、全流程、全生命周期。

为宝武铝业第一块铝锭下线保驾护航

2020年7月30日18:15，宝武铝业熔铸30吨生产线产出第一炉3块铝扁锭，这是熔铸产线热负荷试车的首个产出品，也是宝武铝业第一条投入试运行的产线。作为中国宝武的战略合作伙伴，中冶宝钢一同见证了这一历史时刻，同时也秉持“一天也不耽误、一天也不懈怠”的企业精神，在人员招聘、员工培训教育、物资准备、工器具准备、后勤保障等方面，早部署、早准备、早落实，为宝武铝业第一炉铝锭的产出，从第一次投料、第一次扒渣、第一次吊锭开始，全程保驾护航。

第一次投料。熔铸产线是宝武铝业第一道生产工序，也是影响最终产品质量的重要工序，而投料又是熔铸的第一道工序。中冶宝钢为第一炉铝扁锭产出成功地完成第一次投料，投料工序包含的叉车装料和行车吊运料筒加料两个重要过程全由中冶宝钢实施。考虑到投料工序的复杂程度，这个“第一次”背后有着无数次的模拟练习。通过模拟装料，发现问题并做好危险源辨识工作，提前规划叉车运行路线和人员逃生路线。同时，考虑到现场加料桶与坑壁间距有近50厘米，导致叉车无法上料，中冶宝钢结合这一问题提出合理化改进意见一项，并已批准实施，确保了第一次装料的成功。另外，因熔炼炉布局紧凑以及加料筒打开机构的操作复杂，使得行车吊运料筒加料作业难度更加一等。这一过程需要行车主副钩紧密配合，保证主副钩动作先后顺序以及指吊工的指挥口令正确无误。为此，在投产前，中冶宝钢人提前部署行车操作工倒班，尽早模拟练习加料作业，熟悉加料作业过程行车路线、主副钩的起升时机以及与指吊工配合，确保了第一次加料作业的成功。

第一次扒渣。熔炼、保温炉扒渣作业是影响最终产品质量的重要工序，作业难度大，作业质量要求高。原本设计利用 1 台扒渣机进行作业，但因设备到货滞后，临时改用叉车叉扒渣耙进行作业，这就对叉车工的驾驶技术提出了更高的要求。面对这一挑战，中冶宝钢人不畏艰难，提前选取叉车驾驶技术过硬以及有相关经验的叉车工到宝钢股份大院进行扒渣专项培训，提前模拟练习，熟悉叉车扒渣的要领。此外，结合铝行业相关的安全操作规程、辨识出的危险源以及现场模拟练习中发现的问题，一同商讨确定作业过程中的安全操作事项，并对相关设备功能进行改进，最终保证了第一次扒渣作业高质量完成。作业当日，叉车工娴熟的扒渣技术赢得了现场每位工作人员的称赞。

第一次吊锭。熔铸产线的最后一道工序就是将铸造好的铝锭从铸造井中吊出。宝武铝业使用的是挪威 TC 工程公司生产的液压立式吊具，此吊具采用一点连接行车以及无线遥控操作控制，可实现从铸造井中吊出铝扁锭，然后进行放倒操作。这一作业过程非常考验行车操作工的操作技术以及对 TC 吊具的熟练操作。根据这一需求，中冶宝钢人一方面提前安排行车操作工熟悉铝锭吊运行车的性能以及行走路线，一方面安排操作工实时跟踪 TC 吊具的安装过程，并请吊具厂家开展相应操作培训，保证操作工对吊具的熟练操作，后续又经过多次模拟练习，最终确保了宝武铝业第一炉铝扁锭的顺利吊出。

助力宝武铝业第一块铝锭下线

助力宝武铝业包装试验铝卷成功产出

2020 年 9 月 22 日，为积极配合宝武铝业冷轧 2500 毫米冷轧机投产计划，中冶宝钢顺利完成冷轧包装试验铝卷的包装作业。

工欲善其事，必先利其器。此次包装实验铝卷的成功产出，离不开项目部前期的精心准备。本次操作，宝武铝业首次制定铝卷包装标准，而对中冶宝钢来说，这也是第一次涉及此类业务。前期，中冶宝钢工业公司参考了其他分公司在钢卷包装业务操作中的标准，并会同宝武铝业包装业务负责人走访河南周边各大铝厂，实地考察铝卷及铝板材的包装工艺；积极协助宝武铝业制定了第一版包装质量标准后，又根据宝武铝业所提供的试验铝卷尺寸及公司在钢卷包装业务方面的实战经验，经过紧急梳理，报出试验卷包装材料、工器具采购计划；在此过程中，在采购管理部的协调下，又积极配合供应商做好包装资材规格的确认和选型，为首批试验铝卷包装资材的及时到位打好了基础。现场准备方面，中冶宝钢会同宝武铝业包装相关负责人做好包装场地的确认以及各项准备工作。另外，中冶宝钢还与设计院配合，确定了现场包装压缩空气气源的配置，为第一次试验铝卷包装作业的成功实施创造了条件。

宝武铝业包装试验铝卷成功产出

助力宝武铝业冷轧第一卷成功产出

2020 年 9 月 28 日 9 点 58 分，随着中国宝武党委常委，宝钢股份党委书记、董事长邹继新的一声令下，宝武铝业首条投产的轧制产线 2500 毫米轧机将铝合金卷卷入轧辊轧制，随后，宝武铝业冷轧 2500 毫米轧机生产线第一卷铝卷产出。这是宝武铝业继 7 月 30 日熔铸产线产出第一块铝锭后的又一产品产出，也是宝武铝业迈向全面投产的又一个重要节点。

作为中国宝武的战略合作伙伴，中冶宝钢与中国宝武再一次一同见证了这一历史时刻，从生产协力、设备检修到包装业务，全程为冷轧第一卷的成功产出而助力。

生产协力方面。根据冷轧区域承担机组轧卷的上、下料，钢套管的吊运，来料的吊运入库以及配合机组工作辊、支撑辊更换的吊运任务，中冶宝钢提前组织行车操作工进厂熟悉现场环境，确认日常作业路线，并结合钢卷吊运的经验对现场使用铝卷吊运的 C 形吊钩提出改进意见，确保了第一卷的成功下线。

设备检修方面。宝武铝业冷轧轧机设备是引进的德国西马克 SMS2500 毫米六辊冷轧机组，该机组由铝卷运输系统、开卷系统、轧制系统、横切剪、卷曲系统以及地下油库通风和 CO_2 灭火的安全系统组成，最大轧制力达 25000 千牛。承接整套铝轧机检修业务，对于中冶宝钢来说是首次全新的挑战。面对挑战，中冶宝钢积极探索，提前组织骨干员工跟踪设备安装进度，熟悉机组工艺流程以及设备情况。另外，结合轧机液压系统较多、较复杂的情况，中冶宝钢积极协调其他分公司液压专业人员到场进行专业培训，为机组正常运行保驾护航。

宝武铝业冷轧第一卷成功产出

此次与宝武铝业的携手合作，为宝武铝业提供全流程、全产业链、全生命周期的服务，是中冶宝钢打造“国内第一、国际一流”冶金运营服务商的一个里程碑，真正体现出“冶金运营，因中冶宝钢而不同”。

只争朝夕铸精品，敢为人先赢未来

——中冶宝钢第五分公司完成国内首例铸管径锻机搬迁工程侧记

2018 年 9 月，中冶宝钢第五分公司承接芜湖新兴铸管 13mN 径锻机拆除、搬迁、安装和调试任务。该设备为德国西马克公司制造，因此，在操作中存在人力物力资源短缺受限、全英文原装非图标图纸、吊装设备不足、电缆和液压管路多等困难。办法总比困难多，第五分公司不等不靠，全力开展项目实施。在近 10 个月的施工中，参战员工各司其职、齐心协力，高质量、高效率完成国内首例径锻机自主安装，全力打造和唱响“特钢检修”品牌。

芜湖新兴铸管 13mN 径锻机为德国西马克公司制造，全世界仅有数台。2018 年 9 月，中冶宝钢第五分公司承接从戈江区径向锻造车间进行保护性拆除后搬迁至三山区径向锻造车间进行设备安装、调试至正常生产，涉及设备总重 1300 吨。此类设备拆除安装属国内首例，对第五分公司来说，既是一次极大的挑战，也是一次难得的机遇。

面对挑战和机遇，第五分公司上下一心，领导班子高度重视，多次召开专题研究，从各单位抽调精兵强将成立芜湖新兴铸管项目部实施搬迁工作。项目部成立后，每一位参战人员同心协力，克服资源短缺受限、全英文原装非图标图纸、吊装设备不足等困难，不等不靠、坚持“办法总比困难多”理念，秉承“做一个项目，树一座丰碑”的理念，全力开展项目实施。

充分准备，打响设备拆除第一枪

9 月 23 日，项目部进驻设备现场后，为全力保证施工质量、进度和安全，结合现场实际情况分别编制了保护性拆除、清洗、安装、大件吊装运输等极为详细的专项方案以及现场安全管控标准，在编制大件吊装运输方案时，项目部充分考虑了吊装孔的可靠性、卸扣大小及其承受力以及两台吊车的协调配合性，并对途经的每座桥梁承受力和桥的长度都做了精心查验和测量，保证能够安全通过桥梁，做好各项充分准备。

11 月 8 日，按照计划，首先实施径锻机两台操作机拆除吊装，为拆除主机奠定良好基础。

11 月 20 日 8 时，在完成场地障碍物清理、厂房顶的拆除、上下料区域的坑洞回填土（吊机站位区）、两个液压站的钢结构支撑制作，运输路线路面的修补、电线及油管的拆除等相关前期工作后，径锻机开始起吊，500 吨吊机将主机吊至指定地点后，在 350 吨吊机的配合下将主机顺利翻身。

安装后的锻压机全景

当天 20 时，将主机平稳地吊至运输车上，吊装一次成功。

随后，项目部派专人跟车护送，于 21 日凌晨 4 时将主机顺利运至新厂，搬迁运输工作顺利完成。同时，该径锻机设备复杂，其中各种电缆线达上百余种，长度多达 50000 余米，主机净重 170 吨；各种规格油管多达 1000 余根，总长度 8000 余米，其他还有传感器、伺服阀等精密设备，在拆除的同时必须保证阀口、管口的密封，并要求对照图纸做好、做全标记和挂牌，为后期的安装奠定基础。

项目第一阶段的保护性拆除任务按计划顺利完成，可谓初战告捷，不仅成功打响设备拆除第一枪，也为“大干一百天，再创新业绩”活动增添了一抹最亮的光彩。

争分夺秒，顺利完成设备安装

弋江鞍马未卸，三山征战正兴。进入 2018 年底，芜湖新兴铸管 13mN 径锻机搬迁项目全面进入安装阶段，项目部全体人员分秒必争。

新区径锻机主机安装鸟瞰图

12 月 20 日，按照预定计划进行主机吊装落位准备工作，项目部组织人员连夜清理场地，做好现场标识和吊车的临时钢支撑，办理好相关审批手续，再次审读安装吊装专项方案，对相关人员进行安全工作宣贯，科学分配，合理安排，确保安全的前提下保证吊装一次到位。

21 日早上 7 点半，两台吊车到达厂区指定位置，做好定位、配重等准备工作，为保证安装精度，同时不让主机底座发生一丝偏移，大家集思广益，慎重考虑，并反复测量对照图纸，通过在底座侧壁制作 4 个专用导向装置、底座侧面及下部制作 16 个定位支撑件，确保整个对中过程万无一失。

随着现场起重工的哨声，主机缓缓落下，稳稳地落在底座上。整个落位、对中过程平稳连贯、一气呵成。经过仔细测量，主机的垂直度、中心线、结合面间隙等一切参数完全达到标准。

随着径锻机主机顺利就位，设备安装阶段最大困难迎刃而解，项目部严格按照科学管理项目流程，有条不紊地开展相关工作，紧锣密鼓实施上下料轨床安装调整、两台操作机吊装落位、热锯辊道安装并做好防腐措施、上下料装置的钳夹臂、液压站油箱、电缆桥架全部铺设工作。在近 4 个月的设备安装阶段，项目部齐心协力、艰苦奋斗，严格管控过程中的安全、质量、进度，高质量、高效率地完成项目安装任务，打响了中冶宝钢品牌。

精益求精，热负荷试车圆满成功

2019 年 4 月，正式进入设备最后调试阶段，项目部全体人员高度重视、密切配合、精益求精，严把安全质量关，始终在现场指挥、协调，发现问题当场解决，保证进度。施工人员各司其职，严守岗位，确保设备控制精准、运转正常。

6 月 15 日，单体运行试车任务按计划有条不紊地开展；

16 日，两台操作机试车成功；

18 日，转台、上下料辊道试车成功；

20 日，上下料翻料装置、料臂夹紧装置、挡料臂装置、升降台装置试车成功；

22 日，径锻机主机试车成功，数台设备的顺利试车运行，代表该项目单体试车任务圆满完成。

新安装锻压机组进行热试车

28 日，热负荷试车决战时刻到来，热试的钢坯长 2. 7 米，直径 600 毫米，温度高达 1100 摄氏度。此钢坯经自动锻打后尺寸为长 7 米、直径 380 毫米，经技术质量检验，此次热试锻件尺寸满足加工要求，内部质量符合超声波探伤标准，实现热负荷试车一次性成功，受到业主高度赞扬。

此次项目是国内径锻机自主安装的首例，标志着第五分公司成为国内唯一一支掌握径锻机主机及操作机设备在线解体修复技术、进口备件国产化制造技术及设备整机调试技术的队伍。项目部团队以优良的工作作风和优质的服务意识，充分展现“一天也不耽误、一天也不懈怠”的企业精神，为业主交上一份满意的答卷，也为第五分公司持续打造“特钢检修”品牌做出积极贡献。

攻坚克难往前冲，奋勇当先创佳绩

——中冶宝钢为湛江钢铁“智慧物流”发展注入强劲动力

2020年疫情肆虐，面对疫情带来的不利影响，中冶宝钢第四分公司坚持疫情防控和安全生产“两手抓、两手硬”，认真落实疫情防控措施，加大力度统筹抓好安全生产各项工作，努力降低疫情对港口生产的影响，积极克服人员不足、湛江天气异常等不利因素，抓住内外贸航运市场逐步回暖的契机，结合码头现场生产实际，深度挖掘内部潜力，有效保障海内外产成品的及时供应需求，并创造多项纪录——湛江钢铁码头装卸史上装载难度最高的作业、单船作业投入人数最多、半年度完成外轮次数最多等——为湛江钢铁“智慧物流”注入活力。

2020年7月1日21：00，随着外轮“海王之星”的离泊，标志着中冶宝钢第四分公司圆满完成湛江钢铁2020年上半年22次外轮产成品装船业务，保障湛江钢铁“智慧物流”，为湛江钢铁水运出厂提供有力的输出动力，得到业务方的高度认可。

2月17日，成品码头外轮“万鸿”1.5万吨/1142件冷卷产品顺利装船完工，单船作业效率36件/小时创新高。该轮装备后，湛江钢铁产成品亦降至13.2万吨以下，为2020年春节以来新低，为湛江钢铁降库存发挥重大作用。

受春节叠加疫情影响，物流渠道受阻，厂内库存周转面临严峻考验。此时，“万鸿”轮的抵港犹如久旱逢甘霖。为打好这场“歼灭战”，协助好湛江钢铁做好库存周转，第四分公司协调好码头库、铁路库及冷轧末端库，多跨位协同发货及适度的船前预集批，有效解决该船待货瓶颈。在第四分公司的努力奋战下，经过三个班的通力合作并克服寒潮大风影响，仅用31.5个小时即完成该轮装载，按件数统计的单船通算效率高出原记录16%，大大缓解了库存周转的瓶颈。

“顺欣”轮货物装载量达3.3万吨

4月9日，第四分公司用时5天完成在湛钢装载量最大的“顺欣”装船任务，总装载量3.3万吨。“顺欣”轮的货物是运往意大利的，而当时意大利是新冠疫情最为严重的国家之一。接到装船任务后，第四分公司秉承“疫情就是命令，防控就是责任”，立即组织召开疫情生产会议，迅速制定装船作业方案，明确装船作业人员不许进入船员生活区，必须全程佩戴口罩，作业过程中保持5米以上安全距离；作业结束，不许在船上逗留，有序上岸，及时消毒，核酸检测，隔离观察，实现无接触装船，确保“零”感染。

由于舱容十分紧张，为圆满完成本次装船业务，第四分公司凭着娴熟的装船技术将每排卷宽度差异控制在150毫米以内，并严格遵循大不压小、重不压轻标准，将暗舱充分用足，暗舱作业冷卷累计19排3层冷卷和5排2层冷卷。

此次，外轮作业难度大，存在舱容紧迫、作业品种规格多、排间距10厘米以内、交货港4个、15个卷宽范围、10个单重范围、307件高窄卷等界限条件，因此也成为湛江钢铁码头装卸史上装载难度最高的作业。

在此次外轮装载中，为保证装船时间节点，第四分公司与末端库、汽车大队等多家单位协调好，严格按要货规格、重量控制好发货，并安排作业员工轮流就餐，争分夺秒，确保不停机作业，原定一个星期的任务，提前完成两天完成。

同月，第四分公司用时79个小时完成在湛钢宽厚板装载量最大的“交银发展”装船任务，装载出口印度的管线钢厚板2.79万吨。

2018年，第四分公司承接湛江钢铁成品水运出厂业务及湛江钢铁成品码头建港以来，该单船作业投入人数最多、加固耗材最多，总共作业人数超100人次。为做好厚板外轮装船安全管控工作，第四分公司按照湛江钢铁的装载要求制订装船方案，并做好工作任务布置，要求作业人员遵循成品装船工艺技术规范进行装载，并严格按船方确认的捆扎方案进行加固。

在此厚板装船作业中，第四分公司创新性地提出和使用错头装载的作业方法，便于人员上下，减少登高梯的使用，并且也可让规范井字架的搭架方法更加规范，让厚板的受力点更加均匀，使井字架更好地受力，避免厚板的折弯，同时也要求作业人员规范使用安全屋，更好地对作业人员进行防护，避免在厚板装船过程中对员工造成伤害。

湛江钢铁成品钢卷在码头准备起吊装船

而在此次外轮厚板装载中，此前推行的5吨板钩作业发挥了重大的作用。在5吨板钩作业时，第四分公司充分考虑了板钩使用的方便性和作业时板钩可承受的最大重量，减少厚板作业天数，减少垫木的使用量，减少作业人员上下框架以及挂摘钩的时间，使厚板装船的效率有较大提升。

在做好疫情常态化防控的基础上，第四分公司多措并举追赶生产进度，努力降低疫情对港口生产的影响，积极克服人员不足、湛江天气异常等不利因素，抓住内外贸航运市场逐步回暖的契机，结合码头现场生产实际，深度挖掘内部潜力。

一是进一步细化和优化码头生产资源使用规则，制订合理的生产资源需求计划，提高设备有效作业时间及单机产量；二是在现场生产组织中抓细、抓实、抓牢各环节，提高现场各作业单位、各机种、岗位间的沟通，加强协调与配合，激发员工的生产积极性，强化交接班管理，节约交接班时间，充分利用作业时间，提高整体船时效率。

2020年5月，第四分公司接靠“蓝海方舟”轮。该轮载货量4150吨，共计 2075 件纸浆，是湛江钢铁成品码头承接冠豪高新纸浆业务以来装载纸浆最重的船舶。此轮存在前后暗舱深达 3 米以上、纸浆多处散包等不利条件。第四分公司根据任务情况，明确卸船任务安全方案，对作业人员做好安全交底，密切关注天气变化，争分夺秒，努力将卸船作业时间降到最少。由于作业安排精细，人员调配合理，第四分公司奋战三天，出色高效地完成了纸浆卸船作业，得到业主的赞扬和认可。

作为常规作业，第四分公司在国轮产成品装船作业上成绩不菲，在外轮装船作业中更是有了重大突破。在其他各项非常规作业中，如纸浆、无缝钢管等，第四分公司都能出色地完成任务。

成绩展现实力，第四分公司 2020 年上半年装卸船业绩得到业主高度认可。

未来，中冶宝钢将继续打造装卸效率品牌、提升智慧运营服务能力，秉承“一天也不耽误、一天也不懈怠”的企业精神，为湛江钢铁“智慧物流”的发展注入强劲动力。

精雕细琢创品牌，臻于至境谱篇章

——中冶宝钢助力武钢 CP3 机组激光焊机搬迁工程纪实

2019 年 6 月，中冶宝钢第一分公司承接武钢硅钢三分厂 CP3 机组修复任务。经过保护性拆除后，将其搬迁至硅钢四分厂准备机组进行设备安装、调试直至正常生产。在当时，此类设备的拆除安装属于国内首例，对于中冶宝钢来说，这既是一次极大的挑战，也是非常难得的机遇。中冶宝钢克服图纸缺失、相关资料匮乏、修复精准度极高等困难，出色地完成了焊机解体修复工作，并在疫情期间坚守岗位，通过德国专家跨国视频指导的模式，实现了 U 型底座零碰撞、零损伤起底。经过 415 个日夜的奋战，2020 年 7 月，激光器成功出光，自动焊接钢带质量合格，焊机修复搬迁自主安装大战圆满告捷。这标志着中冶宝钢成为国内首个掌握激光焊机设备在线解体修复技术、设备精度专业调整技术以及设备整机调试技术的队伍。

CP3 激光焊机是由德国米巴赫公司制造，2010 年在武钢硅钢三分厂 CP3 机组投入使用，于 2017 年停产停运。2019 年 6 月，中冶宝钢第一分公司承接机组修复任务后，经过保护性拆除，将其搬迁至硅钢四分厂准备机组进行设备安装、调试直至正常生产。在当时此类设备的拆除安装属于国内首例，对于中冶宝钢来说，这既是一次极大的挑战，也是非常难得的机遇。

万事开头难，只要肯登攀

2019 年 6 月 15 日，第一分公司成立 CP3 焊机搬迁项目专班，正式进驻设备现场实地考察。经考察发现，自 2017 年设备停产后，大部分联动部件、机械结构、气缸油缸、动力油管等设备都有不同程度的锈蚀和缺乏保养情况，而且某些图纸缺失，现存的图纸也比较混乱，这对项目开展造成很多干扰。面对挑战，第一分公司领导班子高度重视，多次召开专题会议周密策划，指派专家到现场考察，专业剖析焊机结构部件、焊机基础标高定位，收集梳理焊机图纸，与米巴赫专家组、武钢硅钢专家组共同讨论需要更换的部件、撰写具体施工方案及激光器保养修复的初步方案。同时，借助米巴赫项目组提供的同类型激光焊机的图纸，结合现场实际，第一分公司专业人员加紧翻译图纸并做好对应标注，将发现的问题及时向米巴赫公司以及业主方项目组反映，共同商讨施工方案。

CP3 焊机搬迁准备

经过 2 个多月孜孜不倦的研究整理，第一分公司收集梳理焊机结构图纸 186 篇、电气图纸 160 篇、电气 CAD 总图 2 篇、液压动力系统图纸 56 篇、撰写具体施工方案（含子方案）35 篇，并确定了具体更换修复的部件。在编制大件吊装方案时，焊机专班结合设备特殊性，充分考虑了吊装作业对设备稳定性的影响，经多方商讨起吊方案，决定通过制作专业吊装工装、测量工装、专业垫块等举措来满足解体修复的精度要求，敲定施工网络进度图，施工内容精确到日，为 CP3 激光焊机修复工作打下了坚实基础。

充分准备，打响设备修复、搬迁持久战

2019 年 9 月 5 日，CP3 激光焊机正式开始为期 6 个月的解体修复工作，对于解体修复任务的实施，米巴赫公司提出了极其严格的技术要求：修复备件精度必须高于安装手册要求，液压动力系统油管油样要高于 8 级，修复精度误差小于 0.05mm 等。鉴于第一分公司及武钢方面此前并无焊机解体修复的经验，为达到米巴赫公司的要求，焊机专班仔细确认备件修复程度，将修复工作做到极致化，精确到每一颗螺栓，将修复备件的影响降到最低。最终，油管油样达到7级，备件修复精度都高于要求。米巴赫专家组两次来到武钢指导工作，对第一分公司在解体修复工作方面取得的成果表示高度认可，并决定将解体拆装C型架和激光器的工作交由第一分公司实施。在承接新任务并获得认可后，第一分公司在第一时间确定了拆除方案，与三方专家共同讨论方案的可行性，最后结合各方专家建议，成功完成了C型架和激光器解体修复的工作，标志着CP3激光焊机修复工作完成并具备搬迁条件。

CP3 焊机搬迁

正当项目按照计划稳步推进时，2020年4月5日，受国内疫情影响，米巴赫团队无法到作业现场进行指导交流。对这一突如其来的变故，第一分公司沉着冷静积极应对，第一时间组织三方专家进行视频研讨，决定采取米巴赫专家团队跨国在线指导、武钢专家团队现场督导、第一分公司焊机专班现场施工的模式进行搬迁工作，确保工作按计划顺利开展。

焊机搬迁首先从U型底座拆除搬迁开始。任务实施前，米巴赫公司要求底座起底过程必须零碰撞，以确保焊机轨道精度不受影响。为此，第一分公司焊机专班对施工方案进行多次论证，进行液压起底实验、专业起吊工装的稳定性实验，并对搬迁过程中途经的每个厂门和厂区内的坡道高度进行精心测量，同时确定运输车辆要求，保证能够安全运输。4月23日11时，第一分公司作业人员借助20个液压千斤顶，成功实现了将U型底座从36个地脚螺栓上零碰撞、零损伤起底，并利用行车电磁耙实现稳定转向；15时，底座被平稳吊运至运输车上，吊装一次性成功。随后，第一分公司兵分两路：在指派专人跟车护送的同时，组织专家利用准备机组中心线，完成U型底座中心线以及3°角数据测量，标定设备标高和U型底座基础坐标，完成地脚螺栓标准孔数据复测，确保底座精度达标。一小时后，底座顺利抵达准备机组，搬迁运输工作顺利完成。第一分公司焊机专班立即对底座孔洞和现场预留孔洞进行对比复测。次日凌晨1时，U型底座顺利落座准备机组，至此，CP3机组激光焊机恢复、搬迁工程按计划如期顺利完成，可谓初战告捷。

负重前行，顺利完成设备安装

2020年5月，随着新冠疫情蔓延至多国，本该由米巴赫公司派专家团队现场指导实施的设备精度调整工作受到影响。在前期合作过程中，由于中冶宝钢凭借精湛技艺顺利完成了诸多看似不可能完成的任务，米巴赫方面郑重决定，将设备精度调整工作委托给第一分公司。

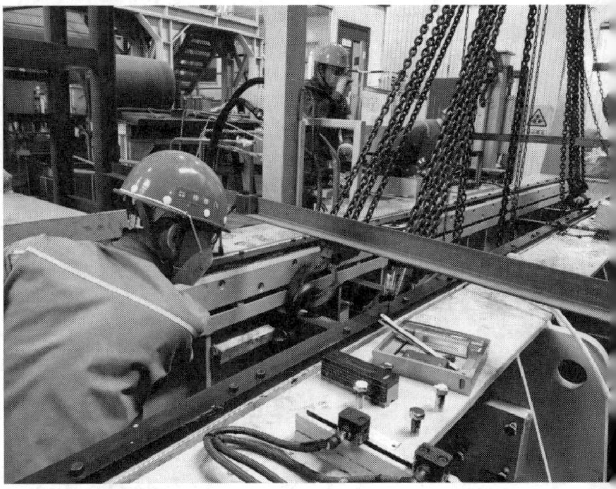

CP3焊机安装

底座以及轨道的精度调整是焊机安装中非常重要的一环，影响到焊机行走、设备联动等等自动化动作，直接影响到焊接质量。若精度调整不达标，甚至可能导致后期设备无法焊接。第一分公司面对从未接触过的焊机精度调整任务，立即收集大量资料，并召开专家会议，商讨调整方案，并向业主方申请施工时间。在不影响总工期的前提下，以底座精度0.05毫米、轨道精度0.02毫米为目标推进精度调整任务。在任务实施过程中，米巴赫公司以10天为周期，召开视频会议进行远程指导，对第一分公司提交和上传调整后的最终检测数据进行确认。在此期间，第一分公司焊机专班全体成员精益求精，不分昼夜，对底座进行了24次调整、60余次精度测量，对焊机轨道进行了45次调整、110次进度测量，确保所有精度指标达到目标要求。6月，随着C型架成功搬迁落位，标志着该项目主体设备全部搬迁安装完成。

7月，随着焊机一次性通电试车成功，项目正式进入设备最后调试阶段。第一分公司高度重视，要求施工人员各司其职、严守岗位，确保设备控制精准、运转正常。7月6日，激光器成功出光；8日，剪盒高度调整完成；12日，月牙剪调整完成；18日，手动焊接试车，成功焊接第一块钢带；21日，手动焊接成功焊接第一块杯凸合格钢带；24 日，开始尝试自动焊接；29 日，焊接钢板质量均合格，完成单体试车。

2020 年 8 月 1 日，在武钢硅钢准备机组现场，CP3 焊机自动焊接出第一条完美通过杯凸实验的钢带，标志着经过 415 个日夜的奋战，中冶宝钢第一分公司在此次焊机修复搬迁及自主安装大战中不辱使命，圆满告捷。在这场战役中，中冶宝钢顶住巨大挑战和压力，冷静面对每一个突发状况，精心策划、迎难而上，高效率、高标准按照计划推进各项施工节点，用智慧、责任、拼搏与奉献，实现化整为零的突破，用实际行动证明中冶宝钢是宝武业主亲密且可信赖的战略合作伙伴。

此次项目是国内激光焊机修复搬迁及自主安装的首例，同时也是中冶宝钢开展国际合作的新篇章。这标志着中冶宝钢成为国内首个掌握激光焊机设备在线解体修复技术、设备精度专业调整技术以及设备整机调试技术的队伍。项目团队以优良的工作作风和优质的服务意识，充分展现“一天也不耽误、一天也不懈怠”的企业精神，为业主交上了一份满意的答卷，也为打造中冶品牌、传播中冶精神贡献了力量。

用业绩书写辉煌

——中冶宝钢安装亚洲最长悬臂梁斗轮堆取料机纪实

2015年，中冶宝钢承接安装亚洲最长悬臂梁斗轮堆取料机项目，施工团队在安全管理制度化、安全设施标准化、现场布置条理化、设备材料定置化、作业行为规范化、环境影响最小化等方面营造安全文明施工的良好氛围，克服作业环境和技术上的难点，历时85天，完成公司有史以来最大设备安装项目，用实力证明了公司在吊装领域的丰富经验及强大的安装实力，用业绩书写辉煌。

2015年6月15日是一个让人难忘的日子，由中冶宝钢承接安装的亚洲最长悬臂梁斗轮堆取料机成功投入生产试运行，这标志着马迹山堆取料机完善工程设备安装与调试部分圆满收官，历时85天。

该工程位于浙江省舟山市嵊泗海岛宝钢运输部马迹山港堆场，该堆场为亚洲第一大矿石中转基地——上海宝钢马迹山矿砂中转站。料场扩大后，为满足生产需求，堆场采用了DQLK5000/4500-65 SR1A新型斗轮堆取料机，其悬臂梁属于目前亚洲最长——65米，额定堆取料能力分别为每小时4500吨、每小时5000吨。利用该设备，可将堆场散矿物料通过斗轮机取出并流转至运输皮带机上以便于装船，或将矿料通过皮带机运入料场的专用设备。

精心组织，全力以赴保安装

堆取料机安装项目的施工工地自然条件较差，天气多变，多风多雨；资源的筹措难度较大，项目实施过程危险源多。因此，需要精心组织，科学协调，加强过程管控，全力以赴保安装。

为确保安全、高效完成堆取料机安装任务，中冶宝钢精心组织，成立现场临时指挥部，按照“组织、任务、物资、措施”四落实原则，对安全管理、安装质量、施工进度、后勤保障等进行明确分工，制订出针对性管理措施，确保安装顺利进行。

堆取料机回转大齿圈吊装

安装伊始，参与该项目的安全、施工、技术管理人员全部进驻施工现场，以“科学管理、精心施工、过程受控、顾客满意、持续改进、质量一流”为方针，向大型设备安装领域发起挑战。

由于项目安装团队是临时组建的，现场施工负责人隋静峥对团队进行重新分班，并确定了各班班长，每天对全员进行班前安全交底，给各班组安排工作内容及工作量。下班后，他还要对每天的工作情况进行分析与统计，检查当天的工作节点是否完成，对未完成的工作及后期进度计划进行分析讨论、调整纠偏。

紧盯现场，细致管理创品牌

2015 年 3 月 23 日一早，随着起重总指挥顾红飞清脆的哨声，全员进入各工作面，堆取料机设备安装正式启动。

随着安装进度的逐步推进，项目管理团队在安全管理制度化、安全设施标准化、现场布置条理化、设备材料定置化、作业行为规范化、环境影响最小化等方面营造安全文明施工的良好氛围。

4 月 10 日，宝钢工管部组织召开的样板工地评比交流会上，本工地获得宝钢建设技改一季度“安全文明标化样板工地”称号。

为认真落实各方对安装工作提出的“确保安全”的总要求，安全保卫管理员王东彪全天候“盯”现场，按照安全、质量、标准化要求确保安全，动员全员参与安全管理，及时协调安装过程中出现的各种问题，严查隐患，确保安装全过程的安全，保障安装工作顺利进行。

项目前期需做好皮带防护，避免安装期间皮带机突然运转而发生安全事故。在地面预组装时，考虑到吊装到位后的高空作业风险，施工班组在地面做好了钢结构安全防护措施：在临边处拉设生命绳，在孔洞处铺设安全网，在不影响吊装的部位将楼梯、走道安装到位，并为下一道工序铺设好安全通道。

在堆取料机安装过程中，吊装是一道关键的工序，直接影响到整个工程的施工进度。在吊装前，针对体积大、吨位重、易出现安全隐患的分体设备及钢结构吊装，项目管理团队组织现场主要施工人员召开了专项吊装方案讨论会。本次讨论会由丰富吊装经验的起重技师，同时也是本项目的起重总指挥顾红飞主持，他对 500 吨履带吊站位、被吊构件重量、使用钢丝绳规格、吊点位置、吊点数量、过程中的风险因素等进行逐一交底，落实到每一个班组。

书面交底完成后，组织施工人员观看 BIM 模拟视频，通过可视化、动态化、集成化的 4D 建模技术，对吊装过程进行模拟，使作业人员通过 BIM 技术感受吊装过程的动态感和现场性，使作业思路更加清晰，并通过视频画面标识出各个关键工序和注意要点，形成完整的可视化施工方案，确保吊装过程万无一失，为安装工作提供可靠的安全保障。

堆取料机门座架吊装

吊装过程中，由起重副总指挥尹玉岭对吊装方案进行具体实施，顾红飞指挥吊装，管理人员到场监督、跟踪、检查方案的落实情况，确保安装工作安全高效顺利完成。

抓牢质量，精雕细琢铸精品

SR1A 堆取料机的安装质量至关重要，对于设备的顺利运行具有决定性的影响。因此，必须严格按照施工验收规范来操作，保证设备的安装质量，确保整个项目的顺利投产。

SR1A堆取料机设备到货后，项目总工钟声、技术管理周毅、机械技术员王猛协同监理、设备厂家、运输等各方对到货的外观质量、数量进行检查，对运输过程中出现的变形、损坏进行确认。安装前，还要对设备尺寸——特别是销轴、孔的尺寸精度进行复测，对所有高螺栓的强度进行抽样检验，并对问题设备及时进行沟通、反馈、处理，尽量减少可能影响安装进度的因素。

但是，随着施工安装进度的深入，由于回转大齿圈下部的高强度螺栓质量不合格，在安装完成后，该部位的200颗螺栓还是发生了断裂。

为保证施工质量，经项目各方讨论决定，此批高强度螺栓作报废处理，由业主按照设计要求及技术标准重新定制一批高强度螺栓并按程序送检。检验合格后，再由中冶宝钢重新对大齿圈及回转下部构件进行安装。

此次事件给堆取料机安装主节点进度造成了严重影响（延后8天），中冶宝钢立即对主节点进行动态调整。在螺栓制作加工期间，中冶宝钢组织在地面提前开展回转大齿圈中上部、悬臂梁钢结构梁、尾车平台等进行预组装。新定制的螺栓到货后，地面预组装钢结构件框架基本完成。

螺栓检验合格后，中冶宝钢连夜开展回转大齿圈下部的回装工作，第二天报监理验收；验收合格后，进入下一道工序——回转大齿圈中上部整体安装。

回转大齿圈中上部历经预装、吊装、落位，并进行螺栓初拧。在螺栓初拧施工中，施工人员发现，两侧箱型梁上有2~3处由于箱型梁腹板错位，致使连接板把合不实，箱型梁处连接板间隙过大——一侧最大间隙10毫米，另一侧间隙6毫米，而回转大齿圈中上部为整台设备承载的关键部位，过大的间隙直接影响到设备的承载能力与安全性能。

经项目各方商讨决定，在确保安全的前提下，采取最经济合理的有效措施：将有问题的箱型梁腹板在焊缝处切开，将连接板高强度螺栓把紧，将上下腹板对齐；切割腹板坡口，采用单面焊坡口形式，背面加衬板，焊缝坡口打磨平滑。由焊工技师杨兴廷及其班组处理箱型梁间隙的修配改造处理工作。

堆取料机安装过程中，质量技术人员钟声、周毅、王猛全程跟踪，狠抓施工质量，严格按照设计图纸及相关规范要求组织自检、互检、专检工作，并同步做好报验资料。

各工序完成后，质量技术人员认真组织并协同监理方做好分部分项工程质量验收工作，力争一次性验收通过，以铸造卓越精品工程、塑造企业品牌、赢得社会信誉为目标。

超越梦想，同心协力书辉煌

历时近3个月的努力，堆取料机顺利投入试运行。中冶宝钢在马迹山岛完成了公司有史以来的最大设备安装项目，用实力证明了公司在吊装领域的丰富经验及强大的安装实力，用业绩书写辉煌。

在高质量发展道路上奋斗不息

——中冶宝钢保障湛江钢铁厚板厂突破218万吨年轧钢量

中冶宝钢第四分公司生产运营车间厚板作业区是生产运营车间下属七个作业区里面最大的一个，定员220人，工作场所在湛江厚板厂，业务覆盖从板坯切割到成品出库全流程地面辅助生产，主要分为板坯切割、钢板火切、在线辅助生产三大板块。2016年5月27日，厚板厂轧制出第一块钢板，从这一天开始，厚板作业区正式投入钢板生产热潮中。2017年，厚板厂正式大规模投产，轧钢量高达129万吨。2018年，更进一步，轧钢量突破180万吨。2019年注定更加不平凡，厚板作业区助力湛江钢铁厚板厂突破历史新高，轧钢量达到218万吨。

2015年，湛江钢铁厚板厂正在建设中，中冶宝钢第四分公司生产运营车间厚板作业区也同时成立，开始招聘、培训，为后续的开工生产做准备。随着厚板厂不断发展，厚板作业区也跟着发展起来。

随着湛江钢铁产能持续爬坡，湛江钢铁厚板厂在2019年年初制订了年轧钢215万吨的计划。为保证轧钢计划顺利实施，湛江钢铁厚板厂将协助生产以及120万吨离线火切任务委托给第四分公司生产运营车间厚板作业区。

2018年，湛江钢铁厚板厂年轧钢任务为180万吨，离线火切年产量为90万吨，而厚板厂设计轧钢年产量仅为150万吨，在作业人数、设备数量几乎不变的情况下，轧钢前后的物流速度至少要提高20%以上，离线火切日均产量更是需要增加33%以上，才能满足年轧钢计划需要。这对厚板作业区而言，无疑是个艰巨的任务。

接到任务后，中冶宝钢第一时间召开紧急会议，制定战略部署；快速响应厚板厂生产指令，派遣技术骨干下现场做技术指导；组建监督小组，严控每一个生产环节；作业区精细分工、优化物流、改进生产方法，积极配合湛江钢铁；生产人员不断学习生产技巧，主动加班，接替请假和调休的员工。

钢板在轧制之前，需要进行定尺切割：板形良好的热钢坯，可以用火切机进行半自动切割；板形差、低温以及火切机消化不了的板坯，只能离线后通过人工描号、量长度画线、调节半自动切割小车进行切割，然后完成录入系统信息以及吊板入库等工作。照往年情况，板坯离线火切数量占板坯切割总数 30% 以上，而人工火切速度远远比不上半自动切割。

板坯轧制成钢板之后，有缓冷、探伤、切定尺、取样、检查上下表质量、修磨、抛丸、喷印、热处理、质检、形合、成品入库及出库等诸多工序。用剪切机切割质量达不到标准的薄钢板、厚钢板，线上切割弯曲程度大而导致尺寸偏差大的钢板，成品库重新编入合同的钢材全部需要人工火切。

湛江钢铁厚板厂送来牌匾

除了缓冷、探伤、切定尺、检查上下表、喷印、热处理、形合工序没有作业区人员参与外，其余工序都由厚板作业区负责。

为保证生产计划顺利实施，中冶宝钢制订生产计划：板坯、钢板离线火切总产量每月至少达到 10 万吨以上；员工要第一时间配合厚板厂生产指令；班组之间要相互协调，快速完成钢板生产各工序对接，缩短生产物流周期；增设奖励鼓励四班两运转员工利用二休时间接替调休人员，确保每天满员作业。

随着钢板合同量逐渐增多，需要离线火切的钢板大量增加；同时，热处理钢板需求量也直线上升，后续钢板消化速度提升慢以及不同工序钢板存在混放现象，并且在轧钢过程中不可避免生产出的一些表面裂纹、表面气泡、印斑等质量缺陷问题造成钢板需要修磨表面，导致厚板厂中间库钢板库存持续上涨，钢板积压严重。

作业区高度重视钢板积存问题，叮嘱员工全力配合厚板厂生产指令，提高离线火切效率，并合理安排人员缩短钢板上下线、抛丸、入炉出炉、离线火切和入库发货时间，严格把控钢板修磨细节尺度，开足马力，加快钢板修磨速度，严格要求同一下工序钢板统一跺位堆放，禁止混放，以提升后续消化速度，快速缓解厚板厂中间库库存压力，全面攻克中间库钢板积压难题。

虽然厚板厂工作人员的工作场所都在室内，但夏季室内温度只比室外低了2℃左右，加上板材轧制前必须加热软化，轧制后的板材需要缓冷才能进入下一工序。在缓冷过程中，板材会散发出大量的热量，使厂房内温度持续升高，而板材离线切割现场和冷床附近的分段板材、模具钢余温高达70℃ ~ 80℃，火切工必须穿上厚厚的防火工作服。

高温的作业环境给员工们带来了不便，不仅生产效率较低，还容易导致中暑。针对此现象，作业区在人员增配、防暑降温、生产物流及后勤服务上积极做出调整，并安排员工轮流休息，避免长时间高温作业，保证生产效率。

随着厚板厂订单激增，作业区的生产模式也发生了改变。为确保厚板厂生产指令顺利如期交货，作业区根据生产指令要求，对成品库直发人员进行全面调整，由原来的4人小组拆分为2人小组，从实际上扩大了成品直发小组规模。各小组人员精细分工、紧密协作，认真落实钢板直发清单打印、平铺垫木、核对信息与实物是否一致，切实提高钢板直发每一环节的准确性。

湛江钢铁厚板手清作业

9月19日，作业区成品库实现日装船出库钢板1207块，突破湛江钢铁厚板厂投产以来成品库钢板直发量最高纪录，创下湛江钢铁厚板厂成品库钢板直发量最高新业绩，达到湛江厚板厂“快速精准交货”目标。

12月18日，经过352天日夜不停地轮班作业奋战，中冶宝钢提前13天完成湛江钢铁厚板厂120万吨离线火切任务。其中，钢板离线火切总产量61.864万吨，板坯离线切割总产量59.089万吨，离线火切共计120.953吨。

12月25日，湛江钢铁厚板厂领导来到第四分公司三号站，代表湛江钢铁厚板厂将书有“精诚合作 再创辉煌”字样的荣誉牌匾送到生产运营车间，对第四分公司的精诚合作和厚板作业区取得的辉煌战绩表示肯定和衷心感谢。

2019年12月31日，湛江厚板厂微信公众号发布了一条推文：2019年，厚板轧制量突破218万吨。

投产不到4年的生产线，从产出第一块钢板，到129万吨、180万吨、218万吨，这一连串的数据证明中冶宝钢一直在为湛江钢铁产量不断创新高保驾护航。365天，一次次攻坚克难，一次次无畏向前，平均每天处理钢板近6000吨，中冶宝钢第四分公司用拼搏和奉献换来生产线高产量，谱写了“国内第一、国际一流”冶金运营服务商的传奇、赞歌和豪情。

迎难而上，啃下“硬骨头”

——南钢2号铁水脱硫系统工艺改造纪实

常言道，“硬骨头”难啃；虽说难啃，但不是不能啃，一旦啃下来，“硬骨头”就会变成一块鲜亮的招牌。中冶宝钢实施的南钢第一炼钢厂2号铁水脱硫系统工艺改造，就是啃“硬骨头”的过程。该项目是中冶宝钢入驻南钢十余年承接的第一个技改项目，具有里程碑的意义，施工管理及形象关系到中冶宝钢后续在南钢技改市场的开拓。该工程在实施过程中曾两度停工，历时一年有余。如今，这块“硬骨头”已经成为中冶宝钢在南钢技改市场的一个品牌。

2020年7月初，中冶宝钢实施的南钢2号脱硫系统工艺改造历时整整一年时间终于完成，交付投产后，系统由原喷吹脱硫法切换到KR（Kambara Reactor，坎巴拉反应堆）脱硫法（简称“KR脱硫法”），新增一座脱硫搅拌站，升降系统运行稳定，圆满实现脱硫剂量减少、脱硫时烟尘降低、脱硫质量提高、环保检测达标等综合目的。

改造工艺，降耗增效，提升环保

南钢第一炼钢厂2号铁水脱硫系统自2004年投产后已运行16年，原系统采用喷枪喷吹镁粉和石灰粉的方式进行脱硫。使用该方式脱硫，主要有几点缺陷；一是脱硫剂量消耗大、成本高；二是使用喷枪喷吹时，烟气及粉尘大，不利于环保；三是镁粉具有易燃特征，存有隐患。为降耗增效、提升环保，南钢决定对脱硫系统工艺进行升级改造。近年来，中冶宝钢在梅钢陆续成功改造运输部及冷轧厂行车智慧化运行、码头堆取料机智慧化运行、烧结烟气及混匀料场环保整治等工程，施工管理能力及施工品牌辐射到南钢，吸引了南钢业主的重视。2019 年春季，南钢 2 号脱硫系统工艺改造项目招标，中冶宝钢以专业优势列在首位。该项工程作为中冶宝钢进军南钢技改阵地的第一个项目顺利中标。

南钢 2 号铁水脱硫系统工艺改造钢结构平台安装

该工程具体施工涉及原脱硫系统铁水罐、喷枪、氧枪、氮气设备及装置全面拆除，扒渣机设备及辅助设施拆除，部分设备保护性拆除利旧；新建一座 10 米高的钢结构脱硫站，含混凝土浇筑、41 根大小钢结构立柱及横梁制作安装、平台制作安装，电气室及扒渣机台扩建，同时增设一台 19 吨重的搅拌机与升降设备，以及配套的电气、仪表设备设施安装，地坪修整、系统调试等，是一个集土建基础建设与设备安装、调试的综合项目。

提前组织，统筹策划，有序施工

中冶宝钢中标该项工程后，及时成立项目组，组织安全员、技术员阅读图纸、现场考察、测绘、申报材料、编制施工方案等，提前落实前期准备工作。2019 年 6 月，现场具备开工条件，2 号脱硫系统按时停产，中冶宝钢按计划启动现场施工，原喷枪喷料时漏料较多，镁粉混合石灰粉凝固在周围的设备设施及电缆桥架上，拆除设备设施前需要先清理镁粉。因镁粉易燃，作业人员只能克服困难，先采用撬棒、铁锹、刨锤、铲刀等小工具逐步进行清理，镁粉清理工作用了一个多月才终于完成。

系统旧设备拆除于 8 月 20 日正式开启，作业人员对部分利旧设备实施保护性拆除措施。10 月 20 日，2 号脱硫系统所有旧设备设施全面拆除，现场实施 11 根基桩打桩与灌桩作业；10 月 25 日，土建基础施工按序进场，因现场空间受限加上炼钢厂房延长改造项目启动，现场交叉施工，钢结构立柱及大小横梁只能按编号顺序进场实施安装，再次增加施工难度。

被迫避让，两度停工，迎难而战

钢结构立柱安装启动不久，第一炼钢厂 DE 跨厂房延长改造增设行车项目进入安装环节，施工场地有冲突，因增设行车项目紧急，2 号铁水脱硫系统工艺改造工程被迫停工近 2 个月时间，让其先行。直至 12 月 20 日，行车增设项目完成安装，施工场地腾出，才恢复此项目的钢结构安装。为抢工期，施工人员加班加点，于 2020 年 1 月 10 日建成 10 米平台，1 月 15 日完成混凝土浇筑，进入平台养护环节，然后停工过年。年后，施工人员按照防疫管控要求，及时准备 2 号脱硫改造复工手续，但因疫情形势严峻，按照南京市政府抗疫防疫要求，项目复工一再延时，一直到 3 月 18 日，即工程停工 2 个多月后，才具备复工条件。因此，工程两度停工累计 4 个多月。

南钢 2 号铁水脱硫系统工艺改造搅拌机倒运

停工后再复工，无疑必须抢回失去的时间，中冶宝钢及时调整工时工序，补充人力资源，复工 22 天后，各类介质管道及电气控制室、扒渣机操作室等主体结构基本搭建起来。4 月 10 日，工程进入主体设备安装环节，但因施工场地受限，设备倒运及安装均无法使用汽车吊，19 吨重的搅拌机及升降机设备只能借助一台 10 吨电葫芦牵引，四台 10 吨手拉葫芦配合，一步步向前倒运就位，施工难度可想而知。用作业人员的话说，就是用最古老的土办法解决大设备移动问题，一步步接近平台，历时一周将搅拌设备安装到位，相对于汽车吊装或行车吊装增加 6 天时间。脱硫升降系统于 6 月中旬全面安装完成并调试成功。6 月 22 日，按照业主要求，施工人员利用临时配电设施对脱硫系统进行热负荷试车，全面实现细小颗粒状石灰投入铁水罐搅拌脱硫，脱硫时烟气较改造前大幅下降，现场也没有明显的扬尘，试投产取得预期效果。

工人本色，不折不扣，挑战成功

临时热试投产中，施工人员一面梳理尾项工程，一面等待炼钢厂全厂停电，以便进行母排电路切换。2020 年 6 月 29 日，终于等到炼钢厂全面停电这一天，施工人员利用仅有的 6 个小时完成母排电路切换，单体及联动调试后正式运行投产；7 月 3 日，南钢业主方联合项目监理方对工程进行验收，顺利交工。目前，该系统运行状态良好，各项指标全面达标。

中冶宝钢施工人员凭着坚强的韧劲与不折不扣的精神，啃下了南钢 2 号铁水脱硫系统工艺改造这块“硬骨头”，为南钢业主提交了一份非常满意的答卷，成功树立了中冶宝钢在南钢技改施工的品牌，为后续拓展南钢技改工程奠定了坚实的基础。

科学把控“技”与“术”，实现冶金运营服务新突破

——中冶宝钢顺利攻坚湛钢炼钢厂三大关隘

2017—2019年，随着湛江钢铁检修商业模式变革，湛江钢铁炼钢厂炉修要求不断更新，除常规炉修项目外，还要同步进行转炉二次烟罩更换、转炉移动烟罩更换和连铸大包回转台轴承更换项目。这是中冶宝钢自服务宝钢股份四大钢铁基地以来的首次承接此类更换项目，第四分公司迎难而上，全力开启攻坚克难、砥砺奋进之路，以稳健的步伐朝着“国内第一、国际一流”冶金生产运营服务商的愿景目标阔步前进。

日月不肯迟，四时相催迫。中冶宝钢第四分公司直面技术难题，紧跟发展脚步，瞄着问题去，奔着问题上，秉承“珍惜有限，创造无限”的发展理念，连攻湛江钢铁炼钢厂三大项目，推动中冶宝钢冶金运营服务水平再拔尖、再拔高。

攻坚起重吊装关

随着国家日益严格的环保法规和政策出台，对钢铁企业污染物排放的要求也更加严格。为打造绿色生态钢铁企业，提倡环境保护、节能降耗的管理方针，湛江钢铁于2017年9月起对三个转炉二次排烟罩进行逐步更换。

从下料制作、旧罩拆除到新罩安装，都由中冶宝钢第四分公司一力承担。该项目史无前例，中冶宝钢更是首次制作，这对第四分公司是一次严峻的考验。

转炉二次排烟罩是一个22900毫米×1940毫米×12230毫米的中空罩体，

由210多种不同规格的材料拼装焊接而成，加上喷漆、内部钢板拉伸网及喷涂，总重量40余吨。

因该烟罩内部中空，如果吊装不合理，易使内部喷涂物脱落。为保障吊装、运输、安全措施及施工工序落实到位，第四分公司高度重视，多次召开烟罩运输、吊装讨论会，详细部署二次排烟罩吊装运输路线、吊装及安装的各项实施方案。

在二次烟罩吊装的关键阶段，第四分公司、责任单位负责人俯身一线，根据现场实际情况调整吊装方案，指导烟罩吊装，强调必须安全吊装，吊装质量要高。最终，利用80吨重型吊机，多次与500吨、170吨行车配合起吊，全体参战员工日夜坚守岗位，连续奋战10个通宵，顺利完成二次烟罩更换任务。

湛江钢铁连铸钢包回转台顶升油缸更换

在后续一号、二号转炉二次烟罩制作与更换过程中，第四分公司以改善湛江钢铁厂环境、致力节能环保事业为己任，总结经验与不足，对烟罩图纸进行技术性修改，对烟罩内部网格板材质进行调整：由原来的钢丝网改成钢板拉伸网，增强内部喷涂后的承受能力，同时不断优化制作与更换工序，用更高效的制作速度与更换水平，完成了之后的两个二次烟罩更换任务。更换后的烟罩除尘效果立竿见影，炼钢厂环境改善效果明显，受到了业主的一致好评。

攻坚顶升与拆装关

湛江钢铁连铸钢包回转台是衔接炼钢与连铸的核心设备，单体重347.3吨，单臂承载能力达520吨，是当前冶金行业中承重能力最大的钢包回转台。

2018年9月，第四分公司承接此项目。该项目需拆装轴承内外圈各100根M45的螺栓，涉及机械本体、电器部件、液压等设备。轴承是精密机械元件，表面硬度高，接触部位为点线接触，极易造成滚动表面压痕和碰伤，其

湛江钢铁连铸钢包回转台轴承更换

难点就在于顶升与拆装。

该钢包回转台在转炉与连铸衔接大梁之下，不能直接用行车或吊车吊装。对此，第四分公司根据厂房结构及大包回转台本体结构，提前进行技术攻关。通过分析甲方提供的数据着手设计工装，采用40毫米钢板拼装，焊接成适用顶升尺寸的工装，与4台200吨液压千斤顶配合，同步进行顶升作业。

轴承回装施工难度非常大，新轴承自重9.3吨，只能在10厘米的间隙内平行移动，移动过程中上下端面不能接触，其安装精度要求高，施工质量直接关系到设备的使用寿命。对此，第四分公司特别制作滑道小车工装进行复位。技术质量管理人员实时检测轴承各项数据变化，确保轴承偏差度在标准范围内。通过不断总结优化前次的更换经验，第四分公司出色地完成了之后的两次钢包回转台轴承更换项目。

12月14日，湛江钢铁炼钢厂党委书记、厂长龙川江和设备厂长邵志新一行将一面绣有“全天候协作奋战的检修铁军”大字的锦旗送到第四分公司炼钢队，由衷地感谢第四分公司在连铸二号钢包回转台轴承更换项目中高效、稳定、优质的服务。

攻坚移动烟罩焊接关

2019年，三次转炉移动烟罩更换在湛江钢铁三次转炉炉修期间同步实施。该项目史无前例，需将重达32.5余吨的不规则庞然大物切割拆移，换上新的移动烟罩，并在有限空间里完成50余道管道配管与焊接工作。因移动烟罩属锅炉压力设备，所有焊缝均需探伤检测。

首次移动烟罩更换于2019年3月20日开始实施。第四分公司在无施工经验借鉴、无经验丰富的起重吊装与氩弧焊人员的情况下迎难而上，在炉修前期积极筹备，并从上海借调2名施工经验丰富的起重工与管工，从四川锅炉厂借调6名焊工参与其中，以确保项目顺利进行。但是，由于不同人员的焊接水平参差不齐，初次拍片结果很不理想，给了第四分公司当头一棒。为赶进度、保质量，只能从内部挖掘人才，将有氩弧焊焊接经验的人员协调至移动烟罩更换项目，齐心协力、一丝不苟地连续66小时轮流不间断施工，完成了不合格焊缝的返工工作。经拍片检测，焊缝全部合格。

为高效应对二号、三号炉修烟罩更换，第四分公司“眼睛向内”，把切实提高检修服务质量作为根本导向，雷厉风行地开展培训工作。公司从各检修队选派10人，通过管—管氩弧焊焊接、管—管对接焊和板—板对接焊三种方式，从切割、打磨、配管再到焊接，进行为期一个月的强化训练，参培人员所焊焊件均能顺利通过拍片检测，为后期移动烟罩更换提供了保证。

11月15日，二号转炉移动烟罩在炉修中同步进行。有了前两次的施工经验，第四分公司对本次更换任务信心十足。开工后，第四分公司主责单位在人员、施工项目、工序等方面进行了详细安排，有条不紊地推进炉修的前期准备工作。

11月17日，参战员工与行车驾驶员高效配合，将32.5吨的烟罩一次在线吊装成功，为下道工序节省1小时。

11月25日，第四分公司在新备件上的集箱管路与原管路不一致，需要增加20道以上焊缝的情况下，经过11天鏖战，完成所有焊接任务，并顺利通过打压试验，提前12小时完成移动烟罩更换项目，创三次炉修施工进度与移动烟罩焊接质量记录，获湛江钢铁炼钢厂党委书记、厂长亲送“同心协力好伙伴、争分夺秒保炼钢”锦旗以示赞扬与肯定。

石以砥焉，化钝为利。第四分公司全体员工把建设世界一流企业作为人生追求、职业追求，以百折不挠的韧劲，心无旁骛地扎实推进工作，大胆闯、大胆试，一步一个脚印，助力中冶宝钢人才梯队再扩大、企业核心技术再拔高、经营业绩再攀升。

吹响彩涂机组集结号

——中冶宝钢第三分公司助力宝钢股份冷轧厂 C309 彩涂机组炉子 RTO 改造工程综观

宝钢股份冷轧厂 C309 彩涂机组炉子 RTO 改造工程是中冶宝钢第三分公司 2020 年承接的重点技改项目，项目以打造“样板工地”为目标，从 BIM 模拟工序交底、施工区域封闭管控、备品备件不落地、智慧安全监控、信息化管控等方面推进日常管理。第三分公司日均安排 220 名精锐奋战在现场，项目从筹备到过程施工，做到全面管控、精益求精，不仅圆满地完成了施工任务，且获得了业主、监理方的一致认可。

33 天完成系统单试，42 天完成主体设备联调联试，55 天出成品，这是宝钢股份冷轧厂 C309 彩涂机组炉子 RTO 改造工程“绕不过去的时间坐标”。

为了让这个工程成为业主最为满意的一个版本，承接这项高标准要求技改任务的中冶宝钢第三分公司吹响年度最为关键的“集结号”：召技改、冷轧、轧运、焦化、三电共“5 + 2”（外协）支工程队、日均 220 名精锐的高等级员工奋战在现场，项目从筹备到过程施工，做到全面管控、精益求精，不仅圆满地完成了施工任务，且获得了业主、监理方的一致认可，亦成为“一天也不耽误、一天也不懈怠”企业精神的一次昭示：中冶人蕴含的力量总会超出人们的想象。

提速切换“快进模式”

C309 是生产冷轧彩涂板卷的机组，主要在热轧、冷轧、不锈钢等基板上面，经过表面预处理（脱脂和化学处理），用辊涂的方法，涂上一层或多层液态涂料，经过烘烤和冷却所得的板材即为涂层钢板，可做成彩涂卷板，主要应用于建筑屋顶、墙面、钢结构厂房、家电用板、净化洁净厂房等领域。由于产品丰富、用途广泛、市场需求量大、产品质量要求高，机组订单非常饱满。

此次改造项目主要是拆除厂房外两套后燃烧系统设备，采用RTO技术对现有后燃烧系统进行整体改造；拆除现有初涂、精涂烘烤炉及附属设备，进行整体更新改造；结合废气处理RTO技术工艺特点，采用干净热风加区段小烧嘴方案；对水淬槽进行局部改造，将目前无法投用的雾喷段改为喷气冷却；配套能源介质公辅设施改造等。根据前期的精心准备、认真筹划，结合在线技改工程项目的特点，可知该项目具有业主单位在清洁生产及安全文明施工管控方面要求高、停机施工时间短、施工场地狭小、施工工序复杂等特点。

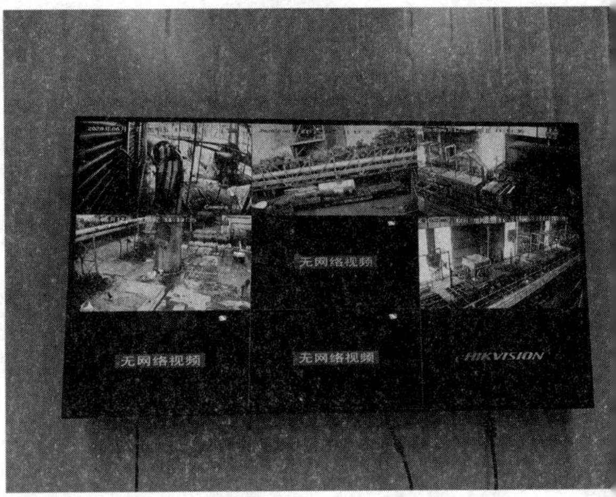

项目全过程监控

施工前期，第三分公司项目团队就年度项目创优进行策划，确立争创宝钢股份年度“最佳实践、样板工地”的目标，并与冷轧厂进行积极有效的沟通和策划，将该项目确立为年度首个重点推进的样板工地创优项目。

项目伊始，项目团队在第三分公司项目经理杨红伟的带领下，认真对现有的“5+2”支施工队伍进行了科学分析，将工序、设备到货、材料供应、设备回收、机具平衡等方方面面的因素进行更好的衔接。

项目在策划开始时，第三分公司项目团队就发现本次施工中结构、管道、设备的焊接量非常大，尤其是薄壁管道、设备接口之间的焊接要求高。经过认真分析及讨论，为避免使用传统纸质交底效率低、人员追溯难、检查记录零散等诸多不利因素，项目团队攻坚克难，积极应用科学新技术与项目管理，成功对关键焊接控制点采取二维码管控，形成“点对人”的责任管理模式。

在一般人眼里，技术交底就是一个普通的工作。虽然外行人会不以为然，但在第三分公司项目团队这里，一贯的严格作风使他们一直保持着高度的责任感。

为避免传统施工技术交底不直观、不形象、不全面等诸多弊病，第三分公司项目团队决定利用BIM先进工艺，对施工全工序进行模拟演示，给全体参战人员进行每个施工工序的视频交底，通过全工序BIM交底，使施工人员对工程特点、技术质量要求、施工方法与措施和安全等方面有较详细了解；对整个项目日后科学地组织施工和安全文明生产奠定了扎实的基础。项目团队为了普及交底效果，做到应知尽知，还在施工区域及指挥部动态播放BIM交底视频。

项目安全警示镜

第三分公司全体总动员，吹响冷轧厂C309彩涂机组炉子RTO改造工程“集结号”，对全面铺开的前期准备工作显示出非同一般的重视，周密安排施工前期的每个细节，为下一步施工的顺利进行打下扎实基础。

这里就是无声的战场

在第三分公司项目团队看来，每天的作业计划表就是一个个使命必达的任务。

室外RTO炉改造的最大难点在于设备吊装以及会受天气影响。设备拆除后，解体的设备单重80余吨，吊装作业半径内还有管廊架遮挡，又恰逢梅雨季节，室外施工成为施工过程中的难点。

为提高整体工作效率，降低施工投入成本，第三分公司项目团队多次组织各施工负责人进行桌面演练，将原有使用650吨吊机的方案进行多次优化，从初期的650吨塔吊到200吨汽车吊。为保证施工工序的顺行，结合其吨位大、高处作业多等特点，团队上下集思广益，将拆除方案定格在使用液压剪和液压夹具车进行机械化拆除，高处作业采用吊篮式登高车的方式进行机械化施工。这也是宝钢股份大院在技改项目中使用机械化程度最高的一个项目。

进入安装高峰阶段后，在充分分析项目的前提下，第三分公司项目团队大胆优化方案，通过自建通道的方式，将小吨位吊机引入施工区域内配合整体设备的安装，进一步提高了整体的安装效率，避免了使用大吊机的成本浪费。

为确保55天完成无负荷试车、42天内联调的任务，在第三分公司项目团队的带领下，参战单位克服了连续35天阴雨天气的不利因素，每天两班倒，连续奋战39个日夜，圆满完成室外整体设备安装任务。

如火如荼的场景，每天都可以在这里看到。

室内烘烤炉能源介质管道改造为本次技改项目的重点和难点。改造中，管道品种很多，包含热风管、废气管、助燃空气管、新风管、出口风罩管、氮气管、压缩空气管、冷却水管、天然气管道。第三分公司拆装管道总长度接近4000米，最大管径接近2米，且一层管道位于厂房走道下方，不在可直接利用汽车吊装的范围内，拆除时需下放至厂房地面后再通过人工倒出，安装时需用大量6米手拉葫芦临时固定，总共投入手拉葫芦施工用具70余台，劳动强度极大。

第三分公司项目团队对整个施工工序做好协调，合理规划好施工顺序、汽车吊使用时间，减少机具和人工窝工现象。管道全部位于高空，最高作业点超过12米（冷风管穿厂墙处），需搭设大量的临时作业平台（脚手架）。据初步统计，管道拆装需要搭设100余处脚手架。为保证拆装节点，在不影响生产的前提下，需在停机前完成大部分脚手架搭设。由于施工场地有限，厂房内拆除下来的旧管道无存放场地，拆除后必须立即运离现场，这就需要协调好报废件运输车辆。由于冷风、热风管道内可能存在易燃物，且施工区域存在天然气管道，属于易燃易爆区域，进行管道切断和其他钢构件动火作业时，必须做好相应的安全防护措施。

在C309彩涂机组施工现场，有一个片段极为让人感动。

本次施工中，热风管、废气管、助燃空气管、新风管均安装于新改造的结构内，原计划是将管道通过导链固定于原始梁上，再进行结构性改造。因冷轧厂需要缩短施工工期，并要求在整个结构施工过程中，火焊气割火星不能飞溅、不能落地。如此严苛的要求导致技改项目部综合作业区40余人要想按照原计划在短短7天内完成200吨钢结构就成了天方夜谭。第三分公司项目团队根据冷轧厂要求，深入挖掘内部资源，安排两个参战单位开展了一场“你南，我北”的竞赛。两支队伍充分相互协调，在有效利用2台吊机的情况下，相互默契配合，圆满完成了任务。

做出自己高标准标记

“如果确定要做一件事，就一定要在这件事上尽力做得比别人好。”杨红伟的这种信念在冷轧厂C309彩涂机组炉子RTO改造工程上有了最生动直观的诠释。

第三分公司项目团队积极协同内部资源，深挖外部潜力，就项目创优进行全面的沟通策划。在通盘考虑项目实际的基础上，根据中冶集团《安全生产标准化手册》、宝钢“10＋2”标准和要求，高起点谋划，从BIM模拟工序交底、施工区域封闭管控、备品备件不落地、智慧安全监控、信息化管控等五个维度进行策划和布置，大量采用液压剪、水切割、线切割、登高车等先进的工程机械和工艺，实现施工区域定置化、施工全程清洁化、工艺提升高效化、安全管控可视化，受到了业主、监理方的高度评价。

尤其值得一提的是，公司首次在施工硬质围栏上设置LED灯带。虽然这只是一个小小的创新应用，但既可起到美化现场的作用，又可发挥安全警示作用、增强现场的照明，对于临边安全管控具有积极作用，得到业主单位的高度评价。

管理提升是通过实物表达和视觉呈现来反映企业的进步。

在信息化管控方面，本次施工中依托“互联网＋”技术，以“质”的转变提升工程管理水平，项目通过信息化手段将现场使用的长期固定类、交底类、人员信息类信息进行二维码化的管理，做到后台更新，随用随取。项目团队依靠“大数据”平台，以“量”的转型提高工程质量安全分析水平，协调各级管理力量，充分利用中冶宝钢智慧运营服务平台的集中管控功能，提高整个施工的安全、质量、进度管理能力，实现全过程的信息化管控。

在施工区域封闭管控上，本次C309施工拆除工作量大，扬尘、飘散物较难控制，而且为确保产能，其周边的C209机组仍维持满负荷生产状态。由于生产工艺的要求，彩涂卷极易吸附空气中的粉尘，造成产品缺陷。为有效控制扬尘，减小其对机组生产的影响，项目团队安排土建施工单位对作业区域使用彩条布进行全包围，并打水降尘，防止扬尘飘散，从而影响生产质量。设备拆除作业前，项目部组织人员对厂房施工区域采用阻燃性密目网与彩条布进行双重隔离围挡，防止粉尘飘逸，取得良好效果。为避免对周边生产线造成影响，同时加强施工区域内人员受控，杜绝人员在施工与生产区域流动，阻断施工中产生的扬尘，施工区域采取全封闭管理的施工模式。

与此同时，在智慧安全监控区域，项目部围绕施工过程管理记录，动态纠正习惯性违章，加强高处作业实时提醒，对各种安全智慧工地解决方案及管控效果进行深入的讨论，通过物联网采集到的视频信息进行数据挖掘分析。对“内”，通过智慧监控系统对现场的施工全过程进行监管；对“外”，通过现场无线对讲系统联络，对现场违章行为及时进行督导指正。通过这种“内外”双修的模式，进一步提高现场安全动态的管理力度，从而逐步实现安全从可控到受控这一质的飞跃。

7月30日，冷轧厂C309彩涂机组炉子RTO改造工程全部项目均按照节点顺利完成，安全事故为零，质量异议为零。第三分公司突击队凭借自己的努力为这场战役画上了一个圆满的句号。

中冶宝钢人挑战的不仅仅是一种高度，更是一种追求。正可谓：冷轧战役尽展炫点，挑战自己再书不凡。

一场跨越 328 千米的救援任务

——中冶宝钢驰援马钢转炉炉修项目纪实

新冠肺炎疫情暴发以来，中冶宝钢认真贯彻落实中冶集团疫情防控和生产经营工作部署，把员工生命安全和身体健康放在首位，疫情防控、生产经营“两手抓、两不误”。2020 年 2 月中旬，马钢原有转炉砌筑施工队伍全部滞留武汉，无法返岗，导致砌筑作业停滞，转炉炉修迫在眉睫。紧急时刻，马钢向中冶宝钢请求技术支援。此时，中冶宝钢负责的宝钢电炉大修、梅钢转炉炉修项目相继启动，人力资源十分紧张。想业主之所想、急业主之所急！面对业主的紧急求援，中冶宝钢克服困难，充分发挥党支部战斗堡垒作用和党员先锋模范作用，由协力分公司工业炉窑车间党支部书记王进忠带领转炉砌筑骨干组成突击队，驰援马钢转炉炉修项目，众志成城、共克时艰，用实际行动履行对党的承诺。

2020 年春节因新冠肺炎疫情的影响而按下暂停键。春节期间，在宝钢宝山基地，中冶宝钢协力分公司有 3076 人奋战在钢铁生产第一线，在认真落实好疫情防控各项措施的同时，协力分公司合理编排返岗复工工作，抓住关键，组织生产，有序推进。最终，协力分公司克服重重困难，保障了炼铁、炼钢、厚板、轧制主作业线密切相关区域生产物流顺行，多项产量刷新纪录，得到业主方的高度认可。

转炉是炼钢关键设备，以铁水、废钢、铁合金为主要原料，不借助外加能源，靠铁液本身的物理热和铁液组分间的化学反应产生热量，完成炼钢过程。宝钢、梅钢、湛钢转炉承钢量设有 150 吨、250 吨、300 吨、350 吨等多种规格，涵盖炉底、炉身、出钢口、炉帽和炉口等施工内容。大型转炉耐材砌筑施工工期长，砖型复杂，耐材砌筑量高达820吨，施工任务艰巨，安全质量管控难度系数极大。

作为中冶宝钢工业炉窑砌筑团队里的一员，自1990年承接宝钢本部砌筑施工以来，砌筑团队不断进步。2013年南京梅钢转炉砌筑施工、2016年湛江钢铁转炉砌筑施工……30年来，该项目团队不断壮大，施工地也逐步实现位移。2020年2月，因新冠肺炎疫情影响，该团队更是三线作战，为维护宝钢业主的稳产贡献力量。

2月中旬，中冶宝钢接到马钢业主求援，原有转炉砌筑施工队伍为武汉籍，全部滞留武汉，无法返岗，导致转炉砌筑人员紧缺，而马钢二号300吨转炉炉修又迫在眉睫。马钢业主在第一时间想到了中冶宝钢。此次328千米外的跨区域驰援，需要中冶宝钢砌筑团队在施工前根据图纸进行施工技术指导，协助业主拟定技术方案，落实项目准备。施工过程中，则需要24小时跟踪，指导各部位施工，协助业主处理施工中出现的技术、质量问题，为各工序施工质量把关。施工完成后，还要协助业主落实交工前的质量确认检查，完成竣工验收。

攻克出钢口安装难关

同时，砌筑团队需相继完成宝钢股份宝山基地九号电炉大修、梅钢梅山基地一号转炉炉修项目，人力资源十分紧张。想业主之所想、急业主之所急！面对业主的紧急求援，中冶宝钢协力分公司克服困难，充分发挥党支部战斗堡垒作用和党员先锋模范作用，众志成城、共克时艰，用实际行动履行对党的承诺。工业炉窑车间党支部书记王进忠带领中冶宝钢转炉砌筑领军人才，合计7人，组成“马钢转炉砌筑突击队”，驰援马钢转炉炉修项目。

驰援人员分别于3月7日和12日分批次抵达马钢砌筑现场，同行的一位老作业长闫朝辉负责夜班，带着砌筑骨干全程跟踪落实各项工作。转炉砌筑是从3月14日凌晨开始的，砌筑施工人员为一线筑炉工。虽然从事砌筑行业多年，但一些人对于转炉砌筑施工却是“新手上路——头一遭”，对于出钢口砖、合门砖等各类砖的切割不熟练。为了确保质量，就手把手带着砌筑队伍一起切割，从炉底永久层砌筑、炉身永久层、封口砖、炉底工作层、炉身工作层到炉口大砖砌筑，半点不敢马虎，一一确认。突击队在工作之余，还会排查现场安全隐患，建议业主在转炉进砖口安装安全网，在电梯吊笼进出端口设置挡块，消除落物隐患，提高了转炉砌筑作业的安全系数。

此次技术支撑的难点是出钢口安装。出钢口是转炉砌筑的关键环节，精准度要求高，难度系数大，且此转炉出钢口为组合式穿插，整个转炉砌筑过程有别于宝钢在砌筑前就落实安装的一体插入式。如何保证出钢口内外坐砖与转炉本体出钢口大盖板同心度保持一致是横在眼前的“拦路虎”。此次砌筑垂直距离为1.7米，对于突击队来说，也是首次面临这样的挑战。队员们在现场和砌筑人员详细讨论安装方法，反复模拟试验，最终决定采取定位法。为了确保施工进度，我和同行的前辈带领砌筑人员完成了出钢口的精准定位安装。全体成员用实际行动展现了“召之即来，来之能战，战之能胜”的突击队风采，让党旗在一线高高飘扬，让党徽在一线熠熠生辉。

马钢转炉砌筑突击队

不积跬步，无以至千里。这是一支有着30多年历史沉淀的砌筑队伍。开工伊始，他们按照中冶宝钢责任核心化、制度规范化、服务标准化管理要求，秉持“认真负责、严谨严细、雷厉风行、令行禁止”的工作作风，超前策划，严控过程，在转炉砌筑施工过程中创造了一个又一个纪录。30多年来，他们累计施工转炉315座，单个转炉耐材砌筑量在620～820吨之间，单块耐火砖重量一般在46千克左右（最重的有55千克），当班单人作业量在5吨左右。很多时候，三个区域的转炉施工任务交叉重叠，作业艰巨性可想而知。但是，砌筑团队还是以顽强的意志、专业的水准保质保量地完成了各项施工。此次驰援马钢转炉耐材施工技术服务，更让中冶宝钢实现了从施工服务到技术服务的突破。

行而不辍，未来可期。中冶宝钢工业炉窑砌筑团队将不忘初心，牢记使命，再展“铁军”风采。

共保设备稳定，齐谱共赢篇章

——中冶宝钢为湛江钢铁提供优质冶金运营服务侧记

2018年年底，随着科技进步引导的智能化产业格局升级调整，湛江钢铁审视内外部环境的变化，为了优化设备管理体制，开启新一轮商业模式变革。首先，对厚板厂原材料处理系统的二切线及区域行车等设备的操作、检修两大系统进行整合试点，巩固加强双方“双赢”合作关系。中冶宝钢面对机遇与挑战，抓管理、定标准，以“PDCA+责任心”为出发点，完成了从高质量检修迈入多元化维检一体“智慧运维”的蜕变。

2018年12月，湛江钢铁实行商业模式变革，在厚板厂二切线及区域内行车首先推行“管用养修”一体化管理模式，探索将总量承包与设备状态、产能挂钩。中冶宝钢第四分公司审时度势，把握发展机遇，以保设备状态、提高检修效率、提升技能水平、提高产品产能、让业主满意为追求目标。自新的服务模式推行以来，取得了设备整体故障率下降4.35%、作业率提升17.2%的成果，喜获厂部的锦旗、表扬信等，多次获得湛江钢铁认可。

以共筑安全为圆心，画最大同心圆

第四分公司秉持与业主同呼吸、共命运的管理理念，把安全严控管理放在工作首位：首先，建立起完善的安全管理体系，明确各基层责任，通过领导带班制度、安全“六个一”履职，提升管理者的安全履职能力；其次，持续推进各层级岗位的安全责任清单，将安全管理下沉至作业区，建立安全管理网络体系，公司领导参与作业区安全管理；再次，队、车间管理人员采用与班组结对子的网格化管理模式，参加班组早会、检修项目安全交底，加强现场一线安全管理及管控。作业区、班组通过安全日历、事故反思、安全小讲坛、违章再教育等多种形式提升员工自我保护安全意识，让员工完成从“要你安全”到“我要安全”的意识转变。

2020 年，厚板厂党组织共建促年修安全

面对艰巨的安全形势，第四分公司多措并举，提升现场安全管理，并通过党委安全共建，着力推行安全挂牌管控，实现分级管理。针对高危项目，编制高危安全技术方案，点检进行审核确认，固化措施。对于日常设备检修中发现的设备隐患或缺陷，严格执行自立项目实施双方挂牌制度，由项目负责人组织执行完成自立项目挂牌、摘牌及相应的确认程序，严格管控安全，利用停机间隙，灵活开展设备隐患消缺、故障处理。

以设备稳定顺行为半径，画最大同心圆

根据第四分公司对检修商业模式变革的整体部署，必须充分发挥员工的主观能动性，树立“让业主满意、业主无小事、业主的事就是自己的事”的服务理念，打造一支素质高、作风硬、召之即来、来之能战、战之能胜的雄师。

通过选派技术骨干参与甲方日常点检，每月开展“三个一”设备管理工作，建立设备抢修应急体系。对发现的设备隐患，及时上报甲方设备管理室，根据隐患情况安排停机抢修、计划定日修。第四分公司力争实现全员关心设备状态，全员参与设备状态管理，全员清楚当月生产产能。

良好的设备状态是提高产能、实现利润最大化的基本保证。第四分公司承接厚板厂二切线机电设备、区域内行车以及过跨台车“管用养修”业务后，严格落实设备管理制度，预防设备故障，延长设备寿命，保障安全生产，提高企业效益，力争从设备“护工 ”转变成设备“管家”。

经过一年多的摸索，湛江钢铁厚板二切线故障率下降 4.35%，产能由 2018 年的 186 万吨提升至 2019 年的 218 万吨，作业率提升 17.2%，获得业主方广泛好评。

加强日常基础管理，提升设备管理能力

为加强设备状态管理，减少事故发生率，保证“管用养修”区域生产设备稳定高效运行，第四分公司首先推行基础管理，根据业主方设备管理要求，梳理设备管理四大标准（给油脂标准、点检标准、维修技术标准、维修作业标准），编制点检电气、机械岗位规程，组织开展“管用养修”危险源辨识，做到全员学习并掌握熟知，深入实行标准化作业，提高员工技能水平。

为更快提升对设备故障的处理能力，中冶宝钢第四分公司与业主方签订一对一点检师徒协议，并聘请专家对电气控制系统（PLC 控制系统）开展培训，加强项目系统生成、点巡检项目日常维护、故障闭环处理、备件申报等点检系统管理知识培训，提高设备管理能力。同时，组织员工对生产工艺、图纸及程序进行消化，对设备顽疾问题进行重点攻关，加强对二切线 15 台行车有无裂纹或断裂，螺栓、螺母是否有松动、损坏，轨道的压板、垫片是否损坏等现象进行排查，预防设备故障。

湛江钢铁厚板厂检修现场

另外，第四分公司利用数据监测，发现二切线板坯库 4 台行车（一号行车、二号行车、五号行车及八号行车）存在啃轨问题，有一定的安全隐患。针对这一问题，第四分公司立即制订大车啃轨修复方案，做到早发现、早维修，确保行车的稳定、安全和高效率运行，助力业主产量达标。

解决难题，打破瓶颈，提升产能

厚板厂二切线关键设备主要是 2 台火焰切割机、1 台去毛刺设备，属于产

能提升的主要设备。但是，在切割板坯作业中，这些设备常发生偏移问题，需要手动切割，既不安全，又影响产量。

第四分公司点检人员反复查找问题的根源，记录每一道工序的工艺流程，终于找到问题所在：当一号枪触及停止切割限位后，自动停止切割后退枪；此时，二号枪继续进枪，在切割过程中出现回火后停止切割，且二号枪在前进过程中的晃动会导致切割口偏移，从而造成板坯切不断，需在手动状态下进行切割，直接影响整条线的产能及切割质量。板坯手动切割对辊道面的损伤也较大，且人员处在高温区域作业，危险系数较高。

点检人员立即制订对策，解决问题：对一号枪停止限位，进行调整定位；对二号枪走行齿形轨道进行清理及紧固，并对轨道两侧导向轮间隙进行调整；同时，更换二号枪枪嘴，消除段切割及切割偏移问题，以达到板坯切割的精度要求，保证设备正常运行。

喜获湛江钢铁锦旗

因为出色的工作业绩，第四分公司喜获湛江钢铁赠予的锦旗。湛江钢铁对第四分公司出色的业务能力以及在任务中快速的响应能力表示充分肯定，寄语第四分公司再接再厉，再创佳绩。

第四分公司始终坚持“保质量保安全保节点”的检修宗旨，始终顺应安全、可靠、高效的检修要求，获得业主的一致称赞与好评。尤其是湛江钢铁厚板厂变革经验模式后，实行按量计价，经营结算与产量直接挂钩，为此，第四分公司领导高度重视，并制订了一系列措施：

一方面，配置点检人员，开设点检培训班，提升员工技能，实现从“护士”到“医生”的转变。在日常工作中，激励员工发现问题、诊断问题、解决问题，从而减少故障停机的频次。

另一方面，以点带面，以技术员、班长为一个小组，鼓励员工集思广益、创新工法工装，创新制作3套双边剪工装、2套切边剪工装、热矫直机辊系对齿工装等，检修效率大大提升。与同期相比，业主方设备故障率大幅降低，设备状态稳定。第四分公司精益求精的工作态度、积极进取的敬业精神获得业主方的广泛赞扬。

打铁还需自身硬！第四分公司再接再厉，在繁杂的工作中保持清晰的思路，严格执行规程、规范标准；充分发挥聪明才智，不断创新；提高专业技能，以更积极、更高效的态度迎战未来。

发展是永远的主题，第四分公司将以永不懈怠的精神状态、一往无前的奋斗姿态开创新事业，为今后继续承接“管用养修”合同积累起丰富的经验。第四分公司将一如既往地坚持“聚焦业主不动摇，服务业主不动摇”，为湛钢业主提供优质服务。

用心筑起员工食品安全的后勤保障防线

——中冶宝钢后勤保障工作纪实

作为中冶宝钢的子公司，上海宝鸿工贸实业有限公司（以下简称宝鸿公司）主要承担着中冶宝钢的后勤保障工作，一年365天，每天都要为中冶宝钢上海地区近万名员工提供优质、安全的工作餐配送服务。尤其在新冠肺炎疫情暴发期间，宝鸿公司严格抓好工作餐原材料安全，认真、科学抓好疫情防控工作，圆满确保现场近万名员工的饮食安全，为中冶宝钢在疫情期间保驾护航多家大型钢厂、圆满完成各项生产任务提供了坚实的后勤保障，是中冶宝钢在疫情期间取得靓丽成绩单、顺利实现复工复产的幕后英雄。

目前，宝鸿公司共有一级厨师3名、二级厨师16名、点心师5名，员工总数近200人，每天要为中冶宝钢近万名员工供应早、中、晚及夜餐，每月供应盒饭超20万份，且工作餐菜品每星期不重复，受到了广大职工的好评。

为确保管理工作程序化、制度化和规范化，宝鸿公司不断加强队伍建设，健全管理制度，分别制定和完善了《工作场所卫生管理制度》《人员卫生和培训管理制度》等19种管理制度，保证了食堂管理工作有章可循。公司实行主管干部每周到食堂检查制度。食堂主管作为食堂第一责任人，负责具体管理工作，从制度上落实责任，使每个员工都有明确的工作目标和具体的工作任务。同时，公司高度重视加强思想建设工作和从业人员素质培训工作，树立并优化员工的主人翁意识、责任意识、团队意识和服务意识。

作为食品生产和加工企业，“民以食为天，食以安为先”不仅仅是一句简单的口号，而是宝鸿公司多年来的工作重点。从原材料供给、生产加工环境、包装贮存和运输，再到人员身体健康，公司都需要严格把控。一是严把人员上岗关。食堂全体员工均要体检和培训，然后持证上岗，接受每日体温测量。二是严把采购验收关。对提供原材料的供应商有严格的审核流程，供应商全部选用国内一线品牌。对送货的供应商进行体温测量，对采购的蔬菜、肉类索证索票，没有检疫合格证的原材料不予验收，确保每批进入仓库的原材料和食品安全过关。三是严把操作质量关。要求工作人员在粗加工阶段细致观察菜品质量，发现问题及时报告处理。在烹调过程中，掌握好烹制菜品的火候，保证色、香、味俱佳。四是严把炊餐用具消毒关。每天指定专人负责餐具、厨具按时按规定消毒，同时安排专人对消毒全过程实施监管，详细登记消毒资料，包括消毒时间、消毒方式、消毒人员、监督实施人员、消毒药品及剂量等，全程跟踪，不留空当。

班前交底

在现场就餐饭菜质量上，宝鸿公司加强责任意识，每周都精心制订菜谱计划，每月安排专人跟送餐车到送餐点了解情况、征求员工意见，并及时在力所能及的范围内做出整改。每次接到定修、抢修的配餐任务，公司都高度重视，确保2个小时内完成烹调并送到现场就餐点，保障每位一线员工都能及时用餐。同时，公司加强监督考核，提升管理水平。为了降低食品加工过程中的损耗，宝鸿公司将相关指标分解到食堂的各个作业环节点，与每个人的业绩考核挂钩，有效减少了浪费现象；根据食材的采购价格变动，合理调整每顿工作餐的菜肴搭配，在确保饭菜营养的同时兼顾配餐成本，最大限度让广大员工受益，用贴心的服务换取员工对后勤工作的理解。

在提高员工队伍技能水平上，宝鸿公司每年定期开展厨师技能竞赛，增强厨师服务一线的本领，调动厨师学技术、钻业务的积极性，增强公司后勤服务保障能力。每逢春节，为了让在公司值班的职工真切感受到春节的氛围，宝鸿“年夜饭大礼包”已然成为中冶宝钢的传统，工作人员每年坚持为春节期间依然坚守岗位的员工准备丰富的年夜饭礼包。在千家万户欢庆团圆的时候，为了保证各单位留守人员和大院单身宿舍员工的正常工作，宝鸿公司的员工们每年都不能正常回家过年。他们放弃了小家的团圆，坚守在岗位上用自己的“辛苦指数”换来了留守职工的“幸福指数”，用坚定的守护为大家过好一个平安祥和的春节。

2020年春，面对突如其来的疫情，宝鸿公司高度重视，迅速传达中冶宝钢对新型冠状病毒疫情防控工作部署要求及相关文件精神，第一时间召开专题会议，成立疫情防控领导小组，制订疫情防控措施，强化落实部署：强化重点管控，做好关键部位防范工作；强化办公区域、公共卫生区域、宿舍等区域的环境卫生管理，每日认真定时做好消毒工作；进一步加强单身宿舍区域管理，严格外来车辆和人员出入管理，做好疫情防控的“守门员”；食堂取消堂食和临时就餐点服务，改为供应盒饭，进入食堂的人员必须戴口罩、间隔一米排队，测量体温正常后方可入内将食物打包带走。此外，宝鸿公司执行了“量体温”和“零报告”制度，利用通信App排查员工返乡出行路线、重点危险源接触情况，建立体温测量台账，以班组为单位，联系排查每一名职工，排查职工及其近期接触的人员是否与疫区疫情相关联，并建立疫情排查档案，每天定时将排查结果上报上级部门，切实将疫情防控工作做细做实。自2月10日起，中冶宝钢各分公司在月浦单身宿舍楼内建立返沪人员隔离观察点，宝鸿公司主动承担了这些员工的饮食服务工作，努力克服疫情期间因供应商未复工而造成的食材紧缺等问题，由专人负责搭配营养餐，尽全力满足隔离人员的需求。同时，对各单位使用的保温箱，每餐次都要进行消毒，消除感染隐患。在人员紧缺的条件下，宝鸿公司所有员工打破岗位限制，主动担当，工作岗位“强复合”，全力协助炊事人员分装每日三餐的盒

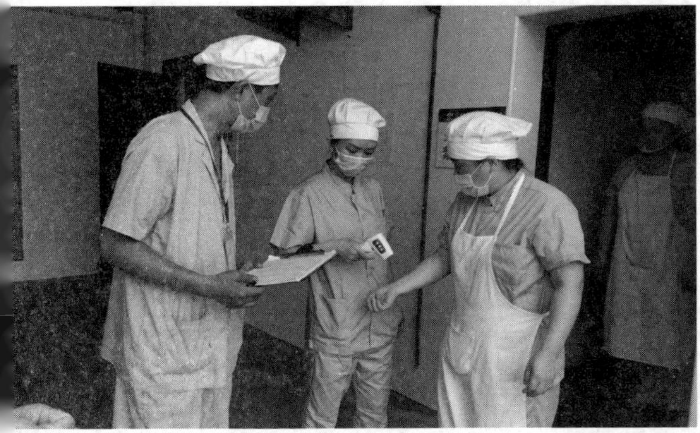

上岗前测量体温

饭，高质量地完成各项后勤保障工作。这种精神充分展示了后勤保障团队的精心策划，以高度负责的态度抓好疫情常态化防控，举非凡之力，履非凡之责，全面助力公司高效推进复工复产，为员工构筑健康堡垒。

事无难易，唯在用心，唯干能成。在整个冶金运营服务中，宝鸿公司的每一名员工或许并不起眼，但他们却是一支勇于担当、甘于奉献的团队，奋斗在生产一线的每个角落。他们的身影或许平平无奇，并不引人关注，也没有什么惊天动地的丰功伟绩，却能主动、毅然地坚守在岗位上，用实际行动诠释着中冶宝钢人的责任担当，用朴素的语言书写着不平凡的赞歌，为保障中冶宝钢工作的正常运行与生产安全提供“高标准、高质量、高效率”的后勤力量。

在中冶宝钢各项业务壮大的同时，宝鸿公司全体员工也本着坚守职业道德的良心、关爱工友生命安全的热心和做好本职工作的责任心，不断地为中冶宝钢提供优质、安全的后勤服务，跟随并见证着中冶宝钢的成长。

开创技改工程市场的一片天

——中冶宝钢助力宝武炭材产业发展纪实

由中冶宝钢承接的乌海炭材料一体化项目是乌海市十大工程项目之一，也是宝武集团旗下子公司宝武炭材在全国布局针状焦及石墨负极市场的重要一环。随着我国钢铁工业调整产品结构力度的不断加大，电炉钢产量不断增加，急需大规格超高功率石墨负极，而针状焦又是生产大规格超高功率石墨负极的主要原料，石墨负极的最终性能在很大程度上取决于原料针状焦的性能。因此，该项目的实施不仅可以推动我国精炼钢产业及军事工业新材料实现革命性重大突破，同时也是促进我国钢铁工业产品结构调整的重要一步。

2020 年 9 月 8 日下午，随着一车车的电缆线被送入项目施工现场，由中冶宝钢总承建的乌海炭材料一体化项目正式进入最后的施工冲刺阶段。

乌海炭材料一体化项目位于有着“黄河明珠”之美称的内蒙古自治区乌海市。乌海宝化万辰煤化工有限公司、乌海宝杰新能源材料有限公司作为国家提倡的新能源环保企业，是宝武炭材联合当地企业以及日本 JFE 集团共同投资建设的新型能源企业，对带动当地人员就业以及推动地方经济发展有着重要意义。

严格管控现场施工质量

随着项目施工有条不紊地推进，项目上多项作业的施工难度也在不断增加，如 21.5 米的高支模安装、41.76 米的大跨度钢结构厂房安装、105 吨重的单体设备吊装等，不仅施工难度大，而且危险等级高。根据国家住建部下发的文件规定，这些施工都需要编制专项施工方案，经过专家层层评审后方可施工。在施工过程中，强调按照专项方案严格执行，在危重大施工时，项目管理人员必须旁站监护，确保现场施工人员的安全。

石墨化车间雏形初现

乌海炭材料一体化项目最关键的设备是两个单体设备——成相塔，每个单体重达105吨，高25.75米，直径4.85米。为了让两台设备顺利吊装就位，项目部组织编制了成相塔吊装的专项施工方案以及后期所配套的成相塔钢结构的专项吊装方案。从现场施工安全文明、质量验收、施工技术交底及组织分工等各方面都进行了充分的验证。在方案的编制过程中，公司技术专家室与项目部进行多次专项方案评审视频会议，同时，联系吊装厂家及公司技术人员前往项目施工现场实地勘察，最终确定了现场吊车站位，并逐一落实方案中的每一个细节以及具体参数。经过反复计算验证，确保了吊装方案编制的万无一失，为后期吊装的顺利完成提供强有力的技术支持。

此时，设备厂家传来消息，由于受疫情影响，设备交货时间将延期一个月。这极大影响了项目的整个施工计划，项目部及时与业主项目组取得联系，告知情况。公司领导也与业主单位领导联系沟通。最终，通过多方协调，确保了该项目在2020年“五一”劳动节前顺利完成吊装施工。此次吊装的顺利完成得到业主的一致好评，同时更为项目部后期施工节点的顺利完成开启了一个良好的开端。

打赢防疫战，迅速复工复产

2020年1月，一场突如其来的新型冠状病毒席卷全国。湖北武汉宣布“封城”，全国保持高度戒备。到了2月中旬，在与业主方以及乌海市政府沟通后，项目部全体人员于2月18日前往乌海市，为复工工作做好前期准备。在隔离期间，项目部按照公司要求，第一时间启动应急预案，多次组织召开视频会议，成立防疫工作小组，积极组织联系采购口罩、消毒水、医用酒精、电子测温枪等防疫物资。同时与业主、分包单位建立联控机制，深入落实群防群控、联防联控具体措施，为后期施工人员进场做好了充分准备。同时，积极协调施工人员进场，确认现场各方人员防疫物资需求，对施工人员宿舍全面消毒，对外来人员严格测量体温，并每天观察施工人员的健康状态，为第一批包车来到施工现场的100余名工人顺利进入施工现场大临奠定了基础。这些措施在保证所有员工的生命健康安全的同时，又为保证工期的顺利完成迈出了坚实的一步。

成相塔预处理区域

随着疫情形势好转，项目部也抓紧了复工复产的步伐。面对前期大量施工人员无法按计划到岗的难题，项目部积极联系分包单位，确认人员情况，积极协调资源，最终决定以包车的形式分批次运送施工人员进厂，保证现场施工进度按计划有序进行。最终，3月中下旬，现场施工人员达到了300余人，基本满足了现场施工需求。随后，项目部不断优化施工工序。面对紧张的工期，项目管理团队全面梳理后续工作量，合理安排施工计划，延长工作时长，采取了“七进八出”的作息时间，施工人员早上7点上班、晚上20点下班，每天比平时要多工作3个小时。同时，项目部坚持每天做好疫情防控措施，测量记录现场施工人员每天早晚上下班时的体温，做好每天外来送货车辆及人员的登记和防疫工作，做好生活区和办公区每天早中晚三次的消毒工作，确保现场施工的每位人员生命健康。

夏季施工抢工期，攻坚克难打硬仗

疫情之后，又到了炎热的夏季。六七月份的乌海，天气环境恶劣，持续高温，还伴随着大风以及沙尘暴。面对紧迫的工期节点、繁重的施工任务，项目全体员工挥汗如雨地在现场抓紧施工，进行着一场与时间赛跑的攻坚战。从进入现场到中午吃饭休息，每个员工都如同落水一样，身上的工作服早已被汗水所浸透，但是，所有人仍然坚持奋斗在施工一线，确保了每一个施工部位的质量以及每一位现场施工人员的安全。尽管施工任务重，工期紧张，但绝不能忽视现场的施工安全。项目部时刻牢记企业“安全第一，违章为零”的总要求，做好现场施工安全管理工作。项目部领导还为大家准备好了足够的藿香正气水、绿豆汤、酸梅汤等防暑降温用品，同时告知各班组长，时刻注意自己班组人员的精神状态，保证大家的身体健康。

脱水槽现场制作

尽管高温、大风不断，给现场施工作业带来了很大的不便，但现场施工作业人员坚持头顶安全帽，规范穿戴好劳防用品，顶着烈日，手提一壶水就赶往自己的“战场”开始“战斗”。为了确保施工进度的顺利进行，工人们从早晨6点就抓紧开工，几乎一整天都扎根在施工现场；到了晚上，更是挑灯夜战至21点、22点，充分发扬“一天也不耽误，一天也不懈怠”的企业精神，全力保障工程进度的顺利推进。

战疫情、战高温，经过19个月的不断奋战，乌海炭材料一体化项目到了最后的冲刺阶段，中冶宝钢也将站好最后一班岗，为项目做好完美收官，为业主交上满意的答卷，为乌海地方经济发展贡献力量。

拓展篇

穿越凿空之旅，开拓海上“丝路”

——“中冶重机”践行“一带一路”倡议开发海外市场纪实

“中冶重机”品牌以冶金装备制造、特种车辆制造、大型钢结构制造、非标设备制造等产品跋涉于“一带一路”沿线国家，站上世界舞台，核心技术装备立于亚洲之巅，产品远销亚欧大陆及非洲、大洋洲、美洲等地区，市场覆盖冶金、矿业、电力、能源、军工、核电、化工、火电等多种行业领域。“中冶重机”一路走来，筚路蓝缕，市场开拓跨越“凿空之旅”。

相时而动，拓展“一带一路”

市场充满机遇，却又变幻莫测，需决策者相时而动、随机应变。市场规律既能给企业带来机遇，也能轻易地击垮一家企业。

“中冶重机”的前身是一个综合性车辆修理厂，经过多年的经验积累和技术积淀，于2003年在市场经济的大潮下完成从“修”到“造”的转变。随着核心技术产品日臻完善，公司产品从内销转向外部市场，针对冶金行业，将发展重心放在制造板块。2008年，随着“中冶重机”商标的成功注册，品牌影响力在业内日渐鹊起，产品从单纯的黑色冶金行业向有色冶炼、矿山、火电等多个领域发展。市场从国内逐步向国外拓展，市场营销从早期项目“跟单员”模式逐步转变，突出以业务人员为核心和执行力的“自主开发跟踪承接”模式。在这一次次的转变之后，企业发展日渐呈现新气象。

孟夏之日，万物并秀。“中冶重机”的发展蓝图与国家“一带一路”的倡议不谋而合，公司发展迎来一轮新机遇。在这机遇与发展并存的美好时节，日本日立巴布科克公司火电钢结构项目、德国西马克—德马格钢包台车项目、德国蒂森克努伯—伯利休斯水泥生产线项目、澳大利亚力拓矿业设备结构项目、IECE—巴西淡水河谷矿业设备结构项目等里程碑式的项目纷至沓来，“中冶重机”的出口产品在国际市场上的版图日渐扩张。

中国“智造”，跨越“凿空之旅”

“中冶重机”凭着精心“智造”，沿着“一带一路”跨越“凿空之旅”，将“中冶装备”从国内销往海外。“中冶重机”拥有的“无轨化冶炼大物流搬运装备”核心技术装备主要包括抱罐车、环保型焊接渣处理设备和铁水运输车。其中，抱罐车制造技术已达到载重110吨级，技术处于亚洲先进水平，成为全国之最；环保型焊接渣处理设备也已经形成与之配套的系列产品；铁水运输车制造技术最大承载吨位可达380吨，目前处于世界领先水平，堪称亚洲第一。这些都是“中冶重机人”智慧的结晶。

180 吨铁水车

“无轨化冶炼大物流搬运装备”的营销概念既绿色环保，又智慧高效。传统热态钢渣倒驳以及铁水运输工艺都采用轨道运输，有轨运输工艺的“先天性”不足给无轨化运输工艺提供了契机。从轨道化运输到无轨化运输的变革是冶金大物流领域一次质的飞跃，具有重要的节能和环保意义。采用轨道化运输，需要铺设轨道，不仅基础投资大，而且工艺流程长，能耗大，不利于环保，更重要的是会占用大量稀缺的土地资源；采用无轨化运输更加灵活，节省了轨道铺设等基础设施投入，缩短了工艺流程，符合环保要求、能够优化环境，并节约了珍贵的土地资源。“中冶重机”20～110吨系列抱罐车和80～380吨系列铁水车已经成为这次“去轨化”革命的代表。

通过市场走访和信息发布，邀请客户考察访问，“中冶重机”不断寻找市场机遇。菲律宾PASAR公司采购部经理Glen D. Ceballos和项目经理Nicholas

N. Tan 一行来访时，奠定了双方合作的基础。PASAR 公司认为，“中冶重机”是中国冶炼行业内唯一“无轨化冶炼大物流搬运装备”的成套供应商，具备渣处理系统装备供货能力，故与“中冶重机”签订了抱罐车及环保型焊接缓冷渣处理设备合作项目，打响了自主核心技术产品出口的第一枪，一举将“中冶重机”核心技术产品推上国际舞台。

带着绿色销售理念和“智造”技术装备，“中冶重机”将市场触角伸向全球重要的钢铁生产国——印度。印度的粗钢产量仅次于中国、日本和美国，增长速度居全球第一。营销人员在做好完善的出访攻略后，克服当地基础设施落后、贫富差距巨大、社会治安恶劣等不利因素，拜访了印度工业联合会、中印商会，进行广泛宣传和针对性交流，为“中冶重机”装备进军印度钢铁市场打下基础。2017 年 5 月，“中冶重机”80 吨级铁水车成功发往印度塔塔钢铁，再一次将“中冶重机”品牌的“无轨化冶炼大物流搬运装备”——铁水运输车推向世界。

挑战极限，架设“海上通廊”

经过多年发展，“中冶重机”钢结构制品板块从原始的来图加工发展成为自主设计的大型钢结构和非标设备两大分支。“中冶重机”独特的薄板焊接、厚板焊接工艺自成一派，并通过欧标认证。另外，环保型焊接渣罐也形成了系列产品，并在电厂余热锅炉（HRSG）及烟风道、料仓（罐），水泥、石灰生产线设备，铝业电解槽、熔炼炉等产品上与力拓、安德里茨、蒂森克虏伯、淡水河谷等世界供应商巨头形成稳定的合作。

2017 年 5 月，在“中冶重机”承接的安德里茨电厂生物介质回收燃烧发电厂项目中，3 件 H 型钢大板梁的制作刷新了“中冶重机”重型钢结构制造历史上的新纪录。在该项目核心部件中，有 3 件用于承重锅炉“气包”的核心大板梁，主截面均为“工”字形结构，施工质量等级执行 EN1090-2 EXC3 标准，单件大梁的最大长度为 24. 47 米，截面高度为 6. 82 米，最大重量达 90 吨。同时，考虑到单件产品的重量和外形尺寸等因素，该大板梁单件规格突破了以往钢结构制造历史上的新纪录。

2017 年 5 月，“中冶重机”再次签订阿尔及利亚水泥厂生产线设备供货合同，双方已持续合作近十年。该项目制作范围涵盖难度最大的物料输送设备、管道、升降设备类部件等机器制造，由阿尔及利亚水泥工业集团投资建设，蒂森克虏伯工程技术（法国）公司为总承包方。

出口菲律宾的70吨铰接式B型抱罐车

“中冶重机”制作的伊朗超大烟囱项目主要为风道结构，最终以板片结构出厂。烟囱呈管道状，主要焊缝为环缝，施工困难。由于结构较大，导致其板片对接缝较多，要求排板时必须有整体意识，不但要尽量减少对接缝数量，而且必须错开十字焊缝的位置。第一层属于管道三通结构，必须精细准确放样，才能确保相贯线装配合适。在几十米高的筒体外侧，带有支腿附件或者观察孔，并且需要和现场结构相配，必须精确画线，确保定位。按照技术要求，所有对接缝均需拍片，项目团队积极组织高技能焊工，并借鉴以往薄板焊接探伤经验，确保拍片一次合格。

“中冶重机”重型钢结构凭借过硬的产品质量、优质的服务，不断挑战极限、突破自我，践行“一带一路”倡议，架设“销售通廊”，产品远销亚洲、欧洲、非洲、大洋洲和美洲。

“私人定制”，凸显增值服务

“中冶重机”在市场上经历了十余年的摸爬滚打，深刻地认识到要想提升售后服务，除了要有过硬的产品质量外，最有效的方法是售前服务。所谓“售前服务”，就是在产品出厂前，给使用单位的操作员和管理者进行培训，让用户的操作者首先了解产品基本结构、工作原理、使用性能、操作要领以及日常维护和保养的注意事项。让懂行的人操作设备，有效杜绝了由于误操作造成的设备故障，从而降低售后服务频率。

针对核心技术装备，“中冶重机”积累了一整套的培训经验，并针对每种装备“度身定制”了完善的成套培训资料。每次项目发货前，“中冶重机”从培训课程、培训内容、培训工程师的选择等方面都会做详细的筹划。在培训过程中，还特别安排理论和实践交叉进行，使用户能在短时间内充分地学以致用。培训内容着重强调用车知识的安全点、关键点、困难点，以确保参加培训人员完全掌握整车安全使用、得当使用的技能，以及后续操作和维护要点。“售前服务”还是一项增值服务，让用户暖心地感受到物超所值，这一举措受到各地用户的广泛支持。

多年来，与“中冶重机”合作的客户都能真切地享受“私人定制”式服务。每次策划项目方案，公司设计专家都会深入现场实地勘探，加强沟通，认真听取客户的诉求，并最终体现在设计方案上。可以说，每一款“中冶重机”的装备都是为不同客户度身定制的，因为除了每个钢厂的环境、厂房因素不同外，更多的是用户提出的个性化要求。比如，发往印度塔塔钢铁的80吨级铁水车在完成竣工检验时，客户临时提出了超出合同范围的技术要求。项目团队秉承“服务至上”的理念，挑灯夜战，满足了客户的要求。“私人定制”式暖心服务受到了客户肯定和赞扬。

“私人定制”式服务不但是满足客户的服务方式，更是“中冶重机”提升自身产品品质的意见收纳箱。设计师通过与使用现场形成无缝对接，倾听用户心声，才能使设计制造出的产品更为人性化，更接地气，最大限度地满足现场的使用需求，这也是“中冶重机”自我完善的有效途径。

求新求变，提升完善。“中冶重机”抓住有利机遇，正用自主核心技术装备沿着“一带一路”披荆斩棘，开拓“新丝路”，进一步将公司核心技术推上世界之巅。

让“金字招牌”在西南大地熠熠发光

——中冶宝钢以硬核实力打开重庆钢铁市场

中冶宝钢抓住重庆钢铁历史性变革的机遇，成功撬开西南钢铁市场，在重庆钢铁落地生根。2018 年，中冶宝钢 6 人调研小组奔赴重庆钢铁，经过 4 个多月的实地勘察和项目调研，靠实力和诚意赢得重庆钢铁的原料皮带业务，在 2 年的时间里，又相继承接炼钢厂保修业务以及多个大型技改项目，营业收入从最初的几千万元增至 2 亿多元，实现了质的飞跃。

到 2020 年，中国近代钢铁工业已走过 130 周年。7 月 1 日，中国宝武“钢铁荣耀、筑梦百年”系列宣传活动之“重走钢铁长征路”首站在重庆钢铁开启。与中国钢铁工业一样，重庆钢铁也曾历经坎坷与沧桑，创造了属于自己的荣耀与辉煌。

关注重庆钢铁，源于中国宝武集团。2018 年，重庆钢铁开启变革重组，正是通过这样一次历史性的改革，中冶宝钢敏锐地抓住市场机遇，做出一个突破性的决定。2018 年 5 月，中冶宝钢由 6 名员工组成的调研小组奔赴西南腹地——有着“山城”之称的重庆，调研小组组长王鑫带队对重庆钢铁进行长达 4 个月的实地勘察和项目调研，靠实力和诚意，成功撬开西南钢铁市场的大门。

2018 年：攻坚克难，艰苦创业

市场开拓不是一蹴而就的成果，也不是一朝一夕的突围，而是中冶宝钢长期不懈努力、深耕细作的结果。

初入重庆钢铁，调研小组就受到业主的考验，业主要求调研小组参与皮

带机现场设备点检，并限期提出改进意见。调研小组欣然“应战”，经过一段时间的现场勘察和走访，陌生的区域已不再陌生，调研小组针对物运配料、物运供料和烧结成品等区域关键皮带的点检问题、设备安全问题和功能保护装置缺失等问题形成《问题整改建议书》。正是这份自信满满的建议书，向业主展示出了中冶宝钢“国内第一、国际一流”冶金运营服务商的专业实力。在随后的沟通中，调研小组应邀参与重庆钢铁6条主线皮带改造方案的制订，进一步得到了业主的认可和信任。

9月中旬，在前期调研的基础上，王鑫带领团队针对现场皮带机设备状况，围绕承接优势、人力资源配置、交接期间稳定运行和为业主增效等方面制订投标文件，经过激烈角逐，最终成功中标重庆钢铁全厂皮带机检修、维护、清扫项目。

原料码头升级改造项目3号泊位施工现场

兵马未动，粮草先行。中冶宝钢通过从上海本部抽调精兵强将、招聘属地化员工等途径，迅速组建队伍。为解决员工吃饭、住宿等后勤保障问题，王鑫积极与业主协调沟通，解决好员工的住宿问题；马不停蹄走访周边餐馆、食堂。经过严格筛选，确定了工作餐的合格供应商。经过一个多月的紧张筹备，10月29日，迎来了“历史性的一天”，中冶宝钢在重庆钢铁老指挥部大楼前举行皮带机业务开工仪式，中冶宝钢基地正式落户重庆钢铁，标志着中冶宝钢迈出进军西南市场的第一步。王鑫也由于其出色的工作表现，被中冶集团授予2019年劳动模范称号。

2019年：披荆斩棘，砥砺前行

2019年，中冶宝钢承接重庆钢铁皮带机业务后，迎来严峻挑战。由于重庆钢铁皮带机设备使用年限较长，加上钢结构腐蚀情况严重，导致设备故障指标居高不下。面对重重困难，王鑫身先士卒，带领由业务骨干和管理人员组成的攻关小组，主动放弃周末休息时间，对导致设备故障率高的根源进行

“地毯式”排摸。由于重庆钢铁物运区域作业点多、设备战线过长，攻关小组还临时增加30名检修工和操作工，在排摸的同时对皮带机进行同步的功能和精度恢复。经过两个月的不懈努力，圆满完成了对设备故障的全面消缺。

经过集中消缺，重庆钢铁皮带机设备运行故障率大幅度下降，为中冶宝钢在重庆钢铁设备运维业务的亮眼表现打下了坚实的基础。一次，重庆钢铁物运部T304矿槽皮带的电机及液力耦合器突然出现故障，如不紧急更换将会造成生产主线停产，导致较大损失，业主方要求必须在5小时内完成抢修。接到通知后，中冶宝钢第一时间组织经验丰富的骨干人员进行抢修，经过奋战，提前一个小时圆满完成抢修项目，为主线的正常生产赢得了宝贵时间，得到业主方的高度评价。

在由中冶宝钢保驾的重庆钢铁皮带机系统运行状态渐入佳境之时，重庆钢铁炼钢厂却正因设备故障问题而困扰。炼钢厂作为重庆钢铁的重要生产单元，生产节奏十分紧张，却因设备状态不稳定，停机抢修时有发生。为此，重庆钢铁炼钢厂每年都要更换一支检修队伍，但是设备故障频发的问题仍得不到有效解决。中冶宝钢得知这一情况后，向重庆钢铁设备部主动请缨，凭借在重庆钢铁皮带机区域树立的良好口碑和完善的技术方案，成功中标炼钢厂冶炼及公辅区域常规检修项目，标志着中冶宝钢设备运维业务成功进入重庆钢铁核心生产区域市场。

项目承接后，通过近两个月的不懈努力，中冶宝钢圆满完成对炼钢区域设备问题的消缺，设备故障频发的问题得到有效改善。在确保现场设备平稳后，中冶宝钢又协助炼钢厂编制设备维修作业标准，完善炼钢区域各类应急预案，积极在现场设备本质化安全等方面为业主提供增值服务，获得炼钢厂领导的高度认可和一致好评。

短短几个月间，中冶宝钢用踏实的作为给业主留下了“能打硬仗、专业高效、值得信赖”的良好印象，在业主心中树立起中冶宝钢“国内第一、国际一流”冶金运营服务商的良好品牌形象，为赢得更加广阔的市场奠定坚实基础。

随着设备运维主营业务的不断深入，重庆钢铁也逐步把许多单项检修业务交给中冶宝钢。其中，最主要的项目就是重庆钢铁炼铁厂烧结工序年修项目，也是中冶宝钢进驻重庆钢铁以来面临的第一次大型集中年修。此次烧结年修计划停机20天，具有时间紧、负荷高、高危项目多、投入人员数量大的特点。

为圆满完成此次年修，中冶宝钢精心组织、精准策划，从安全、质量、人员、工机具和年修节点控制、后勤保障等各方面做好充分准备，确保年修现场组织有序，安全、质量、标准化作业平稳受控，形成一道靓丽的检修风景线，并一次试车成功。

年修结束后，重庆钢铁烧结分厂厂长傅斌感慨地说："中冶宝钢是我见过的最有实力的检修队伍！"重庆钢铁副总经理王布林也由衷称赞道："中冶宝钢技术精湛、管理一流，在重庆钢铁树起了标杆！"

一个又一个检修项目的圆满完成，让中冶宝钢赢得业主的高度信任。2019年，中冶宝钢在竞争激烈的竞标中脱颖而出，成功中标重庆钢铁二号高炉复产、烧结脱硫改造、新建事故池和调温料生产加工等多项业务，在成立短短一年时间内取得了营业规模翻番、产值突破1亿元成绩单。

2020年：另辟蹊径，逆势突破

2020年是重庆钢铁深化改革的一年，也是重庆钢铁的建设大年，计划要对多个工序进行升级改造，确保达到千万吨级产能。中冶宝钢迅速调整发展方向，在常规检修项目稳步推进的前提下主攻工程技改类项目。中冶宝钢成立了市场营销小组，积极跟踪重庆钢铁各厂的项目，从项目的初步设计开始介入，了解设备工艺特性，积极与业主及设计院进行对接，认真编写技术标书，对每个专项方案、大型吊装方案一一进行桌面推演。疫情高峰期间，营销小组通过电话、微信等多种渠道与业主保持良好的交流。一分耕耘、一分收获，营销小组的辛苦付出终于结出硕果，接连成功中标重庆钢铁原料码头升级改造总承包、动能废水处理升级改造、动能部污泥压榨改造、炼钢转炉烟罩改造和干法除尘升级改造等技改项目，市场份额的逐步扩大，标志着中冶宝钢在重庆钢铁市场经营拓展步入崭新的阶段。

重庆钢铁物流运输部原料码头升级改造项目是重庆钢铁产能达到千万吨级目标的重要基础保障。中冶宝钢承接业务后，充分发挥自身优势，迅速抽调技术过硬、素质优良的骨干人员组建项目团队推进实施。中冶宝钢严抓安全、质量、进度工作，号召员工发扬“认真负责、严谨严细、雷厉风行、令行禁止”的工作作风，严把安全、质量关，用高标准、严要求在重庆钢铁打造出中冶宝钢的标杆项目。项目启动时，正值新冠肺炎疫情期间，中冶宝钢严格执行重庆相关防疫工作要求，坚决做到防疫、生产“两不误”。在实施过程中，中冶宝钢还建立了重庆钢铁第一个 VR 安全教育体验基地，为项目安全保驾护航。

重钢原料码头升级改造项目作为重庆钢铁2020年的重点项目，备受重庆钢铁及当地政府主管部门关注，重庆市长寿区经济开放区海事局、应急管理局等部门领导多次到项目现场指导视察工作，对中冶宝钢的安全、质量等工作给予充分肯定。

重庆钢铁项目部刚成立时的合影

7 月 16 日，重庆钢铁党委书记张文学对改造项目的标准化工地建设现场进行检查，并体验 VR 安全教育场景，对中冶宝钢的项目管理、施工过程管控给予充分肯定。他希望重庆钢铁能以中冶宝钢创建的标杆工地为起点，积极推进标准化工地建设，着力打造“四好”（好看、好用、好评、好干）工地，共同建设“魅力重钢”。

重庆钢铁能源环保部废水处理系统改造项目，是贯彻重庆钢铁“提规模、调结构、降成本”经营方针的重要举措，是建设“美丽重钢、山水重钢”的重要工程。项目主要是在现有每天 2 万立方米废水处理能力的基础上，新增一套每天 2 万立方米的废水处理系统，为重庆钢铁“千万吨”总体产能规划提供生产保障。

项目推进后，由于建设量大、建设难度高、工期紧张，其间又遇到设计图纸延期问题，一度给确保施工进度造成困难。中冶宝钢在全面落实安全责任制、严格执行各项技术规程的前提下，攻坚克难、狠抓进度、力保质量，最终圆满按照计划进度完成各项工作，实现了“安全零事故、质量零缺陷、进度零滞后、投资零超支”的工作目标，把此项目打造成为重庆钢铁的优质工程、精品工程、示范工程，得到各方的高度评价。

栉风沐雨行路，砥砺奋进致远！中冶宝钢市场开拓的决心是坚定的，高质量发展的脚步是坚实的。两年零两个月，中冶宝钢在重庆钢铁从无到有，从最初的六人团队，到如今的千人队伍；从单一的皮带机业务，到如今的重庆钢铁各区域业务全覆盖，实现了质的飞跃。一年一个样，三年大变样，中冶宝钢在重庆钢铁市场取得的突破很好地诠释了这句话，也让我们对中冶宝钢的美好未来更加期待！

扬帆起航，不负韶华

——中冶宝钢防城港项目部铸就冶金运营服务“铁军”形象

经过半年的发展壮大，中冶宝钢防城港项目团队由最初的21人扩充至近千人，在与广西钢铁设备维保和生产保产业务的首次合作中就实现了超过50%的市场份额。短短半年的时间，防城港项目团队连续作战，用智慧和汗水、豪情和奉献，在这个未来的钢铁之城铸起广西钢铁冶金运营服务企业引领者和示范者的丰碑。一大批管理人员、一线工人、建设者从全国各地汇聚北部湾畔，扎根岗位，默默奉献。每一个人的背后都藏着与广西钢铁项目结缘的故事，充盈着对企业发展的使命和忠诚。

2012年5月，国家批复广西防城港钢铁基地。

2018年2月，柳钢集团与武钢集团签订广西钢铁重组协议，柳钢集团全面接手广西钢铁，并优化调整项目规划，全面重启防城港钢铁基地建设。

2019年2月，中冶宝钢作为国内首家规模最大、人数最多、综合实力最强的现代化冶金运营服务企业，着手布局广西防城港钢铁基地项目。中冶宝钢与柳钢集团从零开始，经过了长达一年的项目跟踪交流、方案策划、招投标。

2019年3月27日，中冶宝钢接到广西钢铁炼钢厂、棒线厂设备维保项目中标通知书，标志着中冶宝钢与柳钢集团首次达成合作，成功获得柳钢的认可，在柳钢集团防城港钢铁基地寻求创新和突破的时候，双方顺利达成合作。

中冶宝钢实施检修资源整合、机构重组，成立广西防城港项目部。防城港项目团队作为筹备工作的牵头单位，由21名支撑员工组成的团队积极响应国家和公司的号召，怀揣钢铁报国梦，踏上北部湾，迈向新征程。

建基地，扎根防城港企沙镇

前途是光明的，道路是曲折的。2020 年 3 月 27 日，广西钢铁下发第一份中标通知书，而 4 月份就要求人员进驻跟踪设备调试，几乎没有筹备时间。在这个常住人口 4.3 万人的小镇上，资源紧缺、设施落后，项目部初期只能租住在广西钢铁的临时生活区。生活区里都是彩板房，不隔音、没热水、无网络，停电停水为日常小事，经常一个星期都洗不上一次澡。

2020 年 4 月 15 日，项目部的大临基地动工建设，可满足 800 人的住宿。项目部发扬“南泥湾”精神，利用休息时间，挥汗如雨，从荒草丛生到板房林立，自力更生，建设美好家园。5 月 18 日，项目部员工开始入住大临基地；6 月 6 日全部入住完毕，从此结束停水停电、住宿嘈杂的生活；6 月 25 日，大临基地员工食堂正式开餐，生活条件大大改善，增强了员工归属感。

柳钢防城港钢铁基地投产仪式

项目部敢为人先、使命必达的创业精神得到广西钢铁的高度认可。继广西钢铁炼钢厂设备维保项目、棒线厂设备维保项目、炼钢厂生产保产项目、焦化厂生产保产项目、气体厂生产保产项目后，项目部又中标广西钢铁热轧厂设备维保项目，定员总人数达到 1300 余人，业务覆盖广西钢铁 5 个厂的设备维保和生产保产业务。

战疫情，确保全面复工复产

2020 年 1 月，受新冠肺炎疫情的影响，招聘市场与往年有所不同。项目部根据实际情况，通过劳务中介所、各类大型招聘网站、员工内部推荐等方式，开拓招聘渠道，并在特殊时期采用视频面试，满足前期人员投入。

项目部第一时间传达落实上级针对疫情的重要批示和防城港市关于疫情

防控的相关要求，并结合自身实际对防疫工作做出具体安排部署。对新进厂的外地员工严格执行隔离观察的措施，有效预防防城港外地员工疫情防控。项目部以骨干员工错峰办公、其他员工居家办公相结合的方式全面复产复工，完成了对中标预算的深化、细化，并结合当地人、材、机市场价格和企业自身管理水平，编制施工预算，落实人、材、机合理分配，为全面实现年度目标任务打下坚实基础。

提服务，助推一期全线投产

项目部始终围绕广西钢铁全线投产为目标，秉承着“传承、变革、突破”的理念，践行“一队包一项目”的筹备模式。结合自身实际，快速建立健全组织架构，编制管理文件，收集技术资料并编制技术文件；优化工器具配置，固定资产合理配置，推进资源共享；开拓招聘渠道，优化员工入职流程；签订责任书，压实责任；推行“10 +5”安全交底，大力推进员工队伍建设；本着科学、合理，精简、高效的理念，发挥以老带新的传、帮、带作用，利用“午间一小时”、夜间技能提升培训课堂，提高新员工岗位操作技能，打造一支高素质、高协同的专业团队。

西防城港棒线加热炉上料台架更换链条

为早日投产，项目部克服天气炎热、作业环境恶劣、作业负荷重的重重困难，一切围绕项目建设，深入现场开展安全隐患排查整改、落实改造建议、优化整改设备隐患、配合设备设施调试等，助推广西防城港钢铁基地一期于2020年6月28号全线投产。

勇担当，铸就“铁军”形象

2020年7月初，广西钢铁投产后，设备隐患逐步暴露，在投产后的一周内，炼钢厂、棒线厂接连发生设备故障，焦化厂皮带积料频发，严重影响生产。

项目部结合当前的实际特点，及时调整方案，紧急调配技术能手及骨干力量，全力支援设备保驾，优化投产初期应急保障运行方案，通过安排作业长每天夜班全程跟踪、组织设备抢修，同时组织经验丰富的骨干力量应急抢修队伍，应对大规模抢修项目。

在焦化厂发生皮带积压停运后，项目部组织拉动50多人的清理队伍，连续奋战20多个小时，及时将落料清理干净，恢复焦化厂的正常物料供应。经过与业主方一个多月的协同作战、磨合调整，广西钢铁生产逐步步入正轨，从初期的日钢产量3000吨提升到日钢产量10000吨，爬坡速度之快在钢铁行业中实属难得，助推广西钢铁有序稳步生产，铸就“铁军”形象。

雄风正劲，舟帆已满，催人竞发！防城港项目部将继续坚守创业的激情，沿着实现中冶宝钢打造“国内第一、国际一流”冶金运营服务商的愿景目标，在美丽的北部湾畔再度起航，助推公司创造辉煌！

全面推进深化改革，在新起点上实现新突破

——中冶宝钢开拓武钢市场纪实

为巩固做大“七大区域市场”，中冶宝钢通过整合现有业务，进一步深化改革，本着属地化管理，对武钢业务进行整合，组建成立第一分公司。在深化改革的一年多里，中冶宝钢打破武钢市场壁垒，承接武钢多项技改项目及武钢炼铁、硅钢、条材、冷轧、焦化区域常规检修业务。在新冠肺炎疫情期间，中冶宝钢克服封闭化管理造成的人手不足问题，出色完成多项大型定修任务。同时，加速改革营销体系，通过智慧运营、VPN 等技术实现线上合作订单签订。在深化改革的一年多里，中冶宝钢第一分公司不断完善管理体系，扎实开展“不忘初心，牢记使命”主题教育，加强“三支队伍”建设，优化人员档案管理模式，建立规范清晰的人员管理体系。

改革不停顿，砥砺再出发。2015 年 12 月以来，中冶宝钢认真践行中国五矿总经理、党组副书记、中冶集团董事长国文清对公司提出的“聚焦主业、做强一业，相关多元、科学补充”的发展战略。做强做优核心主业，构建了覆盖华东、华南、华中、西南、华北以及东南亚等区域的“七大区域市场”。扎实推进企业深化改革，激发国企活力；坚持创新驱动，提升“1 + 3”产业基础能力和冶金运营服务水平，掌握行业核心技术和关键技术，在技术上持续推进产业升级。

为巩固做大“七大区域市场”，中冶宝钢对现有业务资源进行全方位、大幅度、高精准的整合，进一步深化改革创新，集中优势资源，针对部分管理重叠、区域管理力量分散、资源效率不高等问题，本着区域化集中、属地化

管理的原则，对武钢业务进行整合，组建成立第一分公司，进一步强化管理，提高效率和效益。

打破武钢市场壁垒，寻找最大公约数

在中冶宝钢深化改革的这一年，打破武钢市场壁垒、突破重重困难，承接武钢21项技改项目。经过近一年的努力，完成涉及效率提升、品质提高、智慧制造、安全环保等不同领域、不同课题共17项技改工程，合同履约率100%，客户满意度达95分以上，深受业主方的认可，为中冶宝钢扩大武钢技改市场打下坚实基础。

第一分公司承接焦化厂长定修任务

在国内钢铁行业首创项目——武钢四炼钢自动扒渣项目中，第一分公司表现尤为出色，仅用时15天就完成了单台设备的拆除和安装，并一次试车成功，提前30天完成任务，再一次展示出中冶宝钢领先行业的技术水平和综合实力，收到了良好效果，得到业界一致好评。

不断深化改革，增强企业发展活力与竞争力

国有企业作为独立市场主体，要在激烈的市场竞争中发展壮大，必须不断提高经营效益，增强内在活力。2020年伊始，武汉遭受极为严重的新冠肺炎病毒侵袭，中冶宝钢党委高度重视，迅速行动，坚决贯彻党中央决策部署和中国五矿、中冶集团的有关要求，党员领导干部指挥在前，各级党组织冲锋在前，广大党员奋战在前，带领广大员工坚守岗位，不间断工作，用超常规努力换来业绩“逆势”上扬，成为经得住疫情考验的冶金运营服务好“医生”。

中冶宝钢加速变革营销体系，积极筹备与武钢日铁（武汉）镀锡板有限公司相关合作业务。为避免接触，减少感染风险，中冶宝钢第一分公司采取

线上办公模式，通过智慧运营、VPN 等技术实现线上合作订单签订。同时，完成武钢炼铁、炼钢、热轧、条材、冷轧、条材多区域定年修 92 次，其中武钢二冷轧厂长定修任务的圆满完成解决了长期存在的轧机漏油问题，为武钢增产提速创造良好条件。

中冶宝钢第一分公司入驻武钢一年来，在炼铁厂、硅钢部、冷轧厂等重大任务中，均展示出过人风采和领先行业的专业检修技艺，保驾武钢业主生产顺行，并以生产设备检修协力供应商排名第一的好成绩荣获武钢 2019 年度“优秀供应商”称号。

加强和改进党建工作，强化改革发展组织保障

中冶宝钢第一分公司进一步完善党组织机构，建立领导干部党建工作联系点制度、贯彻落实“三重一大”决策制度实施细则等党建制度清单，完善分公司党组织管理体系。中冶宝钢党总支认真贯彻习近平总书记关于“不忘初心、牢记使命”主题教育一系列指示精神，领导干部带头，高标准扎实开展主题教育，并按照党委“守初心、担使命、找差距、抓落实”的整体部署，党总支和党支部开展主题教育集中学习研讨 30 次，第一分公司领导到党建联系点讲党课 2 次，组织专题调研 2 次，形成调研报告 2 篇。

第一分公司党总支重温入党誓词

为营造清正廉洁的工作氛围，认真贯彻落实集团党风廉政建设和反腐败工作部署，中冶宝钢组织开展年度廉洁自律教育承诺活动，签订《领导班子集体廉洁承诺书》，管理人员签订《重要敏感岗位人员廉洁自律承诺书》，并于重大节假日前组织开展廉洁警示教育活动，推进构建党员领导干部“不敢腐，不能腐，不想腐”的长效机制。

改革贵在“行”字，践行责任勇担当

为加强“三支队伍”建设，中冶宝钢第一分公司持续推进“千人计划”，多方面自我完善，多渠道广招人才，多形式开展专项教育培训，旨在培养核心技术团队。为加强自主培训，提升学习效率，中冶宝钢积极与业主沟通，建立技能培训中心，并同步开设焊工、钳工、电工等工种培训课程。目前，已完成4期焊工技能培训，使员工技能操作水平大幅度提升。第一分公司联合武汉属地化教育机构，邀请专业讲师对90余名员工进行中级工技能提升培训，459名员工参加外部电焊工、电工等特殊工种培训。

人尽其才，百事俱举。一个企业的发展离不开新鲜血液的注入，为保持员工队伍活力，第一分公司主动出击，多渠道引进人才，结合武汉市属地化高校较多的特点，从众多高校中选择合适的大中专院校招聘储备性人才；参加各地“春风行动”招聘会，广泛招募专业技术人才，加强员工队伍建设；通过网上发布招聘信息，及时关注求职人员动态，扩大招聘渠道，持续优化招聘流程，缩短招聘环节，做好新员工入职环节的精简化，提高招聘效率。

优化流程，加强信息电子化管理

为简化流程，方便人员信息查询，对人员信息存档进行进一步改革。中冶宝钢第一分公司对现有人员、新入职员工个人信息、合同、体检及安全教育试卷等工作档案进行扫描存档，建立一人一档（电子档案），同时完善员工等级证书数据库，实时更新现有员工职业操作证持有情况；召集各基层单位对本区域现有人员体检信息、合同录入、学历证明、身份证、证件照等进行全面梳理，并在后续持续加强对新进职工个人电子档案的建立。此项改革实现了全方位、动态的信息管理，建立360°员工信息及异动信息档案，随时查阅调取，建立清晰规范的人员管理体系。

爬坡过坎不怕难，力求落地见真章。中冶宝钢第一分公司坚持深化改革、推进创新，充分释放国有企业发展活力，促进企业提质增效，努力实现做优做强做大。

一年一台阶，三年翻两番

——中冶宝钢苏皖市场开拓记

“中冶宝钢的光景一年更比一年强”，在中冶宝钢员工口中，时而会说出这句话。近年来，中冶宝钢呈快速发展趋势，市场规模不断扩大，不仅打通了海外市场，而且实现了宝武四大基地全覆盖，形成“上海、全国、海外”三位一体的立体市场格局。而在宝武集团四大产业基地中，中冶宝钢在梅山基地的市场发展尤为明显，在 2019 年年初实现了“一年一台阶，三年翻两番”的市场扩张，并为皖苏市场以后的发展奠定了较好的基础。

回顾 2016 年前，中冶宝钢在梅山基地仅有梅山化工及梅钢原料市场。2016 年始，驻扎梅山基地的第二分公司紧紧抓住钢铁产业气候回暖的机遇，及时建立市场营销团队，主动寻找目标垦荒增田，按区域设定市场信息跟踪负责人，及时掌握市场动态，定向跟踪，挖掘资源：一方面，收集项目信息，制订对应的营销方案，盯紧目标不放松；另一方面，着手编制项目投标书，主动进攻新区域及技改、改善工程。营销团队兵分各路，找目标、做宣传、竞标比价、洽谈商榷。这一年，第二分公司成功开拓了梅钢焦炉和烧结两厂检修维保市场，并承接多个单项维工项目及 6 个技改小工程，还拓展了梅钢落矿清扫业务，成功跨出梅钢市场扩增第一步。

2017 年年初，结合市场业务需求，中冶宝钢在梅山基地创新模式，推行扁平化管理，缩短流程。第二分公司机关部室直接负责现场生产管理，并对接梅钢各厂部，形成全员营销、主动站位、齐抓共管的良好氛围。针对业主立项的项目，不同层级人员发挥各自优势，分别与业主交流洽谈，单项维修工程项目比上年增幅 3 倍以上。实施扁平化管理后，第二分公司以提升技能和服务质量为基准，建立培训基地，开展大练兵与技能培训，打造人才梯队，推进“千人计划”领军人才培养，并一举摘获梅钢钳工、焊工、电工技能比武三连冠，打响了中冶宝钢在梅钢市场的技能领先品牌。同时，大力开展科技创新、研发工装改进工艺、申报专利，专业技能持续提升，为市场开拓提供了强有力的技术支撑。在这一年，第二分公司顺利拓展了梅钢 3 座高炉本体检修市场及落矿检修清扫一体化业务，同时竞标梅钢较大在线技改工程获得成功，年度合同签订额较上年增长 24%，市场规模及营销业绩翻了一番。

焦油塔吊装

2018 年，第二分公司持续发力，提升服务质量，积极为业主消缺隐患、改善现场环境，提高安全指数和工作效率，并有力助推梅钢打造 4A 级旅游钢厂愿景目标。一是提升基础管理，对标“金牛作业区”，创建“牛级”作业区，同年摘获宝钢 3 个“银牛工作区”、6 个“铜牛作业区”及 9 个“信得过班组”，打破了中冶宝钢在梅钢“无牛”的缺口，树立了企业品牌标杆，进一步加速了市场拓展步伐，相继拓展了梅钢焦炉新增脱硫脱硝产线、3 号竖炉、梅山化工水务站市场。二是壮大技改专业人才队伍，在技改工程方面取得较大突破，签订梅钢 8 个较大在线技改工程，并延伸到轧制及运输部市场，年度合同签订额较 2017 年增长 43%，营销业绩再翻一番。由此，中冶宝钢顺利实现 3 年内在梅钢市场的业绩翻两番的奋斗目标。

2019 年年初，中冶宝钢再接再厉，再次拓展了梅钢煤精分厂及高炉煤气余压透平机发电机组及干法除尘检修市场，业务人员已发展成为梅钢主体外最大的一支协作队伍。

2016 年至 2019 年，中冶宝钢不仅快速扩张了宝武梅钢市场，而且南京钢铁及马鞍山钢铁市场也在同步扩增。在南钢，中冶宝钢已经覆盖 3 个炼钢厂，中、宽厚板厂，小棒厂、物流中心市场，以及备件加工、行车点检运维业务。在马钢，中冶宝钢已覆盖一、二硅钢厂，脱脂产线及冷轧全厂公辅、行车点检运维等市场业务。

混匀取料机斗轮体拼装安装

新时代，新气象！中冶宝钢不断变革营销模式，由单一转向多元，尝试以“管理 + 资本”“管理 + 资产”等营销模式扩充国内外市场资源。驻梅山基地的第二分公司也尝试新模式，在获知南钢准备增设钢渣运输项目后，营销人员主动联手中冶重机联合营销，于 2017 年向南钢销售首台“中冶重机”抱罐车，打开了南钢装备制造市场。2018 年，中冶宝钢在 2017 年完成优质服务、获得高度信誉的基础上，再度联合营销，一举成功，再次向南钢销售 4 台“中冶重机”抱罐车，产值突破千万元。

奋进新时代，迈步新征程。2019 年起，中冶宝钢朝着冶金运营服务“再拔尖、再拔高、再创业”的方向大步前行。截至 2020 年下半年，中冶宝钢收获了梅钢技改、单项维修工程、南钢技改与新增连铸产线常规检修、马钢新增冷轧产线常规检修等更多的市场资源。

创新品牌项目“组合拳”，成功逆袭欧洲市场

——“中冶重机”依托“抱罐车＋焊接渣罐”开拓欧洲市场之路

2020年初，中冶宝钢装备制造板块打破新冠疫情的阴霾，在海外市场喜迎开门红。“中冶重机”品牌核心技术产品——“抱罐车＋焊接渣罐”这一“组合拳”征战“一带一路”再添新篇章，国产抱罐车成功逆袭欧洲市场，实现新突破，初步实现“中冶重机”品牌全球化战略目标。

从无到有，研发提升含金量

抱罐车是一种冶金渣处理工艺中使用的无轨化渣罐运输工具，具有自行抱罐、背罐、运罐、倒渣、卸罐等一系列功能，以其转弯半径小、灵活机动等特点广泛应用于黑色冶金及有色冶炼渣处理工艺之中。早年的中国抱罐车市场基本被欧美发达国家所垄断，中冶宝钢在长期为宝钢股份运营服务的过程中接触到了进口抱罐车，通过多年的学习与技术研发，成功实现了抱罐车的国产化，并形成系列产品，载重能力从35吨到110吨，拥有60余项技术专利，多次获得国家级行业协会科技及发明奖项。

通过多年的市场磨砺，“中冶重机”品牌产品质量已能媲美欧美，核心产品已成功覆盖全球六大洲。在国内，使用“中冶重机”品牌抱罐车及焊接渣罐超十年的知名有色企业已逾数十家，皆好评如潮。与铜业巨头江西铜业联合研发的“中冶重机—江铜版”抱罐车成功替代了部分欧美产品，并正逐步实现全部国产化。

在传统制造中，与抱罐车配套使用的渣罐使用的是铸造工艺，成本高、

污染大、修复难。“中冶重机”研制出的环保型焊接渣罐以其强度高、可塑性强、使用周期长、可修复性高、综合性价比高等优点广受市场青睐，已成功应用于黑色冶金和有色冶炼的渣缓冷工艺。“中冶重机”始终坚持“品牌 + 研发”理念，以创新驱动发展，提升产品含金量与行业口碑。2020 年初，“中冶重机”品牌抱罐车和焊接渣罐完美组合，击败强劲的国际竞争对手，成功进驻塞尔维亚紫金波尔生产现场。

“深海捕鱼”，营销扩大朋友圈

近年来，中冶宝钢充分利用国家利好政策，积极“走出去”，“到有鱼的地方去撒网，到有草的地方去放牧”，加强海外市场开拓力度，扩大中冶宝钢海外“朋友圈”。通过“深海捕鱼”，响应“国产装备制造走出去”的号召。

“中冶重机”核心产品“抱罐车 + 焊接渣罐”现场风采

在巩固国内市场的基础上，中冶宝钢依托“一带一路”倡议及中冶集团强大的平台，重构海外市场格局，筛选出潜在客户群，通过不断联系和沟通，广泛获取有价值的项目信息，并制订走访目标计划，奋力征战“一带一路”。在“自主出海”的条件尚未成熟之前，积极创造条件“借船出海”，加强与工程类公司和各大科研院所的合作，在了解行业信息的同时，扩大“中冶重机”品牌知名度，通过充分的市场调研及布局，逐步实现从“借船出海”到“自主出海”，从“水手”到“船长”的蜕变。

把握政策，争当海外弄潮儿

思路决定出路！中冶宝钢在保持传统海外市场开拓方式的同时，换位思考，及时调整销售模式，通过手中掌握的信息资源积极支持国内有色冶炼、黑色冶金企业“走出去”，多维度践行“一带一路”倡议，多方面展现中冶宝钢的综合实力与品牌影响力，勇当时代弄潮儿。成功在于合作，合作共赢天下。中冶宝钢立足主业，凭借多年的冶金运营服务宝贵经验，给予合作企业最专业的技术支持，以多年海外市场的开拓经验，力所能及地帮助合作企业在“一带一路”的大潮中更好地迈开脚步。

中冶宝钢在与紫金铜业集团合作的过程中，凭借敏锐的市场嗅觉，及时掌握到其即将投资塞尔维亚矿山的信息，成功判断出其中蕴含的合作商机。销售团队因时制宜，迅速启动全新的销售模式，并一举斩获 71 套 15 立方米焊接渣罐及 1 台载重 80 吨级铰接式抱罐车项目。

市场练兵，成功逆袭欧罗巴

面对国内市场逐年饱和，中冶宝钢着手规划“中冶重机”品牌海外市场蓝图。面对强劲的市场对手和缺少涉外项目经验的不利情况，“中冶重机”在台塑福建福欣冶、张家港浦项制铁等外资企业历练营销团队，在 380 吨铁水车、“中冶重机—江铜版”抱罐车等重要项目上总结技术经验，“智造”技术精品，逐鹿海外，硕果累累。

“中冶重机”营销团队走访海外市场

不为失败找借口，只为成功找方法。任何成功都并非一帆风顺，中冶宝钢在“走出去”的道路上砥砺前行，在失败中总结经验，在成功中树立典范。中冶宝钢通过日积月累、厚积薄发，实现了技术、质量、市场的全面提升，最终实现“中冶重机”品牌抱罐车成功逆袭欧罗巴的目的，使“中冶重机”品牌全球化的战略目标吐露芬芳。

勇做弄潮儿，谱写新壮举

——中冶宝钢拓展韶钢协力业务市场纪实

自2019年正式成立以来，中冶宝钢第七分公司生产协力车间主要承接了行车操作、堆取料机和调车连接操作及铁路维修生产协力业务。2020年以来，公司业务同比2019年再扩增28%，目前定员共计702人，操作甲方244台设备，以及75千米的铁路维修，覆盖韶钢4个二级厂部，以行车操作为主，以堆取料机和调车连接操作、铁路维修为辅，用实力和成绩开拓市场，树立了中冶宝钢“国内第一、国际领先”冶金运营服务商的良好品牌形象。

2020年，韶钢生产协力车间现场行车工置换、调车连接员、堆取料机区域甲方带教人员全部撤离，中冶宝钢第七分公司生产协力业务进入最关键的时刻。当时正值疫情防控关键时期，第七分公司各层级管理者上下团结一致，把所有精力用在工作上，经常加班加点，勇敢面对挑战。一是和甲方深入沟通时有礼有节、不卑不亢，积极向甲方争取业务费用；二是苦练内功，聚焦员工操作技能、员工安全意识、设备安全装置、现场基础管理、“两长”管理能力、服务业主能力六项专项提升工作；三是按照分公司和甲方疫情防控要求，开展员工教育、员工动态跟踪、测体温、按规定实施隔离观察等，同时结合“四班三运转”特点合理安排人员，确保现场安全稳定运行。得到韶钢业主高度认可后，第七分公司生产协力业务渐露“黑马”本色，展现出了强劲的发展势头。

自2020年4月进入钢材生产销售旺季以来，韶钢生产现场各工序频传产量新高捷报，生产协力车间也在业主的惊讶与感叹声中，凭着精湛的行车操作技术以及优秀的生产管理能力支撑韶钢各工序月产量迈上新台阶。产量创新高的意义不仅仅是全面完成了韶钢业主的月度生产计划，更重要的是验证了第七分公司生产协力车间坚持技术创新，走可持续发展道路的正确性。为适应快节奏的生产任务，第七分公司不断提出更高的技术要求，提高技术挑战度，在韶钢区域积极开展职业技能竞赛，推动技术创新，促进技术氛围，如焊工比武大赛、行车技能竞赛、行车工技能鉴定等，提高员工创新的责任感和使命感，聚焦员工操作技能提升。2020 年年初，第七分公司制订了员工操作技能提升方案，对全体行车工进行操作技能排摸和内部评定，进行了一次全面的分级排查与评价，等级从高到低依次设定为 A、B、C、D 共 4 个档次，并以作业区为单位，根据技能排摸结果对员工进行“绕 8 字”“过框架”“定点停放”等技能拓展培训并考试。全员技能提升活动结束后马上进行全员评价，并于技能提升活动开始前进行比较分析，评级为 D 以下的行车工需要“回炉重造”，接受 15 天的脱产培训，确保全体人员的操作水平不断提高。在生产协力车间 530 名行车工中，目前已通过鉴定取证的中级技工、高级技工共计 26 人。这一切都成为各工序产量创新高背后的“神秘力量”。

半军事化管理

第七分公司抢抓韶钢产业转型升级试点机遇，提高中宝产品附加值，在新的机遇面前，擦亮品牌。在这里，不得不提到李仕勇，因为他就像是生产协力业务的“形象代言人”，睿智、热情、开朗、谦逊、积极向上。2019 年 1 月 1 日，李仕勇从行车分公司调入第七分公司，从宝钢大院来到韶钢。作为第七分公司生产经营部（市场营销部）副部长兼生产协力车间主任，他主要负责分公司基础管理和生产协力区域日常管理工作。李仕勇根据韶钢区域特点和生产协力业务的特殊性，把握大局，按照分公司和业主相关管理要求，奋战在一线，主动带头坚守岗位，制订复工复产保驾方案，确保疫情防控和安全生产两不误。李仕勇将半军事化管理有效地运用到现场班组管理中，带领现场员工用劳模精神和工匠精神营造砥砺奋进的敬业风气。2019 年，在甲方被置换员工存有抵触情绪和内部生源匮乏的不利条件下，成功置换板材区域、棒一区域、高一区域、炼钢区域的甲方行车工共190 人次，确保了整个培训过程和置换过程安全顺行。在甲方看来，短短5 个月的时间顺利完成多个区域的行车工置换工作是一件不可思议的事，然而，李仕勇凭着敢闯敢干的拼劲在荆棘中闯出了一条新路，打开了一片新天地，使得分公司生产协力业务不断扩大。2020 年6 月，李任勇被评为中冶宝钢第七分公司优秀共产党员称号。

交接班列队

不忘初心，砥砺前行。中冶宝钢第七分公司生产协力车间不断拓展钢铁智慧制造思路，坚持以智能制造为引领，不断深化智能制造、绿色改造和技术改造，加快制造业转型升级，大力推动智能化改造和技术改造，结合公司产业优势，积极探索一条以行车操作、智慧制造深化服务的高技术高质量服务发展的新路子，携手韶钢努力打造出“不一样的钢铁”。

挑战极限，创造“奇迹”；把控大局，逆势越洋

——记中冶宝钢“力拓—湘电”矿车车斗项目

中冶宝钢“力拓—湘电”矿车车斗项目团队挑战极限、创造奇迹，提前33天完成27台矿车车斗的生产任务，较以往4个月生产3台矿车车斗的效率有了大幅度提升。正是因为创造了这一奇迹，中冶宝钢被业主的6R供应链管理体系评为最优质的供应商之一，为今后争取到了更多合作的机会，也让“中冶重机”品牌在市场的“冰河”时期逆势越洋，在行业的“寒冬”中逆风劲飞。

小试牛刀，刷新多项“首次”

对于中冶宝钢“力拓—湘电”矿车车斗项目团队而言，每一组数据背后都有着一段不平凡的故事。该项目为中冶宝钢首次接触矿山机械，在施工中刷新了史上多项“首次”纪录：首次使用RUUKKI公司的RaeX450耐磨钢板、Optim700QL高强度钢板；首次经历构件所有焊缝必须打磨，且经过探伤；首次在多工序项目上采用流水线作业；首次制作该产品，且交货期提前，要满足3个月交货20台车斗的要求，较此前4个月生产3台车斗的劳动效率大幅度提升。功夫不负有心人，通过项目团队强有力的组织管理，开展重大技术攻关，创新生产管控模式，最终完成了挑战，打赢了一场看似不可能完成的战斗。

此次矿车车斗用于澳大利亚力拓集团大型矿场矿石运输、开采等作业。作为全球最大的矿石开采和矿石产品供应商之一，力拓集团每年在全球采购

矿车车斗的数量非常大。此次中冶宝钢与之合作正是瞄准了其庞大的矿车备件市场，因此，该项目具有非常可观的战略意义。

摸石过河，巧除工序路障

为确保本次项目的顺利执行，中冶宝钢提前成立专项团队，事先开展了充分的调研分析、考察学习与技术交流等大量的前期准备工作。

然而，特殊材料的下料成为摆在项目团队面前的第一个“拦路虎”。由于材料的进口价格非常昂贵，且需要通过排版定尺采购，图纸要求的尺寸误差必须精确到 1 毫米左右，因此，下料时出现任何差错都有可能直接影响整个项目。在接到任务后，下料班组便立即着手研究下料方式，积极与技术员讨论排版等。通过反复调试，最终决定采用数控火焰切割机及数控等离子切割机两种切割方式同时下料，并逐步摸索出了最佳的切割速度、顺序等细节，解决了构件下料变形、尺寸超差、切割缺陷等一系列难题。

项目负责人及团队

由于材料的特殊性及工艺要求，坡口开设不允许采用火焰切割，必须使用机械开设，这又成了一个棘手的问题。由于主体材料的硬度极高，如果采用普通的手动破口机，不仅破口角度难以控制，工作效率也很低；如果采用机床加工，则成本代价太大，工期也满足不了。因此，必须引进新设备才能解决这一难题。通过技术选型研究，项目团队最终决定采购 3 台性价比较高的半自动坡口机，并制作配套坡口开设平台，一举解决了坡口开设的难题。

研发利器，“智造”海外精品

“力拓—湘电”车斗制作工艺为数件单品的拼装、焊接，校正后再进行总装，共有 27 台车斗、162 件构件需要校正。单品构件校正质量是拼装效果的关键工序之一，工作量极大。面板采用高强度耐磨板，其材料特性特殊，要求焊后变形不能采用加热校正法，必须采用机械校正法（冷校正），校正难度很大。另外，其单片的外形尺寸超大，最宽处达 3.8 米，现有设备无法满足校正要求，甚至在华东地区都很难找到如此大的校正设备。

工欲善其事，必先利其器。项目团队首先着手研制校正工装，在召开了多次专题研究会后，决定借助压力机校正的原理，将整体结构设计制作成龙门，采用液压千斤顶的顶压进行冷压校正。其次，为降低该装置的制作成本及后续的使用成本，将其设计为无动力装置、移动方便、操作简单的实用工装，既能满足校正要求，又能保证产品质量及工期。最后，该校正工装的研发使 27 台车斗在组装后外形美观、尺寸统一，堪称精品，获得了现场客户代表的交口称赞。

处变不惊，革新创造奇迹

在项目执行的过程中，业主突然要求将交货期提前 2 个月，打乱了所有原定的生产计划。此时，剩余的 16 台车斗才刚刚进入下料阶段。若继续按照此前每月完成 4 台车斗的速度，提前 2 个月完成几乎不可能。

“力拓—湘电”矿车车斗

秉持“客户至上”的理念，项目团队召开了紧急会议，对计划进行了重新部署。班组突破了以往整件包干制作的管理模式，将车斗按工艺流程分解成若干工序，并根据班组的制作特长分配任务，使每个班组实现批量流水线作业的同时，还能各展所长、提高工效，极大地缩短了项目工期。

最终，该项目成功按时完成，不但得到了业主方的高度赞扬，公司还因此被业主的 6R 供应链管理体系评为最优质的供应商之一，为今后双方的合作创造了机会。中冶宝钢以“一天也不耽误、一天也不懈怠”的企业精神，把握机遇、积极创新、挑战极限、努力突破，奋力在行业“寒冬”中逆风劲飞。

想“妙招”，按下冶金运营服务提质增效“升级键”

——中冶宝钢将冶金运营服务成功延伸到非钢领域

中冶宝钢拥有一支专业的皮带硫化施工队伍，掌握各类最先进的高强度、长距离皮带硫化工艺及技术，在行业内处于领先地位。尤其是在应对高炉主皮带的施工时，可以在短时间内完成整条钢丝带的更换，满足一代炉龄使用要求，对于高炉要求连续生产有很大的意义。中冶宝钢先后承接了宝钢、梅钢、兴澄特钢、南钢、湛钢、邯钢、韶钢以及越南河静钢铁等国内外大型钢铁企业高炉主皮带的施工。在每次对外项目的支援中，中冶宝钢往往都会刷新其最短时间纪录，且质量一流，赢得高度评价。

2019 年，湛江港（集团）二分公司散货码头 BC201 皮带机试运行正常，标志着首次完成 2000 米皮带机分段更换皮带，共计 8 卷钢丝皮带。按照原计划，要用 9 天时间才能完成 9 个接头。经施工负责人现场勘查、仔细分析后，中冶宝钢决定采用线下提前胶接 7 个接头、机上胶接 2 个接头的方案，将施工时间压缩至 3 天，创造了湛江港集团同类长距离输送带胶接时间的纪录，为业主创造了巨大的生产效益。

以站位提定位

在湛江钢铁一号、二号高炉输送机主皮带硫化胶接施工过程中，中冶宝钢创造性地使用了四段法来胶接，确保强度为 ST4500 的主皮带满足高炉一代炉龄使用寿命要求，为湛江钢铁高炉点火投产、早日稳产达产、生产稳定顺行创造有利条件，助力世界钢铁工业“梦工厂”扬帆远航。

2015 年，湛江钢铁遭受数十年一遇的超强台风“彩虹”的正面袭击，受此影响，大量的炼铁厂输送带出现被吹翻到地面或撕裂等现象，导致各输送带系统全部瘫痪，直接影响高炉单元流程的运转。在台风经过后，湛江钢铁指挥部发出抢修指令，要求按照工艺上的轻重缓急，分系统对输送带进行恢复。在接到抢修指令后，中冶宝钢第一时间响应。在施工过程中，作业人员克服现场检修电源不畅、道路泥泞、雨天施工、夜间连续作业等困难，投入大量人力物力，先后完成 22 条共计约 7000 米长输送带的恢复作业，顺利打通了煤输出系统、焦输出系统、喷煤系统、高炉焦直送系统、副原料系统等，保障了一号高炉顺利复风，其中输送带系统运行通畅。检修人员来之能战、战之能胜的作风赢得业主的高度赞扬。

湛钢散货码头皮带抽带

2019 年，承担原料输送通道任务的物流部 A601BC 皮带纵向撕裂 600 多米，因其作用特殊，所以需要在最短时间内硫化胶接 4 个接头。中冶宝钢大胆尝试两次放带、两次胶接的方案，在 24 小时内高效完成抢修任务，保障了原料物流的畅通，创造出“中冶宝钢速度”。

2019 年 4 月，湛江钢铁炼铁厂原料区域 L601R 皮带机钢丝绳芯输送带一次性翻身成功，成为国内钢铁行业钢丝绳芯运输带检修领域中的首创。翻身后的皮带预估可正常使用 2 ~ 4 年，为业主节约物料成本 40%。为推广经验，中冶宝钢制定《钢丝带翻身维修作业标准》《钢丝带翻身维修方案》，为长距离的钢丝绳芯输送带的再利用打下实践基础。

据测算，以湛江钢铁 802 米 C102 输送带、967 米 G103 输送带、1310 米 G107 输送带这三条输送带为例，一年可节约 40% 的物料成本，相关成果已得到推广，《广州日报》、中国钢铁新闻网等多家媒体做过相关报道。

以现场赢市场

湛江港是新中国成立后第一个自行设计建造的深水海港，已成为中国大陆沿海25个主要港口之一、“一带一路”倡议支点港口、西南沿海港口群主体港、中西部地区货物进出口主通道和中国南方能源、原材料等大宗散货的主要流通中心。

湛江港（集团）股份有限公司二分公司主要负责铁矿石装卸转运，但因皮带接头欠修，制约着其生产的稳定顺行。应湛江港（集团）的支援要求，中冶宝钢对散货码头1.8米宽钢丝皮带接头进行重新胶接。湛江港矿石船离港、靠港的时间，就是中冶宝钢作业的时间。此前，湛江港（集团）一个皮带接头的胶接至少需要48小时，而在不影响港区运行的前提下，中冶宝钢皮带硫化施工队伍仅用16小时就完成了皮带接头胶接，在短短一个月的时间内修复20多条“带病作业”钢丝绳芯皮带，彻底消除了皮带对生产作业的影响。“国内第一、国际一流”冶金运营服务商的速度、能力、品质，让湛江港（集团）深为震撼，为签约湛江港区域维保业务打下坚实的基础，并助力中冶宝钢将冶金运营服务延伸到非钢领域，推动中冶宝钢运营维护业务市场不断扩大。

彩虹台风抢修

一分耕耘，一分收获，成绩的取得总是伴随着辛勤的付出。中冶宝钢始终以高标准严格要求作业人员，确保安环、进度以及质量等指标受控，给湛江港（集团）业主留下良好的印象。经过两年的沉淀，中冶宝钢最终在2018年7月承接湛江港（集团）400码头维修总包业务。交接仪式在原400码头机修间举行，湛江港（集团）二分公司总经理刘福波出席，赞扬中冶宝钢进驻湛江港二分公司2年以来，在常规检修以及突发大型抢修中起到重要的保障作用，在400码头检修总包业务交接后，希望双方通力合作，发挥出“1+1>2”的优势，实现共赢。

进入市场艰难，但想要站住脚、立住根，还需打一个持久战。

在承接湛江港集团400码头检修维保业务后，中冶宝钢在湛江港（集团）内部积极开拓新的检修市场，扩大检修规模，通过加深与业主设备管理人员的沟通协调，杜绝设备过修以及欠修现象，发挥检修人员在设备检修活动开展中的主观能动性。中冶宝钢主动盘活现有检修资源，全面介入业主的其余检修区域（如二分公司散货码头等），积极参与这些区域的日常检修。目前，中冶宝钢已经承接湛江港散货码头皮带硫化专业检修、衬板更换专项检修以及其余检修项目等。在每个检修过程中，中冶宝钢克服时间紧、任务重等困难，全方位把好安全关、质量关、工艺关、进度关，以一流的管理、一流的服务、一流的效率赢得了湛江港（集团）的多次肯定。湛江港（集团）三分公司皮带机滚筒出现故障时，面临卸船、转堆作业的重大困境，在此危急时刻，业主向中冶宝钢提请技术支援。中冶宝钢在第一时间安排技术人员考查现场，克服时间紧、任务重、施工难度大等诸多困难，安全、高效、优质地完成设备的修复以及安装任务。湛江港（集团）三分公司总经理叶大鸣送来感谢信时强调，抢修作业正值新春佳节，中冶宝钢检修人员24小时施工，管理人员全过程管控，这种“认真负责、严谨严细、雷厉风行、令行禁止”的工作作风给业主留下了深刻的印象。

中冶宝钢的冶金运营服务正如春雨润物般保障着国内外钢企的有序生产。随着各行各业对冶金运营服务的认识和需求逐步提升，冶金运营服务必将成为促进我国冶金行业提质增效、助推经济高质量发展的有力支撑。中冶宝钢将专注于提升服务质量，持续壮大新动能，不断释放发展潜力，不断向高质量发展迈进，朝着打造“国内第一、国际一流”冶金运营服务商的目标不懈奋斗。

迎全新挑战，铸品牌辉煌

——中冶宝钢第五分公司最大尺寸法国埃赫曼2D平板“首秀”纪实

随着“中冶铸模”品牌的不断成长，“用心铸造、品质楷模”的理念深入人心，业务订单需求量不断增大，新一轮的挑战难度也愈发增长。2020年4月初，中冶宝钢第五分公司铸造生产车间承接了2020年尺寸最大、吨位最高的铸造产品——法国埃赫曼公司的2D平板生产加工任务。作为铸造生产车间，无锡基地经过长达20天的铸造生产，将5块2D平板全部浇注完成。在保温开箱和精整打磨之后，毛坯质量检验合格，被运往金加工车间进行加工。此次任务的圆满完成，标志着中冶宝钢第五分公司复工复产加快了步伐，“中冶铸模”实现新的突破。

2020年4月，疫情过后，万物复苏。中冶宝钢第五分公司复工复产加快了步伐，“中冶铸模”实现新突破。近年来，随着“中冶铸模”品牌的不断成长，“用心铸造、品质楷模”的理念深入人心，业务订单需求量不断增大，新一轮的挑战难度也愈发增长。4月初，第五分公司铸造生产车间承接了2020年尺寸最大、吨位最高的铸造产品——法国埃赫曼公司的2D平板生产加工任务。

作为铸造生产车间，无锡基地经过长达20天的铸造生产，将5块2D平板全部浇注完成。在保温开箱和精整打磨之后，毛坯质量检验合格，被运往金加工车间进行加工。4月26日，第一块2D平板被装配在龙门铣床上，正式开始加工。工程师和技术员们聚集在加工车间，眼神坚定，屏住呼吸，翘首以盼。经过长达五六个小时的努力，第一块2D平板加工完成，经检验，尺寸和粗糙度符合图纸要求，顺利完成加工任务。

迎接全新挑战，绘就品牌蓝图

法国埃赫曼公司是第五分公司最大的海外铸造产品需求单位，双方保持着长期稳定的合作关系，不断扩大业务往来，而此次大尺寸2D平板生产加工是双方合作的新一轮挑战，充分说明法国埃赫曼公司对第五分公司“中冶铸模”产品质量的高度认可和信任。“机遇与挑战并存”，攻克大尺寸2D平板生产加工技术难题，有利于稳定与法国埃赫曼公司的合作关系，同时扩大“中冶铸模”品牌影响力，提升公司的核心竞争力，进一步拓展其在海外的市场份额，这无疑为“中冶铸模”品牌蓝图添上了浓墨重彩的一笔。第五分公司毫不犹豫地接下了这项生产加工任务，并迅速成立了大尺寸2D平板生产加工技术团队。

技术人员复核浇注模型尺寸

明确关键问题，突破技术难题

此次2D平板最大尺寸达3750毫米×1630毫米，最大高度为390毫米，净重6.8吨，浇注重量7.1吨，是2020年第五分公司承接的尺寸最大、吨位最高的铸造产品。在图纸到手的第一时间，第五分公司市场营销部、装备制造部、技术质量部协同车间对该图纸进行了会审，明确了关键工序和控制点。随后，由铸造生产车间主任工程师须志刚牵头，带领技术攻关团队对产品图纸进行了认真的分析，把握产品在浇注过程中可能存在的难点，并提出了针对性解决措施。工艺图纸绘制完成之后，负责人及时赶赴无锡基地，与生产管理人员沟通，选取了合适的工装，并对造型浇注熔炼过程进行全程跟踪。由于2D平板的吨位较大，而无锡基地的中频熔炼炉单炉次熔炼铁水吨位有限，因此，如何在生产过程中确保铁水温度以及浇注的连续性是技术团队需要解决的难题。在熔炼过程中，须志刚全程把关：取样测量铁水元素成分，采用麦糠覆盖的方法保证浇注温度；严格扒渣，控制铁水质量；连续浇注，确保消除缺陷。经过一整晚的努力，终于完成了浇注任务。2D 平板浇注完成开箱后，打磨工对平板进行了全方位的清砂精整，然后将平板运送到加工车间。由于该产品尺寸过大，对表面质量的要求又极高，因此，如何翻转毛坯和选择合适的机床对平面和端面进行加工又成了一个技术难题。技术团队经过周密商讨，最终确定使用龙门铣床对 2D 平板的底平面进行加工，以此来确保产品最终的表面粗糙度。

紧密团结协作，科学有效管理

在整个生产加工过程中，技术人员与造型工、浇注工、磨工和铣床工都进行了有效地沟通，并以身作则，亲力亲为，把控细节要点，充分整合技术优势和经验优势。各操作工严格按照制定的工艺流程执行，并在过程中不时与技术员进行交流，及时针对实际生产加工状况作出相应的调整，以确保最终产品尺寸精确，质量符合检验标准。质量员全程跟踪，进行质量控制，为生产加工的每一个环节保驾护航。铸造毛坯质量决定了加工后产品的最终质量，因此，为了保证毛坯质量符合要求，质检员对铸造缺陷等进行详细的排查和检验，确保不会出现冷隔和缩孔。2D 平板底平面加工完成后，首先由车间质检员对产品尺寸进行精确的测量，对表面质量进行检查和评估；随后，公司技术质量部检验组对 2D 平板进行了全方位的尺寸测量。每位团队成员始终坚守岗位、兢兢业业、相互配合、相互监督，为法国埃赫曼公司大尺寸 2D 平板的顺利生产和加工做出自己的贡献。

技术人员对平板尺寸进行测量

蓝工服、黄帽子，“中冶宝钢”的字样始终熠熠闪光。完成平板加工任务后，他们回到了各自的岗位，而他们那忙碌的身影、辛劳的汗水是中冶人践行“一天也不耽误、一天也不懈怠”企业精神的完美体现。此次2D平板获得法国埃赫曼公司的青睐之后，第五分公司一定能够成功完成后续平板的生产加工任务。“中冶铸模”更会不忘初心，为成为中冶宝钢的领军品牌而继续奋斗。

求真务实，脚踏实地，凭借实力赢得市场

——记中冶宝钢开拓广州 JFE 市场之路

习近平总书记说过，“国有企业要理直气壮做强做优做大”。中冶宝钢第四分公司以湛江钢铁东山基地为中心，“到有鱼的地方撒网，到有草的地方放羊”，不断拓展服务区域与业务范围。得知广州 JFE 钢板有限公司要进行业务整改的消息后，第四分公司积极联络洽谈，最终进驻承接业务。第四分公司以不负韶华、求真务实的实干作风，进一步赢得业主青睐。如今，其业务范围已由检修拓展至相关协力业务。

广州 JFE 钢板有限公司（以下简称“广州 JFE”）坐落在风景秀丽的广州市南沙区万顷沙镇，是广州薄板有限公司（宝钢控股）与日本 JFE 钢铁株式会社各出资 50% 共同成立的中外合资企业，是华南地区生产高档冷轧、热浸镀锌钢板的著名企业。

2018 年 12 月，经过近 3 个月的筹备后，中冶宝钢第四分公司广州 JFE 项目部顺利进驻，承接酸轧和连退机组的设备运维业务，正式打入广州 JFE 市场。

夯实基础，迎接酸轧机组年修大考

广州 JFE 酸轧和连退机组的设备运维业务包含设备巡检、机组检修，其中酸轧机组检修业务对第四分公司来说属于首次承接。

为迅速适应业主的设备管理模式，第四分公司及时调整组织机构，挑选优秀骨干，汲取经验，结合业主的相关要求，以最快的速度完成了属于中冶

宝钢的点巡检岗位操作规范。

为促进点巡检队伍快速成长，第四分公司结合业主给出的产线图纸，邀请业主的资深点检分区域、分设备对员工进行讲解和培训，提升业务技能。

2019 年 4 月，进驻广州 JFE 仅 4 个月后，第四分公司就承接了酸轧机组年度大修任务，迎来业主的首次大考。尤其是轧机出口卡罗塞尔卷取机的拆检是酸轧机组自投产以来的首次施工项目，无成功经验可供借鉴。

接到任务后，第四分公司成立项目攻关小组，从图纸到实物，从人员到机具，认真制订施工方案，一遍又一遍地推演和改进，经过 3 次模拟施工，才最终确定方案。

在施工过程中，第四分公司详细记录各项质量数据，最终安全、高效地完成了卡罗塞尔卷取机的首次拆检工作，顺利完成此次大修任务，也给业主交上了一份满意的答卷。

迎难而上，拿下镀锌沉没辊组装业务

镀锌锅沉没辊设备被誉为冷轧产线镀锌机组的“心脏”。对于人来说，心脏是否正常跳动，关乎一个人生命是否得以延续；同样，镀锌沉没辊设备是否正常运转，关乎机组运行寿命，并且直接影响镀锌产品质量的好坏。

一套合格的沉没辊设备要经过约 115 道工序以及三次在线校验和调试合格后才可上线。

JFE 项目组讨论检修方案

2019 年 8 月，在获知业主方将对沉没辊组装业务进行重新招标后，第四分公司积极跟进，对沉没辊组装业务进行详细了解，并同业主技术人员进行沟通交流，成立攻关小组，对镀锌沉没辊组装所有步骤全程跟进，拍照片、记数据，每一个细节都不放过。

经过 2 个月的观摩学习，第四分公

司攻关小组熟练掌握了沉没辊组装的全部流程。正是由于在设备检修和点巡检方面的优异表现，第四分公司取得了业主的充分认可。

2019 年 10 月，第四分公司正式与业主签订镀锌机组沉没辊组装业务合同。

欲穷千里目，更上一层楼。第四分公司以扎实的工作作风、强硬的技术实力，再次获得业主方认可。截至 2020 年 8 月，第四分公司累计高质量完成 16 套沉没辊设备组装，确保了机组的稳定顺行。

抓住机遇，奋力开拓技改单项市场

2019 年，第四分公司顺利完成广州 JFE 一号镀锌线出口飞剪在线安装项目、二号空压站新增空压机项目等技改项目。这两套设备投入使用后，为业主方提高生产效率创造了有利条件，可保证产品优质高量，获得业主方广泛好评。

2020 年新年伊始，疫情突发，第四分公司全体员工统一思想、认清目标、鼓足干劲、直面问题、攻坚克难，众志成城，防疫、保产“两不误”。

2020 年一季度，第四分公司累计新签技改单项项目合同 8 个，在市场开拓方面取得丰硕的成果，市场营销打开良好局面。

首次成功完成 JFE 酸轧机组步进梁更换

除了深耕技改单项市场，第四分公司还不断加大在机加工领域的市场开拓工作。在机加工资源方面，与业主和协作单位积极沟通，确立合作关系。

2020 年，中冶宝钢共承接机加工项目 12 个。除承接零散机加工业务外，中冶宝钢还重点对沉没辊备件加工业务进行谈判，且已初步达成协议。

开疆拓土，顺利承接协力业务

6月的广州，天空碧蓝，阳光火热，充满着激情与活力。第四分公司不负美好时光，抓住机会，顺利承接广州JFE钢板厂酸轧机组、连退机组及业主方库房管理的生产协力业务，第四分公司进一步扩大在JFE钢板厂的业务范围，由检修业务拓展到协力业务。

2020年年初，业主方为统一管理强化责任，对生产协力业务进行整合。第四分公司不畏困难，迎难而上，多次与业主方沟通，表达出希望承接业务的信心。

第四分公司在第一时间制订出业务承接方案以及业务相关实施细则，与业主方各管理部门反复沟通协商，大胆提出了检修协力“一条龙”的服务理念。如此一来，无论是管理方面还是工作效率，都将会大大提升。最终，广州JFE钢板厂业主方将机组协力业务的橄榄枝抛给了第四分公司。

获得批准后，由于涉及3个不同单位，第四分公司立即着手与原单位对接。挨家走访，与员工逐个交谈，详细告知员工上岗后的薪资待遇条件，及时、详细、耐心地解答他们提出的问题与疑惑，以最大努力争取人员不做变动，直接划转，无缝切换，以加快业务承接进程。

在一周的时间内，第四分公司完成了与员工的各项沟通，90%的员工都同意划转。

随即，第四分公司一方面开展体检、入职教育、劳动纪律教育等上岗前培训学习，另一方面继续通过网络招聘、内部人员介绍等方式补齐人员缺口。

机会留给有准备的人，市场留给有实力的团队。第四分公司自进驻JFE项目以来，脚踏实地，求真务实，出色地完成了多项任务，给业主留下良好印象，并通过不懈努力赢得更多的青睐。随着业务的拓展，第四分公司全面为机组安全生产保驾护航，再次用实际行动证明其为广州JFE钢板厂值得信赖的合作伙伴。

只争朝夕，不负韶华，笃定前行。中冶宝钢心无旁骛地打造“1+3”（设备检修和生产协力核心主业+技改工程、装备制造及新型材料、钢渣综合利用）四位一体的产业，为打造“国内第一、国际一流”的冶金运营服务商不懈奋进！

中冶宝钢“冶金再制造”产业实现新突破

——中冶宝钢中标德盛不锈钢项目侧记

面对国内钢铁产业调整迁徙的历史机遇，为适应中国钢铁产业结构的调整，中冶宝钢深耕细作冶金“再制造”产业，以多年积累的产业经验和独有的技术优势，一举拿下德盛不锈钢搬迁工程的一系列项目，实现“再制造”产业发展“零”的突破。

转型发展迎来新机遇

近年来，受环保政策和供给侧结构性改革的影响，各大钢厂亟待转型，钢铁企业搬迁改造悄然兴起。面对钢铁行业的重大变革，致力于冶金运营服务的中冶宝钢相时而动，先人一步，乘上钢铁企业搬迁的“头班车”，踏上转型发展的新征程。面对新机遇，中冶宝钢全力推进专业化、系统化、核心化经营模式，推动冶金运营服务向产业链的上下游延伸（上游包括新品制造、设备点检、设备检测等，下游包括冶金技改、备件修复等再制造业务）。

德盛不锈钢搬迁项目是中国宝武献礼建党100周年的重要项目之一，涉及拆、修、改、运、装各个环节，业务量巨大、内容丰富。中冶宝钢在项目确立伊始，就紧盯含金量高的备修业务，如果能够成功合作，将是中冶宝钢在实现“四大延伸”转型之路上成功迈出的第一步。

循环经济青睐“再制造”

随着全球经济的高速发展和自然资源的不断消耗，发展“再制造”产业势在必行，且前景广阔。作为循环经济发展的重要组成部分，“再制造”产业不仅有利于节能减排，还能降本增效，是企业实现高质量发展的必由之路。“再制造”属于国内新兴产业，受到循环经济发展的青睐，不仅可以实现产品的“涅槃重生”，更对社会经济的可持续发展具有重大意义。

严厉的国家政策和近年的经济形势让钢铁行业的发展局势变得更加复杂，但也充满了市场机遇。面对时代的发展，中冶宝钢深刻洞察和宏远擘画，凭借多年来在备修市场摸爬滚打的丰富经验，大刀阔斧备战备修市场。中冶宝钢通过认真分析宝钢股份市场，积极走访中国宝武、中冶赛迪、西重所、北冶院，通过信息筛选，最终锁定了德盛不锈钢搬迁系列项目，将“再制造”产业发展理念落到实处。

双轮驱动打造里程碑

打造巨擘，战略先行。在建设生态环境政策和钢铁产能结构大调整的“双轮驱动”下，德盛不锈钢搬迁项目一跃成为业内关注的焦点，竞争尤为激烈。中冶宝钢一直承担宝钢股份的备件离线维修业务，在原不锈钢现场积累了丰富的备修、检修经验，对现场扇形段、裙罩、烟罩等设备如数家珍；旗下“中冶重机”品牌具备自主设计研发能力，并拥有一所国家级的气动实验室，各类冶金装备产品远销海外，而中冶宝钢的品牌效应也让德盛不锈钢“再制造”项目志在必得。

德盛不锈钢搬迁项目扇形段施工现场

针对项目的设计总包，中冶宝钢通过内部深度挖潜，外部纵向联合，整合内外最优资源，推进项目签约。在项目团队不懈努力下，中冶宝钢以良好的业内口碑顺利承接了德盛不锈钢1780热轧主轧线机械设备成套项目，开启了德盛不锈钢搬迁系列项目的序幕，并越战越勇，相继承接了“德盛新连铸一步项目成套设备采购”“德盛新炼钢

AOD 炉设备 EP 总成”等一系列“再制造”订单。中冶宝钢通过实力与技术的厚积薄发，实现了“再制造”业务的多项第一，并呈现出系列化、成套化趋势，较以往的零打碎敲业务订单实现了质的飞跃。

明者因时而变，智者随世而制。中冶宝钢成功中标德盛不锈钢搬迁系列“再制造”项目，不但让钢厂老备件焕发新生机，同时也为中冶宝钢确立的“1 +3”的产业格局注入了新活力。面对世界资源紧缺的困局，中冶宝钢以“再制造”破局逆袭，对冶金“再制造”专业化、系统化、核心化发展具有里程碑意义。

众志成城，为打造国之重器助力

——中冶宝钢切割600兆瓦钠冷快堆蒸汽发生器用钢板纪实

在宝钢股份2020年度任务清单上，霞浦核电项目力压群雄，名列本年度第1号“使命类产品”。究其原因，主要在于国产核电项目领先世界，很多配套技术已经没有前人的经验可以借鉴，需要完全依靠国人自行研发。

中冶宝钢是宝钢股份厚板部5米产线内唯一的钢板切割队伍。对于业主在研发、生产600兆瓦钠冷快堆蒸汽发生器用钢板过程中遇到的困难，中冶人责无旁贷，竭尽全力，为业主排忧解难。新的工艺必然伴随着新的困难，从板坯到钢板，随时都可能出现新的挑战。在霞浦核电600兆瓦钠冷快堆蒸汽发生器用高温耐蚀高强钢板的生产过程中，中冶宝钢切割团队坚持发扬吃苦耐劳、勇敢开拓的奉献精神，不只出色地完成了种种切割挑战，还结合自己对火焰切割的经验和理解，为宝钢股份厚板部提出了多个合理的建议，在宝钢股份2020年度第1号“使命类产品”的生产历程中，写下了属于自己的浓墨重彩的一笔。

霞浦核电600兆瓦钠冷快堆蒸汽发生器用高温耐蚀高强钢板已被列为宝钢股份2020年度第1号“使命类产品”研发项目，宝钢股份对此高度重视，投入了巨大的人力物力，以保障项目顺利开展。

由于核电钢板试验和监造项目繁多，倒逼厂内加快生产进度。因此，如何在保证钢板性能合格的前提下按时交货，是整个霞浦核电蒸发器钢板生产的主旋律。中冶宝钢厚板区域火切团队负责霞浦核电项目用钢板的切割，在运用自身智慧克服一个又一个困难的过程中，有幸为宝钢股份的第1号“使命类产品”的研发做出了贡献。

转变思维，克服板坯切割难点

霞浦核电蒸发器用板坯采用电渣重熔工艺，在轧制阶段执行“两步走”战略：先将其从 700 毫米开坯轧制成特定厚度的板坯，通过火焰切割分段后，经二次轧制成钢板。在一次轧制过程中，由于厚度压下幅度较大，导致板坯边部呈现出一个平躺的 U 字形，也就是严重的双鼓缺陷。

切割作业

对于火焰切割人员来说，双鼓缺陷是他们最不愿意面对的缺陷，原因在于切割起刀时，熔融状的钢水从 U 形口经过时，不能稳定、垂直地流下，会导致板坯边部出现严重的割伤，进而造成轧制后的钢板头尾产生畸形。因此，如果不能克服板坯双鼓形状造成的切割困难，一旦产生割伤，极容易造成板坯长度不足，对整个核电项目的生产带来灾难性的后果。因此，板坯切割一时陷入了困境。

中冶宝钢切割团队与厚板部核电技术人员讨论后提出，既然板坯的双鼓部位不能为二次轧制贡献有效尺寸，不如转变思维，索性在一次开坯后，直接将板坯四周的双鼓部位全部切除，即先进行板坯分段切割，通过 90°转向切割，将割伤缺陷全部去除。这种切割方式的优点在于：一是可以消除切割双鼓形状时产生割伤缺陷；二是在四周切割后，板坯呈标准的立体形状，对于降低二次轧制的难度、保证最终钢板形状具有非常重要的意义。

事实证明，中冶宝钢切割团队提出的板坯切割方式是正确的。经过四周切割后，板坯摆脱了割伤和双鼓缺陷，轻装上阵，经最终轧制后的钢板质量完全符合要求，为后道工序的快速处置创造了前提条件。

精细处置，扑灭质量隐患

板坯轧制成钢板后，按照预定工序，需对钢板进行分段并切除两侧毛边，然后进行热处理工艺加工。在材料设计中，由于核电蒸发器钢板的合金含量高，为了防止在切割过程中因温降速度过快而产生裂纹，必须确保钢板在100℃的条件下进行带温切割操作。但是，轧制后的钢板厚度仅为25毫米，热量保持能力弱，再经长途吊运后，其本身温度散失极快。如果再按原先的程序切割，势必造成局部切割温度低于工艺要求，存在切割断面开裂的质量隐患。

因此，中冶宝钢切割团队向制造部首席工程师陈超提出：在热处理工序前，由于钢板本身温度下降较快，无法按照预定程序切割，因此，仅进行分段切割，待热处理完成后再对两侧毛边进行切割。这一方案的优势在于：热处理后流转快，钢板本身温度高，再加上钢板长度较小，具备完全带温切割的要求。最终，陈超采纳了中冶宝钢切割团队的建议。核电蒸发器钢板经热处理工序后，快速进入火切场地，中冶宝钢切割团队也在第一时间对钢板进行了切割。在整个成品切割过程中，钢板温度始终保持在100℃以上，有效防止了热切裂纹缺陷的产生。

切割作业

不计回报，保证切割节点

为确保宝钢股份第1号“使命类产品”开发试制的“后墙”不倒，自2019年10月开展项目动员以来，为了确保霞浦核电蒸发器钢板按节点交货，中冶宝钢切割团队将确保钢板切割进度作为自身使命，没有完整地享受过任何一个周末或假期。特别是在2020年春节期间，适逢第一批钢板需要进行热处理后取样监造，中冶宝钢切割团队成员全部扑在切割现场，配合宝钢业主和监造人员对钢板进行严格的取样和切割操作。中冶人的兢兢业业换来的是第一批钢板提前完成取样和切割工序，为核电蒸发器钢板进行后续探伤和形合见证创造了条件。

正如业内人士所说的那样，霞浦核电 600 兆瓦示范快堆项目标志着有很多配套的相关技术进入了“无人区”，意味着未来在科研、制造环节中还会有很多意想不到的拦路石。虽然钢板切割对于整个霞浦项目来说可能是微不足道的，但是中冶人乐在其中，因为他们知道自己已为中国核电在“无人区”内的前行搬走了一块小小的拦路石，为国之重器的打造贡献了一份微薄的力量。

新突破，新合作，新发展

——中冶宝钢成功中标韶钢新一电站常规检修业务

中冶宝钢第七分公司能环作业区于2015年5月成立。如今，作业区业务范围主要包括韶钢能环区域锅炉、承压类特种设备的维检工作。团队成立初期，在管理上推行人、机、料、法、环5个方面协同并进的管理办法。近年来，能环作业区在管理上又采取更加高效、先进的安全、质量、技术三方配合创新管理模式。凭借科学的管理模式，依托韶钢市场，第七分公司逐渐打造出一支专业化的焊接团队及维检队伍，得到公司及业主的一致好评。

2020年4月，中冶宝钢第七分公司成功中标广东韶钢松山股份有限公司能源环保部新一电站设备设施的常规检修业务。6月，检修队伍正式进驻后，累计成功消除项目系统存在的100多项涉及安全和质量的缺陷，为新一电站一号机组平稳顺行做出重要贡献。

五年征程，砥砺前行

韶钢新一电站的维检任务交由第七分公司的能环作业区全面负责，这也是该作业区成立5年后面临的又一项严峻挑战。时间回到2015年，为进一步深耕韶钢业务，打造中冶宝钢第七分公司焊接专业化的品牌形象，实现立足韶钢、服务能环电厂的焊接专业化团队目标，中冶宝钢第七分公司能环作业区于2015年5月正式成立。承载着公司领导的殷切希望，肩负着开拓韶钢市场的重要使命，5年来，第七分公司每一位检修员工都兢兢业业，砥砺前行，为实现这一目标不断奋斗着。

作业区从无到有，由弱转强，创优争先，一步步在韶钢乃至韶钢以外的市场打出焊接专业化团队的名声，得到了业界的广泛认可，成为让公司安心、让业主放心的可靠团队。如今，作业区业务范围逐渐开拓，主要包括韶钢能环区域锅炉及承压类特种设备的维检工作。

专业团队，品牌服务

团队成立初期，在管理上推行人、机、料、法、环五个方面协同并进的管理办法。具体体现为：人员方面，加强员工的特种设备检修技能培训，取得特种设备作业资格证书，实现专业操作人员100%持证上岗，大力发扬员工间争优创先的拼搏精神；机具方面，从采购到使用，持续记录追踪，采集员工使用意见，并建立科学的管理台账，确保机具器材的合格性和适用性；材料方面，根据专业的技能书采购相应的材料，确保材料计划的准确性，并在相应的温度和湿度环境下科学保存，保证用料的质量；方法方面，为确保特种设备的维修质量，从施工方案到工艺、质量评定，对每个环节严格把控，在过程上加强监督管理，只为保质保量完成任务；作业环境方面，作业区实行标准化科学作业，规范检修现场，严格遵守相应的规章制度。规范作业是成功的有力保障，也是企业形象的展示与树立。

班前交底

近年来，能环作业区在管理上又采用了更为高效、先进的安全、质量、技术三方配合的创新管理模式，凭借科学的管理模式，依托韶钢市场，第七分公司逐渐打造出一支专业化的焊接团队及维检队伍，得到公司及业主的一致好评，成功树立了专业性强、值得信赖的品牌形象，为新一电站维检任务的顺利中标打下了坚实的基础。

开拓市场，再创佳绩

能环部新一电站维检任务的成功中标，得益于第七分公司凭借自身科学的管理模式、专业的团队及合理的报价，最终在竞标环节中成功击败众多竞争对手，不仅进一步开拓了公司在韶钢的业务市场，同时也创造了许多新的就业岗位，践行了国企的社会责任。

雄关漫道真如铁，而今迈步从头越。为了更好地应对未来新一电站的维检任务，在第七分公司领导的统筹安排下，能环作业区也逐步开始壮大队伍，对检修队伍的工种分配进行合理的调整，对检修人员的工器具进行必要的更新，以适应新的检修环境；并且派遣专业管理人员与业主方进行技术对接，深入了解业主方的业务要求和技术标准等，对维检作业制定全面的危险源辨识、安全管控方案和检修标准等必要细则，为全新的检修任务做好充足的准备。

与业主方密切沟通

严谨严细，精益求精

在成功中标韶钢新一电站常规检修业务后，2020 年 6 月，中冶宝钢第七分公司检修队伍正式进驻新一电站，开始承接常规检修项目。为了朝着打造“国内第一、国际一流”冶金运营服务商的目标前行，中冶宝钢第七分公司领导对进驻新项目的队伍组成进行精心部署。合理的人员组成、一流的焊接队伍、专业的管理团队，以精兵强将攻克艰难险阻，再次竖起中冶宝钢在韶钢检修业务上的金字招牌。

检修团队以事无小事、积极对待的工作态度要求自己，高标准、严要求，做到急业主之所急，想业主之所想。为此，他们将工作前置，在日常巡检过程中一旦发现系统存在缺陷，就会立即做好统计，并联系业主，为后续的检修任务发布提供有效的数据支持。凭借这样的工作作风，整个团队逐渐向检修维保一体化不断迈进。

正在建设的新一电站检修业务是公司进一步发展韶钢业务的重要一环。

目前，检修队伍已经成功消除项目系统存在的100多项涉及安全和质量的缺陷，项目主要包括常规检修、电站系统改进、危险源消缺等。检修团队始终以严谨严细、精益求精的工作态度对待每一项任务，为新一电站一号机组平稳顺行做出重要贡献，成为让业主方满意、让公司满意的放心队伍。

科学管理，展现风采

新一电站主要由化学水处理、锅炉、汽机和脱硫脱硝4个系统组成，每个系统都由团队内的专业队伍与业主方进行业务对接，深入了解业主方的需求。通过项目检修、参与点检、日常维保、设备维护等业务的开展，第七分公司充分提高检修队伍的综合能力，推动管理体系的变革，已经逐渐形成具备自身特色的管理模式。自承接该项目检修业务以来，在外部，检修团队积极加强与能环部设备室新一电主控室的沟通交流；在内部，则不间断开展各类教育培训，始终不断地提高员工的知识技能水平，以科学的管理持续推动劳动效率的提升。

不积跬步，无以至千里；不积小流，无以成江海。只有在平时的工作中抓好每一个细节，才能在未来的检修项目中应对自如。检修过程中存在着各类高危因素和各类危险源，这就要求管理团队具有充分的危险源辨识能力和安全应对系列措施，包括日常的安全教育和项目安全交底都要细致推进，确保安全无死角。从项目开始到项目结束，都要保证安全和质量并行，做到工期无耽误，甲方无考核，以“安全第一，违章为零”作为行事准则，贯彻落实“PDCA+质量管理”体系，充分展现中冶宝钢“国内第一、国际一流”冶金运营服务商的风采。

博采众长，闪亮登场

——中冶宝钢新型140吨钢卷运输车成功入驻宝钢

钢卷运输一直是一个“圈内”难题，因为钢卷密度大、质量重、不易固定，运输的危险系数比其他货物高出很多倍。中冶宝钢为满足宝钢厂区的钢卷运输需求，联合陕汽重卡研发出一款安全可靠的钢卷运输车——140吨钢卷运输车，采用全液压转向，操作轻便灵活、方便可靠，可有效地防止转向侧滑，驾驶体验好；大吨位全液压应急转向系统设计可有效地降低驾驶强度，机电液一体化技术应用可使车辆的自动化程度更高、整车安全系数更高，有效地增加了运能，提升了运效。

灵巧便捷的机械鹅颈

中冶宝钢对针对上一代车型的不足之处，将140吨钢卷运输车整车做了全面升级，采用4×2驱动形式，转弯半径小，以机械鹅颈与挂车连接。机械鹅颈是牵引车与半挂车之间的“Z”形连接装置，搭配鞍座液压举升系统，可形成一个活动机构。机械鹅颈与牵引车的组合既有半挂车转向控制方便的优点，又有全挂车承载能力大的特点。同时，鹅颈式连接可通过鞍座的升降实现牵引车与挂车的连接与分离，操作简单、安全。相比于液压鹅颈，机械鹅颈举升结构简单，易制作、成本低。

安全可靠的高强车架

如果把一辆车看成一个人，那么车架就相当于骨骼，其重要性不言而喻。

整车的动力系统、传动系统、行走系统、悬挂系统、转向系统、驾驶系统等零配件及总成件都依靠车架支撑、连接、运转，并要承受车辆自身和外界的各种载荷。牵引车主车采用框架式焊接结构，由 2 个等宽下沉主纵梁和支撑横梁构成。其中，中部横梁以横板 + 筋板、集成举升油缸座、集成后悬架支架构成，纵梁内外侧设计有各大系统总成安装支架。车架主体选用 Q550D 高强钢焊接。通过 CAE 分析，发现其静态压载工况下的安全系数高达 4. 74，在转弯和倒车的工况下，安全系数达 2. 5。

强劲环保的动力系统

在动力系统、液压系统中，元件的选型尤为重要，必须根据最优动力匹配方案参数进行备件选型。动力系统结合发动机功率曲线、扭矩曲线、油耗曲线及车辆设备驱动行驶要求，进行静压驱动系统匹配计算，有驱动强劲、油耗低等特点。整车核心部件之一发动机相当于人的心脏。发动机选型方案决定着车辆的动力性、经济性、稳定性和环保性等诸多问题。SLT140 搭载 10 吨国Ⅴ发动机，额定功率 247 千瓦，最大扭矩 1550 牛・米，匹配 6 挡自动变速箱，动力强劲，省油，方便操作。

新型 140 吨钢卷运输车后视图

稳定可靠的液压系统

鞍座液压升降系统也是牵引车的技术难点之一。举升平台用于连接机械鹅颈，承受挂车及鹅颈的部分重量。上平板黏有防滑贴，其结构被设计成铰接式，左右两条支腿采用 60 毫米厚钢板，中间横板采用 30 毫米厚钢板，铰接轴采用 40Cr 调制处理，轴外侧装配自润滑轴承。将该结构与整车满载一同进行 CAE 分析，发现其结构满足使用要求。同时，选用 90 型鞍座，施加负载 74 吨，准牵引总质量 200 吨，可确保车辆运行的安全性。系统工作压力高，材料省、结构紧凑、重量轻是液压系统努力的方向。在设计140吨钢卷运输车时，项目团队秉持这一理念，采用前翻转模式，依靠2个重载单级双作用柱塞液压缸实现机械同步举升，并可用驾驶室电动手柄操控。另外，他们还采用了集成液压阀组技术，增设蓄能器以消除负载冲击力，保证系统的安全性及可靠性。

舒适安全的驾驶体验

车辆操作系统采用刚性骨架蒙皮式、大平面玻璃、单边驾驶室，两侧装有大面积后视镜、右侧宽视野后视镜和前下视镜，视野开阔；配备前挡风玻璃雨刮器和玻璃喷液清洁器，空气悬浮式可调节驾驶座椅，以及前、右挡风玻璃遮阳帘，内置空调和暖风装置、工具箱，驾驶室顶部加装磁吸式黄色旋转报警灯，为驾驶员提供舒适的驾驶体验。在电器方面，车辆配备了组合式仪表、气压报警器、油压报警器、转向指示器、滤清器指示器、牵引座位置报警灯、组合指示灯、仪表灯和照明灯、手柄式电子换挡器等，提高了驾驶安全系数。驾驶室内设有3个无线终端设备的备用电源接口，并预留可安放高频对讲机机座的位置，为驾驶员的工作带来了便利。

新型140吨钢卷运输车侧视图

车辆转向系统和制动系统的优劣会直接影响车辆操纵轻便性、稳定性、安全性。140吨钢卷运输车采用全液压转向，具有操纵轻便灵活、结构简单、性价比高、整机安装布置方便等优点。在增设应急转向泵降低劳动强度的同时，安全性能得以保障。制动系统采用双回路可行车制动，在某一个制动回路失效时，仍有一个制动回路发挥作用，确保行车制动能力。采用弹簧储能断气驻车制动，具有安全、可靠的优点，而且还兼有应急制动的功能。

总体来说，相比于上一代90吨钢卷运输车，140吨钢卷运输车运载重量更大；由 6×4 驱动改为 4×2 驱动，转弯半径更小；整车优化设计，转向灵敏、方便可靠，可有效防止转向侧滑，驾驶体验更好；使用机械鹅颈连接，结构可靠、强度大。另外，140 吨钢卷运输车动力强劲，达到国Ⅴ排放标准，符合环保要求，更适合钢厂全工况运行；机械鹅颈式设计作业高效；大吨位全液压转向 + 应急转向系统设计可大大降低驾驶员的劳动强度，提升安全系数；配备 19 吨非公路宽体前轴和 35 吨非公路宽体前轴后桥，可满足钢厂内大吨位重载要求；机电液一体化技术的应用可使自动化程度更高，让整车更加安全可靠。

中冶宝钢 140 吨钢卷运输车顺利进驻宝钢，并成功替代第一代 90 吨钢卷运输车投入使用，标志着该车型的升级研制取得阶段性胜利。待该车型各项性能在现场运行成熟稳定后，将全面投放市场。

践行央企担当，助力长三角绿色发展

——中冶宝钢承接上海市宝山区通沟污泥资源化利用项目纪实

中冶宝钢承接的宝山通沟污泥资源化利用项目一期工程以服务生态文明为导向，用实际行动践行绿色发展理念，通过工程建设让污泥变废为宝，让城市环境更加美好。中冶宝钢作为冶金运营服务企业，积极运用项目管理实施手册，有效提升项目履约能力；搭建并运用智慧运营服务平台，推动项目管理体系向数字化转型；持续推动项目管理制度化、标准化、精细化，不断提升规范化水平和项目管控能力。以项目树品牌，以品牌闯市场，践行央企担当，为绿色长三角建设贡献力量。

2020 年 8 月 20 日，习近平总书记主持召开“扎实推进长三角一体化发展”座谈会，会议指出，要夯实长三角地区绿色发展基础。长三角地区是长江经济带的龙头，不仅要在经济发展上走在前列，也要在生态保护和建设上带好头，把保护修复长江生态环境摆在突出位置，推进城镇污水垃圾处理，为绿色长三角建设打下坚实基础。

建设美丽长三角，中冶宝钢在行动

环境问题已经成为制约我国经济可持续发展与国民生活质量改善的重大瓶颈，其中，污泥处理处置是国家保障和改善民生的一项战略需求和举措。污泥是污水处理的必然产物，近年来，随着污水处理率的提高，污泥产量也不断增加，未经恰当处理处置的污泥一旦进入环境，会直接对水体、土壤和大气带来二次污染，污泥的处理处置问题变得愈加突出。中冶宝钢承接的宝山通沟污泥资源化利用项目一期工程以服务生态文明为导向，用实际行动践行绿色发展理念，通过工程建设让污泥变废为宝，让城市环境更加美好。

空气净化系统

宝山通沟污泥项目以创新、协调、绿色、开放、共享的新发展理念为引领，持续推进固体废物源头减量、资源化利用和无害化水平。工程建设完成后，通过对通沟污泥接收、筛分、压滤脱水、热脱附、混匀等处理工艺，生产出 PC 铁质校正料供水泥厂使用；对含水率 70% 的通沟污泥，处理规模高达 43000 吨/年，折合 147 吨/日。该项目于 2019 年 7 月 1 日正式开工，经过 244 天的奋战，现已全面完成建设任务，累计浇筑混凝土 2700 立方米，设备安装 1500 吨，各类线缆敷设 8 万余米。2020 年 8 月 14 日，该工程顺利通过竣工验收。该项工程建设实施后，可大量减少污泥外运，有效节省运输费用和填埋费用；同时，对于改善周边居民生活环境质量也具有极其重要的意义。

加速提升智慧运营服务能力

作为冶金运营服务企业，中冶宝钢以“聚焦主业、做强一业、相关多元、科学补充”为企业发展定位，致力于打造“1 + 3”四位一体（检修协力核心主业 + 技改工程、装备制造及新型材料、钢渣综合利用）的产业格局，不断增强冶金全产业链一体化运营服务能力。其中，技改工程产业是与公司主业关联最为紧密、发展潜力最大的产业。近年来，中冶宝钢不断提升冶金运营服务信息化管理水平，搭建智慧运营服务平台，并持续做好平台的推广和运用，成功助力管理效率提升；加强智慧工地建设，运用视频监控系统、二维码技术对项目进行管控，促进管理方式和作业技术变革，推动项目管理体系向数字化转型，不断提高项目智慧化管理水平。

通沟污泥项目开工时，正值“智慧运营服务”平台“质量管理”模块上线运行。项目团队贯彻落实公司要求，以实际查出问题、解决问题为出发点和落脚点，以质量检查信息真实反映实体工程质量为前提，累计上传质量检查信息 141 次，安全检查信息 235 次。项目负责人王小翠介绍，“项目在安全管理上坚持推行海因里希法则：每一起重大事故的背后，必然有 29 次轻微事故、300 起未遂险肇事故以及 1000 起事故隐患。”项目团队结合“智慧运营服务”平台管理要求，推行“全员查违章、人人排隐患”，以高压态势狠抓落实，有效降低违章作业，防范事故发生，最终实现了该项工程“安全事故为零”的管理目标。

污泥热脱附

“智慧运营服务”平台实现了实时掌握项目情况、远程掌握节点情况、全面掌握运行情况的作用，通过可视化、信息化、数据化、智能化、高效化“智慧运营”助力技改工程产业转型升级。同时，中冶宝钢积极运用项目管理实施手册，有效提升项目履约能力；通过优化完善管理制度和管理体系，不断提升规范化水平和项目管控能力。以项目树品牌，以品牌闯市场。

人才培养是企业发展的源动力

习近平总书记说过：“发展是第一要务，人才是第一资源。”工程建设之初，中冶宝钢建安分公司积极组建项目团队，选拔聘用年轻干部作为项目负责人，立足项目培养人才，发挥他们的能动性和创造力。在工程建设过程中，年轻干部经受了历练，也收获了经验，在迅速成长的同时，对项目实施也起到了积极的推动作用，带领项目团队克服了施工工期短、任务量大，且因施工区域毗邻地铁 3 号线导致运输车辆受限等施工过程中遇到的各种困难；也战胜了梅雨季和台风期等气候因素为露天作业所带来的极大挑战。

项目团队成员回忆：“2019 年的雨水如洪水猛兽般一波连着一波，连续数日的降雨使得工地秒变池塘，积水深的时候，淹没小腿是家常便饭。”面对恶劣的天气，项目团队没有偃旗息鼓，拿出战天斗地的不屈精神，抽水清淤，雨停施工。施工不分昼夜，只看晴雨。在这场和时间赛跑的接力赛中，项目团队没有一棒落后。

决心加信心，打赢疫情“攻坚战”

2020 年初，突如其来的新型冠状病毒性肺炎疫情席卷全国，一场没有硝烟的战争就地打响。此时，项目正值抢工期的收尾阶段，面对新冠疫情，项目负责人及时吹响集结号，并提出“目标不变、任务不减、后墙不倒”的总体要求。项目团队充分发挥党支部战斗堡垒作用，凝心聚力，积极克服不利影响，主动开展多方协调，到 2 月底便具备了复工复产条件。项目复工后，党员带头坚持每日进行体温监测、场地消杀、查验绿码，确保疫情防控不松懈。为了如期履约，项目团队在加大人力投入的同时，深入贯彻公司精细化管理要求，按日统计工程量，以工程量对标施工进度计划，进度控制非常精准，以扎实的项目管控能力，攻破重重难关，保证了项目施工的后墙节点。

通沟污泥处理产线

向精细化管理要效益

在日趋激烈的市场竞争中，企业要想求生存、谋发展，提升精细化管理、向管理要效益是企业创效的关键。建安分公司对项目实行成本双控模式，推行项目契约化管理，确保项目管理费受控，实时统计，月度分析，一旦发现存在异常及时预警；另一方面，全面推行工程分包成本锁定法，从合同签订到分包结算，步步严苛，明确锁定分包成本，努力做到管理上精益求精，履约时精耕细作，成本上精打细算，持续提升项目管理精细化水平。

项目团队在通沟污泥项目基础上不断优化施工工艺，降低施工成本，积极推进施工图预算编制，通过排定计划、落实责任、制定考核机制，严控材料领用，做深做透项目二次经营，用足项目概算。管理是经济效益的源泉，只有在日常管理中养成理性、科学、精确、严谨的文化素养和行动自觉性，才能让技改工程项目变成企业造血的机器和效益的来源。

步入新时代，迎接新挑战，展现新作为。中冶宝钢以新一轮发展目标为引领，不断优化管理体系，提升管理能力，以项目培养人才，以人才支撑项目，持续发扬“一天也不耽误、一天也不懈怠”的企业精神，推动项目管理制度化、标准化、精细化，为业主交上满意的答卷，为中冶宝钢技改工程品牌累加实力分，为绿色长三角建设贡献力量。

抗疫篇

党旗飘扬在中冶宝钢战疫最前沿

——中冶宝钢激发党建活力决战抗疫攻坚纪实

2020年初，面对突然暴发的新型冠状病毒性肺炎疫情，中冶宝钢坚持把职工群众的生命健康安全放在首位，狠抓防疫、生产“两不误”，带领2.1万名员工全天候奋战在国内外26家大型钢厂的生产第一线，有力保障了国内外众多大型钢厂的设备稳定和生产运行，用超常规的努力换来了“逆势”飘红的业绩，成为经得住战疫考验的冶金运维好“医生”，彰显了公司“国内第一、国际一流”冶金运营服务商的担当和风采，用踏实的作为擦亮了中冶宝钢的金字招牌。

2020年新春伊始，一场新型冠状病毒性肺炎疫情突如其来，一场举国参与抗击疫情的全民大行动争分夺秒地展开。生命重于泰山，疫情就是命令，防控就是责任。疫情发生后，中冶宝钢党委高度重视，切实增强“四个意识”、坚定“四个自信”、坚决做到“两个维护”，把思想认识统一到习近平总书记系列讲话和中央政治局常委会系列会议精神上来。把具体行动落实到中国五矿和中冶集团的部署安排上来，步步紧跟党中央、上海市、各级地方政府、中国五矿和中冶集团决策部署，一招不落抓工作落实，全力以赴打赢疫情防控的“人民战争”，确保企业生产经营稳定和员工生命健康安全。在大战中践行初心使命，在大考中交出合格答卷，体现了央企的责任与担当。

树牢政治意识，全力抢占战疫主动权

在抗击新冠肺炎疫情过程中，中冶宝钢党委始终在党中央、国务院、各

级地方政府以及上级集团的正确指挥下，按照“坚定信心、同舟同济、科学防治、精准施策”的16字方针，牢固树立“一盘棋”思想，全面领导指挥公司疫情防控工作。1月27日，正月初三，根据习近平总书记对疫情防控做出的重要指示和中国五矿总经理、党组副书记、中冶集团董事长国文清的工作要求，中冶宝钢第一时间成立了由公司党委主要领导挂帅的“疫情防控工作领导小组”，组建了由总部机关职能部门牵头的“预防新型冠状病毒应急管理综合防控小组”“后勤保障小组”和“安全生产工作小组”，制订出6个方面、21项具体防控措施，狠抓工作落实，做到公司一盘棋、上下一条心、协同大作战，实现全体员工在疫情防控工作中同轴联动、同频共振、同向发力。

中冶宝钢党委对21000多名员工进行全面排查，将出行的6280人列为重点管控对象，并在上海宝山和广东湛江这两个人员集中的地区紧急腾挪269间宿舍作为隔离观察点，按疫情防控要求对上千人进行集中隔离，紧急筹措2.4万只口罩、测温仪等防疫物资，紧急驰援坚守在疫情防控核心地区——武汉钢铁生产保驾一线的600多名员工，筑起员工生命安全的保障线。公司各部门、各单位通力协作，互相支持，发挥了合力战疫攻坚的作用。总部职能部门管理人员采取居家办公、网络办公等形式，快速进入工作状态，高效完成各类疫情防控流程事项审批。公司疫情防控综合小组根据上级指示精神，细化管控措施，落实管理要求，及时梳理汇总信息，统一口径上报信息。后勤保障小组积极和政府部门沟通联络，多方筹措口罩、消毒液、防护服、测温枪等防疫物资，按照优先满足一线原则，由公司进行统一调配、统一发放，满足现场使用需求。安全生产小组及时协调生产组织，保障现场安全生产顺行。技术部门开通网络课堂，对隔离观察人员进行在线知识和技能培训，做到人员隔离、学习培训不隔离。宣传系统加大宣传力度，弘扬正能量，传播好声音。各单位按照公司要求，步调一致，令行禁止，为疫情防控

中冶宝钢疫情防控领导小组开展专项检查

提供有力支持。

构筑战斗堡垒，党旗在战疫一线高高飘扬

一个党员就是一面旗帜，一个支部就是一座堡垒。习近平总书记强调，在防控新型冠状病毒性肺炎的严峻斗争中，各级党组织和广大党员干部必须牢记人民利益高于一切，不忘初心、牢记使命，团结带领广大人民群众坚决贯彻落实党中央决策部署，让党旗在防控疫情斗争第一线高高飘扬。

中冶宝钢党委认真学习贯彻习近平总书记关于抗击疫情的重要指示精神，对新冠肺炎疫情防控工作进行了再研究、再部署、再动员，同时要求广大党员领导干部、各级管理人员坚守岗位、靠前指挥，严格落实公司各项部署，迅速开展工作，加强过程管控，及时掌握和报告情况，做到守土有责、守土担责、守土尽责。在疫情防控过程中，公司党委还组织开展“党旗飘扬、党徽闪光”活动，号召全体党员创先争优当先锋，努力打造一批党员先锋岗、一批党员责任区、一批党员突击队、一批党员先锋项目，推动基层党组织和党员同志在抗疫过程中充分发挥战斗堡垒作用和先锋模范作用。

在疫情防控过程中，中冶宝钢第三分公司涌现出了一个由党员干部、党员志愿者组成的临时党支部。他们胸前统一佩戴党徽，头顶戴着写有“不忘初心、牢记使命”字样的帽子，亮身份、当先锋，成为隔离宿舍区的一道亮丽风景线。为统一思想，共克时艰，在疫情防控最紧张时期，临时党支部坚持每天召开党员大会，通报疫情最新情况，传达中央及上级党委最新指示精神，交流隔离员工情况。他们以临时帐篷为教室，临时支部书记结合时势，现场讲授党课，指挥靠前、雷厉风行；陋室不“漏”，全体党员以站代坐，认真聆听，自觉增强“四个意识”、坚定“四个自信”、做到“两个维护”，强化自身责任担当。

2 月份正是新冠肺炎确诊人数暴增的危急时段，每一位返沪到宿舍的员工都可能是一颗“定时炸弹”，必须严格做好隔离。为了更有效地做好联防联控工作，临时党支部根据员工所属单位建立内部包保机制，严格做到“管好自己的人、守好自己的门”。对于每天有多少人入住隔离宿舍、每间宿舍住了几个人、他们分别来自哪里、是否签订了隔离承诺书等，临时党支部的台账分

门别类、记录清晰。每位“包保人”也都有自己的小记录本，他们总是第一个迎接新的员工，掌握员工到达情况，与员工第一时间“碰头”，联系隔离宿舍入住，帮助解决生活难题。隔离病毒，不隔离爱。在疫情面前，每位“包保人”认真履职尽责，不畏艰险、无私奉献，坚定站在疫情防控第一线，毫不退缩。经过40余天的坚守，一批又一批人员有序解除隔离，临时党支部以“零感染”的成绩向党组织交出了一份满意的答卷。

党员率先垂范，甘于奉献，冲锋在前

疫情暴发以来，中冶宝钢广大党员同志主动发挥先锋模范作用，始终站在最前列、冲在第一线，团结带领广大员工心往一处想、劲往一处使，众志成城，抗击疫情。在这个没有硝烟的战场上，他们率先垂范，靠前指挥，严格抓好基层防疫工作落实；他们放弃休假，主动请缨，奔忙在抗疫物资输送一线；他们深入基层，贴近员工，积极科普病毒防控知识；他们不怕危险，甘于奉献，默默坚守在返岗员工隔离观察的第一线，用实际行动把党的温暖和抗击疫情的决心传递给每位员工。

孙慧在春节期间值守在武钢生产保驾第一线

在江城武汉抗击新冠肺炎疫情的战场上，中冶宝钢第一分公司经理、党总支书记孙慧带领600多名员工，在春节期间值守在武钢生产保驾第一线，为武钢生产顺行保驾护航。“600多名员工牵动着600多个家庭，一定要对这600多个家庭负责，决不能让疫情在分公司内部蔓延！”孙慧在疫情暴发后坚定地对大家说。春节保驾期间，孙慧时刻牢记党员身份，无惧风险、冲锋在前，每日深入现场检查防疫措施落实情况，确保不放过任何一个细节，筑牢员工生命安全的保障线。由于武钢承担着为全市各大医院供氧供气的重要任务，现场设备一刻停不得，设备维护也一刻慢不得。但受疫情影响，中冶宝钢第一分公司面临部分在汉员工无法出入社区和外省市员工无法返汉复工的难题，现场作业力量非常紧张，员工劳动负荷居高不下。为此，孙慧一方面积极和政府有关部门沟通，解决员工上下班和返岗复工难题；另一方面成立由管理人员组成的临时班组，深入一线、带头参与生产作业，助力武钢多个检修任务顺利完成。持续多日的高负荷体力劳动让孙慧的肌肉酸痛得整夜睡不好觉，可他从不将这些显现在员工面前。他深知，自己时刻呈现饱满的精气神，就是给员工最好的鼓舞。在 1 月 20 日以后的 3 个多月的时间里，中冶宝钢第一分公司多措并举，联防联控，实现了分公司全区域零感染的目标，并多次诚邀武汉市青山区防疫指挥部开展专项检查，同步完成武钢各类定修任务 78 次、年修 3 次，保驾武钢炼铁、热轧、条材、炼钢、冷轧、硅钢区域生产顺行，为武汉市的疫情防控做出了应有的贡献。

危难时刻显担当！作为集团公司的重要骨干子企业，中冶宝钢在这场抗击新冠肺炎的特殊战役中，凭借对党和国家骨子里的信念忠诚和激情澎湃的热血忠诚，凝聚一切可以凝聚的力量，调动一切可以调动的资源，对企业高度负责、对员工群众高度负责，用踏实的作为为全党和全国人民打赢这场疫情防控攻坚战贡献力量、展示风采、彰显作为！

坚决打赢抗疫阻击战与生产经营攻坚战

——中冶宝钢充分发挥国有企业党支部战斗堡垒作用纪实

为实现党建工作与生产经营紧密结合，中冶宝钢第四分公司工业工程车间党支部把党的工作贯穿于生产经营全过程，围绕中心，服务大局，充分发挥支部的战斗堡垒作用，本着疫情防控和生产经营“两手抓，两不误”的原则，坚决打赢抗疫阻击战和生产经营攻坚战，充分展现出战疫必胜的决心。

中冶宝钢第四分公司工业工程车间党支部坚持把一线员工的生命安全和身体健康放在第一位，积极研判形势、把控疫情发展情况，带领全体员工，全面构筑起疫情防控生命防线，让党旗在防疫斗争第一线高高飘扬。

疫情源头“阻击战”

党员我先行。在2020年疫情防控的关键期、决战期，工业工程车间党支部始终把疫情防控作为首要的政治任务，容不得丝毫懈怠，由车间9名党员组成支部防疫工作小组，形成4个疫情防控专项小组，加强现场消毒、人员口罩佩戴、体温测量记录等防疫工作的专项检查，严格要求作业区做好科学指引，做好个人防护，减少人员聚集，并对车间的14间办公室、20间休息室、6间主操室及167台行车明确责任区、定好责任人，每天定时对办公室、休息室、主操室、行车的地板、桌椅、办公用品等设施消毒情况进行检查、督促。

坚决以打赢新冠战疫为己任，关键时刻挺身而出、主动担当，从疫情发展的源头上遏制疫情扩散，自愿捐款购买消毒喷壶30个、消毒液20瓶、体温计 12 个。

示范引领，抗疫攻关两不误。组建“巾帼班组”“包装质检女兵团”典型班组、榜样班组，正面引领广大员工立足岗位、团结拼搏，营造一种积极向上、奋发图强的工作氛围。这些女性员工来自五湖四海，却都有同一个目标：年度无异常、质量无事故、产品出厂合格率 100%。

面对疫情，她们迎难而上，坚决克服疫情影响，精心策划、全力以赴，在打赢疫情防控阻击战的基础上，开展质量攻关、行车点检理论知识、操作技能培训、安全作业标准化等一系列课题，逐个攻关突破，奋力实现抗疫攻关两不误，积极与湛江钢铁制造部、各厂部进行作业标准研究、作业规范探索，展现抗疫必胜的决心。

生产质量“保卫战”

首次完成湛钢冷轧厂二级结露处置。2020 年 2 月 14 日，湛江钢铁冷轧厂首次启动防锈结露二级报警。

首次完成湛钢厚板厂钢板材料包装

结露，俗称“钢卷出汗”，如果控制不及时，就会如同新型冠状病毒一样，极具“传染”性，导致全库区、全厂房内的钢卷结露。

为预防钢卷的表面结露，冷轧厂在当天 00 点 58 分启动一级报警后，党支部快速响应、严密组织 20 人、10 组的钢卷修复团队，对 15 个冷轧中间库和待包区的光卷套装防锈罩。

1 时 40 分，党支部完成所有区库套袋作业，累计完成 175 卷。

受大雨天气的影响，6 时 52 分，警报再次进行升级；为避免结露对产品造成损失，冷轧厂全面启动二级报警。

党员带头，车间主任挂帅，对所辖库区及机组区域大门、小门及漏雨点进行阻击，确保各厂房大门、小门随开随关。

为防止待上精整机组产出的钢卷出现结露，库位工严格按照生产一包拆一包的工作流程，同时组织好包装工，对成品卷、中间料下线后第一时间按代码包装，严防库区钢卷，死守厂房大门，高标准打赢2020年湛钢冷轧厂防钢卷结露生产质量“保卫战”，赢得业主方的高度赞扬。

首次完成标致雪铁龙公司特殊包装标准制定。2月20日，应湛江钢铁用户新订单要求，中冶宝钢第四分公司首次迎来一位特殊的新用户，那就是标致雪铁龙公司。该公司作为法系合资用户，其作业标准具有难度大、标准高的特点，且具有创新性。对于湛江钢铁和中冶宝钢来说，标致雪铁龙公司的包装标准和作业规范都是一片空白领域。

标致雪铁龙公司合同中的特殊要求体现在裸卷钢包装捆带要达到“径三周二（即径向捆带三条，周向捆带二条）”标准，内外圈需安装塑料护角。

虽然用户无法提供作业流程和包装方式，但包装代码、工艺标准可谓创历史之高，且湛江地区无法提供所需包装材料，在中冶宝钢发展过程中史无前例。

临“危”受命，却有着使命必达的信心；无“章”可循，却有攻坚克难的决心。一方面，第四分公司积极协调联系相关方从其他省市进行资材调配；另一方面，针对客户要求，区域工程师刘亚云带领质量攻关小组深入班组，在包装线连续2天蹲点观察，动手进行包装试验，并采取各个击破的方法不断尝试探索，形成最佳、最优的包装标准和作业流程：

首次完成湛钢冷轧厂二级结露处置

为防止塑料护角变形与脱落，确保裸卷端面质量，使用强力胶带在塑料护角搭接口处进行固定，使护角紧贴钢卷端面，从而杜绝护角脱落。

为防止钢卷边部划伤，利用护角垫片与捆带进行穿接，对钢卷端面形成包角，防止捆带造成钢卷划伤。

为保证钢卷外包装美观，将径向三根捆带平均分配，在便于人员作业的同时不影响标准，有效保证外包板的平整性。

在不断攻坚新用户特殊包装要求中，中冶宝钢圆满完成标致雪铁龙汽车公司首批试验料的包装，形成“中冶包装标准”，更打开了空白领域，开创出中冶包装新标准的新机遇。

经营拓展“攻艰战”

首次完成湛钢厚板厂钢板材料包装。2月21日17：00，湛江钢铁厚板厂通知，考虑湛江天气条件及特殊的技术要求，党员身先士卒、车间领导立即部署，连夜组织人员开展打包作业。

至22日7：00，累计14个小时，合计完成56块板的包装，约60吨，圆满完成湛江钢铁厚板厂首次钢板包装试验，实现中冶宝钢在钢板包装市场“零”的突破。

从湛江钢铁召开厚板厂热处理代加工、包装筹备会后，第四分公司高度重视，为确保此项业务有序高效推进，第四分公司经理助理向义龙多次到宝钢、梅钢等基地进行现场调研、取经，并设计“专属”的板包装场地，打造“特制”对齐桩。

为克服行车擦伤钢板问题，在行车安装专用板钩、挂梁和磁头防护罩，进一步确保钢卷质量。

为确保安全生产、疫情防控，安全组进行安全风险评估、危险源辨识、办理准入教育。

为确保钢板信息、作业流程完善，技术质量团队组织岗位规范编写、钢板信息、吊运方式等沟通交流会，从硬件和软件上夯实钢板包装试验准备工作。

首次组织行车工参加烧结皮带托辊更换。第四分公司工业工程车间“空军”部队行车工首次参加检修作业。全体员工不畏高温，迎难而上，经过10多个小时的连续奋战，安全高效地完成湛江钢铁炼铁厂烧结皮带托辊更换任务，全面打通检修与协力分工界面，为公司业务拓展提供助力。

7月的湛江，时值酷暑，室外温度高达38℃以上，但现场定修人员精神抖擞，斗志昂扬。

为进一步加快烧结皮带托辊的更换速度，首次打破传统，将行车工投入到检修项目中。

定修前，党支部积极做好人员的思想工作，并将托辊更换作业流程编成顺口溜："敢爬下，肯顶起；巧撬出，精装进；肯扛上，勇搬下"，让操作人员更加有信心、有劲头、有目标。另外，及时组织现场负责人根据作业现场的布置，提前踩点，预判危险源，合理分配任务。对参与定修人员进行安全交底，确认"三方"停电挂牌注意事项，并同时准备充足的盐汽水、龙虎人丹等防暑降温物品。

定修过程中，采取"以老带新、新老结合"的方式，形成5人小队，多条皮带同步进行，经过10多个小时的持续奋战，全部完成湛钢炼铁厂烧结多个区域的皮带托辊更换。

品牌铸造"攻坚战"

开展车辆自主防腐，提升公司品牌形象。因湛江属沿海地区，气候潮湿，极容易造成车辆本体腐蚀、生锈且外观油漆褪色等情况。

党支部以"自检自修"为契机，扎实推进车辆自主防腐工作，首先对所有车辆进行排查，对腐蚀严重及表面油漆老化的车辆进行统计，并制订防腐计划。在保障现场生产需求的前提下，逐台进行防腐、打磨、重新喷漆，使车容车貌焕然一新。

防腐全过程均实现了车辆操作人员自主治理，改变了以往将车辆送至专业维修中心的做法，不但节约了维修成本，还形成了良好氛围，让每个人在无形中都建立起成本意识。

通过用实际行动对车辆进行全面维护保养及车容车貌整治，不断强化车辆设备保养和日常维护工作，使基层员工责任心得到加强，为保障车辆设备安全高效运行及降本增效打下了坚实的基础，进一步提升了中冶宝钢的品牌形象。

用心书写战疫日志

——中冶宝钢战疫先锋队纪实

2020年春节，一场突如其来的新冠疫情打乱了我们正常的生活节奏。春节期间，中冶宝钢第三分公司诸多员工返乡过年。考虑到即将面临复工复产，分公司强调必须坚持防疫、生产“两手抓、两手硬”，既要做好外地返沪员工防疫工作，又要维护宝钢生产现场稳定运行。为此，分公司成立了一支特殊的战疫先锋队，由15名党员干部、12名党员志愿者、8名一线员工组成，他们服务在疫情防控第一线——集体隔离宿舍，守护每一位返沪员工，帮助、解决他们的实际困难。同时，他们也是一支“来之能战，战之能胜”的突击队，只要现场有需要，他们随时冲向生产一线。就是这样一支队伍，在战疫情保生产期间，充分展现了初心与使命，践行着新时代共产党员的责任与担当。

2020年3月27日上午8时，一个值得铭记的时刻，当最后一名来自河南信阳的员工背上行李走出集中隔离点的那一刻，龚晓娣的眼睛湿润了，当天，天空阴沉沉的，下着小雨，雨水夹杂着泪水，她的心中感慨万千。这是一个特殊的春节，龚晓娣和她的战友们经历了40多个日夜的坚守；这是一场特殊的战疫，我们心无旁骛，众志成城，只为守护那些返岗复工的员工们，守一扇门，保一方人。

时间回到2020年1月23日，武汉封城，一场没有硝烟的战疫打响。1月27日，中冶宝钢第三分公司召开了首次疫情防控专题会，全面部署各项防疫工作，从上至下层层推进，防疫工作有条不紊地开展起来。突如其来的疫情并没有打乱宝钢的生产节奏，中冶宝钢作为宝钢全产业链一体化运营服务商，在做好疫情防控的同时，保障宝钢生产一线稳定运行也是重中之重。过年期间，分公司有近一半的一线员工返乡过年，留守上海的人员仅可满足日常保驾需要即将迎来全面复工，分公司将面临大量外地返岗人员的防疫管控和如何复工保生产的双重考验。

2 月 9 日，第三分公司党委连夜组织召开疫情防控专题会，商讨如何面对员工返沪潮、如何保证宝钢生产稳定顺行。疫情面前，我们坚决不退缩，分公司坚定执行防疫和生产两手抓，在保证所有返沪人员生命安全的前提下，合理安排、统筹协调，切实保障生产一线稳定。

一份详细的返沪人员集体宿舍隔离管控方案、一份一季度宝钢系列定修及年修策划方案随即诞生，这是一场与时间赛跑的战疫。

部署每日工作

“非常时期，党员必须站出来！”党委书记文俭的这句话掷地有声，铿锵有力。这是战时命令，所以使命必达，第三分公司就此诞生了一支特殊的党员先锋队，由党委书记文俭任队长、工会主席吴亚平任副队长，基层党员干部、党员志愿者以及一线工作人员组成战疫冲锋队，任务就是服务在疫情防控第一线——集体宿舍，使命就是守护每一位返沪员工。其中，第一个任务就是在 24 小时内，清理两栋宿舍楼、储备必要的生活物资和防疫物资，为隔离员工的进驻做好一切准备。

时间紧张，刻不容缓。15 名党员干部、12 名党员志愿者、8 名一线员工，因为疫情走到了一起，在党组织的带领下拧成一股绳，大家各司其职、各尽其责，忙碌地穿梭在隔离一线。

习总书记说过：关键时刻冲得上去、危难关头豁得出来，才是真正的共产党人。是的，中冶宝钢就有这样一支敢冲敢当的党员队伍，他们集中清理可容纳 200 人的集体隔离宿舍，外加储备执勤帐篷、防疫物资、生活物品，制作宣传标语、隔离制度等储多任务，在不到24小时内全部完成，并建成集体隔离指挥部。这个速度虽不能媲美“火神山”“雷神山”，却完美诠释了“中冶速度”。

2月10日上午9时26分，第一位返沪入住隔离点的员工踏入隔离区域。至今，我还清楚记得他当时惊讶却又激动的表情，队员们的热情“接待”让他有点不知所措。办理完入住登记、体温测量后，他住进了201房间，开始了为期14天的集中隔离生活，也标志着这支党员先锋队正式上岗。

每天，隔离点都有10多人入住，根据不同的入住时间，他们被安排在不同的楼层，不到半个月的时间，能容纳200人的隔离点就住满了，而我们就像是大家长，每天服务他们、守护他们。做好返沪人员信息统计、落实隔离人员一日三餐、解决隔离人员生活所需……每天的工作忙碌却很充实，辛苦却也温暖。在这个特殊时期，在这个依旧寒冷的冬季，我们用实际行动给了隔离人员“家”的呵护。

与此同时，宝钢大院迎来了2020年首次系列定年修，第三分公司将面临包括一高炉、二炼钢、1880热轧、2050热轧、初轧、高线等多厂部、多条线集中定修以及厚板部年修的高负荷运转，人员紧张是摆在大家面前共同的难题。第三分公司坚持一盘棋，统筹协调人员，全员上下众志成城。党员先锋队里有许多生产骨干，在宝钢大院忙碌期间，党员同志们一人分饰多个角色，一手管隔离，一手抓现场；白天在年修现场，晚上在隔离宿舍。他们行色匆匆，穿梭在生产一线与隔离后方。夜幕降临时，总能看到他们疲惫的身躯，他们也总是笑着说：“没事，相比于武汉的医护人员，我们这点辛苦根本不算什么……”

这段时间，我们的党员同志们就像一台台不知疲倦的机器，每天开足马力，忙着生产，保着后方，党徽在他们胸前闪耀，耀眼的光芒照亮了宝钢的夜空。在分公司全体员工和党员同志们的共同努力下，第三分公司出色完成了宝钢开年来的首次系列定年修。在这个非常时期，中冶宝钢的团队协作、爱岗敬业和专业精神既感动了全体员工，更震撼了业主。

4月16日，宝钢厚板部许超副部长送来了一面锦旗，“年修战疫方显使命担当，匠心倾注燃烧厚板情怀”。短短20字，让人看着热血沸腾，这是对中冶宝钢员工在战疫期间克服重重困难，出色完成年修任务的最好褒奖。

忙碌过后，归于平静，党员先锋队又全身心地投入到防疫阵地中，隔离的生活简单，却也十分“精彩”。

一个气温骤降的傍晚，“单宿防疫小分队”微信群中跳出一个对话框：“21 栋 502 室陈某有咳嗽、低烧情况”。这句话让大家的神经一下子紧绷起来：“什么情况”“什么时候开始的”“赶紧送医院……”群里炸开了！当晚，值班人员在做好自我防护的前提下，随即将陈某送往医院，等待新冠检测结果。第二天下午，医院出了结果：阴性。陈某因为本身患有咽喉炎，加上有些着凉，所以才有了咳嗽症状。听到这一消息，大家悬着的一颗心算是落地了，而这仅仅是战疫期间的一个小插曲。

在这支队伍里，有 8 位特殊的“白衣战士”，他们身穿防护服，4 人一栋楼，2 人一组，24 小时值守。他们是宝钢里的检修工、电焊工、建筑工人……而如今，他们每天的工作任务是定时为隔离员工测量体温、定时派送一日三餐、为每栋楼的公共区域进行消毒以及做好每日返沪员工的登记工作，守护着第一道，也是最后一道防线。他们每天不厌其烦地楼上楼下地跑，有时候还会碰到不配合的员工，委屈在所难免，但是他们没有抱怨；他们每天驻守在宿舍楼前，迎接着每一位返沪员工，尽管身穿防护服，直面风险，但是毫不退缩。“我行，我上！”当初一句简单、有力的回应，至今还掷地有声。

战疫先锋队

每天，隔离点都有员工经过 14 天隔离期满，安全返回岗位，他们进厂的第一件事就是拥抱从过年至今一直默默坚守在一线的伙伴们。由于人员紧张，一线员工一直未曾休息，而现在，每天都有“新鲜血液”投身现场，缓解压力，为宝钢的生产顺行保驾护航。

“既然到了战场，就要把仗打赢。”这是宿舍防疫战线上每一位党员们的心声。他们身体力行，坚守初心与使命，践行着新时代共产党员的责任与担当。

冬去春来。夜晚依旧寒冷，单薄的防护服无法抵御夜晚的寒意。一栋楼，一盏灯，党员先锋队坚守40多个日夜，照亮了每一位返沪员工的“回家路”。病毋无情，人间有爱；红色基因，使命担当。经历了刻骨铭心的2月，度过了共克时艰的3月，终于迎来了春暖花开的4月，342名集中隔离人员全部安全返回各自岗位，党员先锋队圆满完成了党组织交给他们的这一次特殊任务。

5月，上海的疫情防控进入常态化，然而，更大的挑战同时来临：宝钢系列年修涉及宝钢宝山基地炼铁、炼钢、热轧、冷轧、能环、炭材六大厂部、13条产线，过程中还将穿插同步实施的5项技改项目，高峰时段预计将投入1800余人。这一次，我们兵强马壮，有备而来，党员先锋队、隔离人员全部各就各位，全身心地投入到年修战役中。战场换了、角色不变！年修现场，依然能看到党员先锋队成员们不畏艰难、冲锋在前的身影。在他们的带动下，员工们也都斗志昂扬，年修现场灯火通明、热火朝天。在圆满完成各项任务，保证安全、质量的前提下，这一次，他们又交出了一份满分答卷。

因为疫情，有了这一段刻骨铭心的经历；因为疫情，党员先锋队注定将载入中冶宝钢史册。当隔离指挥部帐篷被拆除的一刹那，每个人的心中都激动万分，因为这样的经历一辈子可能只有这一次。所有的中冶宝钢人都是在用心书写着这本战疫日志！

勠力同心战疫情，众志成城渡难关

——中冶宝钢越南公司战疫故事

中冶宝钢的全资子公司中冶越南运营有限责任公司（以下简称“越南公司”）于2015年12月1日成立，逐渐从单纯的大包化保养厂商发展为扎根于河静钢铁的冶金运营服务商。2020年1月24日正值大年三十。越南的春节习俗和国内非常相似，但这个阖家团圆的节日却因23日武汉封城变得与众不同。这个春节，终将成为大家深深铭记的春节。由于越南于2月1日起陆续关闭了所有入境通道，造成大批中方回国休假骨干人员不能如期赴越，越南公司果断决策，开启经第三国“曲线”复工之路。在这次复工抗疫中，越南公司未有疑似病例和确诊病例，也涌现出大批优秀的越籍员工。

一个特殊的春节，一场特殊的战疫，一段特殊的记忆。新冠肺炎疫情席卷而来，不仅暂停了正常生活的节奏，也阻碍了复工复产的脚步。岁月静好，是因为有人在负重前行。在中冶宝钢越南公司的“曲线”复工路上，有这样一群人：他们或默默坚守，或挺身而出；战疫路上，他们勇挑重担、勇往直前，那一抹抹蓝色的身影，记录着一段段感人的故事。

故事一：越籍员工挑大梁

黎氏幸是中冶宝钢越南公司综合管理部的一名越籍员工，负责涉外、人力资源等工作。疫情发生以来，她成为越南公司最繁忙的一个人，来回奔波于永安经济区管理局、河静省卫生厅、奇英市政府等各政府单位之间。

2020年1月29日，越南公司第一批24名中国员工返岗赴越，黎氏幸提前跟河静省奇英市当地政府沟通，争取到了隔离14天复工的政策。但是，按照要求，不能在员工宿舍隔离，因为一旦有人感染，将威胁到其他留守员工的身体健康，需要另外找地方进行隔离。于是，黎氏幸开始联系周边的宾馆酒店。当时，越南当地人民对新冠肺炎如临大敌，很多宾馆不愿意接收中国人隔离。黎氏幸沿着奇英市最主要的一条公路，沿街一家一家询问，最终在永安港附近找到一家已经暂停营业的宾馆。经过与宾馆协商，打扫卫生后，安排24名中方员工入住。该宾馆成为后续越南公司中方员工赴越的定点隔离宾馆。隔离期间，黎氏幸与奇英市医疗机构保持密切联系，邀请奇英医院不定期到宾馆抽查，最终隔离14天后，这24人顺利通过奇英医院的健康体检，隔离工作获得河静省政府的高度认可，河静省电视台、当地网站对越南公司的隔离工作进行了翔实的正面报道。

员工上班前测量体温

越南公司综合管理部现有4名管理人员，其中2名中国员工春节后无法及时返回越南，部门只剩下2名越籍员工。整个2月份，黎氏幸都在河静省、开发区管委会政府部门之间不断穿梭，沟通中国员工赴越、隔离以及签证担保等事宜，越籍员工挑起了综合管理部各项管理任务的大梁。

故事二：启动第三国隔离，开辟赴越新路线

2020年2月1日，越南发布通知，开始启动“三暂停”措施：暂停中国人直接入境越南、暂停签证办理、暂停中国直飞越南航班，这给越南公司复工工作带来了很大困难。为推动中国员工返岗，越南公司一方面尽力与中国驻越南大使馆、越南出入境管理局等单位沟通，争取政府机构的协助；另一方面，根据越南现有的在非疫区第三国隔离14天后可入境政策，立即启动隔离计划。

郑伟作为越南公司副总经理，身先士卒，带头行动，积极了解东南亚各

国的出入境政策。2月18日，他带领第一批共3人赴老挝，面对人生地不熟、第一次踏足的国度，郑伟带着大家找隔离宾馆，解决大家的食宿问题。

张志刚是越南公司综合管理部负责人，也是一位老党员。越南公司发出第三国隔离倡议后，张志刚带头响应。另外，他还负责所有第三国隔离人员的统计、联络等工作。在他的组织下，越南公司共计95名中国籍员工赴老挝、柬埔寨进行14天隔离后，顺利返岗复工。在这个过程中，越南公司坚持按照“遵守法律、统一组织、规定线路”的原则，实现了返岗复工过程零感染。

故事三：顶住压力保现场，服务业主不打折

中冶宝钢越南公司有中国籍员工234人，春节前，有130人回国休假，104人留守。春节后，现场工作负荷逐步加大，国内休假员工无法按时返回，留守员工工作压力增大。

从3月起，越南公司承揽的河静钢铁钢渣处理业务产量逐步加大，其中3月尾渣出料计划将近30万吨，比2019年全年的出料量都大。接到出渣计划后，越南公司渣处理专案部经理黄勇犯了难：尾渣破碎磁选场的中国籍员工有一半以上都回国了，现场人力不够；采购的新挖机因封关等原因，无法按时到位。但是，现场生产耽误不得，黄勇专门到尾渣堆场对出渣工作做了安排，调整原有三班倒的排班模式，将出渣工作安排在白天，将夜班挖机调整到白天。从早7点至晚7点，白班出渣量最高达到了1.4万吨，提高了卡车循环率和运载量。

热轧生产线每周定修一次，定修时工作量大。2月份以来，热轧生产线上的中国籍检修员工出勤率只有30%，无法满足定修负荷量。越南公司一方面抓紧动员国内的员工赴第三国隔离后赴越；另一方面又深挖内部潜力，从线棒厂、原料厂各调动4名员工到热轧工作，解决燃眉之急。在定修中，还拉动线棒厂员工到热轧支撑，保证了热轧定修项目的圆满完成。

故事四：落实海外防疫，踢好疫情防控“下半场”

2020年3月份以来，海外疫情发展形势严峻，越南公司处于海外防疫的

风口位置，疫情防控进入“下半场”。疫情就是命令，防控就是责任。为踢好这个“下半场”，中冶宝钢越南公司将疫情防控等级全面提升，以积极的姿态应对海外疫情的发展。

越南公司编制了中越文双语版本的防疫手册，组织所有在岗中国籍和越南籍员工进行学习，并进一步加强了员工防疫工作。员工上班佩戴口罩入厂，每天上岗前进行体温测量，对办公、休息场所及车辆每天消毒两次。

越籍员工进行防疫物资准备、清点造册

刘氏凤是越南公司的一名越籍采购员。她在2020年2月刚进入公司上班就遇到了疫情。刘氏凤临危受命，开始负责越南公司防疫物资的采购工作。她积极联系供应商，现场察看物资实际情况，与供应商商谈供货时间和供货量，短短一周时间就采购了15000多个医用口罩、200瓶消毒水、200多个防护眼镜，为疫情防控物资储备工作做出了重要贡献。在口罩采购中，她与供应商反复协商价格，最终取得采购价格比市场价低20%的成绩，为公司节约了可观的成本。

先头冲锋“娘子军”，抗疫复工“半边天”

——记中冶宝钢长三角区域市场的巾帼抗疫英雄

对每一个中国人来说，庚子春节假期都是非同寻常的，无论居家还是上班，都在抗疫防疫。中冶宝钢南京梅山基地就有3名冲锋在抗疫一线的“娘子军”，她们以“半边天”的力量担起防疫抗疫先头兵的责任，为复工复产提供了保障，显示了国企女工的责任与担当。

2020年春节过后，抗疫防疫是最重要的一项工作。中冶宝钢在南京梅山基地没有集体宿舍，外地员工通常租借梅钢周边小区房屋散居，并且多人合住一套房子，无法满足防疫隔离要求。为寻找隔离房源，落实300多名探亲人员返程隔离问题，第二分公司综合办公室3名女工主动放弃假期，大年初三就提前上班，开始寻找房源，提前落实探亲返岗人员隔离问题。

三天两夜，不只是效率

“提前准备300多名返岗人员的隔离观察住所，3天时间务必落实就位。”1月27日，大年初三，根据上级防疫指示，中冶宝钢第二分公司疫情防控小组研究做出方案。1月28日，房产中介还没有开门，3名“娘子军”就开始分头联络各自熟悉的房产公司及本地熟人，请他们推荐房源。

她们来回奔波于房产中介和小区，拿钥匙、看房子，骑着电瓶车在一天内跑几十千米。到后来，有个女工的电瓶车都跑得没电了，她顶着寒风，推着电瓶车回到住处后，已经是晚上8点多。虽然饥肠辘辘，但她来不及洗漱，也顾不上吃饭，连忙打开微信工作群，汇报一天跑下来的结果：“今天联系上

3 家房产中介，确定有 3 套租赁房源，刚刚已经拿到 2 套房子的钥匙，看过房子，都是三居室。还有一套房子，已和房主确认，明天上午看房。”

但是，因为还在春节假期中，且疫情形势严峻，“娘子军”们忙碌了一整天，仅仅落实了 8 套房子，就算全是三居室，最多也只能安排 24 人居住，远远不够 300 人的隔离条件。单位领导鼓励她们说：今天的成绩和战果还算不错，明天继续努力！办法总比困难多，一定能够解决的。

其实，3 名女工的心里都不够踏实，因为附近各家房屋中介节前的出租资源已被全部包揽。正值春节假期，加上疫情防控，有多少人家的房子愿意在这个时候出租呢？

1 月 29 日，“娘子军”再次出击，拿钥匙、看房子，协调人员打扫整理房间，落实消毒工作，同时联系供应商送床铺、安排组装。当天，他们还继续跑到更远的房产中介处打探房源信息。但是，因为那家中介没有上班，忙了大半天，并没有什么收获。

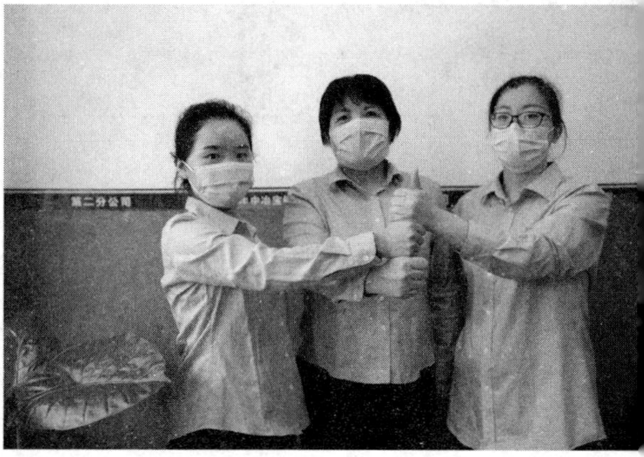

抗疫娘子军

“你们可以到各小区打听一下有没有房子出租呀！”有热心人提议。

这个建议很不错。于是，“娘子军”提振精神，再次分头到各小区门卫去打探消息，但她们得到的回答基本是一致的：现在小区都在防疫，估计不会有房子出租，你们还是另想办法吧。

3 天时间已经过去一半，房子尚没有得到解决，“娘子军”们都很着急。但热心人说的“到小区去打听”这句话却给了她们启发——找社区帮忙打探房源。中冶宝钢第二分公司党总支书记出面沟通附近社区，说明困难原因，得到社区的支持。在社区工作人员的紧急“网罗”下，“娘子军”们当天又收获了十几套房源，但还是远远不够隔离人员的居住需求。在与社区的沟通中，她们进一步想到，可以通过社区联系上一级组织，借助政府力量包租酒店和宾馆，解决隔离难题，这个想法再次得到社区的支持。于是，党总支书记再次带领“娘子军”们来到街道办事处沟通此项工作。街道办工作人员被央企提前落实防疫的责任感及对员工的关爱之心所感动，表示愿意帮忙沟通酒店，落实隔离场所。

1月30日，在街道办的协作下，“娘子军”们成功对接了一家商务酒店，基本解决了返程人员隔离需求。问题提前解决了，但这三天两夜不只是效率，它考验了中冶宝钢对员工生命安全的责任感，也见证了3名女工的抗疫担当。

爱心接力，联手筑堡垒

房子落实了，“娘子军”们的工作量并没有减轻。从1月31日开始，回乡探亲人员陆续返程，并且许多人是在夜间到达。3名女工不仅要随时要为返程人员量体温、录信息、安排入住，还要分头将一日三餐送至各小区门卫及酒店内，保障隔离人员饭菜供应及时。这种超负荷的工作状态一直持续到3月1日，“娘子军”们一直没有休息过，但从未有人抱怨，三个人都以隔离人员食宿为先，并且一致表示只要隔离人员安全顺利度过隔离期，她们所有的付出就有意义、就值得付出，也会感到欣慰。

为返程人员测温并办理入住

后来，在“娘子军”们的带动下，自2月中旬起，每天都有隔离期满的人员加入志愿服务行列，主动承担起被隔离人员的服务工作，传递爱心，互助互爱。

在这场防疫抗疫的战斗中，“娘子军”们冲锋在前，出色地完成了党组织交给的任务，为复工复产提供了先决条件，用实际行动书写了企业战疫巾帼篇。

暖心服务，隔离不隔爱

——中冶宝钢第五分公司情满隔离点的“疫”线故事

在新冠肺炎疫情防控工作的关键期，中冶宝钢员工陆续返沪，在月浦单身宿舍集中进行隔离观察。中冶宝钢第五分公司疫情防控服务人员和志愿者不忘爱与担当，主动搭建爱的桥梁，不仅是“服务员”，还充当起了“代办员”，主动做隔离人员的“贴心人”，让隔离观察人员备感温暖和关怀。隔离不隔爱，企业显关怀。隔离了病毒，却隔不开他们的爱心与责任。

无论何时，随叫随到——随时待命的“服务员”

中冶宝钢单身宿舍隔离观察点自2020年2月10日启动以来，随着返沪人员回流加速，收住的隔离人员从刚开始的7人增加到最多42人，随着隔离观察人数逐渐增多，服务的压力每日剧增。更加让人头疼的是，第五分公司员工在月浦的单身宿舍分布分散，方位不同。因此，防疫人员除了每天要对隔离人员做两次身体健康状况监测外，还要根据隔离人员的需求，为他们代购牙刷、牙膏、脸盆等生活用品。

第五分公司疫情防控服务组由综合办公室焦伯奎和张孔琦两人牵头，2019年入职的大学生段志博、夏天翔、董元皓、李广录、田凯、张敏华以及特材队员工郭海洋、综合队员工马少华等更是牺牲休息时间，积极参与志愿者服务。他们或者在食堂领饭，按照房间顺序送餐上门；或者参与隔离房间消毒；或者对隔离人员测试体温，做好每日记录。

由于疫情防控需要，中冶宝钢单宿实行出入证制度，无证人员禁止进入。

所以无论时间多晚，只要焦伯奎和张孔琦两人接到员工返护通知，都会第一时间前往单宿门卫处迎接，帮助他们测试体温、做好入住登记等工作，及时安排隔离房间，做好房间内外消毒工作，与他们签署隔离告知函与承诺书，耐心、认真地为他们讲解隔离注意事项，不厌其烦地对他们叮嘱疫情防控关键点。做的所有这些工作，只为彼此保重，平安隔离、平安复工。

你的需求，我来解决——温暖人心的“代办员”

“您好，我最近中耳炎好像又犯了，现在又不能出去，你们能否到药店帮我买一瓶药水？”

第五分公司疫情防控服务组志愿者送餐上门

“好的，你以前用的是哪个牌子的药水？我这就出去给你买。”

“我的手机好像不好用，每天答题都答不了，您看能不能给解决一下啊？”

“你稍微等一下啊，我马上就过来。”

……

第五分公司疫情防控志愿者每天都要接好几个这样的电话。只要隔离人员有需求，志愿者总会在第一时间为他们解决。在为长材队员工万瑞强购买治疗中耳炎的药水时，志愿者连续走了几个药店，但不是药店没有开门，就是没有所需要的品牌，直到找到德都路的一家药店才买到。当志愿者把药水送到万瑞强手中时，万师傅感动得连声说谢谢。

在隔离观察期间，志愿服务人员每天严格按照规范流程对隔离点入住人员进行体温检测、室内消毒、心理指导和疫情防控知识宣传等服务，每天晚上到各个隔离房间探访，开展谈心活动，了解其在隔离期间的学习情况，缓解隔离人员的心理压力，为隔离人员营造了一个安心、舒心、顺心、充满爱的隔离环境。被隔离员工很快就适应了隔离的生活，也从最初的孤单与无奈，变为感动、理解、支持，更加感同身受！

感同身受，家的温暖——暖心暖胃的“贴心人”

疫情防控服务组志愿者进行室内消毒

“今天外面阳光真好，终于解放了，明天可以上班了！隔离的这段时间，真是太感谢你们了！”2月22日早上8时，对于综合队员工江宏井、吕增和张则浩三人来说，是一个难忘的快乐日子，经过14天的隔离观察，期间每日两次测量体温均正常，无其他症状，正式解除隔离，3位员工可以正式复工上班了。

在临解除隔离的前一天晚上，和志愿者一起谈心时，江宏井三人觉得在隔离点接受隔离观察，虽说不能像家一样方便，但在这说短不短、说长不长的14天里，确实感受到了家的温暖。每次给他们送餐、室内消毒，江师傅都不止一次地说“谢谢”“你们辛苦了”之类的话语。虽然话语朴实无华，没有华丽的辞藻，但能让人感受到隔离人员对志愿者的真诚流露，这让志愿者们心暖不已。

隔离不隔爱，企业显关怀。一句句来自隔离人员的感激话语，表达着他们不被隔离的爱，温暖着中冶宝钢每一位奋战在战疫一线的工作人员和志愿者。中冶宝钢单身宿舍隔离了病毒，但从不隔离爱心与责任，每一位被隔离者也不会成为一座孤岛。志愿者们细心地守护他们，而他们也用心地回馈着自己的感动！

借用一首诗，献给工作在中冶宝钢隔离一线的工作人员和志愿者：

在这场没有硝烟的战场上，
他们未曾一刻停歇，
逆行而上，从未懈怠；
只为风儿吹来，
静待春暖花开！

后记
POSTSCRIPT

“中冶宝钢”品牌的历史可以追溯到20世纪50年代。沿着长江一路走来，公司先后参加了武钢、攀钢和宝钢的建设，逐步完成了从钢铁“护工”到钢铁“护士”再到钢铁“医生”的华丽蜕变，打造出冶金运营服务领域无可替代的核心竞争力。透过中冶宝钢的发展历程，我们可以清晰地窥见中华人民共和国钢铁工业由小到大、从弱到强、从中国走向世界的发展轨迹。可以说，中冶宝钢不但是新中国钢铁工业发展的建设者，更是这一进程的见证者和守护者。

“中冶宝钢”品牌作为企业重要的无形资产，是企业核心竞争力的重要源泉。中国中冶矢志不渝打造世界第一冶金建设国家队，而中冶宝钢作为中国中冶旗下唯一以冶金运营服务为核心主业的子公司，致力于成为“国内第一、国际一流”的冶金运营服务商，是中国中冶冶金建设运营服务全产业链中必不可少的环节，是中国中冶品牌体系中不可或缺、不可替代和不可复制的一块金字招牌。为进一步规范和推动“中冶宝钢”品牌建设，2019年12月，中冶宝钢发布了《品牌建设指导性意见》，就如何打造与“聚焦主业、做强一业、相关多元、科学补充”发展战略相适应的中冶宝钢品牌体系提出了14点指导意见，为中冶宝钢的品牌建设之路指明了方向，也开启了中冶宝钢品牌建设的新征程。

要打造好“中冶宝钢”这块金字招牌，就要讲好新时代的中冶宝钢品牌故事。中冶宝钢是国内首家以冶金运营服务为主的专业公司，从1985年9月宝钢投产开始，就朝着打造“国内第一、国际一流”冶金运营服务商的宏伟目标坚定前行。如今，公司核心主业成功覆盖国内外28家钢铁企业，成为中国冶金运营服务商走向世界的“引领者”。在这个过程中，中冶宝钢广大员工秉承“一天也不耽误、一天也不懈怠”的企业精神，用踏实的作为让中国、让全世界都感知到了“冶金运营服务，因中冶宝钢而不同”这句广告语的深刻内涵。可以说，他们既是中冶宝钢历史的创造者，也是“中冶宝钢”品牌的塑造者。如今，他们以讲述者的身份对我们敞开心扉，追忆那些一路走来的峥嵘岁月，用文字描绘出他们脑海中那些令人印象深刻的珍贵瞬间，让“国内第一、国际一流”冶金运营服务商的轮廓逐步清晰和明朗起来。

《中冶宝钢品牌故事》一共收录了104篇作品，分为7个篇章，既有对中冶宝钢重大发展时点的历史回顾，也有记录广大员工拼搏创业的一线故事，生动地向我们呈现出当代冶金人“钢铁报国”的奉献情怀。透过这些故事，我们能够了解中冶宝钢多年来改革发展的辉煌成果，领略中冶宝钢广大劳模、工匠和品牌人物的敬业风采，具象地感知“中冶宝钢”品牌的独特魅力；同时，也让我们对“中冶宝钢”品牌的自信得到极大增强，对中冶宝钢的美好明天充满无限憧憬。

感谢这些故事的作者们！他们都是中冶宝钢的员工，既是这些故事中的主人公，也是这些故事的讲述者。是他们用善于发现的眼睛和质朴的情怀把身边有品牌价值的片段发掘出来，才使得我们有机会一览这些鲜活、真实、平凡而感人的故事，有机会通过文字来品读中冶宝钢伴随中国钢铁工业一路走来的峥嵘岁月，有机会领略“国内第一、国际一流”冶金运营服务商的担当和风采。

感谢为本书提供篆刻和书法作品的中国书法家协会会员、中国冶金书法家协会副秘书长、海上印社社员程建强老师和中国书法家协会会员秦程老师，是他们的优秀作品为本书增添了浓厚的艺术气息。感谢为本书编写付出巨大努力的中冶宝钢融媒体中心的编辑们，是他们付出大量的业余时间，确保了本书在短短一个月时间内完成整理和编辑。

感谢中国经济出版社的大力支持！李会武副社长、汪京主任、雷生副主任以他们对中央企业特有的责任与关注，指导刘金龙、孙东健、陈利军、刘喆欣等人承担起本书的编辑和出版工作，不但在选题策划过程中提出了很好的建议，还投入巨大的精力对书稿加以润色。他们敬业、专业的职业素养令人钦佩。

最后，我们怀着真挚的感情，将此书献给伟大的中国共产党建党100周年、献给伟大祖国成立72周年、献给一路砥砺前行的中冶宝钢人。

中冶宝钢技术服务有限公司企业文化部

2020年12月25日